5
सरसंघचालक

संघ संबंधित पठनीय पुस्तकें

(15 खंडों का सेट)

5 सरसंघचालक

अरुण आनंद

प्रभात प्रकाशन

प्रकाशक

प्रभात प्रकाशन प्रा. लि.

4/19 आसफ अली रोड, नई दिल्ली–110002

फोन : 23289777 • हेल्पलाइन नं. : 7827007777

इ–मेल : prabhatbooks@gmail.com ❖ वेब ठिकाना : www.prabhatbooks.com

संस्करण

2025

अनुवाद

श्री सुरेश कुमार सेतिया

मूल्य

दो सौ पचास रुपए

मुद्रक

आर–टेक ऑफसेट प्रिंटर्स, दिल्ली

———— ★ ————

5 SARSANGHCHALAK

by Shri Arun Anand

Published by **PRABHAT PRAKASHAN PVT. LTD.**

4/19 Asaf Ali Road, New Delhi-110002

ISBN 978-93-90315-56-7

₹ 250.00

मेरी माँ

श्रीमती राजकुमारी आनंद

और

मेरे भाई

संजय

को समर्पित

"विश्वास वह आत्मज्ञान है कि आपको हमेशा वह प्राप्त होता रहेगा, जिसकी आपको आवश्यकता है।"

—श्रीश्री रविशंकर

प्रस्तावना

राष्ट्रीय स्वयंसेवक संघ कई लोगों के लिए हमेशा की भाँति एक पहेली बना हुआ है। वर्ष 1925 में अपने प्रारंभ से ही राष्ट्रीय स्वयंसेवक संघ (आर.एस.एस.) ने अपने शीर्षस्थ नेतृत्व में हमेशा निर्बाध परिवर्तन देखा है। संगठनात्मक विषयों में इस 93 वर्ष पुरानी संस्था में ऐसा निर्विघ्न चलन बहुत ही अपवादात्मक तथा अनुकरणीय रहा है, विशेष रूप से जब यह पूरे विश्व में सबसे बड़ी स्वयंसेवी संस्था है। आज आर.एस.एस. और इससे प्रेरणा-प्राप्त अन्य संस्थाओं ने देश के प्रत्येक हिस्से में अपनी पहुँच बना ली है, लेकिन यह आश्चर्य का विषय है कि इसके पाँच सरसंघचालक, जिन्होंने इस संस्था को आगे बढ़ाया और इसे आज का विस्तृत रूप प्रदान किया, अधिक चर्चा का विषय कभी न बन पाए। उनकी जीवनियों और उनके कार्यों का विवरण, उनकी प्रेरणाएँ तथा उनकी चुनौतियाँ, उनके द्वारा उन चुनौतियों का कुशल निर्वाह, जो इस संस्था ने अपने नौ दशकों की अवधि में देखा है, कभी भी एक स्थान पर अंकित न हुआ। ऐसा कोई भी व्यक्ति, जो आर.एस.एस. से कभी न जुड़ा, इस रहस्य को कभी न समझ सका कि केवल पाँच व्यक्ति करोड़ों स्वयंसेवकों के प्रेरणा-स्रोत पिछले आठ दशकों से कैसे हो सकते थे?

यह पुस्तक इस रहस्य के ऊपर गिरे परदे को हटाने का एक प्रयत्न मात्र है, जिसमें पाँच सरसंघचालकों के जीवन और उनकी कार्यशैली के प्रति वास्तविक तथ्यों की छान-बीन की गई है। यह पाँच सरसंघचालकों के जीवन और उनके द्वारा किए गए कार्यों का एक संपूर्ण विवरण प्रस्तुत करती है। आर.एस.एस. में व्यक्ति के निजी जीवन के बारे में जान पाना आसान कार्य नहीं है, क्योंकि यह संगठन इस बात में दृढ़ विश्वास रखता है कि केवल 'उद्देश्य' ही महत्त्वपूर्ण है, न कि 'व्यक्ति'। इसी कारण आर.एस.एस. में सरसंघचालकों की निजी जीवनियों को आधिकारिक रूप से लिखे जाने की प्रथा नहीं है। कठिन शोध और कई साक्षात्कारों के द्वारा, यह पुस्तक पाँच सरसंघचालकों के प्रति कई अज्ञात पहलुओं से पाठकों को अवगत कराती है। मुझे आशा है कि पाठक इस पुस्तक को पढ़ने का आनंद लेंगे, सरसंघचालकों के जीवन तथा कार्यों के माध्यम से,

वे आर.एस.एस. की प्रगति, कार्यशैली तथा उसकी आंतरिक गतिविधियों को भी समझ सकेंगे।

मैं श्री मिलिंद ओकजी का आभार व्यक्त करना चाहूँगा, जिन्होंने मुझे आर.एस.एस. के अभिलेखागार तक पहुँच दी। मैं श्री राजीव तुली भी आभारी हूँ, जिन्होंने अपने संघ के स्वयंसेवकों की दृष्टि से सरसंघचालकों के जीवन के प्रति विभिन्न महत्त्वपूर्ण पहलुओं की जानकारी उपलब्ध करवाने में मेरी सहायता की। मैं अपनी शोध सहयोगी डॉ. विनय नलवा का भी धन्यवाद करना चाहूँगा, जिन्होंने इस ग्रंथ-सूची के शोध तथा इसके संपादन में अपना बहुमूल्य सहयोग प्रदान किया। मुझे अपने परिवार और मित्रों का भी निरंतर सहयोग प्राप्त होता रहा।

मैं अपने पाठकों का भी शुक्रगुजार हूँ, जिन्होंने इस पुस्तक को पढ़ने के लिए समय निकाला। मुझे आपकी प्रतिक्रियाओं की प्रतीक्षा है, ताकि उनके माध्यम से अपनी पुस्तक के आगामी संस्करणों में सुधार करने में मदद मिल सके।

वर्ष प्रतिपदा, 2020

—अरुण आनंद

अनुक्रम

1

डॉ. केशव बलिराम हेडगेवार

राष्ट्रीय स्वयंसेवक संघ के संस्थापक

राष्ट्रीय स्वयंसेवक संघ की संस्थापना एक चिकित्सक डॉ. केशव बलिराम हेडगेवार द्वारा की गई थी। रविवार, 1 अप्रैल, 1889 को जनमे डॉ. हेडगेवार ने लगभग 36 वर्ष की आयु में राष्ट्रीय स्वयंसवेक संघ की शुरुआत की।

हेडगेवार परिवार मूल रूप से तेलंगाना के कांदकुर्ती गाँव से संबंध रखता था। गाँव के पास ही गोदावरी, वंजरा तथा हरिद्रा नदियों का पवित्र संगम-स्थल है। इस संगम का उल्लेख विभिन्न भारतीय पवित्र ग्रंथों में किया गया है। यह स्थान तीन भारतीय भाषाओं—कन्नड़, तेलुगु तथा मराठी के मिलन-स्थल के रूप में भी जाना जाता है। एक समय में यह स्थान विद्वानों का केंद्र माना जाता था, लेकिन अच्छे अवसरों की तलाश में कई ब्राह्मण परिवारों ने तेलंगाना क्षेत्र को छोड़ दिया। उनमें से कुछ ने नागपुर को अपना स्थायी ठिकाना बनाया, चूँकि वहाँ के भोंसले शासक वैदिक ज्ञान के संरक्षक थे। ऐसे ही एक वैदिक ज्ञानी थे नरहरि शास्त्री, जिनके पड़पोते थे बलिराम पंत हेडगेवार। वर्ष 1853 में नागपुर ब्रिटिश शासन के अधीन हो गया। उसके पश्चात् वैदिक ज्ञान पीछे छूट गया, क्योंकि अंग्रेजी शिक्षा उस पर हावी हो गई। इसके परिणामस्वरूप कई विद्वान् पंडिताई और पुरोहित का कार्य करने लगे, ताकि अपना भरण-पोषण कर सकें। बलिराम पंत भी उनमें से एक थे। पंडिताई के कार्य से परिवार को ज्यादा आय नहीं हो पाती थी, इसके कारण आर्थिक दशा अच्छी नहीं थी। फिर भी बलिराम और उनकी पत्नी आत्मसंतोष का जीवन जी रहे थे। उनकी कुल छह संतानें हुईं, जिनमें तीन पुत्र—महादेव, सीताराम और केशव तथा तीन पुत्रियाँ—सारु, राजू और रंगू थीं। केशव पाँचवीं संतान थे। 13 वर्ष की उम्र में केशव ने प्लेग की बीमारी में

अपने माता-पिता को खो दिया, परंतु विपरीत परिस्थितियों में भी किसी प्रकार वे अपनी पढ़ाई जारी रख सके। उन्होंने नागपुर, यवतमाल और पूना स्थित विभिन्न संस्थानों में अध्ययन किया और फिर राष्ट्रीय स्वतंत्रता आंदोलन में कूद पड़े। वे लोकमान्य तिलक के राष्ट्रवाद से काफी प्रभावित हुए। वर्ष 1910 में वे चिकित्सा की शिक्षा प्राप्त करने के लिए कलकत्ता चले गए। त्रिलोकीनाथ चक्रवर्ती ने अपनी पुस्तक 'जेल में तीस वर्ष' में लिखा है कि केशव बलिराम हेडगेवार को 'अनुशीलन समिति' की सदस्यता प्रदान की गई, जो उस समय का एक प्रसिद्ध क्रांतिकारी संगठन था, जिसमें कई स्वतंत्रता सेनानी थे। केशव ने चिकित्सा की पढ़ाई की और वर्ष 1910 से 1916 तक कलकत्ता में रहे।

स्कूल के दिनों से ही केशव में राष्ट्रीयता के विचारों की झलक दिखाई देती थी। वर्ष 1901 में जब किंग एडवर्ड-सप्तम इंग्लैंड की राजगद्दी पर बैठा, तब नागपुर में एम्प्रेस मिल के मालिकों ने खुशी में आतिशबाजी का कार्यक्रम रखा। लगभग पूरा शहर इस आतिशबाजी को देखने के लिए इकट्ठा हुआ, मगर केशव ने वहाँ जाने से मना कर दिया। इसके विपरीत उन्होंने अपने युवा मित्रों से कहा, "यह शर्म की बात है कि हम एक विदेशी शासक की ताजपोशी पर जश्न मनाएँ; मैं इसमें भाग नहीं लूँगा।" केशव के स्कूल अध्यापकों में से एक थे वाजे, वे एक घटना की चर्चा बार-बार किया करते थे, जो लगभग उन्हीं दिनों घटित हुई थी।

नागपुर में सीताबर्डी किले के ऊपर ब्रिटिश झंडा (यूनियन फ्लैग) फहराने की परंपरा थी। केशव और उनके मित्रों ने इस झंडे के स्थान पर अपना झंडा फहराने का निश्चय किया। वह परिसर चौबीसों घंटे कड़ी सुरक्षा में रहता था। इसलिए केशव तथा उनके मित्रों, जिनका वे नेतृत्व किया करते थे, ने निर्णय लिया कि वे किले तक पहुँचने के लिए एक सुरंग का निर्माण करेंगे।

एच.वी. शेषाद्रि ने अपनी पुस्तक 'डॉ. हेडगेवार : एक युग के निर्माता' में इस घटना का विस्तृत वर्णन किया है। हेडगेवारजी के एक अध्यापक के घर में एक कमरा उन लड़कों की पढ़ाई के लिए अलग रखा गया था, जो स्कूल से अतिरिक्त पढ़ाई करते थे। सुरंग बनाने के लिए ये सब एक कुदाल, एक बेलचा और अन्य उपकरण चुपके से उस कमरे में ले आए और उन्होंने बंद कमरे में सुरंग की खुदाई का काम शुरू कर दिया। जब कमरा निरंतर दो या तीन दिनों के लिए बंद रहा तो वाजे को कुछ शक हुआ और उन्होंने कमरे में प्रवेश किया। उन्हें कमरे के कोने में एक गहरी खाई दिखाई दी। "यह तुमने क्या किया है ?" वाजे चिल्लाकर बोले। केशव व उनके मित्रों ने अपना सोचा गया उद्यम प्रकट कर दिया। वाजे ने बड़े धैर्य के साथ उन्हें समझाया कि तुम्हें इन बेवकूफी भरे कृत्यों में अपना समय नष्ट नहीं करना चाहिए। लेकिन वाजे इन बच्चों की उत्कृष्ट

देशभक्ति की प्रशंसा किए बिना न रह सके, जिसके कारण उन युवा मस्तिष्कों में इस प्रकार का उद्यम करने का विचार आया था।

अपनी मैट्रिकुलेशन की परीक्षा समाप्त करने के बाद केशव नागपुर आ गए। उन्होंने सार्वजनिक जीवन में स्वयं को व्यस्त कर लिया और क्रांतिकारियों के साथ भी गहरे संबंध बनाए। सब प्रांतों में विभिन्न क्रांतिकारियों की गुप्त योजनाओं के बारे में वे पूरी जानकारी रखते थे। उनमें से ऐसे ही एक क्रांतिकारी बंगाल से थे—माधवदास संन्यासी। उन्हें एक क्रांतिकारी दल 'क्रांतिदूत' ने जापान जाने का निर्देश जारी किया। जापान जाते हुए वे रास्ते में नागपुर में रुके। केशव ने उनके लिए महोपा गाँव के रहनेवाले अप्पाजी हाल्दे के घर में एक गुप्त निवास का प्रबंध किया, जब तक कि उनकी जापान यात्रा का प्रबंध नहीं हो जाता। इस गुप्त निवास में छह महीने रहने के बाद माधवदास जापान के लिए रवाना हो गए।

हेडगेवार की मदद से नागपुर के क्रांतिकारियों ने कलकत्ता की 'अनुशीलन समिति' के साथ अपने संपर्क बढ़ाए। नागपुर में एकत्र धन को अलीपुर बम मामले के कार्यकर्ताओं के पास भेजा गया था। शेषाद्रि के अनुसार, "इस बात के दस्तावेजी साक्ष्य उपलब्ध हैं, जिनसे यह स्पष्ट होता है कि भैया साहब बोबाडे, जो एक अधिवक्ता थे, ने केशव को इस उद्देश्य के लिए सौ रुपए उसके हाथ में रखे थे।"

इन घटनाओं के दौरान ही केशव की मैट्रिकुलेशन परीक्षा का परिणाम आ गया। उन्होंने परीक्षा पास कर ली थी। प्रमाण-पत्र पर डॉ. रासबिहारी घोष, जो उस समय राष्ट्रीय शिक्षा समिति (बंगाल) के अध्यक्ष थे, के हस्ताक्षर थे। इस पर तिथि 1 दिसंबर, 1909 अंकित थी।

उन दिनों मैट्रिकुलेशन की परीक्षा पास कर लेना साधारण कार्य न था। कोई भी अन्य युवा, जिसका जीवन गरीबी में बीता हो, सरकारी पदलोभ को न ठुकरा पाता, मगर केशव ने राष्ट्रसेवा का निश्चय किया तथा साम्राज्यवादी ब्रिटिश सरकार की नौकरी को लात मार दी। उन्होंने उस समय बंगाल के क्रांतिकारियों के साथ काम करने का निश्चय किया। नागपुर के क्रांतिकारियों ने भी उनके इस निर्णय का स्वागत किया। वे चाहते थे कि केशव कलकत्ता जाएँ और अनुशीलन समिति के वरिष्ठ नेता पुतिनबिहारी दास से संपर्क स्थापित करें। यह क्रांतिकारी दल ब्रिटिश शासन को क्रांति के द्वारा उखाड़ फेंकना चाहता था। अमेरिका में रहनेवाले एक क्रांतिकारी, रामलाल वाजपेयी अपनी आत्मकथा में लिखते हैं, "दाजी साहब बूटी की आर्थिक मदद से श्री केशव हेडगेवार को कलकत्ता भेजा गया, जिसका असली उद्देश्य श्री पुतिनबिहारी घोष की देखरेख में क्रांतिकारी कार्यों के लिए प्रशिक्षण प्राप्त करना था, न कि आगे की पढ़ाई जारी रखना।"

वर्ष 1910 के मध्य में केशव कलकत्ता के लिए निकल पड़े—उनके पास डॉ. मुंजे का एक परिचय-पत्र था, जो नागपुर में एक बड़े प्रतिष्ठित व्यक्तित्व थे और केशव के प्रतिपालकों में से एक थे। जब केशव ने कलकत्ता जाने का निर्णय लिया था, तब वे डॉ. मुंजे के घर पर ही रह रहे थे और उन्होंने भी केशव को वहाँ जाने के लिए प्रोत्साहित किया था।

चिकित्सा कॉलेज में प्रवेश लेने के बाद केशव ने अलग-अलग प्रांतों से आए छात्रों के साथ मुलाकात कर एक संपर्क तंत्र स्थापित किया। जब उन पर पढ़ाई का बोझ ज्यादा न होता, तब वे विभिन्न छात्रावासों का दौरा किया करते थे। वे शांतिनिकेतन लॉज में अकसर ठहरा करते थे और अधिकतर अपने एक मित्र के घर पर ही खाना खाते थे। इससे उनके बीच एक गहरा रिश्ता बन गया।

नोबुताला मोहल्ला में स्थित पंजाबी छात्रावास में वहाँ के छात्रों को अकसर उनके आगमन की बेसब्री से प्रतीक्षा रहती थी। सरदार निरंजन सिंह तथा शिवत्ता पराशर, जो उस छात्रावास में रहते थे, केशव के घनिष्ठ मित्र बन गए थे। केशव अकसर छात्रावास में रहनेवाले अपने मित्रों के लिए श्रीखंड (जो दही से बनता है व महाराष्ट्र का एक लोकप्रिय मिष्टान्न है), लेकर जाते थे।

नागपुर में रहते हुए केशव अच्छी सेहत के लिए सदैव व्यायाम किया करते थे, वैसी ही शारीरिक कसरत उन्होंने कलकत्ता में भी जारी रखी। उनका डील-डौल तथा शरीर मजबूत बन गया था और उनकी छवि एक निडर देशभक्त युवा की बन गई थी।

शेषाद्रि एक घटना का जिक्र करते हैं, "केशव एक बार छुट्टियों में यवतमाल गए। एक शाम वे अपने दोस्तों गोविंदराव अवाडे और यादवराव अने के साथ शहर के सिविल लाइंस क्षेत्र में घूमने के लिए गए। उसी समय दूसरी ओर से ब्रिटिश जिलाधिकारी सरकारी चिकित्सक और एक अन्य अधिकारी के साथ उस ओर आ निकले। ये वे दिन थे, जब ब्रिटिश अधिकारी सत्ता के नशे में चूर रहते थे और लोगों को उनकी जान लेने के डर तक सताया करते थे। जैसे ही लोग जिलाधिकारी को देखते थे, तो एक ओर हट जाते थे और जब वे पास आते थे, लोग उनके सम्मान में उन्हें सैल्यूट करते थे। ऐसा करना एक प्रथा और अलिखित कानून सा बन गया था।

केशव के मित्रों ने उन्हें इसके बारे में बताया था, लेकिन केशव से यह उम्मीद नहीं की जा सकती थी कि वे घमंडी अधिकारी के आगे झुके। उन्होंने अपने मित्रों को तुरंत समझाया—"यह एक सार्वजनिक मार्ग है और मुझे इसमें कोई कारण नहीं दिखाई देता कि मैं अपना मार्ग बदल दूँ।"

अब तक जिलाधिकारी कुछ ही फीट दूर था। सैल्यूट करना तो दूर, केशव ने उसे रास्ता भी नहीं दिया। इस प्रकार उस अधिकारी को खुद ही एक ओर हटना पड़ा और वे

आगे बढ़ चले। ऐसा उनके जीवन में पहले कभी नहीं हुआ था। कुछ कदम चलने के बाद बेइज्जती महसूस करता हुआ वह अधिकारी वापस मुड़ा और केशव को आवाज दी—"क्या तुम्हें सैल्यूट करने के नियम का पता नहीं है?" जिलाधिकारी ने पूछा। केशव ने उत्तर में कहा, "इस सैल्यूट करनेवाली प्रथा के बारे में मैं क्यों चिंता करूँ? मैं इस प्रांत की राजधानी का एक नागरिक हूँ, वहाँ ऐसी कोई परंपरा नहीं है। मुझे ऐसे किसी देश की भी जानकारी नहीं, जहाँ लोग अजनबी को सैल्यूट करते हों।"

इतना ही नहीं, बेफिक्री से बात करते हुए केशव ने अपना हाथ अपने कोट की जेब से भी नहीं हटाया। चिकित्सक अधिकारी डॉ. पेड्रो ने कहा कि "तुम्हें अपना हाथ कोट की जेब से बाहर करना चाहिए। अगर तुम किसी मुसीबत में नहीं पड़ना चाहते हो तो हमें सैल्यूट करो।" "आपके सुझाव के लिए आपको बार-बार धन्यवाद।" केशव ने मुसकराते हुए कहा और अपने रास्ते आगे चल पड़े, जैसे कुछ हुआ ही न हो।

इस घटना ने सरकारी महकमों में खलबली मचा दी। जब केशवराव वापस नागपुर आ गए तो डॉ. मुंजे ने इस कदम की बड़ी प्रशंसा की, "तुमने बिल्कुल ठीक किया।"

चिकित्सा कॉलेज में अध्ययन के दौरान केशव कॉलेज के प्रधानाचार्य से बहुत प्रभावित हुए। डॉ. एस.के. मलिक एम.एस.एम.डी. (एडिनबर्ग) कॉलेज के प्रधानाध्यापक थे। डॉ. मलिक कई वर्षों तक विदेश में चिकित्सा कार्य में संलग्न रहे थे, मगर फिर भी उनकी जीवन-शैली पर पश्चिमी संस्कृति का कोई प्रभाव नजर नहीं आता था। वे सब स्थानों पर अपनी मातृभाषा का ही प्रयोग करते थे और अंग्रेजी का प्रयोग केवल कॉलेज में पढ़ाते समय ही करते थे। युवा केशव अकसर डॉ. मलिक का उदाहरण दिया करते, जब भी कोई उनके समक्ष अंग्रेजी झाड़ता था।

जनसेवा केशव के लिए हमेशा, यहाँ तक कि उनके कलकत्ता प्रवास के दौरान भी, जुनून से भरा कार्य था। उस समय बंगाल में हिंदू-मुसलमानों के दंगे आम बात थी और अकसर हिंदुओं को ही इसका शिकार होना पड़ता था। अपने मित्रों के साथ मिलकर उन्होंने एक सेवा दल का निर्माण किया, जो दंगों के दौरान घायल हुए हिंदुओं को अस्पताल ले जाने का कार्य करता था तथा इस दौरान उनके घरों की जरूरतों का भी ध्यान रखता था। वर्ष 1913 में बंगाल में जबरदस्त बाढ़ आई। केशव रामकृष्ण मिशन द्वारा चलाए गए राहत कार्य के लिए एक स्वयंसेवी समूह में शामिल हुए। वे बाढ़ में फँसे लोगों को बचाने के लिए नाव से निरंतर घूम-घूमकर उन्हें दवा और खाने की आपूर्ति करते रहे।

उन दिनों की बात करते हुए वेंकटरमन, जो उस दल के एक सदस्य रहे थे और बाद में मद्रास में राष्ट्रीय आंदोलन के एक प्रमुख नेता बने, ने अपनी डायरी में लिखा—"हेडगेवार ने जबरदस्त उत्साह के साथ अथक प्रयत्न किए और चौबीसों घंटे काम किया। उसकी कार्य करने की क्षमता शानदार थी।"

केशव ने बंगाल के राष्ट्रवादियों के साथ काफी निकटता बना ली थी। उनमें से दो, विशेष रूप से उनके परम मित्र बन गए—श्यामसुंदर चक्रवर्ती और मौलवी लियाकत हुसैन।

चक्रवर्ती बर्मा में एकांत काल-कोठरी की सजा काटने के बाद वर्ष 1910 में कलकत्ता वापस लौटे थे। ब्रिटिश सरकार ने उन्हें उनकी राष्ट्रवादी गतिविधियों के लिए सजा दी थी। वे 'प्रतिवासी', 'संध्या' और 'वंदे मारतम्' के लिए नियमित रूप से लिखते थे। उनके लेख इतने जबरदस्त होते थे कि ब्रिटिश सरकार ने उन्हें बर्मा की जेल में भेज दिया था। चक्रवर्ती इतने गरीब थे कि उनके पास पहनने के लिए सिर्फ एक जोड़ी धोती थी और वे नंगे पाँव ही रहते थे, पर छात्रावासों में उनके भाषणों ने राष्ट्रवाद की लहर पैदा कर दी थी। केशव तथा उनके मित्रों ने चक्रवर्ती की वित्तीय आवश्यकताओं का ध्यान रखा और उनके लिए भोजन आदि की व्यवस्था कर दी। उनकी बेटी के विवाह पर केशव ने सारे कार्य अपनी निगरानी में पूरे किए।

मौलवी लियाकत हुसैन लोकमान्य तिलक के एक समर्पित समर्थक थे और उन्होंने स्वदेशी की शपथ ली थी। वे स्वयं बहुत कम पैसों में गुजारा करते थे, मगर उन्होंने गरीबों और जरूरतमंदों के लिए धन संग्रह करने के लिए अथक प्रयत्न किए। जो धन वे एकत्र करते थे, उससे गरीब छात्रों के लिए पाठ्य-पुस्तकों का प्रबंध होता था या उनकी स्कूल फीस भरी जाती थी। उन्होंने कॉलेज प्रांगण में प्रात:कालीन जलसों और सार्वजनिक सभाओं का आयोजन किया। केशव न केवल अपने दोस्तों के साथ इन सभाओं में भाग लेते थे, बल्कि इनके प्रबंध में भी अपना सहयोग देते थे। मौलवी हुसैन एक स्वदेशी वस्तु भंडार भी चलाते थे, जिसका नाम था—'कुबेर वस्तु भंडार'। वे एक बार बीमार पड़े तो केशव ने हरदम साथ रहकर दो महीनों तक उनकी सेवा-शुश्रूषा की।

ब्रिटिश सरकार ने यह भाँप लिया था कि भविष्य में केशव ब्रिटिश सरकार के लिए खतरा बन सकता है; इसलिए जब से वे कलकत्ता आए थे, उन पर गुप्त नजर रखी जा रही थी, लेकिन केशव अपने बुद्धि-बल से सूचना देनेवाले को पहचान लेते थे। एक बार एक मुखबिर, जिसका नाम गोपाल वासुदेव केतकर था, एक छात्र बनकर उनके कमरे में प्रवेश पा गया, जहाँ केशव रहते थे। एक मराठी होने के नाते उसने शीघ्र ही महाराष्ट्र से आए अन्य छात्रों के साथ भी अपना अच्छा तालमेल बिठा लिया। केशव ने अपने साथियों को चेतावनी दी कि उसके सामने वे राजनीतिक चर्चाएँ कदापि न करें, परंतु फिर भी उनमें से कई उसके छल के शिकार हो गए।

जून 1911 में जेल से रिहा होने के बाद नारायण राव सावरकर (वीर सावरकर के भ्राता) ने निर्णय लिया कि वे कलकत्ता में डॉक्टरी शिक्षा के लिए आएँगे। केशव

को यह भान हो गया कि अवश्य ही गुप्तचर केतकर को यह संदेश मिला होगा कि वह नाराणराव सावरकर पर नजर रखे। एक दिन जब केतकर कहीं गया हुआ था तो केशव ने उसके सामान की तलाशी ली और एक ताजा चिट्ठी उनके हाथ लगी, जिसमें लिखा था, 'एन.आर.एस. वहाँ आ रहा है। उस पर नजर रखो।' केशव ने वह पत्र अपने दोस्तों को दिखाया और फिर उसे केतकर के सामान के अंदर वैसे ही रख दिया। हालाँकि उसके दोस्त केतकर को उसी समय बाहर निकालना चाहते थे, लेकिन केशव ने उन्हें समझाया कि केतकर को यह बिल्कुल मालूम नहीं होने देना चाहिए कि हम उसकी पहचान और इरादे जान चुके हैं।

देश के स्वतंत्रता संघर्ष में पूर्ण रूप से डूबे हुए केशव को कक्षा में पढ़ाई के लिए पूरा समय नहीं मिलता था। इसके बावजूद वर्ष 1912 में केशव ने अपनी परीक्षा में काफी अच्छे अंक प्राप्त किए—रसायनशास्त्र में 72 प्रतिशत तथा शरीर रचना विज्ञान में 65 प्रतिशत।

अपने कलकत्ता प्रवास के दौरान केशव ने हिंदू समाज के टूटे मनोबल और बिखराव को सर्वप्रथम अनुभव किया, क्योंकि वहाँ एक प्रांत से आए छात्र दूसरे प्रांतों के छात्रों को रत्ती भर भी पसंद नहीं करते थे। उन्हें यह भान भी हुआ कि आजादी प्राप्त करने के लिए चल रहा आंदोलन कितना असंगठित है।

जब वर्ष 1906 में लोकमान्य तिलक कलकत्ता प्रवास पर आए, तो उन्होंने गणेशोत्सव के सार्वजनिक समारोह शुरू किए। केशव ने उस समय सभी कॉलेज छात्रावासों में ऐसे आयोजन किए। तिलक को वर्ष 1908 से 1914 तक मांडले जेल में कैद करके रखने से केशव अत्यधिक क्षुब्ध हुए थे।

जाने-माने राष्ट्रवादी, दादासाहेब खापर्डे, अकसर मांडले जेल में तिलक से मिलने जाते रहते थे। जब वे कलकत्ता आते थे, केशव उन्हें अपने यहाँ आमंत्रित कर तिलक के बारे में चर्चा करते थे। वीर सावरकर उस समय अंडमान जेल में कैद थे। केशव उनके बारे में भी बराबर जानकारी रखते थे। नारायणराव सावरकर को वीर सावरकार द्वारा लिखे गए पत्रों के माध्यम से, क्योंकि नारायणराव वीर सावरकर के भाई थे, जो उस समय हॉस्टल में केशव के साथ रहते थे।

बंगाल के विभाजन के उपरांत राष्ट्रीय आंदोलन में आए उफान को ब्रिटिश सरकार ने नृशंसता के साथ दबाना चाहा। अलीपुर बम मामले में हजारों बेकसूर लोगों को हिरासत में ले लिया गया और उनमें से ज्यादातर को जेल भेज दिया गया। सरकार ने साप्ताहिक 'युगांतर' के प्रकाशन पर भी रोक लगा दी। उस समय इसकी प्रसार संख्या बीस हजार से भी अधिक थी।

अरविंद घोष वर्ष 1904 में जेल से बाहर आए, उन्होंने परिस्थिति का समुचित विवरण दिया है—"मेरे जेल जाने से पहले ऐसा लग रहा था कि संपूर्ण देश में 'वंदे मातरम्' की बुलंद आवाज ने मानो आग लगा दी थी। पूरा देश अपनी आशाओं और आकांक्षाओं तथा विचारों से मानो ओत-प्रोत हो चुका था। अब जब मैं जेल से बाहर आया हूँ तो मुझे वही बुलंद आवाज की तड़प है, लेकिन यहाँ कुछ भी नहीं है—केवल एक असहनीय शांति सब तरफ छाई हुई है। संपूर्ण माहौल में एक चुप्पी और उदासी है। ऐसा नजर आता है, जैसे लोगों को खामोश कर दिया गया है।"

पुतिनबिहारी के नेतृत्व में बंगाल की अनुशीलन समिति राष्ट्रीय आंदोलन में पहले जैसी दृढ़ता और ताकत फूँकने के लिए जी-तोड़ प्रयत्न कर रही थी। समिति के महत्त्वपूर्ण कार्यों में से एक था—लोगों को गुप्त साहित्य द्वारा जागरूक करना। केशव ने इस कार्य में एक महत्त्वपूर्ण भूमिका निभाई, जब उन्होंने सुनिश्चित किया कि ऐसा साहित्य नागपुर भी पहुँचता रहे। उनके दोस्तों ने इसमें अपनी अहम भूमिका निभाई और जब वे स्वयं भी कभी नागपुर जाते थे तो अपने साथ अपने क्रांतिकारी भाइयों के लिए उपहार के साथ में शस्त्र भी ले जाते थे।

केशव को अनुशीलन समिति की केंद्रीय सभा का एक सदस्य बना लिया था। उनका गुप्त नाम था 'कोकेन'। त्रिलोकीनाथ चक्रवर्ती ने अपनी पुस्तक में समिति के कुछ शीर्षस्थ सदस्यों के फोटो शामिल किए थे। केशव की फोटो भी उस समूह में शामिल की गई थी। चक्रवर्ती कहते हैं, "केवल वे लोग, जिन्होंने देशहित में अंतिम शपथ ली थी, वे ही समिति के पूर्ण और सच्चे सदस्य थे और जिन्होंने अपने घरों और परिवार का परित्याग कर दिया था, वे ही इस शपथ को लेने के लिए योग्य माने जाते थे।" केशव ने दोनों शर्तों को पूरा किया था।

चिकित्सा की पढ़ाई का पाँच साल का पाठ्यक्रम पूर्ण करने के बाद डॉ. हेडगेवार वर्ष 1916 के प्रारंभ में नागपुर लौट आए। उन्हें अंतिम वर्ष के समापन पर बैंकॉक से एक आकर्षक नौकरी का प्रस्ताव प्राप्त हुआ, मगर उन्होंने उसे स्वीकार नहीं किया। उनके कई सहपाठियों ने अंग्रेज सरकार की नौकरी स्वीकार की, मगर डॉ. हेडगेवार इस बारे में स्पष्ट विचार रखते थे कि उन्हें किसी भी कीमत पर ब्रिटिश सरकार की नौकरी नहीं करनी है।

नागपुर लौटने के उपरांत डॉ. हेडगेवार ने अपने मित्र भाऊजी कर्वे के साथ मिलकर क्रांतिकारी समूह बनाया और एक सशस्त्र क्रांति की योजना बनाई। उस समय तक डॉ. हेडगेवार ने अपने परिवार तथा मित्रों को यह स्पष्ट बता दिया था कि वे आम लोगों की भाँति न तो विवाह करेंगे और न ही आजीविका के लिए कोई नौकरी। इसके विपरीत वे अपना जीवन देश की सेवा में लगाएँगे।

कर्वे विधुर थे और डॉ. हेडगेवार से दो वर्ष बड़े थे, वे अकेले ही रहते थे। वे साधारण कपड़े पहनाते थे और विश्वास से परिपूर्ण व्यक्ति थे। उनकी बड़ी-बड़ी मूँछें थीं और एक बलवान शरीर। उन्हें विपरीत परिस्थितियों का बड़ी धीरता के साथ सामना करने की योग्यता के लिए जाना जाता था।

नागपुर में क्रांतिकारियों के दल को 'क्रांतिदल' नाम से भी जाना जाता था। क्रांतिदल के सदस्यों में इन कर्वे महोदय का बड़ा प्रभाव था। कर्वे तथा डॉ. हेडगेवार में गजब का तालमेल था और वे एक सटीक समन्वय में कार्य करते थे। दोनों के बीच गहरी मित्रता तथा अपनत्व भी था।

कई बैठकों में चर्चा के उपरांत दोनों ने अंतिम रूप से यह निर्णय लिया कि अब एक सशस्त्र क्रांति का समय आ गया है। देश को स्वाधीनता दिलाने में इसकी बहुत आवश्यकता है।

अंततः यह निर्णय लिया गया कि नए व्यक्तियों को संगठन में लिया जाए और इसके लिए अस्त्र-शस्त्रों की व्यवस्था की जाए। अन्ना खवोत ने नागपुर में एक व्यायामशाला शुरू की, ताकि नए लोगों को भर्ती कर उन्हें प्रशिक्षण दिया जा सके। वर्धा और नागपुर में कुछ पठनशालाओं का भी इसी अभिप्राय से निर्माण किया गया।

डॉ. हेडगेवार और कर्वे मध्य प्रांत और बरार का दौरा करने के लिए निकल पड़े, ताकि योजना को कार्यरूप दिया जा सके। वे अधिकतर सामाजिक आयोजनों और विवाहों में शामिल होने के बहाने अपने कार्य के लिए घूमा करते थे। जो लोग स्थानीय स्तर पर प्रभाव रखते थे, उनकी सहायता से डिनर तथा लंच आदि के कार्यक्रमों के बहाने सभाओं और बैठकों का आयोजन किया जाता था, जहाँ शस्त्र खरीदने के लिए धन एकत्र किया जाता था। डॉ. हेडगेवार इस पैसे से रिवॉल्वर तथा अन्य शस्त्रों की खरीद करते थे और उन्हें पूरे देश के अलग-अलग हिस्सों में क्रांतिकारियों को भेजते थे। कलकत्ता, भागनगर (हैदराबाद) और गोवा में व्यक्ति भेजकर आवश्यक शस्त्रों की खरीद की जाती थी। दादासाहेब बख्शी, जो डॉ. हेडगेवार के नजदीकी सहयोगी थे, रिवॉल्वर की मरम्मत तथा रख-रखाव का जिम्मा सँभालते थे।

डॉ. हेडगेवार तथा कर्वे दोनों की जोड़ी ने बंगाल और पंजाब के गुप्त क्रांतिकारियों से सफलतापूर्वक संपर्क स्थापित किया। उत्तरी भारत में क्रांतिकारियों का एक नेटवर्क स्थापित करने के लिए नागपुर और वर्धा से आए 20 स्वयंसेवकों के लिए एक दल को वहाँ भेजा गया। यह दल एक युवा क्रांतिकारी गंगाप्रसाद पांडे के नेतृत्व में रवाना किया गया।

पांडे ने राजस्थान के सर्वेक्षण के बाद अजमेर में अपना मुख्य कार्यालय स्थापित किया। चाँदकिरण सारदा, जो अजमेर के एक प्रमुख और प्रतिष्ठित व्यक्ति थे, उन्होंने

भी गंगा प्रसाद पांडे के साथ सहयोग का हाथ मिलाया। डॉ. हेडगेवार ने स्वयंसेवकों के लिए स्थान और गतिविधियों को चलाने के लिए आवश्यक धन की व्यवस्था में समन्वय का कार्य किया। इस बीच प्रथम विश्वयुद्ध आरंभ हो चुका था। डॉ. हेडगेवार ने इसे एक अवसर के रूप में देखा कि अब हम इस समय खुलकर भारत की स्वतंत्रता की घोषणा कर दें। इस सिलसिले वे डॉ. मुंजे से मिले, पर उनकी स्वीकृति न पा सके। उन्होंने अन्य कई नेताओं से भी इस पर चर्चा की, पर वे भी आगे नहीं आए। डॉ. मुंजे की सहायता से वे पुणे में लोकमान्य तिलक से मिलने गए। दोनों ने प्रथम विश्वयुद्ध से उपजी स्थितियों और मध्य प्रांत तथा बरार में क्रांतिकारी गतिविधयों पर विचार-विमर्श किया। स्पष्टतया तिलक ने भी सोचा कि यह घोषणा करने का अभी उचित समय नहीं है।

पुणे से वापस आने पर डॉ. हेडगेवार शिवनेरी गए, जो शिवाजी का जन्म-स्थल है। वे शिवाजी के बचपन की जोशपूर्ण यादों से खुद को सराबोर कर लौटे, जिसने उनके इस निश्चय को और दृढ़ कर दिया कि उनका जीवन देश को समर्पित रहेगा।

डॉ. हेडगेवार ने पंजाब और राजस्थान के क्रांतिकारियों को हथियार भेजना जारी रखा। नानासाहेब तलातुले तथा भाऊसाहेब तलातुले नए भर्ती युवाओं को रिवॉल्वर आदि चलाने का प्रशिक्षण दिया करते थे। एक ऐसा नया भर्ती हुआ स्वयंसेवक हरिकृष्ण (अप्पाजी) जोशी था, जो जीवनपर्यंत उनका विश्वासपात्र बना रहा।

कर्वे और डॉ. हेडगेवार दोनों नए भर्ती स्वयंसेवकों का गहन परीक्षण करते थे और उन्हें 'समर्पण की शपथ' दिलाते थे। ये नए क्रांतिकारी युवा शिवाजी तथा समर्थ रामदास की प्रतिमा के समक्ष प्रतिज्ञा लेते थे।

नए तथा पुराने स्वयंसेवक नागपुर में बराड़वाड़ी, तुलसीबाग, सोनगाँव मंदिर, कर्नल बाग, इंदौरा मंदिर, मोहितेवाड़ा तथा अन्य स्थानों पर नियमित रूप से मिला करते थे। प्रत्येक बैठक में क्रांतिकारी साहित्य का आदान-प्रदान और वितरण होता था। उस साहित्य में विदेशी क्रांतिकारियों और नेताओं की जीवनियाँ होती थीं, जैसे मैजिनी तथा जोन ऑफ आर्क के चरित्र। इस साहित्य में बंगाल के क्रांतिकारी नेताओं की जीवनियाँ, अलीपुर तथा मानेकतला में हुईं बम विस्फोट की घटनाओं का विवरण, वीर सावरकर की पुस्तकें—'1857 का स्वातंत्र्य समर', जिसे 'दो सुंदरियाँ' के छद्म शीर्षक से छपवाया जाता था शामिल थे। भर्ती किए गए व्यक्तियों की संख्या 150 तक पहुँच गई, जिन्होंने स्वयं को 'क्रांतिदल' के सदस्य के रूप में प्रस्तुत किया था।

ब्रिटिश सेना का तोपखाने से संबंधित गोदाम नागपुर के नजदीक कामठी में स्थित था। डॉ. हेडगेवार ने वहाँ पर कुछ सेनाकर्मियों से शस्त्रों की गुप्त खरीद-फरोख्त के लिए संपर्क स्थापित किया। एक मौके पर 'क्रांतिदल' के सदस्यों ने सैनिक वर्दी पहनकर दिनदहाड़े रेल के मालगोदाम से शस्त्रों की एक खेप को सहज ही उड़ा लिया था। योजना

बन रही थी कि संपूर्ण देश में अराजकता फैला दी जाए और क्रांति का बिगुल बजा दिया जाए। डॉ. हेडगेवार तथा कर्वे द्वारा स्थापित किया गया नेटवर्क अब नागपुर से दूरस्थ पंजाब तक फैल चुका था।

अब विदेशों से हथियार प्राप्त करने के प्रयत्न शुरू हो गए। यवतमाल के वामनराव धर्माधिकारी याद करते हैं, "वर्ष 1917-18 तक डॉक्टरजी ने हमें विद्रोह के लिए पूर्णरूपेण तैयार रहने को कह दिया था।" वर्ष 1918 में धर्माधिकारी को गोवा भेजा गया, क्योंकि एक समुद्री जहाज हथियारों की एक बड़ी खेप लेकर वहाँ पहुँचनेवाला था।

वामनराव बंबई से गोवा समुद्र मार्ग से गए। क्रांतिदल का एक और सदस्य सतारा पहले ही गोवा पहुँच चुका था। दोनों ने वहाँ आठ दिन तक प्रतीक्षा की, मगर जहाज वहाँ नहीं पहुँचा। उसी दौरान खबर आई कि ब्रिटिश नौसेना ने बीच समुद्र में उस जहाज को रोक दिया था। अत: इस योजना को कार्यरूप न दिया जा सका। इससे कई क्रांतिकारी क्रांतिदल से दूर होने लगे।

परंतु डॉ. हेडगेवार का उत्साह धीमा नहीं पड़ा था। उन्होंने खुलकर सार्वजनिक गतिविधियों में भाग लेना शुरू कर दिया। उन्होंने पूरे प्रांत में स्थान-स्थान पर सार्वजनिक सभाओं में गणेशोत्सव पर अपने विचारों को व्यक्त करना आरंभ कर दिया। उन्होंने 'होम लीग' के कार्यों को आगे बढ़ाने के उद्‌देश्य से सघन से यात्राएँ प्रारंभ कर दीं। लोकमान्य तिलक ने बरार के दौरे पर आने का कार्यक्रम बनाया। डॉ. हेडगेवार उनसे पहले वहाँ पहुँच गए, ताकि सभी व्यवस्थाओं का ध्यान रख सकें।

शेषाद्रिजी ने आर.एस.एस. के संस्थापक की उस वर्ष की गतिविधियों का एक विस्तृत विवरण दिया है, "डॉक्टरजी ने इस प्रकार लोगों को शिक्षित तथा जागरूक करने के प्रत्येक अवसर का उपयोग किया। वे जहाँ भी गए, उनके भाषणों ने लोगों का ध्यान अपनी ओर खींचा और उनके भाषणों को उनके पैनेपन के लिए हर ओर से प्रशंसा प्राप्त हुई। उनकी ये यात्राएँ क्रांतिदल के सदस्यों से व्यक्तिगत रूप से मिलने के लिए तथा उनके उत्साह को बनाए रखने के लिए थीं। उन्हें यह भी निर्णय करना था कि उपलब्ध धन तथा बचे हुए शस्त्रों का क्या करना है ? उन दिनों यह कार्य उनकी अधिक व्यस्तता का कारण था।"

डॉक्टरजी के सर्वाधिक सक्रिय सहयोगियों में से प्रमुख थे—गंगाप्रसाद पांडे, अप्पाजी जोशी, बाबूराव हरकारे और नानाजी पुरानिक। वर्ष 1919 की शुरुआत होते-होते डॉक्टरजी को अमृतसर से सूचना प्राप्त हुई कि हथियारों की जो खेप वहाँ भेजी गई थी, उसे गुप्त रूप से प्राप्त कर लिया गया है; मगर उन्होंने वहाँ जो कार्यकर्ता भेजे थे, वे वापस नहीं आए हैं। अप्पाजी जोशी को अमृतसर भेजा गया। उन्होंने कार्यकर्ताओं की वापसी का प्रबंध किया और जहाँ आवश्यकता थी, वहाँ आवश्यक धनराशि उपलब्ध

कराई। अप्पाजी जोशी को निर्देश दिए गए कि वे एक क्रांतिकारी अर्जुनलाल सेठी, जिन्हें वर्ष 1919 में जेल से रिहा किया गया था, को वर्धा लेकर आएँ। अर्जुनलाल को उनकी गुप्त रूप से की गई गतिविधियों के कारण जेल भेजा गया था। अब उन्हें असीमित यातनाएँ दी गई थीं। उन्होंने फिर भी बड़े धैर्य और हिम्मत के साथ यह सब सहा था और एक भी सहयोगी का नाम नहीं बताया था।

लेकिन उन्हें जो यातनाएँ दी गई थीं, उससे उनका स्वास्थ्य बिगड़ गया था और उनकी मानसिक अवस्था भी गड़बड़ा गई थी। इसी कारण से पुलिस ने उन्हें अचानक रिहा कर दिया था। डॉक्टरजी के निर्देशों के अनुसार, अप्पाजी जोशी अर्जुनलाल को वर्धा ले आए और वहाँ उनके रहने-खाने की व्यवस्था कर दी।

उनको पूर्णतया स्वस्थ होने और अपनी मानसिक अवस्था में पहले जैसी स्थिरता लाने में तीन से चार वर्षों का समय लगा। डॉक्टरजी तथा अन्य सहकर्मियों ने उनके प्रति अत्यधिक सावधानी बरती। उन्हें मालूम था कि अगर सरकार को जरा भी भनक लग गई, तो न केवल उनकी योजनाओं पर मिट्टी पड़ जाएगी, बल्कि असंख्य लोगों का जीवन तथा स्वतंत्रता भी खतरे में पड़ जाएगी। इन परिस्थितियों में किसी ने पंजाब से लौटकर बिना सोचे-समझे हिन्मानी में एक बम विस्फोट कर दिया। इस घटना से डॉक्टरजी तथा उनके सहयोगी गहरी चिंता में पड़ गए। सरकार ने तुरंत एक विस्तृत तथा सघन जाँच शुरू कर दी और उसके बाद गिरफ्तारियाँ शुरू हो गईं।

इन घटनाओं ने डॉ. हेडगेवार को यह भान करा दिया कि समाज में बड़े स्तर पर अनुशासन और देशभक्ति का भाव लाने की आवश्यकता है।

अब डॉ. हेडगेवार सार्वजनिक गतिविधियों तथा सामाजिक कार्यों के क्षेत्र में कूद पड़े। यह वह समय था, जब भारतीय राष्ट्रीय कांग्रेस की नागपुर इकाई में लोकमान्य तिलक के समर्थकों का बोलबाला था। उन्होंने मिलकर एक 'राष्ट्रीय मंडल' बना लिया था, जिसमें कई प्रकार की राजनीतिक गतिविधियाँ आयोजित की जाती थीं। डॉ. हेडगेवार एक ऐसे व्यक्ति थे, जो 'पूर्ण स्वतंत्रता' की माँग को आगे बढ़ाते थे, जबकि कांग्रेस कार्यकर्ता 'ब्रिटिश साम्राज्य के अंतर्गत एक स्वतंत्र औपनिवेशिक राज्य' माँगते थे।

'राष्ट्रीय मंडल' ने एक साप्ताहिक पत्र 'संकल्प' हिंदी में प्रकाशित करना शुरू किया। डॉ. हेडगेवार इसकी शुरुआत करने में अग्रणी व्यक्ति थे। उन्होंने अत्यंत शीघ्रता से इस साप्ताहिक पत्र की प्रसिद्धि के उद्देश्य से चार महीनों की यात्रा की। अपनी इस यात्रा में उन्होंने कई स्थानों पर छात्रों को संबोधित किया। उन्होंने कई युवा राष्ट्रवादियों से संपर्क किया। उनको भारत के जननायकों के जीवन से प्रेरित करने के लिए उन्होंने 'राष्ट्रीय उत्सव मंडल' की स्थापना की। मंडल के सचिव के रूप में उन्होंने छत्रपति शिवाजी की जन्म-वर्षगाँठ, शिवाजी की ताजपोशी की

वर्षगाँठ, गणेशोत्सव, शस्त्रपूजा, दशानवमी, संक्रांति और कई अन्य हिंदू त्योहारों पर कार्यक्रम आयोजित करने में सक्रिय योगदान दिया। इन सभाओं में एकत्र भीड़ को कई जाने-माने सार्वजनिक व्यक्ति संबोधित करते थे, जिनमें अधिकतर युवा होते थे। इन कार्यक्रमों पर डॉ. हेडगेवार अकसर बोलते थे और इस उग्र वक्ता से युवा वर्ग बहुत प्रेरित होता था।

इस बीच प्रथम विश्वयुद्ध समाप्त होने के बाद महात्मा गांधी भारत के राजनीतिक पटल पर सर्वाधिक प्रमुख नेता के रूप में उभरे थे। ब्रिटिश शासन के विरुद्ध हुए खिलाफत तथा असहयोग आंदोलनों ने जनसाधारण का ध्यान अपनी ओर खींचा था। डॉ. हेडगेवार ने अमृतसर में वर्ष 1919 में हुए कांग्रेस अधिवेशन में भाग लिया और जलियाँवाला बाग की रक्तरंजित मिट्टी को देखा। इससे वे थोड़ा विचलित हुए तथा राष्ट्रीय धर्म के प्रति अपने समर्पण को और मजबूत किया।

अगला कांग्रेस अधिवेशन नागपुर में होना तय था। इस बात के लिए एक सघन अभियान चला कि इस अधिवेशन की अध्यक्षता लोकमान्य तिलक द्वारा की जाए—एक ऐसी चाहत, जो वर्ष 1907 में पूरी न हो सकी थी। जोर-शोर से तैयारियाँ शुरू हो गईं। एक 'स्वागत समिति' गठित की गई तथा जोरदार प्रचार अभियान चलाया गया। सावधिक पत्रिका 'महाराष्ट्र' में एक समाचार रिपोर्ट में कहा गया, "नेताओं के साथ-साथ, ग्रामवासियों ने गाँवों को बखूबी सजाया और मेहमानों का स्वागत किया। किसानों का उत्साह पहले कभी भी ऐसा न देखा गया था।"

डॉ. मुंजे, डॉ. हेडगेवार, गणपतराव जोशी और बाबासाहेब देशपांडे द्वारा दिए गए भाषणों ने जनसाधारण को मंत्रमुग्ध कर दिया।

जनवरी 1920 में डॉ. एल.वी. परांजपे ने 'भारत स्वयंसेवक मंडल' की स्थापना की। डॉ. हेडगेवार उसमें एक सक्रिय सदस्य थे। उन्होंने डॉ. परांजपे के साथ मिलकर काम किया। जुलाई 1920 में कांग्रेस अधिवेशन के लिए लगभग 1000-1500 कार्यकताओं की सेना खड़ी करने के प्रयत्न शुरू हुए। डॉ. हेडगेवार यह संख्या जुटाने के कार्य में मुख्य भूमिका निभाते नजर आए।

जब ये सब प्रयत्न लोकमान्य तिलक के उत्साही समर्थकों द्वारा किए जा रहे थे, तभी एक दुःखदायी खबर आई। 31 जुलाई, 1920 की रात में तिलक का निधन हो गया। तिलक की मृत्यु के बाद डॉ. मुंजे और डॉ. हेडगेवार पांडिचेरी गए, अरविंद घोष को अधिवेशन की अध्यक्षता का निमंत्रण दिया। दोनों ने अरविंद घोष से मुलाकात की और उनसे अध्यक्ष बनने की अनुनय की, परंतु उन्होंने मना कर दिया।

कांग्रेस अधिवेशन दिसंबर 1920 में हुआ। इसमें 3000 से अधिक स्वागत समिति के सदस्य, लगभग 15000 प्रतिनिधि तथा हजारों की संख्या में जनसाधारण ने भाग लिया।

डॉ. परांजपे तथा डॉ. हेडगेवार ने प्रतिनिधियों के लिए भोजन तथा रहने की व्यवस्था का दायित्व वहन करना है। इस अधिवेशन में आंदोलन के एक प्रस्ताव को स्वीकृति दी गई।

डॉ. हेडगेवार चाहते थे कि इसे और अधिक विस्तृत रूप दिया जाए। वे नागपुर के कुछ अन्य नेताओं को साथ लेकर महात्मा गांधी से मिले और उनसे यह अनुनय की कि वे 'संपूर्ण स्वतंत्रता' के प्रस्ताव की घोषणा करें, लेकिन उनके सुझाव को मंजूर नहीं किया गया। कांग्रेस ने एक प्रस्ताव अवश्य स्वीकार किया, जिसमें एक वर्ष के भीतर 'स्वराज' की माँग की गई थी।

डॉ. हेडगेवार ने मध्य प्रांत का विस्तृत दौरा किया और वहाँ लोगों से कहा कि वे असहयोग आंदोलन को अपना पूर्ण समर्थन दें। इसके अलावा वे बंबई उपमहानगर और मुख्य शहर में कई सार्वजनिक सभाओं में बोले। उनकी ओजस्वी वाणी ने कई युवाओं को अपनी ओर खींचा, जिन्होंने बाद में देश के लिए अपना पूरा जीवन समर्पित कर दिया। उनमें से एक थे—दादा परमार्थ, जिन्होंने बाद में लिखा, "ब्रिटिश लोगों या उनके शासन का केवल नाम लेने से ही डॉ. हेडगेवार गहरी कोप्त हो जाती थी। उनके कार्यों ने श्रोताओं को ऐसा महसूस कराया, जैसे दुश्मन भौतिक रूप में उनके सामने खड़ा हो और डॉक्टरजी गुस्से में उस पर लपक रहे हों। उनके हृदय में विदेशी शासन के प्रति भारी रोष भरा था, मानो कोई बिजली की धारा दौड़ रही हो। बोलते समय जलती आँखों, भिंची हुई मुट्ठियाँ तथा बाजुओं के जबरदस्त इशारों से ऐसा लगता था, मानो साक्षात् यमराज सामने आ गए हों।"

यद्यपि डॉ. हेडगेवार गांधी के असहयोग आंदोलन तथा खिलाफत से बिल्कुल सहमत न थे; खिलाफत का उद्देश्य टर्की में खलीफा को दोबारा स्थापित करना था, फिर भी उन्होंने अपनी यात्राएँ जारी रखीं और सभाओं को संबोधित करते रहे तथा लोगों को स्वतंत्रता आंदोलन में भाग लेने की प्रेरणा देते रहे।

मई 1921 में उन्हें उनके द्वारा कटोल तथा भरतवाड़ा में दिए गए आक्रामक भाषणों के कारण उन पर 'देशद्रोह' का आरोप लगाकर गिरफ्तार कर लिया गया। 14 जून, 1921 को अदालत में इस मामले की सुनवाई शुरू हुई और न्यायाधीश थे जज स्मेली। कुछ दिनों की सुनवाई के बाद डॉ. हेडगेवार ने इस अवसर का उपयोग राष्ट्र के जागरण के लिए करना चाहा और अपनी पैरवी खुद करने का निर्णय लिया।

उन्होंने 5 अगस्त, 1921 के दिन अपना लिखित बयान पढ़ा, जिसमें कहा गया—

(1) मुझ पर यह आरोप है कि मेरे भाषणों ने भारतीयों के मस्तिष्क में ब्रिटिश शासन के विरुद्ध असंतोष, घृणा तथा राष्ट्रद्रोह की भावना भर दी है तथा भारतीय एवं यूरोपियन लोगों के बीच दुश्मनी का बीज बो दिया है और मुझसे इसका उत्तर माँगा गया है। मैं इसे अपने महान् देश का अपमान समझता हूँ कि एक विदेशी

सरकार यहाँ के एक स्थानीय नागरिक (भारतीय) से कुछ पूछताछ करे और उसका न्याय करने के लिए बैठे।

(2) मैं यह नहीं मानता कि आज भारत में कोई विधिसम्मत सरकार है। अगर कोई ऐसा दावा करता है तो यह आश्चर्य का विषय है। आज जो भी सरकार है, वह एक छीनी हुई सत्ता है, जिसमें से एक दमनकारी शासन शक्ति निकलकर आती है। आज जो कानून और अदालतें हैं, वे इस अनधिकृत शासन द्वारा बनाए गए कृत्रिम साधन हैं। दुनिया के किसी भी हिस्से में, लोगों की चुनी हुई सरकार होती है, जो लोगों के लिए बनती है और यही सरकार कानूनों का निर्वाह भी कर सकती है। शासन के अन्य सभी प्रकार केवल धोखा मात्र हैं, जो धोखेबाज छीना-झपटी करनेवाले लोगों ने असहाय देशों को लूटने के लिए अपनाए हैं।

(3) मैंने जो करने का यत्न किया, वह इतना भर था कि मैं अपने देशवासियों के हृदयों में अपनी मातृभूमि के प्रति श्रद्धा का भाव जगा सकूँ, जो आज मैं समझता हूँ कि शोचनीय स्थिति में है। मैं लोगों के मस्तिष्क में विश्वास डालने की कोशिश कर रहा हूँ कि भारत भारतवासियों के लिए है। अगर कोई भारतीय, जो अपने देश के लिए और राष्ट्रभाव को फैलाने के उद्देश्य से कुछ बोल रहा है, को देशद्रोही कहा जाए और अगर वह बिना भारतीय और यूरोपीय लोगों में दुश्मनी बढ़ाने के सत्य न बोल पाए तो यूरोपीय तथा वे लोग, जो स्वयं को भारत सरकार मानते हैं, उनके लिए मैं कहना चाहूँगा कि वे यह समझ लें कि वह दिन अब दूर नहीं, जब सभी विदेशियों को मजबूर होकर भारत छोड़ना पड़ेगा।

(4) मेरे भाषण का सरकार द्वारा दिया गया संस्करण न तो सच्चा है और न ही पूर्ण। कुछ इधर-उधर के शब्दों तथा बेतुके वाक्यों को मेरे विरुद्ध खड़ा कर दिया गया है, परंतु मुझे इससे कोई फर्क नहीं पड़ता। ब्रिटिश और यूरोपीय लोगों से व्यवहार करते हुए मैंने केवल मूल सिद्धांतों को मस्तिष्क में रखा है, जिनसे दो देशों के बीच के संबंध चलते हैं। जो भी मैंने कहा, वह इस विचार को दृढ़ करने के लिए कहा कि यह देश भारतीयों का है और हमें हमारी स्वतंत्रता की प्राप्ति अत्यावश्यक है। मैं अपने कहे गए प्रत्येक शब्द के लिए जिम्मेदारी लेने के लिए तैयार हूँ। हालाँकि मेरे ऊपर लगाए गए आरोपों के प्रति मैं और कुछ नहीं कहना चाहता, परंतु मैं अपने भाषण में कहे गए प्रत्येक शब्द के औचित्य को बताने के लिए तैयार हूँ और मैं घोषणा करता हूँ कि जो कुछ भी मैंने कहा, वह न्यायपूर्ण है।

जज ने उनका बयान सुनकर आश्चर्य से कहा, "इनका अपने बचाव का बयान

तो इनके मूल भाषण से भी अधिक देशद्रोही है।" इस बयान के समय अदालत द्वेष और घृणा भरी थी। इस बयान के बाद डॉ. हेडगेवार ने एक छोटा सा संबोधन किया। उन्होंने कहा, "भारत भारतीयों का है। इसलिए हम स्वतंत्रता की माँग करते हैं। मेरे सभी भाषणों का सार केवल यही है। लोगों को बताना पड़ेगा कि स्वतंत्रता कैसे प्राप्त करनी है और यह भी कि जब यह मिल जाए तो आगे हमारा व्यवहार कैसा होना चाहिए। नहीं तो यह काफी संभव है कि आजाद भारत में लोग ब्रिटिश लोगों की नकल करने लगेंगे। हालाँकि अंग्रेज अन्य देशों पर आक्रमण कर रहे हैं और दमनकारी कृत्यों के माध्यम से उन पर शासन कर रहे हैं, परंतु जब उनकी अपने देश की स्वतंत्रता पर कोई खतरा पैदा होता है तो वे खून बहाने के लिए भी तैयार हो जाते हैं। हाल ही के युद्ध में यह साबित हो चुका है। इसलिए यह हमारा कर्तव्य बन जाता है कि हम अपने लोगों से कहें, प्रिय देशवासियो, अंग्रेजों की रोषपूर्ण हरकतों की नकल मत करो। अपनी स्वतंत्रता को शांतिपूर्ण तरीकों से हासिल करो और किसी की जमीन आदि हथियाए बिना केवल अपने ही देश से खुश और संतुष्ट रहो।" इस बात को समझाने के लिए मैं वर्तमान राजनीतिक मुद्दों को उठाने का त्याग नहीं कर सकता। यह कि ब्रिटिश अपना दमनकारी शासन हमारे प्रिय देश में चला रहे हैं, यह सभी को स्पष्ट है। ऐसा कौन सा कानून है, जो एक देश को कहता है कि तुम दूसरे पर शासन करो? मैं आपसे पूछ रहा हूँ, सरकारी अधिवक्ता, यह सरल और सीधा प्रश्न है। क्या आप इसका उत्तर दे सकते हैं? क्या यह स्वाभाविक न्याय के विरुद्ध नहीं है? अगर यह सच है कि कोई भी देश दूसरे पर शासन नहीं कर सकता, तो ब्रिटिश लोगों को किसने यह अधिकार दिया कि वे भारत के लोगों को अपने पैरों तले कुचलें? क्या अंग्रेज इस धरती के हैं, तो फिर वे कैसे हमें गुलाम बनाकर रख सकते हैं और घोषणा कर सकते हैं कि वे इस देश के स्वामी हैं? क्या यह न्याय, नैतिकता और धर्म की सर्वाधिक मुखर हत्या नहीं है?

"हमें ब्रिटेन को छीन लेने और वहाँ पर शासन करने की कोई इच्छा नहीं है। जैसे ब्रिटिश लोग ब्रिटेन में और जर्मन लोग जर्मनी में स्वयं पर शासन करते हैं, ठीक वैसे ही यहाँ भारत में हम भारतीय स्वयं शासन का अधिकार चाहते हैं और अपने कार्य खुद करना चाहते हैं। हमारे मस्तिष्क ब्रिटिश साम्राज्य की गुलामी के विचार से ही विद्रोह करते हैं और इस कलंक को और नहीं सह सकते। हमें 'संपूर्ण स्वतंत्रता' से कम कुछ भी स्वीकार्य नहीं है। जब तक हम यह प्राप्त नहीं कर लेते, हमें शांति प्राप्त नहीं होगी। क्या हमारी यह इच्छा कि हम अपने ही देश में स्वतंत्र महसूस करें, नैतिकता और कानून के विरुद्ध है? मेरा मानना है कि कानून नैतिकता तथा विधान को तोड़ने के लिए नहीं होता। मैं मानता हूँ कि कानून इसलिए नहीं होता कि इसे तोड़ें, बल्कि इसलिए होता है कि इसका निर्वाह करें। यही कानून का मुख्य उद्देश्य होना चाहिए।"

19 अगस्त को अदालत ने अपना निर्णय सुनाया कि हेडगेवार अदालत को लिखित में एक शपथ-पत्र दें कि वे अगले एक वर्ष तक देशद्रोही भाषण नहीं देंगे और इसके साथ 3000 रुपयों की जमानत राशि जमा करें।

डॉ. हेडगेवार की प्रतिक्रिया थी—

"मेरी आत्मा कहती है कि मैं बिल्कुल निर्दोष हूँ। दमन करने की नीति सिर्फ उस आग में घी डालने का काम करेगी, जो सरकार की वहशी नीतियों के कारण पहले से ही धधक रही है। मुझे पूरा विश्वास है कि अब वह दिन दूर नहीं, जब विदेशी शासन अपने पापों का फल भोगेगा। मुझे सर्वव्यापी ईश्वर के न्याय पर पूर्ण भरोसा है। इसलिए मैं मना करता हूँ कि मैं अदालत के आदेश का पालन नहीं करूँगा।"

जैसे ही उन्होंने अपना उत्तर पूरा किया, जज ने उन्हें एक वर्ष के कठोर कारावास की सजा सुना दी। डॉ. हेडगेवार अदालत परिसर से बाहर आए, जहाँ असंख्य लोगों की भीड़ इकट्ठा हो गई थी। उनको संबोधित करते हुए उन्होंने कहा, "जैसा कि आप लोग जानते हैं, मैंने देशद्रोह के आरोप के इस मामले में खुद ही अपनी पैरवी की है, लेकिन आजकल लोगों में एक भ्रम उपजा है कि अपने पक्ष में अगर कोई व्यक्ति तर्क-वितर्क करता है तो यह भी राष्ट्रीय आंदोलन के प्रति एक धोखाधड़ी का कार्य है; लेकिन मैं मानता हूँ कि यह एक बेवकूफी की बात होगी, अगर कोई व्यक्ति सिर्फ कीड़े की भाँति स्वयं को मसले जाने के लिए छोड़ दे, जब उस पर झूठा मुकदमा कायम कर दिया जाए। यह हमारा कर्तव्य बनता है कि हम विदेशी शासकों के प्रपंच को सारी दुनिया के सामने उजागर कर दें। यह वास्तव में एक प्रकार की राष्ट्रभक्ति ही कही जाएगी और दूसरी ओर, अगर हम स्वयं की रक्षा नहीं करते, तो यह एक प्रकार से आत्महत्या करने जैसा होगा। आप अगर चाहें तो स्वयं को भले ही सुरक्षित न करें, परंतु भगवान् के लिए उन्हें, जो आपसे सहमत नहीं हैं, कम देशभक्त न मानें। अगर हमें हमारी राष्ट्रभक्ति के कर्तव्य के निर्वहन में जेल जाने को कहा जाए या अंडमान भेजे जाने की सजा दी जाए या फिर फाँसी के तख्ते पर ही क्यों न झूलने दिया जाए, हमें ऐसा करने के लिए अपनी इच्छा से तैयार रहना चाहिए, लेकिन कोई भी इस भ्रम में न रहे कि केवल जेल जाना ही सबकुछ है, यही एक रास्ता है, जिससे स्वतंत्रता प्राप्त की जा सकती है। वास्तव में देशसेवा के अन्य कई कार्य हमारे समक्ष हैं, जो जेल के बाहर रहकर किए जा सकते हैं। मैं एक वर्ष के बाद आप लोगों के बीच फिर लौटूँगा। तब तक निश्चित तौर पर मैं आप सब के संपर्क में न होऊँगा, परंतु मुझे विश्वास है कि तब तक 'संपूर्ण स्वतंत्रता' के आंदोलन को और अधिक गति प्राप्त हो चुकी होगी। अब यह संभव नहीं है कि हिंदुस्तान विदेशी औपनिवेशिक शासन के पैरों तले रह सकेगा। मैं आप लोगों को अपना आभार व्यक्त करता हूँ और आपसे विदा चाहता हूँ।"

शुक्रवार, 19 अगस्त, 1921 के दिन उन्हें अजानी जेल ले जाया गया। शेषाद्रिजी के अनुसार, "उसी शाम टाउनहॉल के मैदान में उनकी गैर मौजूदगी में उन्हें सम्मानित करने के लिए एक सार्वजनिक सभा आयोजित की गई। बैरिस्टर गोविंदराव देशमुख ने सभा की अध्यक्षता की। डॉ. मुंजे, नारायणराव हरकारे और विश्वनाथ राव केलकर—सभी ने भरे गले से अपनी-अपनी बात कही। "अपने त्याग तथा राष्ट्र के प्रति गहन चिंतन के साथ डॉ. हेडगेवार बिना किसी शंका के आने वाली पीढ़ियों के नेता होंगे।" नारायणराव हरकारे ने कहा। उन सबने डॉ. हेडगेवार का स्वतंत्रता के प्रति संपूर्ण समर्पण भावना के लिए प्रशंसा की झड़ी लगा दी। सबसे अंत में बोलते हुए विश्वनाथ राव केलकर ने लोगों का ध्यान डॉक्टरजी के उस संदेश की ओर दिलाया, जो उन्होंने जेल जाने से पूर्व दिया था।

जब डॉ. हेडगेवार जेल में पहुँचे तो उसी दौरान जाथड़ नाम का एक नया जेलर, जेल में नियुक्त किया गया था। डॉ. हेडगेवार ने ही उसे जेल मैनुअल समझने में उनकी सहायता की। सर जाथड़ ने बाद में एक अवसर पर कहा, "डॉक्टरजी के मन में कोई लाभ उठाने का परोक्ष भाव न था या वे कोई छिपी हुई व्यवस्था नहीं चाहते थे।" जेलर इस कैदी से इतना अधिक प्रभावित हुआ कि उसने बाद में कहा, "हालाँकि हम सरकारी कर्मचारी थे, हम डॉक्टरजी के अनुकरणीय व्यवहार से इतने अधिक प्रभावित हुए कि उनके रिहा होने के बाद हम जब भी शहर गए, तो हमारे कदम स्वयमेव उनके घर की दिशा की ओर मुड़ गए।"

जुलाई 1922 में उनको अजानी जेल से रिहा किया गया और उसी शाम एक सार्वजनिक स्वागत सभा का आयोजन किया गया, जिसमें उस समय के एक वरिष्ठ कांग्रेसी नेता मोतीलाल नेहरू तथा हकीम अजमल खाँ ने लोगों को संबोधित किया। साप्ताहिक पत्र 'महाराष्ट्र' ने डॉ. हेडगेवार की जेल से रिहाई पर एक लेख प्रकाशित किया, जिसमें कहा गया, "कुछ शब्द डॉ. हेडगेवार की राष्ट्रभक्ति की गहन भावना और त्याग का पूर्ण रूप से वर्णन नहीं कर सकते। अग्नि-परीक्षा के बाद उनके ये गुण अब और भी दीप्तिमान हो उठे हैं।"

अपने स्वागत समारोह में बोलते हुए डॉ. हेडगेवार ने कहा, "यह तथ्य कि मैं एक वर्ष से सरकार का 'मेहमान' था, मेरी योग्यता में कुछ नया नहीं जोड़ते; और अगर वास्तव में इससे वह बढ़ गई है, तो इसका श्रेय केवल सरकार को देना होगा। आज हमें अपने देश के सामने उच्चतम और महानतम विचार रखने होंगे। कोई भी आदर्श, जो संपूर्ण स्वतंत्रता से कम है, वह हमें कहीं भी नहीं लेकर जाएगा। आपको वे तरीके बताना कि कैसे हमें अपना लक्ष्य प्राप्त करना है, आपकी बौद्धिकता की तौहीन करना होगा, क्योंकि आप सब लोग इतिहास के सबक से निस्संदेह भली-भाँति परिचित हैं। अगर कभी

मृत्यु भी हमारे सम्मुख खड़ी हो, तो भी हमें अपने मार्ग से भ्रमित नहीं होना है; हमें अपने मस्तिष्क में उस अंतिम लक्ष्य के दीये को निरंतर जलाए रखना है तथा अपनी शांतिपूर्ण यात्रा जारी रखनी है।"

एक और विचार-बिंदु, जो उन्होंने अपने संबोधन में स्पष्ट किया, उस अवसर और अन्य स्थानों पर भी, वह अहिंसा के प्रति था। उन्होंने दृढ़ता से कहा, "वास्तविक अहिंसा हमारे मन-मस्तिष्क से संबंध रखती है। अपने हृदय में कोई भी व्यक्ति हिंसा या घृणा का भाव न पाले। कोई व्यक्ति ऊपरी तौर पर भले ही कुछ ऐसे कृत्य करे, जिनमें शारीरिक हिंसा की झलक दिखाई पड़े, परंतु यदि यह त्याग की भावना से बिना स्वार्थ या नफरत से किया गया कार्य है, तब हम इसे हिंसा नहीं कह सकते। श्रीकृष्ण ने 'भगवद्गीता' में भी यही उपदेश दिया है।"

नागपुर के बाद यवतमाल, वानी, आरवी, बढ़ोना, मोहापा और अन्य कई स्थानों पर भी उनका स्वागत हुआ, लेकिन ये स्वागत-उत्सव कहीं से भी देश की गंभीर स्थिति के प्रति उनके चिंतन को कम न कर सके।

असहयोग आंदोलन धीरे-धीरे मंद होता गया तथा इसमें भाग लेनेवाले लोगों की एक बड़ी संख्या इससे हतोत्साहित होने लगी। हालाँकि इस बीच महात्मा गांधी ने स्वयं हिंदू-मुसलमान एकता की बात कही थी, पर देश भर में कई स्थानों पर वर्ष 1921 से 1923 की अवधि में दंगे भड़क उठे। इन दंगों में हिंदू ही ज्यादातर शिकार बने।

जैसा कि अपनी आत्मकथा में जवाहरलाल नेहरू ने विशेष रूप से लिखा, "यहाँ तक कि पश्चिम में पढ़े-लिखे मुसलमानों, जिनकी कोई धार्मिक अंध आस्था नहीं होती, ने भी दाढ़ी रखनी शुरू कर दी तथा अन्य बाहरी इसलामिक परंपराओं को निभाने लग पड़े।"

विडंबना देखिए कि हिंदुओं ने भी खिलाफत आंदोलन के लिए 80 लाख रुपयों की राशि एकत्र कर उसमें योगदान दिया। जब डॉ. हेडगेवार जेल में थे, तब केरल में मालाबार क्षेत्र में, मोपलों ने हिंदुओं पर जानलेवा हमले किए। कांग्रेस ने इस घटना पर परदा डालने की कोशिश की, इसलिए देश के अन्य हिस्सों में हिंदुओं की इस लूटमार और कत्लेआम का पता भी न चल पाया। 'सर्वेंट ऑफ इंडिया सोसाइटी' की एक रिपोर्ट के अनुसार, "एक हजार हिंदुओं का कत्लेआम किया गया। बीस हजार हिंदुओं का जबरन धर्म-परिवर्तन कराया गया तथा हजारों हिंदू स्त्रियों का बलात्कार और अपहरण हुआ। तीन करोड़ की संपदा लूट ली गई।"

इन घटनाओं की प्रथम सूचना पर जानकारी लेने के लिए डॉ. मुंजे ने मालाबार के दंगाग्रस्त इलाकों का दौरा किया। डॉ. हेडगेवार को वास्तविक स्थिति का ज्ञान डॉ. मुंजे से ही प्राप्त हुआ।

वर्ष 1923 में खिलाफत आंदोलन को हिंदू विरोधी उन्माद में बदला गया। भाई परमानंद ने वर्ष 1932 में सहारनपुर में हिंदुओं की पीड़ा का वर्णन करते हुए लिखा—"हिंदुओं की दुर्दशा तथा कठिनाई भरे जीवन को देखकर मेरा हृदय रो उठा। मुझे पता चला कि स्थानीय खिलाफत समिति के कार्यालय के कर्मचारियों ने ही हिंदुओं के विरुद्ध दंगों को भड़काया तथा हिंदुओं के जीवन, सम्मान और संपत्ति को नष्ट किया। यह स्पष्ट है कि खिलाफत आंदोलन ही मुसलमानों द्वारा किए गए विप्लवों का स्रोत है।"

नागपुर, अमेठी, संभल, गुलबर्गा, कोहाट और अन्य जगहों पर भी दंगे भड़क उठे। 9–10 सितंबर को कोहाट में हुए दंगों में कम-से-कम 150 हिंदुओं को मौत के घाट उतार दिया गया और करोड़ों की संपदा लूट ली गई। कांग्रेसी नेता सरोजिनी नायडू ने महात्मा गांधी को लिखा—"अच्छा होता, अगर हम शांति की अपनी बातचीत को समाप्त कर देते।" महात्मा गांधी ने दिल्ली में मौलाना मोहम्मद अली के घर पर 21 दिन के उपवास की शुरुआत की, ताकि हिंसा को रोका जा सके। हिंदुओं को बूचड़खाने के पशुओं की भाँति काट डालने का कृत्य, जो बड़ी संख्या में देश भर में किया गया, होने के बाद एक 'शांति समिति' का गठन किया गया।

डॉ. अंबेडकर ने इस प्रक्रिया के अंतिम परिणाम की समुचित रूप से व्याख्या की, "ऊँचे-ऊँचे प्रस्ताव शांति समिति की बैठकों में पास किए गए। ऐसा नजर आता था कि प्रत्येक नए प्रस्ताव ने मानो हिंसा के लिए एक नया लाइसेंस जारी कर दिया हो।"

पंडित मदनमोहन मालवीय ने वर्ष 1924 में आयोजित 'हिंदू महासभा' के बेलगाम अधिवेशन में अपने संबोधन में कहा, "हिंदुओं में अगर कमजोरी और डर की भावना न होती, तो कई हिंदू-मुसलमान टकरावों को रोका जा सकता था। इन टकरावों ने देश को वर्तमान अति गंभीर अवस्था में धकेल दिया है। इसलिए यह अत्यंत आवश्यक है कि हिंदुओं की कमजोरियों को समाप्त किया जाए, जो काफी हद तक मुसलमानों द्वारा की गई हिंसा के लिए उत्तरदायी हैं।"

इन परिस्थितियों ने डॉ. हेडगेवार पर दबाव बनाया कि वे हिंदुओं को संगठित करने का कार्य करें। उस समय तक दामोदर विनायम सावरकर ने 'हिंदुत्व' पर अपना ऐतिहासिक आलेख प्रकाशित करवा लिया था। सावरकर ने इसे अंडमान जेल में रहते हुए लिखा था और बड़ी कठिनाइयों से इसे बाहर भेजा गया था। सावरकर के आलेख ने 'हिंदू राष्ट्रवादिता' को हाल ही के इतिहास में पहली बार परिभाषित किया था।

हालाँकि डॉ. हेडगेवार हिंदुओं को संगठित करने की आवश्यकता और तत्परता पर जोर दे रहे थे, ताकि भारत जब स्वतंत्र राष्ट्र बने तो यह अधिक शक्तिशाली हो। उन्हें वर्ष 1922 में प्रांतीय कांग्रेस का संयुक्त सचिव नियुक्त कर दिया गया। वे 'हिंदुस्तानी

सेवा दल' के भी सदस्य थे, जो स्वयंसेवकों की एक कांग्रेसी कमान थी। सेवा दल की स्थापना हुबली के डॉ. एन.एस. हार्दिकर ने की थी, जिन्हें डॉ. हेडगेवार अपने विद्यार्थी जीवन से जानते थे।

पंडित नेहरू ने अपनी आत्मकथा में लिखा है—"हमें बाद में यह देखकर आश्चर्य हुआ कि प्रमुख कांग्रेसजनों में सेवा दल के प्रति कितनी अधिक विरोध की भावना थी। कुछ कह रहे थे कि यह एक खतरनाक रवानगी होगी, क्योंकि इसका अर्थ यह था कि कांग्रेस में एक सैनिक तत्त्व समा जाएगा तथा सैनिक बाहुबल नागरिक अधिकार को हड़प लेगा। कुछ अन्य यह सोचते नजर आते थे कि स्वयंसेवकों के लिए केवल यही अनुशासन जरूरी था कि वे ऊपर से आए आदेशों का पालन करें और बाकी लोगों के लिए यह बमुश्किल स्वीकार्य था कि कार्यकर्ता या स्वयंसेवक कदम-से-कदम मिलाकर भी चलें। उन कुछ लोगों के मस्तिष्क-पटल में कहीं-न-कहीं यह बात गहरे पैठी थी कि प्रशिक्षित तथा सैन्य गुणों से परिपूर्ण स्वयंसेवकों का होना कांग्रेस के अहिंसा के सिद्धांत से मेल नहीं खाता था।"

सेवा दल के प्रति इस प्रकार का विरोध देखकर डॉ. हेडगेवार को कांग्रेस के कार्यकर्ताओं में अनुशासन जाग्रत् करने के प्रति विश्वास की आशा न थी। वे एक ऐसी संस्था बनाने का स्वप्न देख रहे थे, जिसमें लाखों लोग हों तथा वे राष्ट्र के लिए अपनी जान न्योछावर करने के लिए हमेशा तैयार हों।

अब वह समय आ गया था कि वे कांग्रेस से परे नए विकल्पों की बात सोचते। डॉ. हेडगेवार ने गंगाप्रसाद पांडे, एक क्रांतिकारी नेता, जो पंजाब तथा राजस्थान होकर आए थे, को निमंत्रण दिया कि वे नागपुर में युवाओं को आकृष्ट करने के लिए एक पहलवान अखाड़ा खोलें, परंतु यह अखाड़ा शुरू होने के एक वर्ष के भीतर ही ब्रिटिश सरकार ने गंगाप्रसाद पांडे का पीछा करना शुरू कर दिया, इसलिए उन्हें वहाँ से हटाना पड़ा और अखाड़ा भी बंद हो गया।

डॉ. हेडगेवार कई संस्थाओं के सक्रिय सदस्य थे, जिनमें नागपुर में एक अनाथालय तथा डॉ. मुंजे द्वारा गठित किया गया एक 'राइफल संघ' भी था। वर्ष 1922 में प्रांतीय खेल कमेटी में उनके नाम को स्थान दिया गया था।

साप्ताहिक पत्रिका 'राजस्थान केसरी', जो वर्धा से निकलती थी, उसके संपादक रामगोपाल ने लिखा—"डॉक्टरजी ने कभी भी मत-विचार की भिन्नता के कारण किसी की मित्रता को नहीं ठुकराया। इस प्रकार मैं जब भी उनसे मिलने उनके घर पर गया, वे हमेशा मुसकराते हुए कहा करते थे, 'मैं आपका स्वागत करता हूँ, परंतु आपके विचारों का नहीं'।"

डॉ. हेडगेवार अपनी इसी भावना के कारण एक कांग्रेसी कार्यकर्ता के तौर पर बिना किसी स्वार्थ के कार्य करते रहे, जबकि कई मुद्दों पर उनके महात्मा गांधी के साथ गहरे मतभेद थे। वर्ष 1923 में 'हिंदू महासभा' की नागपुर शाखा आरंभ हुई। राजा लक्ष्मणराव भोंसले इसके अध्यक्ष थे तथा डॉ. हेडगेवार सचिव।

वर्ष 1923 में जब सावरकर जेल में ही थे, सरदार वल्लभभाई पटेल और अन्य लोगों ने बंबई विधान समिति में उनको रिहा कराने के लिए गुहार लगाई। नागपुर में भी एक सार्वजनिक सभा आयोजित की गई, जहाँ डॉ. हेडगेवार ने सरकार पर एक जबरदस्त प्रहार करते हुए सावरकर को रिहा करने की माँग रखी। उन्होंने कहा, "सावरकर को मुजरिम बनाकर सरकार ने न्याय का खून किया है और यदि सरकार अपने सिर से यह कलंक हटाना चाहती है तो उसे तुरंत सावरकर को रिहा करना चाहिए। ऐसा करते हुए सरकार कोई विशेष कृपा न करेगी कि वह अब उन्हें 14 वर्षों के कठोर कारावास के बाद छोड़ेगी। अगर अब भी सरकार इस बात की परवाह नहीं करती तो देश के प्रति सरकार के कुकृत्यों का यह एक और साक्ष्य होगा।"

वर्ष 1923 के मध्य डॉ. हेडगेवार तथा अन्य कुछ लोगों ने मिलकर एक दैनिक समाचार-पत्र 'स्वातंत्र्य' शुरू किया। 'स्वातंत्र्य' के संपादन का भार विश्वनाथराव केलकर ने सँभाला, लेकिन एक वर्ष के भीतर ही वित्तीय अभाव के कारण इसका प्रकाशन संकट में पड़ गया। तब डॉ. हेडगेवार को इसके संपादक का दायित्व स्वयं लेना पड़ा।

वर्ष 1924 में डॉ. हेडगेवार ने एक बैठक का आयोजन किया, जिसमें उनके नजदीकी सहयोगियों ने भाग लिया, जिनमें भाऊजी कावड़े, अप्पाजी जोशी, विश्वनाथराव केलकर शामिल थे। उन्होंने हिंदुओं को संगठित करने पर चर्चा की और एक-दूसरे के विचार जाने। यह बैठक बाद में एक पहल साबित हुई, जिसने राष्ट्रीय स्वयंसेवक संघ की स्थापना का बीजारोपण किया।

अप्पाजी जोशी बैठक की काररवाई याद करते हुए कहते हैं, "उस दिन जो मित्र इकट्ठा हुए थे, वे अलग-अलग पार्टियों से संबंध रखते थे। उनमें से कुछ महात्माजी से प्रभावित थे। कुछ मित्रों की वफादारी स्वराज पार्टी के साथ थी। उनकी भिन्नताओं को देखते हुए डॉक्टरजी ने वर्ष 1925 के प्रारंभ में ही एक हिंदू राष्ट्र की पुनर्स्थापना के लिए सिर्फ एकमत हुए लोगों को लेकर कार्य शुरू करने का निर्णय ले लिया था।"

जब डॉक्टर हेडगेवार को यह स्पष्ट हो गया कि वे हिंदुओं को संगठित करने का कार्य करेंगे, तो वे विनायक दामोदर सावरकर से मिलने गए। वे उस समय रत्नागिरि जेल में बंद थे। वहाँ प्लेग का प्रकोप हुआ। इसलिए वे सिरगाँव में विष्णु पंत डामले के घर चले गए। वहाँ पर डॉ. हेडगेवार दो दिन रहे और सावरकर के साथ विभिन्न मुद्दों पर चर्चा की।

राष्ट्रीय स्वयंसेवक संघ की स्थापना वर्ष 1925 में 'विजयादशमी' पर्व पर की गई। यह पर्व बुराई पर अच्छाई की विजय का प्रतीक है, जैसा कि धार्मिक ग्रंथों में वर्णन है, इस दिन भगवान् राम, जो 'अच्छाई' का प्रतिनिधित्व करते थे, ने 'बुराई' के प्रतीक रावण का वध किया था।

यह जानना रुचिपूर्ण होगा कि राष्ट्रीय स्वयंसेवक संघ की स्थापना केवल 15-20 युवा और किशोरों को लेकर की गई थी। जो वहाँ उस समय उपस्थित थे, उनमें भाऊजी कावड़े, अन्ना सोहनी, विश्वनाथराव केलकर, बालाजी हुद्दार और बापूराव भेड़ी शामिल थे।

डॉ. हेडगेवार ने एकत्र उन लोगों से कहा, "हम आज संघ का उद्घाटन कर रहे हैं।" उन्होंने उन सब लोगों के मत का स्पष्टीकरण देते हुए संघ की आगामी गतिविधियों के बारे में बताया—"हम सब को शारीरिक, बौद्धिक तथा हर प्रकार से स्वयं को प्रशिक्षित करना होगा, ताकि हम अपने सँजोए गए लक्ष्य को प्राप्त कर सकें।"

यह रुचिपूर्ण है कि 'राष्ट्रीय स्वयंसेवक संघ' की स्थापना के लिए कोई औपचारिक तैयारियाँ नहीं की गई थीं। केवल एक ही लक्ष्य था कि हम अपने युवाओं को शारीरिक, मानसिक तथा बौद्धिक रूप से इतना सबल बनाएँ कि वे देश के काम आ सकें।

'राष्ट्रीय स्वयंसेवक संघ' की प्रथम दैनिक 'शाखा' वास्तव में 28 मई, 1926 को शुरू हुई, जिसकी नियमित समय-सारिणी थी। जहाँ प्रारंभिक स्वयंसेवकों की प्रतिदिन की 'शाखा' लगनी शुरू हुई, वह था नागपुर शहर का मोहितवाड़ा मैदान, जो आज राष्ट्रीय स्वयंसेवक संघ के विशाल परिसर का एक हिस्सा है। प्रारंभ में स्वयंसेवकों को संस्कृत में कुछ आदेश दिए गए। कुछ आदेश थे, जो अंग्रेजी में दिए गए, परंतु उन्हें धीरे-धीरे संस्कृत तथा अन्य स्थानीय भाषाओं के साथ, जैसे-जैसे राष्ट्रीय स्वयंसेवक संघ का विकास हुआ, उन्हें बदल दिया गया। भारतीय संस्कृति में विश्वास की पुनर्स्थापना और पुनः जागरण के लिए संस्कृत को इसका अटूट अंग बनाकर आदेशों को शुरू किया गया। आज भी संस्कृत में ही मुख्य आदेशों के प्रसार की परंपरा हजारों दैनिक शाखाओं में निभाई जा रही है। एक भगवा झंडा फहराया जाता रहा है, जिसे राष्ट्रीय स्वयंसेवक संघ द्वारा 'भगवा ध्वज' कहा जाता है और शाखा का प्रारंभ भगवा ध्वज को प्रणाम करने से होता था। यह परंपरा आज भी जारी है। जिसमें प्रत्येक दैनिक शाखा का आरंभ तथा समापन भगवा ध्वज को नमस्कार से होता है। भगवा ध्वज इस प्रकार का है कि इसमें आग की दो लपटें दिखाई देती हैं।

प्रारंभ में दैनिक शाखा का समापन प्रार्थना से होता था, जिसमें कुछ मराठी और हिंदी मिश्रित काव्यांश होते थे। बाद में इसे संस्कृत प्रार्थना में बदल दिया गया। ये दोनों ही प्रार्थनाएँ स्वयंसेवकों में राष्ट्रीय भाव जगाने पर केंद्रित थीं।

पहली शाखा में गाई गई प्रार्थना का अनुवाद इस प्रकार किया जा सकता है—"मातृभूमि, जहाँ मैंने जन्म लिया, को प्रणाम। उस हिंदू भूमि, जहाँ पलकर मैं बड़ा हुआ, उसे प्रणाम। इस धर्मभूमि को प्रणाम, जिस पर मेरा शरीर न्योछावर है। प्रणाम, प्रणाम, उसे बार-बार मेरा प्रणाम।"

वर्तमान में संस्कृत में प्रार्थना भी इसी भाव पर आधारित है। यह जानना भी रुचिपूर्ण है कि संघ को अपना वर्तमान नाम इसकी स्थापना के लगभग छह महीने बाद प्राप्त हुआ। 17 अप्रैल, 1926 के दिन डॉ. हेडगेवार ने अपने घर पर एक बैठक बुलाई, जिसमें 26 स्वयंसेवकों ने भाग लिया। वहाँ उस बैठक में संस्था के नाम के लिए विस्तृत चर्चा की गई और सबके विचारों का आदान-प्रदान हुआ। उनमें से किसी को पता न था कि इस बैठक में निर्णय किए गए नाम की आने वाले वर्षों में विश्व भर में जबरदस्त गूँज होगी। कई नाम सुझाए गए और प्रत्येक नाम पर विस्तृत चर्चा की गई। विचार-विमर्श के कई चक्रों के बाद अंत में तीन नाम सामने आए थे—1. राष्ट्रीय स्वयंसेवक संघ, 2. जरीपटका मंडल, 3. भेद्रातोड़क मंडल। इन तीन नामों पर पुनः चर्चा की गई और अंततः 'राष्ट्रीय स्वयंसेवक संघ' नाम चुन लिया गया।

—प्रोफेसर स्वालापुरकर कहते हैं, "निश्चित रूप से डॉक्टरजी ने इस बैठक से पूर्व ही संघ के नाम पर लंबी सोच के उपरांत निर्णय ले लिया होगा, परंतु उन्होंने उभरते हुए युवा स्वयंसेवकों को नाम सुझाने का अवसर दिया, ताकि महत्त्वाकांक्षी युवाओं को लगे कि वे भी निर्णय लेने की प्रक्रिया में भागीदार हैं। एक छात्र, जिसने अभी-अभी कॉलेज में प्रवेश लिया था, ने भी एक नाम सुझाया और उसके समर्थन में जोरदार ढंग से बोला भी। अन्य लोगों ने भी नाम सुझाए तथा तर्क भी दिए। तब डॉक्टरजी ने मुझे इशारा किया कि मैं 'राष्ट्रीय स्वयंसेवक संघ' नाम के औचित्य पर अपना मत या विचार रखूँ। मैं लगभग आधा घंटा इस विषय पर बोला।

"डॉक्टरजी बहुत खुश हुए और मेरी पीठ थपथपाई। कहना आवश्यक नहीं कि मैं इस पर इतने विश्वास के साथ सिर्फ इसलिए बोल सका, क्योंकि मैंने डॉक्टरजी से लंबे समय तक प्रशिक्षण प्राप्त किया था।"

प्रारंभ में शारीरिक प्रशिक्षण से संबंधित गतिविधियाँ अन्ना सोहनी को सौंपी गईं। ड्रिल तथा मार्च-पास्ट का प्रशिक्षण रविवार के दिन मार्तंडराव जोग द्वारा दिया जाता था। प्रत्येक बृहस्पतिवार और रविवार को राष्ट्रीय मुद्दों पर विचार-विमर्श किया जाता था। बाद में इन बैठकों को 'बौद्धिक वर्ग' के नाम से जाना गया। इन सत्रों में संबोधन का कार्य डॉ. हेडगेवार और विश्वनाथराव केलकर द्वारा किया जाता था। अन्य जिनको वहाँ बोलने के लिए उत्साहित किया जाता था, उनमें युवा व्यक्ति, जैसे बालाजी हुद्दार, दादा परमार्थ तथा भैयाजी दानी शामिल थे।

डॉ. हेडगेवार प्रत्येक स्वयंसेवक के कल्याण में गहरी रुचि रखते थे। जिस कार्यप्रणाली पर उन्होंने इस संस्था की नींव रखी थी, वह थी व्यक्तिगत जुड़ाव की भावना—एक दीप दूसरे को प्रज्वलित करता है; एक हृदय दूसरे में नया संचार उत्पन्न करता है। सभी स्वयंसेवक महीने में एक बार बैठक करते थे, जिसमें वे अगले महीने की गतिविधियों के लिए निर्णय लेते थे। एक मीटिंग की रिपोर्ट (21 जून, 1926) रघुनाथराव बांडे, जो नागपुर के कार्यवाहक (प्रभारी) थे, ने प्रस्तुत की थी, जिसमें उन्होंने डॉ. हेडगेवार के उस समय के कार्य करने के तरीके का वर्णन किया था। रिपोर्ट में कहा गया, "उस सत्र में डॉक्टरजी ने प्रत्येक स्वयंसेवक से लिखित में यह बताने को कहा कि उसके आदर्श क्या हैं, संघ के क्या आदर्श हैं और वह कैसे संघ एवं उसकी गतिविधियों को चलाएगा, अगर उसे एक 'चालक' (मुख्य) बना दिया जाए। उनको अपने विचार 28 तारीख से पहले लिखकर देने थे। इससे यह झलक मिलती है कि डॉक्टरजी में कितना चिंतन था, इसके प्रति कि स्वयंसेवक स्वयं से सोचें-विचारें और संघ के आदर्शों का पालन करें तथा संघ की गतिविधियों को स्वयंजनित उत्साह और समर्पण की भावना के साथ करें।"

वर्ष 1926 में डॉ. हेडगेवार ने मार्तंडराव जोग, जो वर्ष 1920 में सेना से रिटायर हुए थे, से कहा कि वे स्वयंसेवकों की एक साप्ताहिक परेड का आयोजन किया करें। जोग उस समय कांग्रेस सेवा दल के मुखिया थे। मार्तंडराव ने बाद में गुरुजी को लिखे गए एक पत्र में कहा, "मैं अब संघ का पूर्णतया हिस्सा बन चुका हूँ। यह संघ ही है, जिसने मेरे व्यक्तित्व का विकास किया है। यह डॉक्टरजी का मेरे प्रति प्रेम है, जिसने संघ में मेरे लिए एक स्थान बनाया है।"

घुड़सवार इकाइयों की स्थापना जहाँ-जहाँ संभव थी, उन्हें वहाँ प्रोत्साहित किया गया। परेड के दौरान संघ की वर्दी पहनना आवश्यक था। पहले सड़क मार्च पास्ट में 30 स्वयंसेवकों ने भाग लिया। बड़ी मुश्किल से पहले बैंड वाद्यों की खरीद के लिए पैसा एकत्र किया गया।

मई 1927 में चुने गए स्वयंसेवकों के लिए एक विशेष प्रशिक्षण कार्यक्रम का आयोजन किया गया। इसे 'ऑफिसर ट्रेनिंग कैंप' (ओ.टी.सी.) का नाम दिया गया। पहले शिविर में 17 स्वयंसेवकों ने भाग लिया। प्रात: 5 से 9 बजे के बीच और फिर शाम को शारीरिक प्रशिक्षण सत्रों को आरंभ किया गया। दोपहर 12.30 से 5.00 बजे तक चर्चाएँ तथा लेखों का समय निर्धारित था।

संघ धीरे-धीरे, मगर निरंतर विकसित होता रहा, लेकिन डॉ. हेडगेवार गंभीर वित्तीय संकट का सामना कर रहे थे। इसके बावजूद उन्होंने किसी से भी कोई मदद लेने से इनकार कर दिया। राजा लक्ष्मणराव भोंसले डॉ. हेडगेवार के प्रशंसक थे। उन्होंने एक बार

अपने सचिव वासुदेव शास्त्री संगामकर के माध्यम से उनकी आर्थिक सहायता करनी चाही, परंतु डॉ. हेडगेवार ने मना कर दिया। उनके एक अन्य नजदीकी मित्र सिंदी के नानासाहेब तलातुले ने वित्तीय सहायता की पेशकश की, मगर डॉ. हेडगेवार ने उन्हें भी इनकार कर दिया। एक बार जब वे सिंदी में थे, नानासाहेब और अप्पाजी जोशी ने डॉ. हेडगेवार से इस विषय पर चर्चा की। उनकी प्रतिक्रिया इस प्रकार थी—

"मैं इसके लिए स्वयं ही माँग करूँगा, जब मुझे आवश्यकता पड़ेगी। सहायता एक ऋण की भाँति नहीं लगनी चाहिए तथा इससे हमारे मस्तिष्क पर बोझ भी नहीं महसूस होना चाहिए। जिन लोगों के साथ मैं खुला हुआ हूँ, उनसे मदद लेने में मुझे कोई आपत्ति नहीं है, लेकिन अभी मुझे इसकी आवश्यकता नहीं है।"

आरवी के नारायणराव देशपांडे और अप्पाजी जोशी ने फिर भी चुपके से हर महीने डॉ. हेडगेवार की भाभी को पचास रुपए देने शुरू कर दिए, परंतु जैसे ही यह बात उन्हें पता चली, उन्होंने इस सहायता को रोक दिया।

लगभग इसी समय डॉ. हेडगेवार के कुछ मित्रों ने एक बीमा कंपनी का गठन किया। उन्होंने डॉ. हेडगेवार को इसकी चिकित्सीय इकाई का मुख्य बना दिया। इससे उन्हें प्रत्येक वर्ष चार से पाँच सौ रुपयों का मेहनताना मिलने लगा। इस प्रबंध ने, जो वर्ष 1935-36 तक चला, डॉ. हेडगेवार की मूलभूत आवश्यकताओं को पूर्ण करने का कार्य किया।

वर्ष 1926 में रामनवमी पर्व के अवसर पर डॉ. हेडगेवार पहली बार स्वयंसेवकों को उनके पूर्ण गणवेश में रामटेक लेकर गए, जहाँ उन्होंने देवता की पूजा-उपासना में हजारों श्रद्धालुओं की सहायता की।

19 दिसंबर, 1926 के दिन एक बैठक में डॉ. हेडगेवार को 'राष्ट्रीय स्वयंसेवक संघ' के प्रमुख की उपाधि दी गई। प्रस्ताव में कहा गया, "संघ की गतिविधियों को एक नियमित, निर्विघ्न तथा अनुशासित रूप से चलाने के लिए यह अत्यावश्यक है कि इसके शीर्ष स्थान पर एक मुख्य व्यक्ति होना चाहिए। इस कारण से यह बैठक एकमत होकर डॉ. हेडगेवार को मुख्य संयोजक (चालक) का पदभार प्रदान करती है।"

अपनी स्थापना के डेढ़ वर्ष बाद ही राष्ट्रीय स्वयंसेवक संघ ने नागपुर और वर्धा में एक सशक्त आधार बना लिया था।

शीघ्र ही राष्ट्रीय स्वयंसेवक संघ ने मध्य प्रांत में भी अपनी गतिविधियों को बढ़ा दिया थी। जब भी और जहाँ भी डॉ. हेडगेवार ने यात्रा की, वे एक भगवा ध्वज अपने साथ रखते थे। वे किसी शहर, कस्बे या आबादी के प्रमुख व्यक्तियों को इकट्ठा कर बड़ी तन्मयता और स्पष्टता के साथ राष्ट्रीय स्वयंसेवक संघ की विचारधारा की व्याख्या

किया करते थे। वे एक महान् वक्ता थे और अपनी सभाओं में संबोधन के माध्यम से अधिकतर लोगों को अपनी बात समझाने में सफल होते थे। प्रत्येक ऐसी सभा के अंत में जो लोग वहाँ उपस्थित होते थे, उन्हें भगवा ध्वज के समक्ष प्रतिज्ञा दिलवाते थे कि वे राष्ट्रीय स्वयंसेवक संघ की नई शाखा शुरू करेंगे। इस प्रकार से राष्ट्रीय स्वयंसेवक संघ के संस्थापक ने देश भर में सैकड़ों शाखाओं की शुरुआत करवाई।

संघ के फैलाव के साथ इसे धन की आवश्यकता महसूस हुई। डॉ. हेडगेवार किसी से भी कोई उपकार न चाहते थे तथा संघ को भी ऐसे उपकारों से स्वतंत्र रखना चाहते थे। इस कारणवश राष्ट्रीय स्वयंसेवक संघ के संस्थापक ने गुरु-दक्षिणा (गुरु को श्रद्धापूवर्क दान) की परंपरा पवित्र भगवा ध्वज के समक्ष व्यास पूजा के अवसर पर (संत व्यास, जो 'महाभारत' के रचनाकार थे, की पूजा करने का एक हिंदू पर्व) वर्ष 1928 में शुरू करने का निर्णय लिया।

पहली गुरु-दक्षिणा से ठीक पहले डॉ. हेडगेवार ने स्वयंसेवकों को संबोधित करते हुए कहा, "कल गुरु-पूजा का पर्व है। आप सभी अपनी अधिकतम क्षमता के अनुसार गुरु की पूजा के लिए अपनी अर्पण राशि तथा फूल लेकर आएँ।"

गुरु-दक्षिणा वाले दिन राष्ट्रीय स्वयंसेवक संघ के संस्थापक ने स्वयंसेवकों को बताया, "राष्ट्रीय स्वयंसेवक संघ किसी व्यक्ति को अपना गुरु नहीं मानता। पवित्र भगवा ध्वज ही हमारा गुरु है। एक व्यक्ति, चाहे वह कितना ही महान् क्यों न हो, अंत में एक मरणशील तथा अपूर्ण है। व्यक्ति समय से बनता है; यह केवल सिद्धांत है, जो समय की परिसीमा से बद्ध नहीं है। भगवा ध्वज इस अपरिमित समय का द्योतक है। इस ध्वज पर एक नजर पड़ते ही हमारी आँखों के आगे संपूर्ण इतिहास, हमारी भूमि की गौरवपूर्ण संस्कृति तथा परंपरा साकार हो जाती और हमारे मस्तिष्क में प्रेरणा दौड़ जाती है। यह हमारा सच्चा गुरु और शिक्षक है। राष्ट्रीय स्वयंसेवक संघ इस प्रकार से गुरु का स्थान किसी अन्य को न देकर, केवल भगवा ध्वज को ही अपना गुरु स्वीकार करता है।"

फिर उन्होंने पवित्र भगवा ध्वज की पूजा-अर्चना की। उसके पश्चात् स्वयंसेवकों ने भी ऐसा किया। पहली गुरु-दक्षिणा पर सभी स्वयंसेवकों ने कुल 84 रुपए का दान किया।

आज तक राष्ट्रीय स्वयंसेवक संघ की सभी गतिविधियों का वित्त-पोषण गुरु-द क्षिणा के धन से किया जाता है। संघ अन्य कोई भी निजी या सरकारी धन किसी भी रूप में स्वीकार नहीं करता।

वर्ष 1928 के अंत तक विदर्भ क्षेत्र में राष्ट्रीय स्वयंसेवक संघ शाखाओं की संख्या बढ़कर 18 हो गई थी। डॉक्टर हेडगेवार ने छात्रों, जिन्होंने अपनी मैट्रिकुलेशन की परीक्षा पास कर ली थी और आगे पढ़ाई के लिए देश के दूसरे हिस्सों में जा रहे थे, को प्रोत्साहित

किया कि वे अपनी पढ़ाई के साथ-साथ संघ की गतिविधियों को भी फैलाएँ। वे इस दृढ़ विश्वास के व्यक्ति थे कि राष्ट्रीय स्वयंसेवक संघ के स्वयंसेवक खूब पढ़े-लिखे हों, जिससे उनकी विश्वसनीयता भी बढ़ सके। वह परंपरा आज भी जीवित है। राष्ट्रीय स्वयंसेवक संघ के अधिकतर स्वयंसेवक, विशेष रूप से वरिष्ठ स्तर पर काफी अच्छी शैक्षणिक योग्यताओं के स्वामी हैं। बड़ी संख्या में प्रचारक प्रतिष्ठित संस्थानों से व्यावसायिक योग्यता प्राप्त व्यक्ति हैं। हालाँकि यह कोई कसौटी नहीं है, जिसके आधार पर संस्था के अंतर्गत कार्य तथा जिम्मेदारियों का आवंटन किया जाता हो, परंतु संघ उन स्वयंसेवकों को प्रोत्साहित करता है कि वे अपने-अपने क्षेत्रों में उत्कृष्ट काम कर पाएँ और समाज के लिए आदर्श के पात्र बन सकें।

इस विस्तार की रणनीति के एक अंग के रूप में भैयाजी दानी, बाबूराव तेलंग और तात्या तेलंग ने बनारस हिंदू विश्वविद्यालय में प्रवेश लिया। शेषाद्रिजी ने एक रुचिपूर्ण घटना का उल्लेख किया है, जिससे पता चलता है कि किस प्रकार डॉ. हेडगेवार संस्था में युवा प्रतिभाओं को नियुक्त करते थे—"एक बार डॉक्टरजी दोस्तों के मनाने के बाद हिचकते हुए एक संगीत समारोह में गए। यह कार्यक्रम जनवरी 1929 में वेंकटेश चित्रपट गृह में होना था। इस कार्यक्रम में तीन संगीत संस्थानों के छात्रों ने भाग लिया। आगुंतक पुस्तिका में डॉक्टरजी ने लिखा—

"कई छात्रों ने गीत सुनाए। संगीत के विद्वान् ही उनकी प्रतिभा का सही आकलन कर सकते हैं, लेकिन जो मेरे जैसे अनाड़ी को प्रभावित कर गया, वह था प्रभाकर और यादव जोशी का मंत्रमुग्ध करनेवाला गायन। मेरा मानना है कि ऐसा गायन, जो सीधा दिलों में उतरता है, का भी राष्ट्रीय जागरण का एक कुशल माध्यम बनाया जा सकता है।" इस घटना के बाद डॉक्टरजी ने यादव जोशी को अपनी ओर आकर्षित कर लिया और इस जुड़ाव का परिणाम यादवराव जोशी के लिए संघ का एक जीवन-संगीत के रूप में आना हुआ।

अक्तूबर 1928 में विजयादशमी धूमधाम से मनाई गई और इस दिन नागपुर में स्वयंसेवकों का एक दल पूर्ण गणवेश में पथ-संचलन करते हुए निकला। उस जत्थे में लगभग 600 स्वयंसेवक शामिल हुए, जिन्होंने उस समारोह में भाग लिया। उनमें कई राष्ट्रीय स्तर के नेता जैसे विट्ठलभाई पटेल भी थे, जो अनुशासन के उस प्रभावी प्रदर्शन से अत्यधिक खुश हुए।

वर्ष 1928 के अंत में डॉ. हेडगेवार कलकत्ता में सुभाषचंद्र बोस से मिले। डॉ. हेडगेवार उस समय ऑल इंडिया कांग्रेस की मध्य प्रांतीय इकाई की कार्यकारिणी समिति के सदस्य थे। वे कांग्रेस के वार्षिक अधिवेशन में भाग लेने के लिए कलकत्ता गए थे और सुभाष बोस उस समय कलकत्ता शहर के मेयर थे। आरंभ में यह बैठक उनके

साथ केवल दस मिनट की होनी तय थी, मगर यह कई घंटे तक चली। इसमें दोनों के बीच विचारों का आदान-प्रदान तथा खुलकर चर्चा हुई।

उन दिनों पंडित मदनमोहन मालवीय ने भी नागपुर शाखा का दौरा किया। मालवीयजी ने संघ के लिए वित्तीय सहायता की पेशकश करते हुए डॉ. हेडगेवार से कहा, "लोग मुझे शाही भिखारी कहते हैं; अगर आप सहमत हों तो मुझे आपके लिए भी धन एकत्र करने में खुशी महसूस होगी।" डॉ. हेडगेवार ने उत्तर दिया, "पंडितजी, मुझे पैसों की आवश्यकता नहीं है। आप जैसे बुजुर्ग व्यक्तियों का आशीर्वाद ही मेरे लिए पर्याप्त है।" मालवीयजी ने प्रतिक्रिया में कहा, "कई संस्थान पहले धन के बारे में विचार करते हैं, फिर लोगों की बात करते हैं। आप ठीक उनके विपरीत हैं। आप हृदय को सर्वोपरि मानते हैं। आगे से मैं जहाँ भी जाऊँगा, आपकी इस खूबी के बारे में लोगों को बताऊँगा।"

वर्ष 1929 में डॉ. हेडगेवार को एक महीने के लिए अपनी चाची (चाचा आभाजी की पत्नी गंगूबाई) के इलाज के लिए इंदौर में रुकना पड़ा, यहाँ तक कि जब वे उनकी सेवा कर रहे थे, तब भी उन्होंने यह सुनिश्चित किया कि इंदौर तथा देवास में नई शाखा स्थापित हों।

राष्ट्रीय स्वयंसेवक संघ का पहला शीतकालीन शिविर वर्ष 1928 में आयोजित किया गया। राष्ट्रीय स्वयंसेवक संघ अपने पंख अधिक तेज गति से फैला रहा था, जो किसी ने भी सोचा नहीं था। अब ब्रिटिश सरकार भी इस संस्था के प्रति सचेत होने लगी। पुलिस तथा गुप्तचर विभाग अकसर स्वयंसेवकों को पकड़कर उनसे पूछताछ करने लगे।

वर्ष 1929 में 9-10 नवंबर को नागपुर में संघचालकों की एक महत्त्वपूर्ण बैठक हुई। बैठक का एजेंडा डॉ. हेडगेवार द्वारा भेजे गए एक सर्कुलर द्वारा बताया गया, "राजनैतिक और सामाजिक तूफान, जो शीघ्र ही देश को घेरनेवाला है, उसमें कैसे हम संघ की नैया सुरक्षित पार लगा पाएँगे? संघ की नीति क्या होनी चाहिए? संघ के विकास की गति बढ़ाने के लिए कौन से कार्यक्रमों को अपनाया जाना चाहिए? इन तथा अन्य सर्वाधिक अहम मुद्दों पर चर्चा के लिए यह निर्णय लिया गया है कि नागपुर में 9 और 10 नवंबर को संघचालकों की एक बैठक बुलाई जाए।"

10 नवंबर को संपूर्ण संगठनात्मक इस बैठक का मोहितवाड़ा में आयोजन हुआ, जिसमें नागपुर तथा आस-पास के क्षेत्रों से आए स्वयंसेवकों ने भाग लिया। 'सरसंघचालक प्रणाम' की प्रथा (राष्ट्रीय स्वयंसेवक संघ के प्रमुख को झुककर नमस्कार करना) उस दिन से शुरू की गई और इससे संबंधित आदेश अप्पाजी जोशी ने जारी किया।

सरसंघचालक तथा अन्य कार्यकर्ता पत्थर की दीवार की ओर पीठ करके खड़े रहे, जैसा कि आज भी होता है। डॉ. हेडगेवार भगवा ध्वज के आगे खड़े थे और स्वयंसेवकों की प्रभावी उपस्थिति से भाव-विभोर हो रहे थे।

अप्पाजी जोशी, जिन्होंने पहले ही कार्यकर्ताओं के समक्ष भूमिका रख दी थी, ने अपना आदेश ऊँचे स्वर में दिया, "सरसंघचालक प्रणाम—एक, दो, तीन।" सभी स्वयंसेवकों ने सरसंघचालक डॉ. हेडगेवार को प्रणाम किया। इसके बाद विश्वनाथराव केलकर ने एक चर्चा में संघ में 'चालक' के विशिष्ट प्रयोग की व्याख्या की, इस रूप में कि वे एक 'परिवार के मुखिया' हैं।

समारोह के उपरांत डॉ. हेडगेवार ने अप्पाजी जोशी से कहा, "अप्पाजी, आज आपने एक ऐसा काम किया, जो योजना में नहीं था। मैं इसका समर्थन नहीं करता। मेरे लिए यह उचित नहीं है कि मैं अपने सहयोगियों, जिनमें से कई मुझसे भी अधिक वरिष्ठ हैं और मेरी उपासना के पात्र हैं, द्वारा किए गए प्रणाम को स्वीकार करूँ।" अप्पाजी ने उत्तर दिया, "हम सभी ने एकमत होकर एक कुशल प्रशासन की दिशा में इस प्रणाली पर निर्णय लिया है, चाहे व्यक्तिगत रूप से भले ही आपको यह अच्छा न लगा हो।"

समारोह के पीछे का विचार यह था कि सरसंघचालक की भूमिका की स्थापना हिंदू समाज में एक परिवार के मुखिया के रूप में की जाए। स्वयंसेवक परिवार में बच्चों की भाँति होंगे और संपूर्ण परिवार एकजुट होकर समाज की बेहतरी के लिए कार्य करेगा। सरसंघचालक को परिवार के मुखिया के रूप में इसे सुरक्षा देनी है तथा इसका पालन करना है।

वर्ष 1933 में डॉ. हेडगेवार द्वारा लिखी गई टिप्पणियाँ, जो इस प्रथा के संदर्भ में हैं, उनके द्वारा राष्ट्रीय स्वयंसेवक संघ की संरचना के प्रति उनके विचारों की एक झलक प्रस्तुत करती हैं—

1. मैं इस तथ्य के प्रति पूर्ण रूप से जागरूक हूँ कि मैं संघ का उद्‌भावक नहीं हूँ, न ही इसका संस्थापक हूँ; संघ के अस्तित्व का श्रेय आप सबको है।
2. आपकी इच्छा और माँग के अनुसार मैं संघ के लिए एक पालक का कार्य कर रहा हूँ, जिसे आप लोगों ने स्थापित किया है।
3. भविष्य में भी मैं इसे जब तक आप चाहेंगे और जब तक आप मुझे ऐसा करने का आदेश देते रहेंगे, मैं संघ का पोषण करता रहूँगा। मैं कभी भी किसी समय पर अपनी जिम्मेदारी से दूर नहीं भागूँगा, चाहे मुझे किसी खतरे का आभास भले ही हो या फिर मेरी व्यक्तिगत प्रसिद्धि और मानहानि की संभावना हो।
4. परंतु कभी भी यदि आपको लगे कि मैं इस कार्य में अब अक्षम हूँ और यह कि इससे संघ की उन्नति में बाधा आ रही है, मैं आपसे प्रार्थना करता हूँ कि आप किसी अन्य को मेरे स्थान पर नियुक्त कर दें।
5. जब आप मेरा उत्तराधिकारी चुनें तो मैं उसे स्वेच्छा से, उसी खुशी के साथ, जिसके साथ मैंने कार्यभार सँभाला था, संघ की बागडोर सौंप दूँगा और उसी

क्षण से आगे के लिए एक साधारण स्वयंसेवक के रूप में कार्य शुरू कर दूँगा तथा संघ के प्रति पूरी तरह से समर्पित रहूँगा।

6. क्योंकि जहाँ तक मेरा प्रश्न है, मेरे व्यक्तित्व का कोई महत्त्व नहीं है; संघ का कार्य ही एक ऐसा क्षेत्र है, जो सर्वोपरि है और मैं लेशमात्र भी अपमान महसूस नहीं करूँगा, कोई भी ऐसा कार्य करने में, जो संघ की उन्नति में सहायक होगा।
7. यह अत्यावश्यक है कि स्वयंसेवकों को निस्संदेह सरसंघचालक का आदेश पालन करना होगा। संघ कभी भी उस अवस्था में नहीं जाना चाहिए कि जहाँ पूँछ सारे शरीर को हिलाती रहे। यही संघ की सफलता का राज है।
8. यह इसलिए प्रत्येक स्वयंसेवक का मूल कर्तव्य है कि वह दिए गए निर्देश का अनुपालन करे और यह सुनिश्चित करे कि अन्य स्वयंसेवक भी उसका अनुसरण कर रहे हैं।

जैसे-जैसे संघ का विस्तार हुआ, ऐसी खबरें आने लगीं कि कांग्रेस और 'हिंदुस्तानी सेवा दल' इसके खिलाफ हैं। दादा परमार्थ और कृष्णराव मोहरीर को लिखे एक पत्र में डॉ. हेडगेवार ने कहा, "आपने अपने पत्र में मुझे एक महत्त्वपूर्ण घटना के बारे में सूचित किया। हमारी भगवान् से प्रार्थना है कि वे इन आलोचकों का मार्गदर्शन करें। जहाँ तक हमारा प्रश्न है, हम ईश्वर में निष्ठा रखते हुए कार्य करते हैं और अपनी आत्मा की आवाज सुनते हैं। अगर हम अपनी इस प्रक्रिया में कुछ वर्गों को खुश नहीं रख पाते या कुछ ऐसे हैं, जिनका हमारी आलोचना करना मुख्य कार्य है, तो हम क्या कर सकते हैं? इन सब बातों के मूल में राजनीति है। हमें औरों के इन संकेतों से डरना नहीं चाहिए, जो हमारे प्रति दुर्भावना से पैदा हुए हैं।"

वास्तव में जब कांग्रेस ने प्रस्ताव पारित किया कि उन्हें संपूर्ण स्वराज चाहिए, डॉ. हेडगेवार ने तुरंत एक परिपत्र सभी शाखाओं को जारी किया, "इस वर्ष कांग्रेस ने एक प्रस्ताव पारित किया है, जिसमें उन्होंने 'संपूर्ण स्वतंत्रता' को लक्ष्य घोषित किया है। कांग्रेस की कार्यसमिति ने संपूर्ण राष्ट्र का आह्वान करते हुए रविवार, 26 जनवरी, 1930 को 'स्वतंत्रता दिवस' के रूप में मनाने के लिए कहा है। हम संघ से संबंधित लोग स्वाभाविक रूप से इस बात से अत्यधिक प्रसन्न हैं कि अखिल भारतीय कांग्रेस ने हमारे 'संपूर्ण स्वतंत्रता' के नारे का समर्थन किया है। यह हमारा कर्तव्य है कि हम किसी भी उस संस्था के साथ मिलकर सहयोग करें, जो उस लक्ष्य की ओर आगे बढ़ रही है; इसलिए यह सुझाव दिया जाता है कि रविवार, 26 जनवरी, 1930 के दिन शाम छह बजे सभी शाखाओं के स्वयंसेवक एक बैठक में इकट्ठे हों, जो उनके अलग-अलग संघ स्थानों पर हो। भगवा ध्वज को प्रणाम करने के बाद स्वतंत्रता की अवधारणा और कारण कि क्यों न इसे सिर्फ एक आदर्श के रूप में अपनाया जाए, की व्याख्या की जाए।

समारोह का समापन कांग्रेस के प्रति एक बधाई दिए जाने के रूप में किया जाए कि उन्होंने संपूर्ण स्वतंत्रता के आदर्श विचार को अपना लिया है।"

इस परिपत्र के जारी होने के फलस्वरूप राष्ट्रीय स्वयंसेवक संघ की सभी शाखाओं ने 'स्वतंत्रता दिवस' मनाया। राष्ट्रीय स्वयंसेवक संघ के संस्थापक ने इस नई स्थिति पर टिप्पणी की, जिसे देखना रुचिपूर्ण होगा—

"हिंदू संस्कृति हिंदुस्तान की जीवन-साँस है। यह इसलिए स्पष्ट है कि यदि हिंदुस्तान की रक्षा करनी है तो हमें पहले हिंदू संस्कृति का पोषण करना होगा। अगर हिंदू संस्कृति हिंदुस्तान में ही नष्ट हो जाती है और अगर हिंदू समाज का अस्तित्व समाप्त हो जाता है, तो यह मुश्किल से उचित होगा कि हम केवल भौगोलिक सीमाओं की बात करें, जो हिंदुस्तान के नाम पर बची रह जाएँगी। केवल भौगोलिक पिंड कोई राष्ट्र नहीं बनाते। बदकिस्मती से कांग्रेस संस्था ने हिंदू धर्म तथा हिंदू संस्कृति की सुरक्षा के लिए कोई विचार नहीं किया है। यह संस्था हिंदू समाज पर बाहरी व्यक्तियों द्वारा लगभग प्रतिदिन किए जानेवाले आक्रमणों के प्रति अपनी आँखें मूँदे बैठी है। हिंदू समाज को सुरक्षा प्रदान करना हमारा का कर्तव्य है, जिसके लिए राष्ट्रीय स्वयंसेवक संघ अस्तित्व में आया है, परंतु संघ कांग्रेस के प्रति कोई दुर्भावना नहीं रखता। संघ स्वतंत्रता-प्राप्ति के लिए किए जा रहे प्रयत्नों में कांग्रेस से सहयोग करेगा, जब तक कि ये प्रयत्न राष्ट्रीय संस्कृति को बचाने के काम में बाधा नहीं बनते। संघ वास्तव में हर समय कांग्रेस के साथ सहयोग करता आया है।"

अप्रैल 1930 में महात्मा गांधी ने 'नमक आंदोलन' शुरू किया। डॉ. हेडगेवार ने पूर्ण हृदय से इस आंदोलन का स्वागत किया। कई स्वयंसेवक इस आंदोलन में भाग लेने के इच्छुक थे और उन्होंने डॉ. हेडगेवार से आज्ञा माँगी। चूँकि संस्था नई-नई थी और अभी अपर्याप्त रूप से शक्तिशाली थी, इसलिए डॉ. हेडगेवार ने मध्य मार्ग चुना। उन्होंने सभी संघ शाखाओं को एक निर्देश भेजा, "संघ ने इस तरह के आंदोलन में भाग न लेने का निर्णय लिया है, लेकिन वे लोग, जो इसमें व्यक्तिगत भूमिका में भाग लेना चाहते हैं, वे अपने संघचालक से आज्ञा लेकर इसमें भाग लेने के लिए स्वतंत्र हैं।"

विभिन्न जन-आंदोलनों और राष्ट्रीय स्वयंसेवक संघ के कार्यक्रमों की आवश्यकताओं के मद्देनजर 100 स्वयंसेवकों को लेकर एक 'चिकित्सीय कल्याण इकाई' का गठन किया गया और उन्हें चिकित्सा कल्याण के लिए प्रशिक्षण दिलवाया गया। 'नमक आंदोलन' में भाग लेनेवाले व्यक्तियों पर पुलिस के बर्बर प्रहार के शिकार होने से आंदोलनकारियों को चोटें आती थीं, तब यह इकाई उन्हें तुरंत चिकित्सीय उपचार उपलब्ध कराती थी। सत्याग्रह में भाग लेनेवाले आंदोलनकारी, जिन पर पुलिस अत्याचार करती थी, उनका तुरंत उपचार नागपुर और उससे सटे हुए क्षेत्रों में होता था।

इस बीच डॉ. हेडगेवार ने स्वयं उस आंदोलन में भाग लेने का निर्णय लिया। अप्पाजी जोशी ने भी आंदोलन से जुड़ने का निर्णय लिया। ब्रिटिश सरकार द्वारा इनकी गिरफ्तारी अवश्यंभावी थी। इसलिए डॉ. हेडगेवार की अनुपस्थिति में संघ को चलाने का कार्य डॉ. एल.वी. परांजपे को सौंपा गया। उनके नाम की घोषणा नए सरसंघचालक के रूप में की गई। इस परिवर्तन के बारे में कार्यकर्ताओं को 12 जुलाई को बताया गया। डॉ. हेडगेवार ने 12 जुलाई को 'गुरुपूजा' के दिन इसके कारणों का खुलासा करते हुए कहा, "कुछ क्षणों में मेरे द्वारा धन्यवाद प्रस्ताव पेश करने के तुरंत बाद मैं सरसंघचालक नहीं रहूँगा। डॉ. परांजपे ने संघ का नेतृत्व सँभालने की जिम्मेवारी ली है। मैं संघ की ओर से उनका आभार व्यक्त करता हूँ। हम सब इस आंदोलन में अपनी व्यक्तिगत क्षमता से भाग ले रहे हैं। हमारी न तो नीति में कोई बदलाव आया है और न ही कार्य प्रणाली में तथा इन परिस्थितियों के रहते न ही संघ में हमारे विश्वास को कोई हानि पहुँची है। सभी संस्थाओं, जो स्वतंत्रता-प्राप्ति के लिए देश भर में कार्यशील हैं, का कर्तव्य बनता है कि वे संपूर्ण देश में होनेवाले आंदोलनों के साथ कदम-से-कदम मिलाकर आगे बढ़ें। वे सभी स्वयंसेवक जो इस सत्याग्रह आंदोलन में कूद चुके हैं और हम, जो अब यह कर रहे हैं, सभी इन विचारों से प्रेरित हुए हैं।"

उन्होंने आगे कहा, "आज जेल यात्रा सच्चे राष्ट्रप्रेम की प्रतीक बन गई है, लेकिन एक व्यक्ति, जो अपनी मर्जी से दो साल की जेल काटने को तैयार है, उसे यदि घर से निकलने तथा स्वतंत्रता आंदोलन को चलाने के लिए कहा जाए तो वह हिचक दिखाता है। ऐसा क्यों होना चाहिए, क्या छह महीने या एक वर्ष देश की आजादी पाने के लिए पर्याप्त समय है? परंतु लोग एक आसान से सच को समझने के लिए तैयार नहीं हैं कि संगठित कार्य, जो कई वर्ष चलना चाहिए, ही हमें हमारे वांछित लक्ष्य की ओर ले जा सकता है। देश के लिए सांत्वना कभी संपूर्ण नहीं हो सकती, जब तक इस प्रकार की ओछी सोच को समर्पण और निरंतर प्रयत्न की सकारात्मक तथा अनंतिम भावना में नहीं बदला जाता। देश की वर्तमान दशा को बदला नहीं जा सकता, जब तक लाखों युवा इस कार्य के लिए अपने संपूर्ण जीवन का समर्पण नहीं करते। हमारे युवा वर्ग के मन-मस्तिष्क को उसी ओर मोड़ना ही संघ का सर्वोपरि उद्देश्य है।"

इस भाषण के बाद डॉ. हेडगेवार और नमक आंदोलन में भाग ले रहे स्वयंसेवकों का फूल मालाओं से सम्मान किया गया। वह समूह 14 जुलाई को नागपुर से चला तो रेलवे स्टेशन पर सैकड़ों लोगों की भीड़ ने इन्हें अलविदा कहा।

राष्ट्रीय स्वयंसेवक संघ अभिलेखागार में उपलब्ध जानकारी के अनुसार, डॉ. हेडगेवार द्वारा नेतृत्व प्रदान किए गए दल का वर्धा और अन्य जगहों पर सम्मान किया

गया और वे सत्याग्रह के केंद्रस्थल पुसाड पहुँचे। वहाँ पर लोकनायक आने ने पहले ही सत्याग्रह शुरू कर दिया था। उस केंद्र पर उपस्थित आयोजकों ने सोचा कि डॉ. हेडगेवार जैसे कद्दावर नेता के आने पर एक अन्य महत्त्वपूर्ण स्थान यवतमाल केंद्र पर सत्याग्रह का उद्घाटन उनके द्वारा कराया जाए। निर्णय लिया गया कि डॉक्टरजी यवतमाल रवाना हों और वहाँ आंदोलन का बिगुल उनके द्वारा बजाया जाए।

डॉ. हेडगेवार तथा उनके दल ने 21 जुलाई को 'जंगल कानून' तोड़ने की घोषणा की। 10000 से भी अधिक लोग सत्याग्रह देखने के लिए इकट्ठा हुए थे। जैसे ही सत्याग्रहियों ने आदेश का उल्लंघन करते हुए जंगल में प्रवेश किया, पुलिस अधिकारियों ने तुरंत उन्हें गिरफ्तार कर लिया। इससे पहले कि डॉ. हेडगेवार को पुलिस वाहन में बैठाया जाता, उन्होंने लोगों को एक विदाई संदेश देते हुए आंदोलन को उसके चरम पर ले जाने के लिए प्रेरित किया। डॉ. हेडगेवार को छह महीने का सश्रम कारावास और तीन महीने के सामान्य कारावास की सजा सुनाई गई। उन्हें तथा अन्य लोगों को अकोला जेल भेज दिया गया।

राष्ट्रीय स्वयंसेवक संघ के संस्थापक ने अकोला जेल परिसर में ही संघ की शाखा आयोजित कर डाली। वास्तव में राष्ट्रीय स्वयंसेवक संघ की विदर्भ इकाई का जन्म जेल के भीतर ही हुआ। जेल में रहते हुए दादा परमार्थ को क्षय रोग (टी.बी.) हो गया। डॉ. हेडगेवार ने स्वयं व्यक्तिगत रूप से उनकी महीनों सेवा की। उन्होंने लोकमान्य तिलक रचित प्रसिद्ध टीका ग्रंथ 'गीता रहस्य' को अपने जेलवास के दौरान ही पढ़ा।

उन्हें 14 फरवरी, 1931 के दिन जेल से रिहा किया गया। रिहा होने के बाद वे कुछ दिनों तक अकोला और वर्धा में रहे, जहाँ सार्वजनिक सभाओं में उनका अभिनंदन किया गया। फरवरी 17 को वे नागपुर पहुँचे। रेलवे स्टेशन पर अपार जनसमूह उनके स्वागत में जुट गया। उन्हें वहाँ से एक जुलूस के रूप में ले जाया गया। वापस आने पर उन्होंने संघ के सरसंघचालक के रूप में फिर से कार्यभार सँभाला।

डॉ. हेडगेवार ने इस खतरे को भाँप लिया कि कुछ मुसलिम नेता लंदन में होने वाले गोलमेज सम्मेलन में बिखराव की भूमिका निभाएँगे। वर्ष 1931 में वे पहले बंबई गए, ताकि वहाँ संघ के विस्तार के लिए कार्य कर सकें और फिर बनारस पहुँचे, जहाँ हिंदुओं को मुसलमान डरा रहे थे। यह निर्णय लिया गया कि वहाँ नियमित राष्ट्रीय स्वयंसेवक संघ की शाखा लगाई जाए। पंडित मदन मोहन मालवीय के आशीर्वाद से बनारस हिंदू विश्वविद्यालय परिसर में राष्ट्रीय स्वयंसेवक संघ की एक नियमित शाखा आरंभ की गई। बनारस शहर में एक और शाखा का श्रीगणेश किया गया।

डॉ. हेडगेवार का बनारस दौरा संघ के लिए भी एक वरदान साबित हुआ, क्योंकि वहाँ पर संघ के कार्यों की शुरुआत ने संघ को वहाँ अपना दूसरा सरसंघचालक प्रदान किया।

शेषाद्रिजी ने इसका एक ज्वलंत ब्योरा दिया है—"जब वे काशी (बनारस) में थे, डॉक्टरजी को पता चला कि एक व्यक्ति माधवराव गोलवलकर, जिन्हें 'गुरुजी' कहा जाता है, वे बनारस हिंदू विश्वविद्यालय में व्याख्याता हैं और संघ के कार्यों में रुचि ले रहे हैं। अगले ग्रीष्मकालीन अवकाश में, वर्ष 1932 में गुरुजी नागपुर पहुँच गए। एक दिन जब वे एक सड़क पर से गुजर रहे थे, डॉक्टरजी ने अचानक पूछा, 'क्या आप माधवराव गोलवलकर हैं?' गुरुजी को बड़ा आश्चर्य हुआ, क्योंकि दोनों ने एक-दूसरे को पहले कभी नहीं देखा था। डॉक्टरजी को काशी निवास के दौरान, जो उनका विवरण उन्हें बताया गया था, उसको देखकर उन्होंने अंदाजा लगाया था कि ये गुरुजी ही हैं। जब गुरुजी ने 'हाँ' कहा तो डॉक्टरजी ने उन्हें अपने घर आने का निमंत्रण दिया। तदनुसार गुरुजी वहाँ गए और डॉक्टरजी से मिले। पहला अवसर था, जब प्रथम तथा द्वितीय सरसंघचालक एक-दूसरे से मिल रहे थे।"

वर्ष 1931 में कांग्रेस ने भारत के राष्ट्रीय ध्वज पर निर्णय लेने के लिए एक सात सदस्यीय समिति बनाई। इस समिति के सदस्यों में सरदार पटेल, पंडित नेहरू, पट्टाभि सीतारामैया, डॉ. एन.एस. हार्दिकर, आचार्य काका कालेलकर, मास्टर तारा सिंह तथा मौलाना आजाद शामिल थे। कमेटी के सदस्यों ने अपनी रिपोर्ट में सर्वसम्मति से कहा, "हमारा राष्ट्रीय ध्वज सिर्फ एक रंग का होना चाहिए और वह केवल केसरी रंग है, जो भारत की संपूर्ण जनता का अधिकतम रूप से प्रतिनिधित्व करता है। इस रंग की अन्य रंगों पर अपनी एक अलग विशेषता है और यह भारत की प्राचीन परंपरा को दरशाता है।"

डॉ. हेडगेवार इस रिपोर्ट से बहुत प्रसन्न हुए। वे दिल्ली आकर कई कांग्रेसी नेताओं से इसे स्वीकार कराने के प्रयत्न करते हुए मिले। लेकिन तुष्टीकरण की नीति ने इस रिपोर्ट को अस्वीकार कर दिया। फिर भी डॉ. हेडगेवार ने निरंतर महत्त्वपूर्ण राष्ट्रीय मुद्दों के लिए अलग-अलग क्षेत्रों से आए विभिन्न सार्वजनिक व्यक्तित्वों से संपर्क बनाए रखा तथा उनके द्वारा संघ के विस्तार के लिए किए गए प्रयत्नों ने अब अच्छे परिणाम लाने शुरू कर दिए।

सितंबर 1931 में अपने एक पत्र में डॉ. हेडगेवार ने नागपुर में संघ के प्रधान कार्यालय को लिखा, "कई प्रमुख अधिवक्ताओं और डॉक्टरों ने संघ की सदस्यता ले ली है, परंतु विदर्भ में कार्य करना आसान नहीं है; हमें काफी मुश्किल और कठिन क्षेत्र से आगे बढ़ना है। हमारे प्रयत्न सिर्फ इसलिए सफल हो रहे हैं, क्योंकि यह एक दैविक कार्य

है और इसे ईश्वर का आशीर्वाद प्राप्त है। नागपुर शाखा की जिम्मेवारी तदनुसार बढ़ रही है। यह आप लोगों के प्रति सिर्फ मेरा संपूर्ण विश्वास ही है, जिसने मुझे नागपुर से बाहर संघ की गतिविधियों के विस्तार के लिए प्रेरित किया है।"

विजयादशमी त्योहार के पश्चात् उन्होंने छत्तीसगढ़ तथा मध्य प्रांत के अन्य हिंदीभाषी क्षेत्रों का दौरा शुरू किया। उनके दौरे को 'महाराष्ट्र' पत्र (9 दिसंबर, 1931) ने संक्षेप में प्रकाशित किया, "डॉ. हेडगेवार, राष्ट्रीय स्वयंसेवक संघ के संस्थापक, ने संघ के आदर्शों की प्रसिद्धि करने के उद्देश्य से छत्तीसगढ़ क्षेत्र की तीन सप्ताहों की यात्रा की। उस क्षेत्र के सभी जिला मुख्यालयों में अब संघ की शाखाएँ लगने लगी हैं।"

वर्ष 1932 में डॉ. हेडगेवार कराँची गए और वहाँ लगभग छह दिन इस प्रयास में बिताए कि वहाँ जितनी संख्या में हो सके, संघ की शाखाएँ शुरू की जाएँ। वे सिंध और पंजाब से आए कई कार्यकर्ताओं से मिले। चूँकि यहाँ हिंदू-मुसलिम विवाद अधिक रहता था और हिंदू लगातार मुसलमानों द्वारा किए गए हमलों के शिकार होते रहते थे, अत: बड़ी संख्या में युवा वर्ग यहाँ संघ के प्रति आकृष्ट हुआ, क्योंकि उन्हें यह हिंदुओं का एक रक्षक नजर आया।

सिंध में डी.डी. चौधरी को प्रथम संघचालक बनाया गया। डॉ. हेडगेवार ने कराची से लिखा—"यह शहर निश्चित रूप से बंबई और कलकत्ता से बेहतर है। यह शहर सुंदरता, सफाई, चौड़े तथा बढ़िया मार्गों, विद्युत् प्रकाश व्यवस्था, उद्यानों और पार्कों के मामले में अन्य शहरों की तुलना में अधिक उत्कृष्ट है।"

ग्रीष्मकालीन प्रशिक्षण अवकाश (1932) के पश्चात् वे बाबाराव सावरकर के साथ महाराष्ट्र के एक और दौरे के लिए निकल पड़े। दोनों की जोड़ी ने बंबई, पूना, सतारा, साँगली, कोल्हापुर, करहद आदि तथा अन्य शहरों का दौरा किया, जिसके फलस्वरूप कई नए स्थानों पर संघ ने अपनी शाखाएँ शुरू की। महाराष्ट्र के अपने एक महीने के दौरे पर डॉ. हेडगेवार ने उत्तरी कर्नाटक में स्थित जामखांडी का भी दौरा किया तथा वहाँ पर पहली शाखा स्थापित की। इस समय तक कई कार्यकर्ताओं ने संघ का पूर्णकालिक कार्यकर्ता बनने का निर्णय लिया और अपने परिवार तथा अपनी आकर्षक नौकरियाँ तक छोड़ दीं। उन्होंने संघ की पहुँच को और आगे बढ़ाया तथा जहाँ-जहाँ यह पहले स्थापित था, वहाँ इसे मजबूती प्रदान करने में सहायता की।

वर्ष 1933 में सरसंघचालक डॉ. हेडगेवार ने विजयादशमी समारोह में आने के लिए बड़ी संख्या में प्रमुख व्यक्तियों को निमंत्रण भेजे। अपने 1 सितंबर, 1933 के पत्र में उन्होंने स्वयंसेवकों को स्पष्ट किया—"हमारा नागपुर में मनाया जानेवाला दशहरा त्योहार लोगों के लिए हमारी ताकत और तत्परता मापने का दंड (डंडा) है। इन समारोहों की उत्साहित झलक हमारे शुभचिंतकों के मन में गर्व और खुशी का संचार करती है। हमें

हमेशा याद रखना चाहिए कि ये संवेदनाओं से भरे असंख्य हृदय ही हैं, जो हमारे लिए शक्ति के स्तंभ हैं। न केवल हमारे अपने प्रांत से, बल्कि दूरस्थ प्रांतों के भी सभ्य लोग हमारा समारोह देखने आते हैं। चूँकि यह हमारी इच्छा है कि संघ की शाखाएँ देश के सभी प्रांतों में फूट पड़ें, हमें यह सुनिश्चित करना चाहिए कि यह समारोह सभी आगंतुकों के मन-मस्तिष्क पर गहरा प्रभाव छोड़े।"

जैसी आशा की गई थी, विजयादशमी पर्व राष्ट्रीय स्वयंसेवक संघ द्वारा प्रभावी तरीके से मनाया गया। 1200 से अधिक स्वयंसेवकों ने पूर्ण गणवेश में पद-संचलन में भाग लिया। गुरु गोलवलकर, जो बाद में संघ के द्वितीय सरसंघचालक बने, इस समारोह में उपस्थित थे। वे इस कार्यक्रम में भाग लेने के लिए बनारस से आए थे।

संघ के तीव्रता से हुए फैलाव के साथ-साथ ऐसी खबरें आने लगी थीं कि ब्रिटिश सरकार इसे प्रतिबंधित कर सकती है। डॉ. हेडगेवार ने अपनी डायरी में एक मजेदार बात 29 जनवरी, 1934 के दिन अंकित की—"जो व्यक्ति परिस्थितियों को दोष देता है, वह एक बेकार व्यक्ति है।"

शेषाद्रिजी के अनुसार, "स्वयंसेवकों का मार्गदर्शन करते हुए कि उन्हें कैसे सरकार द्वारा दी जाने वाली चुनौती का सामना करना चाहिए, डॉक्टरजी ने कहा, 'यह मान भी लें कि सरकार संघ पर प्रतिबंध लगाने की योजना बना रही है, परंतु वह कैसे इसकी गतिविधियों को रोक पाएगी? शाखाएँ कई गुना अधिक लगने लगेंगी। अधिक-से-अधिक सरकार बाहरी गतिविधियों को रोक सकती है, मगर वह किस प्रकार हृदय में सृजन होनेवाले भावों को रोक सकती है? मुझे पूरा विश्वास है कि तब शाखाओं की संख्या स्वयंसेवकों की संख्या के बराबर हो जाएगी। अगर ऐसा ही है तो क्यों न हम अभी से शाखाओं की संख्या उस स्तर तक बढ़ा दें? यह सरकार की चुनौती का एक सटीक उत्तर होगा।' "

सन् 1930 के दशक के मध्य तक नागपुर शहर में ही 17 शाखाएँ लग रही थीं। वर्ष 1934 में संघ ने दो स्थानों नागपुर और मेहकर में अपने प्रशिक्षण शिविर लगाए। यह संघ की बढ़ती हुई शक्ति का प्रदर्शन था। तब तक शाखाओं की संख्या तीन अंकों को पार कर गई थी और वे संपूर्ण देश में लग रही थीं। राष्ट्रीय स्वयंसेवक संघ में उस समय स्वयंसेवकों की संख्या 10,000 का आँकड़ा पार कर गई थी।

मध्य प्रांत तथा बिरार की सरकार ने वर्ष 1932 में एक परिपत्र जारी किया, जिसमें सरकारी कर्मचारियों द्वारा संघ की सदस्यता लेने पर प्रतिबंध लगा दिया गया। कुछ ही दिनों के भीतर सरकार ने, यहाँ तक कि स्थानीय स्वयंसेवी संस्थानों पर भी ऐसे आदेश जारी करने के लिए दबाव बनाया।

5 दिसंबर, 1932 के दिन मध्य प्रांत के मुख्यमंत्री ई. गोर्डन द्वारा जारी किए गए

सरकारी परिपत्र की भाषा इस प्रकार थी—"यह संस्था, जो राष्ट्रीय स्वयंसेवक संघ कहलाती है, सरकार की नजर में निस्संदेह एक सांप्रदायिक स्वभाववाली संस्था है और राजनैतिक आंदोलन में इसकी सहभागिता बढ़ती जा रही है। इस संस्था के साथ सरकारी कर्मचारियों का संबंध उनके द्वारा अपने कर्तव्यों के निष्पक्ष निष्पादन में बाधा है या संभवतः हो सकती है। सरकार ने इसलिए यह निर्णय लिया कि सरकारी कर्मचारियों को राष्ट्रीय स्वयंसेवक संघ का सदस्य नहीं बनना चाहिए और न ही इसकी गतिविधियों में भाग लेना चाहिए।"

दिसंबर 1933 में निजी स्वयंभू संस्थानों के लिए एक और आदेश जारी हुआ—

"यह सरकार के संज्ञान में आया है कि जिला समितियों द्वारा चलाए जाने वाले स्कूलों के कई अध्यापक राष्ट्रीय स्वयंसेवक संघ के सदस्य बन गए हैं। यह संस्थान सांप्रदायिक चरित्र का होने के कारण सरकारी कर्मचारियों के लिए प्रतिबंधित किया जा चुका है कि वे न तो इसके सदस्य बनें तथा न ही इसकी गतिविधियों में भाग लें। यह मध्य प्रांत के गृह सचिव का मत है कि यह मान्य नहीं है कि वे लोग, जो स्थानीय निजी संस्थानों के कर्मचारी हैं, वे इस संस्था के साथ किसी भी रूप में जुड़ें। वे उन संस्थाओं के कर्मचारी हैं, जो समाज के प्रत्येक वर्ग का प्रतिनिधित्व करती हैं और ये संस्थाएँ अपने कर वसूलने का अधिकार एक आम वोटर से प्राप्त करती हैं। ऐसा होने के कारण इन स्थानीय निकायों के लिए यह उचित नहीं है कि उनके कर्मचारियों को यह इजाजत दे दी जाए कि वे किसी सांप्रदायिक संस्था से जुड़ें। मैं इसलिए आपसे निवेदन करता हूँ कि आप अपने खंड के भीतर स्थित सभी स्थानीय निकायों को स्पष्ट रूप से इस बात की व्याख्या करें और उनसे आश्वासन लें कि वे अपने कर्मचारियों को तदनुसार निर्देश जारी करें।"

सरकार द्वारा राष्ट्रीय स्वयंसेवक संघ के विरुद्ध पारित किए गए आदेशों का सामना करने के लिए डॉ. हेडगेवार ने राष्ट्रीय स्वयंसेवक संघ समारोहों में अधिक-से-अधिक प्रमुख लोगों को आमंत्रित करने की रणनीति अपनाई।

31 जनवरी, 1934 की सुबह प्रसिद्ध उद्योगपति और लोकोपकारक जमनालाल बजाज का नागपुर आगमन हुआ। वे डॉ. मुंजे तथा डॉ. हेडगेवार से अलग-अलग मिले। डॉ. हेडगेवार का तर्क स्पष्ट था, जिसे उन्होंने बजाज से साझा किया, "संघ राजनीति के प्रति उदासीन है। इसमें किसी संस्था के लिए नफरत का कोई भाव नहीं है। न ही खादी के प्रति इसका कोई विरोध है और यह छुआछूत की संपूर्ण रूप से भर्त्सना करता है।"

इस सबके बीच राष्ट्रीय स्वयंसेवक संघ के प्रचारकों ने चुपचाप संस्था की बेहतरी और बढ़ोतरी के लिए जमीनी स्तर पर कार्य किया। गोपालराव चेरकुंवर साँगली, दादाराव परमार्थ पुणे और बाबासाहेब आप्टे खंडेश जिलों में गए। इस प्रकार प्रचारकों को बाहर

भेजे जाने की प्रथा शुरू हुई। मध्य प्रांतीय विधान समिति की बैठक मार्च 1934 में होनी तय थी। डॉ. हेडगेवार कई विधायकों से मिले और संघ के प्रति जारी किए गए सरकारी आदेशों का विरोध करने की अपील की। अकोला जिला बोर्ड और वर्धा, उमरेद, सवानेर, कतोल, भंडारा आदि की नगरपालिकाओं ने पहले ही इस आशय के प्रस्ताव पास कर दिए थे कि इन आदेशों को वापस लिया जाए।

भंडारा के बाबासाहेब कोल्टे, जो डॉ. हेडगेवार के अध्यापक रहे थे, ने 7 मार्च को एक प्रस्ताव पेश किया, जिसमें सरकारी आदेश की निंदा की गई थी। विधानसभा के कई सदस्यों ने इस प्रस्ताव का समर्थन किया। प्रस्ताव पर चर्चा तीन दिनों तक होती रही।

अंतत: प्रस्ताव पर वोटिंग की गई और यह पास हो गया। यह सरकार के लिए एक अप्रत्याशित हार थी, परंतु सरकार ने इस प्रस्ताव पर कार्य करने के लिए मना कर दिया और इस प्रकार आदेश को आधिकारिक रूप से निरस्त नहीं किया, हालाँकि इसे लागू करने का प्रयत्न नहीं किया गया। सभी व्यावहारिक उद्देश्यों के लिए यह आदेश एक मृत आदेश बन गया। इन घटनाओं के कारण राष्ट्रीय स्वयंसेवक संघ के विस्तार को और अधिक बल मिला। अब तक गोलवलकरजी बनारस में थे, वे वर्ष 1933 में नागपुर वापस आ गए तथा डॉ. हेडगेवार के संपर्क में बने रहे।

राष्ट्रीय स्वयंसेवक संघ के अभिलेखागारों के अनुसार, "वर्ष 1934 में संत पंचलेगाँवकर महाराज ने अपने 'मुक्तेश्वर दल' का विलय राष्ट्रीय स्वयंसेवक संघ में करा दिया। मुसलमानों द्वारा किए जा रहे हमलों के दौरान इस दल का गठन किया गया था, ताकि हिंदुओं की रक्षा की जा सके। दल की यतवमाल, रवामगाँव, वाशिम, नागपुर और अन्य स्थानों पर 25 शाखाएँ थीं। वे सभी अब राष्ट्रीय स्वयंसेवक संघ का हिस्सा बन गईं।"

विडंबना देखिए कि जब राष्ट्रीय स्वयंसेवक संघ ब्रिटिश शासकों की धमकियों का सामना कर रहा था, कांग्रेस ने भी जून 1934 में एक प्रस्ताव पास कर डाला, जिसमें उसने अपने सदस्यों पर प्रतिबंध लगा दिया कि वे किसी रूप में भी राष्ट्रीय स्वयंसेवक संघ, हिंदू महासभा तथा मुसलिम लीग के साथ न जुड़ें।

डॉ. एन.एस. हार्दिकर, 'हिंदुस्तानी सेवा दल' के मुखिया को उत्तर देते हुए डॉ. हेडगेवार ने कहा, "आपका 10 दिसंबर, 1934 का पत्र मुझे प्राप्त हुआ। इसे पढ़कर मुझे अत्यंत प्रसन्नता का आभास हुआ। मैं वास्तव में यह जानकर कि आप संघ की गतिविधियों को नजदीक से देखना चाहते हैं, बहुत खुश हूँ। मैं अकोला परिषद् के बाद कुछ दिनों के लिए शहर से बाहर जा रहा हूँ। यह आपके लिए उपयोगी हो सकता है कि आप परिषद् से पहले कुछ दिनों के लिए नागपुर में रुकें, ताकि आप स्वयं को संघ की गतिविधियों से परिचित करा पाएँ।" परंतु डॉ. हार्दिकर अपनी अस्वस्थता के कारण

नागपुर न जा पाए, लेकिन उन्होंने दो दिन गोपालराव येरकुंतवर, जो बंबई में संघ के प्रचारक थे, के साथ बिताए तथा संघ की गतिविधियों का नजदीक से अध्ययन किया।

वर्ष 1934 में महात्मा गांधी ने वर्धा में राष्ट्रीय स्वयंसेवक संघ शिविर का दौरा किया और डॉ. हेडगेवार से मिले। शेषाद्रिजी ने इस यादगार घटना का सच्चा वर्णन इन शब्दों किया है—"गांधीजी उस समय वर्धा के नजदीक सेवाग्राम आश्रम में ठहरे हुए थे। उस घर के ठीक सामने संघ का शिविर था। वहाँ वर्धा जिले के लगभग 1500 स्वयंसेवक ठहरे हुए थे। गांधीजी ने शिविर लगाए जाने की तैयारियों को स्वयं देखा था। उन्होंने अपने निवास से भी शिविर की गतिविधियों पर नजर डाली और शिविर को बहुत नजदीक से देखा था। उन्होंने महादेव देसाई से बात की, जिन्होंने अप्पाजी जोशी को लिखा। अप्पाजी तुरंत गए और गांधीजी से मिले तथा उन्हें आमंत्रण दिया, 'कृपया जब भी आपको सुविधा हो, आप अवश्य शिविर में आएँ। वहाँ आपका स्वागत किया जाएगा।' "

वह दिन गांधीजी के लिए मौन दिवस था। उन्होंने कागज के एक टुकड़े पर लिखा—"मैं कल सुबह छह बजे वहाँ आऊँगा और वहाँ पर डेढ़ घंटा बिताऊँगा।"

अगले दिन, 25 दिसंबर, 1934 को गांधीजी समय पर ठीक छह बजे सुबह शिविर में आ गए। सभी स्वयंसेवकों ने उन्हें प्रणाम किया। गांधीजी के साथ महादेव देसाई, मीराबेन तथा अन्य कुछ लोग थे। शिविर को अपनी सुसज्जित तथा प्रभावी अवस्था में देखने के उपरांत गांधीजी ने अप्पाजी की पीठ थपथपाई और कहा, "मैं वास्तव में बहुत खुश हूँ। मैंने ऐसा नजारा देश भर में पहले कभी नहीं देखा था।" उन्होंने फिर रसोईघर का निरीक्षण किया। 1500 से भी अधिक स्वयंसेवकों का खाना कम-से-कम शोरगुल और बिना हड़बड़ी के तैयार किया गया तथा उन्हें परोसा गया। प्रत्येक स्वयंसेवक के लिए उसकी कीमत आई एक रुपया मात्र और इसमें अनाज की एक विशेष किस्म तथा शिविर के अन्य सभी खर्चों को पूरा किया गया; अगर कहीं कोई पूर्ति न हुई तो इसका भार वहन भी स्वयंसेवकों ने खुद किया। उन सारी सूचनाओं से गांधीजी भौचक्के रह गए।

बाद में उन्होंने रुग्ण व्यक्तियों के वार्ड का दौरा किया और स्वयंसेवकों के रहने के तंबू देखे। उन्होंने देखा कि हर जाति तथा वर्ग के स्वयंसेवक आपस में बड़े स्नेह के साथ काम कर रहे थे, बिना किसी भेदभाव के। अपने इन अनुभवों की पुष्टि के लिए उन्होंने स्वयं कई स्वयंसेवकों को जवाब-तलब किया। उन सभी की प्रतिक्रिया एक समान थी—"संघ में कोई भेदभाव, जैसे ब्राह्मण, मराठा, अस्पर्श (अछूत) आदि नहीं है। हमें सच में यह भी नहीं पता कि हमारे कई साथियों की जाति क्या है, न ही हम यह जानना चाहते हैं। हमारे लिए यह काफी है कि हम सब हिंदू हैं।" गांधीजी ने अप्पाजी से पूछा, "यह लगभग असंभव सा लगता है कि हम अपने समाज से छुआछूत की बुराई को समाप्त कर सकें। संघ में इस पहलू को कैसे संभव बना दिया गया?" अप्पाजी ने

उत्तर दिया, "ऊँच-नीच, छूत-अछूत के भावों को केवल हिंदुओं की निहित एकता को उजागर करके हटाया जा सकता है। तभी केवल उनके गंभीर व्यवहारों में भाईचारे की भावना की झलक नजर आएगी, केवल शब्दों से नहीं। इस उपलब्धि का श्रेय डॉ. केशव हेडगेवार को जाता है।"

तब तक आम सभा का समय हो गया था। बिगुल की आवाज आ गई। सभी स्वयंसेवक सावधान मुद्रा में खड़े हो गए। ध्वज फहराया गया। संघ की प्रथा के अनुसार गांधीजी ने भी अप्पाजी के साथ खड़े होकर भगवा ध्वज को प्रणाम किया।

गांधीजी ने फिर शिविर के भंडार का दौरा किया। उसमें हर प्रकार की खाद्य सामग्री और अन्य जरूरत के सामान बड़े ही सलीके से लगाए गए थे। वहाँ पर एक सुसज्जित चित्र को प्रमुखता से लगाया गया था। महात्माजी ने इस चित्र को बड़े ध्यान भाव से देखा और पूछा, "यह किसका चित्र है ?"

"यह चित्र डॉ. हेडगेवार का है," अप्पाजी ने उत्तर में कहा। "क्या यह वही डॉ. केशव हेडगेवार हैं, जिनका नाम आपने लिया था, जब हम छुआछूत की बात कर रहे थे ? वे संघ से किस रूप में जुड़े हैं ?"

"वे संघ के मुखिया हैं। हम उन्हें सरसंघचालक कहते हैं। उनके मार्गनिर्देशन में संघ की सभी गतिविधियाँ चलाई जाती हैं। इन्होंने संघ की शुरुआत की है।"

"क्या यह संभव हो पाएगा कि मैं डॉ. हेडगेवार से मिलूँ ? अगर संभव है तो मैं उनसे सीधे संघ के विषय में जानकारी लेना चाहूँगा।"

"उन्हें कल शिविर के दौरे के लिए आना है। अगर आप चाहें तो हम उन्हें आपसे मिलने के लिए आपके पास ला सकते हैं।"

इसके बाद गांधीजी अपने आश्रम लौट गए।

अगली सुबह डॉ. हेडगेवार शिविर में आए। उसी शाम पुणे के भोपटकर की अध्यक्षता में विदाई समारोह संपन्न हुआ। उसके बाद गांधीजी के निमंत्रण पर डॉ. हेडगेवार अप्पाजी जोशी और भोपाटकर के साथ उनसे मिलने के लिए गए। डॉ. हेडगेवार और गांधीजी के बीच एक घंटे से अधिक समय तक चर्चा हुई। चर्चा का आम प्रवाह इस प्रकार था। शुरुआती शिष्टाचार के आदान-प्रदान के बाद गांधीजी उस विचारबिंदु पर आए, जो उनके मस्तिष्क में सर्वोपरि था—

"डॉक्टरजी, आपकी संस्था प्रशंसनीय है। मुझे इस तथ्य के प्रति जानकारी है कि आप कई वर्षों तक कांग्रेस के एक कार्यकर्ता रहे। ऐसा होते हुए आपने एक लोकप्रिय संस्था जैसे कांग्रेस ही के अंतर्गत क्यों नहीं एक स्वयंसेवक कमान का गठन किया, क्यों आपने एक पृथक् संस्था बनाने का कार्य किया ?"

"यह सच है कि मैंने कांग्रेस में कार्य किया। मैं कांग्रेस के वर्ष 1920 के अधिवेशन

के समय स्वयंसेवक दल का सचिव भी रहा था, जब मेरा एक मित्र डॉ. परांजपे दल का अध्यक्ष था। तदुपरांत हम दोनों ने मिलकर कांग्रेस के अंदर एक स्वयंसेवक कमान बनाने के प्रयत्न किए, परंतु हमारे प्रयत्न सफल न हो सके, इसलिए हमें यह एक स्वतंत्र उपक्रम बनाना पड़ा।" उन्होंने उत्तर में कहा।

"आप नाकामयाब कैसे हुए, क्या ऐसा धन के अभाव से हुआ?"

"नहीं-नहीं, पैसों की कोई कमी न थी। पैसा अच्छा मददगार हो सकता है, इसमें कोई शंका नहीं, परंतु सिर्फ पैसा ही सब सारे कार्य नहीं कर सकता। हमें जो समस्या घेरे रही, वह पैसों की न थी, बल्कि मनोवृत्तियों से संबंधित थी।"

"क्या आपका मत यह है कि कांग्रेस में सहृदय व्यक्तियों की कमी थी या अब वे इसमें हैं ही नहीं?"

"मेरा वह मतलब न था। कांग्रेस में कई समर्थ लोग हैं। जो विवाद का विषय है, वह कुछ निश्चित रवैयों को लेकर है। कांग्रेस का गठन मूल रूप से एक राजनीतिक लक्ष्य को प्राप्त करने के लिए किया गया है। इसके कार्यक्रमों को भी तदनुसार तय किया गया है और इसे उन कार्यक्रमों के लिए स्वयंसेवकों की आवश्यकता है। कांग्रेस के नेता, इसलिए ऐसे अवैतनिक कार्यकर्ताओं की तलाश किया करते थे, जो बैठकों और सम्मेलनों में कुरसियाँ और बेंच लगाने का काम करें। कांग्रेस में यह विश्वास होता दिखाई नहीं पड़ता कि राष्ट्र की समस्याओं को प्रभावपूर्ण ढंग से तभी सुलझाया जा सकता है, जब स्वयंसेवकों का एक बड़ा और अनुशासित बेड़ा हो, जो मात्र अपनी खुद की प्रेरणा से तथा अन्य किसी के कहने से नहीं, देश की सेवा कर सके।"

"आपकी एक स्वयंसेवक की सटीक धारणा क्या है?"

"स्वयंसेवक वह व्यक्ति है, जो प्रेमपूर्वक अपने देश की चहुँमुखी प्रगति के लिए अपना जीवन समर्पित कर सके। ऐसे स्वयंसेवकों का निर्माण करना और उन्हें उस ओर मोड़ना ही संघ का उद्देश्य है। 'संघ' में एक स्वयंसेवक तथा एक नेता में कोई अंतर नहीं है। हम सभी स्वयंसेवक हैं और बराबर हैं। हम सभी को समान रूप से प्यार करते हैं और आदर प्रदान करते हैं। हमारे बीच पद संबंधी अंतर के लिए कोई स्थान नहीं है। यह सच में इतने कम समय में और बिना किसी बाहरी सहायता, पैसा या प्रचार के संघ की अपार सफलता और उन्नति का राज है।"

"मैं वास्तव में अत्यधिक प्रसन्न हूँ। यह देश निश्चित रूप से आपके प्रयत्नों की सफलता से लाभान्वित होगा। मैंने वर्धा जिले में संघ के अपार समर्थन के बारे में सुना है। आप इस विशाल संस्था के खर्चों को किस प्रकार पूरा करते हैं?"

"स्वयंसेवक खुद ही यह भार उठाते हैं, इनमें से प्रत्येक अपना योगदान 'गुरु-दक्षिण' के रूप में करता है।"

"ऐसा प्रतीत होता है कि आपका सारा समय इस कार्य में लग जाता है। आप अपना चिकित्सा व्यवसाय किस प्रकार कर पाते हैं?"

"मैंने चिकित्सा को अपनी आजीविका नहीं बनाया है।"

"तो फिर आप अपने परिवार को कैसे चलाते हैं?"

"मैंने शादी नहीं की।"

गांधीजी स्पष्ट रूप से भौचक्के रह गए। उसी हैरानी भरे स्वर में उन्होंने कहा, "अच्छा, आप विवाहित नहीं हैं! बहुत अच्छा। इससे पता चलता है कि कैसे आपने इतने कम समय में एक महत्त्वपूर्ण स्तर की सफलता अर्जित की है!"

अंत में डॉक्टरजी ने कहा, "मैंने शायद आपका अधिक समय ले लिया है। मुझे कोई शक नहीं कि आपके आशीर्वाद से हमारे प्रयत्न सफल होंगे। कृपया अब हमें जाने की स्वीकृति दें।"

गांधीजी उन्हें विदा करने के लिए दरवाजे तक आए और कहा, "डॉक्टरजी, आपके चरित्र और निष्ठा के रहते इस बात में कोई शक नहीं कि आप सफल होंगे।"

डॉक्टरजी ने गांधीजी को प्रणाम किया और शिविर में वापस आ गए।

राष्ट्रीय स्वयंसेवक संघ आगे बढ़ता रहा। वर्ष 1935 में पुणे में एक नया अधिकारी प्रशिक्षण शिविर आयोजित किया गया। संघ असहाय हिंदुओं के लिए एकमात्र उम्मीद के रूप में उभर रहा था, जो अपने ऊपर बढ़ते हुए हमलों से पीड़ा पा रहे थे।

एक प्रमुख व्यक्ति बाबू पद्मराज जैन ने डॉ. हेडगेवार को कई पत्र लिखे और उनसे आग्रह किया कि वे पंजाब और संयुक्त प्रांत के दौरे पर आएँ। भाई परमानंद के दामाद धर्मवीर ने लाहौर से 3 अक्तूबर, 1935 के दिन राष्ट्रीय स्वयंसेवक संघ मुखिया को एक पत्र लिखा, "यहाँ पर हिंदुओं की दशा बहुत ही संकटपूर्ण है। मैं आपके साथ कुछ दिन बिताना चाहता हूँ, ताकि मैं हिंदुओं की विशाल जन-सुरक्षा की रणनीति बनाने की कला आपसे सीख सकूँ। मेरे साथ एक मित्र भी होगा।"

डॉ. हेडगेवार निरंतर युवा छात्रों को अलग-अलग प्रांतों में जाने के लिए उत्साहित करते रहते थे, ताकि वे वहाँ की स्थानीय भाषा सीख पाएँ और संघ के कार्य को आगे विकसित करें।

संगठनात्मक परिप्रेक्ष्य द्वारा वे यह सुनिश्चित करते थे कि आवंटित कार्य में और दैनिक शाखा संचालन के कार्यों में समरूपता हो। उन्होंने संघ के पदाधिकारियों की जिम्मेदारियों को परिभाषित किया तथा जो परंपराएँ दैनिक शाखा में निभानी हैं, उन्हें भी निर्धारित किया।

अक्तूबर 1935 में राष्ट्रीय स्वयंसेवक संघ का कर्नाटक में और भी विस्तार हुआ,

जब डॉ. हेडगेवार ने बेलगाम जिले में चिक्कोड़ी, निपानी और सदालगा क्षेत्रों का दौरा किया। यह कर्नाटक में उनका दूसरा आगमन था। सदालगा में एक 'पथ संचलन' का आयोजन किया गया। उन्होंने चिक्कोड़ी में भी एक सभा को संबोधित किया। वहाँ 23 अक्तूबर, 1935 के दिन एक शाखा शुरू की गई। इससे कर्नाटक में राष्ट्रीय स्वयंसेवक संघ की गतिविधियों की शुरुआत हो गई।

मार्च 1936 में कृष्णराव वाडेकर महाराष्ट्र के धुले-जलगाँव क्षेत्र में शाखा शुरू करने के उद्देश्य से वहाँ पर गए। 24 मार्च, 1936 को डॉ. हेडगेवार ने उन्हें एक लिखित स्मृति-पत्र दिया—'संघ-स्थापना विधि'। उस प्रलेख में स्पष्ट रूप से उस व्यवहार के बारे में लिखा था, जिसकी अपेक्षा एक स्वयंसेवक से की जाती है। इसकी विशेष बातें इस प्रकार थीं—

"जैसे शिवाजी का प्रत्येक अधिकारी एक कुशल रणनीतिज्ञ था, ठीक उसी तरह संघ का भी प्रत्येक अधिकारी संघ द्वारा दिए गए प्रशिक्षण के हर पहलू का जानकार होना चाहिए। स्वयंसेवक सरसंघचालक से अनुमति प्राप्त कर, अपनी स्वयं की जिम्मेदारी पर ऐसे किसी भी कार्य में भाग ले सकते हैं, जो हिंदुओं के कल्याण के विपरीत न हो। स्वदेशी का विकास किया जाना चाहिए, जिसकी प्रेरणा देशभक्ति की मनोवृत्ति से हो। अपने आपको एक तरफ तो किसी आचार संहिता की कमी की चरम सीमाओं से अनभिज्ञ रखकर, दूसरी ओर निरर्थक रूढ़ियों से भी दूर रहकर संघ के कार्यकर्ताओं को एक स्वर्णिम साधन ढूँढ़ना होगा, ताकि समाज में नई जान फूँकी जा सके। संघ को ऐसे कार्यक्रमों से दूर रखना होगा, जो अल्पकालीन उत्साह से उपजे हों या फिर अस्थिर भावनाओं के उद्गार हों। ऐसे कार्यक्रमों से जुड़ाव संघ की स्थिरता को केवल नुकसान ही पहुँचाएँगा।"

पंजाब से आए प्रतिवेदन पर जनार्दन चिंचलकर, राजभाऊ पातुरकर और नारायणराव पुरानिक कार्यकर्ताओं का एक समूह वहाँ भेजा गया। अपनी पढ़ाई के साथ-साथ उन्होंने लाहौर में संघ की शाखा भी स्थापित की। बाबासाहेब आप्टे तथा दादाराव परमार्थ ने नियमित रूप से महाराष्ट्र, महाकौशल, पंजाब और उत्तर प्रदेश के दौरे शुरू कर दिए थे।

वर्ष 1936 में एक नया अध्याय शुरू हुआ, जब एक स्वयंसेवक की माँ लक्ष्मीबाई केलकर ने वर्धा में अप्पाजी जोशी के घर पर डॉ. हेडगेवार से मुलाकात की। उनके अपने शब्दों में, "डॉक्टरजी ने मुझसे मेरे आने का प्रयोजन पूछा तो मैंने कहा, आप यह प्रशिक्षण तथा विचारशक्ति स्त्रियों को क्यों नहीं प्रदान करते? 'अच्छा' उन्होंने उत्तर दिया, 'फिलहाल हमने अपनी गतिविधियाँ पुरुषों तक ही सीमित रखी हैं।' मैंने कहा, 'अगर आप मेरे बेटे को मुझे प्रशिक्षण देने की अनुमति दे दें तो मैं अपने से इन तकनीकों को शहर की दूसरी औरतों को सिखा दूँगी।'"

डॉक्टरजी इसके लिए सहमत न थे। मैंने जोर देकर कहा, "जैसे स्त्रियाँ परिवार का एक हिस्सा होती हैं, उसी प्रकार वे देश का भी एक हिस्सा हैं। अगर आपके संदेश घर पर रहनेवाली स्त्रियों को भी प्राप्त हों तो इससे संघ निश्चित रूप से और अधिक मजबूत होगा।"

मेरे आग्रह को देखकर डॉक्टरजी को अंततः झुकना पड़ा और उन्होंने कहा, "अगर आप पूरी जिम्मेदारी लेने के लिए तैयार हैं तो अप्पाजी जोशी आपको आवश्यक सहायता प्रदान करेंगे।"

इसके उपरांत लक्ष्मीबाई डॉ. हेडगेवार से तीन या चार बार और मिलीं। उन्होंने बाद में याद करते हुए कहा—"डॉक्टरजी ने सुझाव दिया कि संस्था का नाम संघ के नाम से अलग होना चाहिए, हालाँकि उसका अर्थ वही है। दोनों संस्थाएँ एक-दूसरे के समानांतर काम करें, मगर स्वतंत्र रूप से। उन्होंने कुछ विशिष्ट समस्याओं की भी व्याख्या की, जो एक महिला संस्था की समझ आ सकती थीं। प्रत्येक बैठक में वे बड़ी ही सूक्ष्मता से इस विषय में मेरी दृढ़ता का आकलन और नजर रख रहे थे। मैं अडिग रही और उन्हें बताया, 'आपके आशीर्वाद तथा ईश्वर की दया के साथ मैं अपने प्रयत्न से पीछे न हटूँगी।' मैं समझती हूँ कि मैंने डॉक्टरजी द्वारा ली गई परीक्षा को पास कर लिया। अंत में वे हर संभव सहायता प्रदान करने के लिए सहमत हो गए। और इस तरह विजयादशमी के दिन 25 अक्तूबर, 1936 को 'राष्ट्रीय सेविका समिति' का जन्म हुआ।"

वर्ष 1937 में डॉक्टर हेडगेवार ने 10 स्वयंसेवकों का एक दल राष्ट्रीय स्वयंसेवक संघ के कार्य में प्रगति लाने के लिए उत्तर भारत में भेजा। उनके प्रयत्नों के फलस्वरूप पंजाब, दिल्ली, उत्तर प्रदेश तथा मध्य भारत में संघ की शाखाएँ फैल गईं। दादाराव परमार्थ और बाबासाहेब ने समय-समय पर इन क्षेत्रों का दौरा कर कार्य में हो रही प्रगति का निरीक्षण किया। गोलवलकर भी लगभग इसी समय सरागाची आश्रम से लौट आए। यह डॉ. हेडगेवार के लिए आश्वस्ति का क्षण था, जिन्होंने बाद में उन्हें अपना उत्तराधिकारी चुना। अपनी वापसी के बाद गोलवलकर ने डॉ. हेडगेवार के साथ काफी नजदीक रहकर कार्य किया। इस समय तक कई प्रांतों में जहाँ-जहाँ संघ की शाखा लगती थी, शीतकालीन शिविरों का आयोजन नियमित रूप से किया जाने लगा।

नागपुर में एक मजेदार घटना घटी, जब वहाँ (नागपुर में) एक प्रशिक्षण शिविर का उद्घाटन अवध के राजा ने किया। वे कार्यक्रम से इतना अधिक प्रभावित हुए कि उन्होंने अपने कैमरामैन को वे दृश्य फिल्माने के लिए कहा। डॉ. हेडगेवार ने कुछ क्षणों बाद यह देख लिया और उन्हें ऐसा करने से रोक दिया, क्योंकि यह संघ की परंपरा के विरुद्ध कार्य था, परंतु कैमरामैन ने वह दृश्य फिल्मा लिया, जिसमें डॉ. हेडगेवार को संघ का भगवा ध्वज फहराते हुए दिखाया गया था। यह डॉ. हेडगेवार के

सिर्फ कुछ ही चित्रों में से एक है, केवल एक, जिसमें वे राष्ट्रीय स्वयंसेवक संघ के किसी समारोह में दिखाई पड़ते हैं।

वर्ष 1938 तक राष्ट्रीय स्वयंसेवक संघ ने आंध्र प्रदेश में भी अपना कार्य शुरू कर दिया था। मध्य प्रांत में ही राष्ट्रीय स्वयंसेवक संघ के 35000 स्वयंसेवक बन चुके थे। डॉ. हेडगेवार ने अगस्त 1938 में लौहार में प्रवास किया, परंतु वहाँ वे बीमार हो गए और सिर्फ आधा घंटे तक ही उन्होंने स्वयंसेवकों को संबोधित किया। उनके साथ गोलवलकरजी भी वहाँ गए थे और उन्होंने भी वहाँ उद्बोधन दिया।

डॉ. हेडगेवार के संक्षिप्त भाषण का हवाला देते हुए गोलवलकर ने बाद में लिखा, "यह एक सौभाग्यपूर्ण अवसर था, जब मैंने उनके मुख से संघ के आदर्शों का एक विवेकपूर्ण, सुसंगत तथा व्यापक वर्णन सुना। वाह कितना शक्तिपूर्ण तथा आकर्षक संबोधन था वह! जब यह समाप्त हुआ तो वहाँ उपस्थित प्रत्येक जन चाहता था कि वह और आधा घंटा या अधिक यों ही चलता रहे।"

डॉ. हेडगेवार 30 अगस्त को दिल्ली आ गए। उनका स्वास्थ्य निरंतर गिर रहा था। राष्ट्रीय स्वयंसेवक संघ के विस्तार के लिए दिन-रात उनके द्वारा किया गया अथक परिश्रम कहीं-न-कहीं उनके शरीर पर बुरा असर डाल रहा था। उनके गुजरात तथा महाराष्ट्र के प्रस्तावित दौरे रद्द कर दिए गए। अपने गिरते स्वास्थ्य के कारण डॉ. हेडगेवार ने गोलवलकर गुरुजी को अधिक-से-अधिक जिम्मेदारियाँ देनी आरंभ कर दीं। उन्हें वर्ष 1938 के नागपुर के प्रशिक्षण शिविर का प्रभारी बना दिया गया। वर्ष 1938 के विजयादशमी समारोह में नागपुर में पंजाब के गोकुलचंद नारंग ने अध्यक्षता की। यहाँ इस अवसर पर पथ-संचलन में 3000 से भी अधिक गणवेशधारी स्वयंसेवकों ने भाग लिया।

वर्ष 1938 में ही हैदराबाद के निजाम के विरुद्ध एक विशाल विरोध प्रदर्शन हुआ। भैयाजी दानी द्वारा योग्यतापूर्ण ढंग से आयोजित किए गए इस प्रदर्शन में लगभग 1500 से 2000 स्वयंसेवकों ने भाग लिया। डॉ. हेडगेवार ने यद्यपि इन राजनीतिक प्रदर्शनों के प्रति पहले ही खुलासा कर दिया था—"जो भी व्यक्ति सत्याग्रह में भाग लेना चाहता है, वह इसमें निजी तौर पर शामिल हो सकता है।" इस विरोध-प्रदर्शन के प्रति भी यही नीति अपनाई गई थी।

पंजाब, उत्तर प्रदेश, बिहार और कुछ अन्य प्रांतों में संघ की शाखाएँ लगातार बढ़ रही थीं। अब समय आ गया था कि शाखा में मराठी तथा संस्कृत में दिए गए निर्देशों की समीक्षा की जाए। सिंदी में फरवरी 1939 में डॉ. हेडगेवार ने प्रमुख कार्यकर्ताओं की एक बैठक बुलाई। इस बैठक में श्रीगुरुजी (गोलवलकर), अप्पाजी जोशी, बालासाहब

देवरस, तात्याराव तेलंग, विट्ठलराव पतकी, बाबाजी सालोदकर, नानासाहेब तलातुले और कृष्णराव मोहरिर ने भाग लिया। दस दिनों तक विचार-विमर्श चलता रहा। संघ के संविधान, कमान, प्रार्थना, तौर-तरीकों, शपथ व अन्य सभी संगठनात्मक पहलुओं पर चर्चा हुई।

यह एक पथ-प्रदर्शक बैठक थी, क्योंकि इसमें संघ की प्रतिज्ञाओं को विस्तार से संशोधित किया गया। आज राष्ट्रीय स्वयंसेवक संघ में हम जो देखते हैं, वह अधिकतम रूप से उस बैठक का ही प्रतिदान है। यह निर्णय लिया गया कि संघ की प्रार्थना तथा आदेश संस्कृत में बोले जाने चाहिए। डॉ. हेडगेवार ने प्रार्थना के आदर्श तत्त्वों को रेखांकित करने का कार्य किया और नानासाहेब तलातुले ने इन्हें गद्य में लिखे जाने का कार्य किया। इसे बाद में एक कविता का रूप दिया गया। कुछ कार्य तथा कार्य-प्रणाली से संबंधित परिवर्तनों पर भी निर्णय लिये गए। जब ब्योरों को अंतिम रूप दे दिया गया, तब नई प्रार्थना और प्रतिज्ञाओं को नागपुर के वर्ष 1940 के अधिकारी प्रशिक्षण शिविर से शुरू कर व्यावहारिक रूप में अपनाया गया।

शेषाद्रिजी ने उस काल में राष्ट्रीय स्वयंसेवक संघ में हुए तीव्र फैलाव को पुनः वर्णित किया है, "बैठक के उपरांत (सिंडी), गुरुजी और विट्ठलराव पतकी को शाखा स्थापित करने के लिए कलकत्ता भेजा गया।"

शाखाओं के विस्तार की खबरें हर ओर से लगातार आ रही थीं। भाऊराव देवरस, जो उत्तर प्रदेश में अध्ययन के लिए गए थे, ने वहाँ पर शाखाओं का एक बड़ा तंत्र स्थापित कर दिया था।

"संयुक्त प्रांत में अब राष्ट्रीय स्वयंसेवक संघ के विकास की दशाएँ अनुकूल हो गई थीं।" उन्होंने अपने 29 अप्रैल के पत्र में लिखा। बापूराव बिशीकर, जो कराची स्थित एक शैक्षणिक संस्थान में नौकरी करने के लिए गए थे, ने उस क्षेत्र में संघ की गतिविधियों को एक शक्तिशाली रूप प्रदान किया। पंजाब में उत्साह की लहर दौड़ पड़ी थी। रावलपिंडी, सियालकोट तथा अन्य दूर-दराज के इलाकों से स्थानीय कार्यकर्ताओं और हमदर्दों के अनेक प्रशंसापूर्ण पत्र आ रहे थे। उन पत्रों में नागपुर से गए कार्यकर्ताओं की भूरि-भूरि प्रशंसा की गई थी और डॉक्टरजी से प्रार्थना की गई थी कि वे उन कार्यकर्ताओं को वहीं पर रोककर कार्य निरंतर जारी रखें। तब तक कई कार्यकर्ताओं को बिहार भी भेज दिया गया। उस वर्ष 1939 में कुछ उत्तरी प्रांतों के स्वयंसेवकों को नागपुर में आयोजित अधिकारी प्रशिक्षण वर्ग में सहभागिता के लिए भेजा गया था। डॉ. हेडगेवार ने निजी तौर पर उनके रहने-खाने की व्यवस्था का ध्यान रखा था। भाग लेनेवालों की अलग-अलग खान-पान संबंधी आदतों को ध्यान में रखते हुए दो से तीन तरह के भोजन की व्यवस्था की गई थी।

इस समय तक रियासतों में (जहाँ राजशाही शासन था) भी संघ की गतिविधियाँ शुरू हो गई थीं, जहाँ उन्हें अलग-अलग नाम, जैसे 'राजाराम स्वयंसेवक संघ' कोल्हापुर में, ग्वालियर में 'रामोजी स्वयंसेवक संघ' और इसी प्रकार के नाम दिए गए।

वर्ष 1939 में गुरु पूर्णिमा के दिन (13 अगस्त) डॉ. हेडगेवार ने श्रीगुरुजी को सरकार्यवाह तथा बाबासाहेब घटाटे को नागपुर का संघचालक नियुक्त किए जाने की घोषणा की।

दादाराव परमार्थ को एक पत्र में डॉ. हेडगेवार ने लिखा, "पंजाब, संयुक्त प्रांत, बिहार, बंगाल और कराँची से उत्साहवर्धक खबरें आ रही हैं। लाहौर में लगभग 50 शाखाओं में 150 से अधिक स्वयंसेवक आ रहे हैं। यह निर्णय लिया गया है कि इस वर्ष पंजाब में संघ गतिविधियों पर विशेष जोर दिया जाए, क्योंकि इस वर्ष नागपुर में आर्यन लीग का एक विशेष अधिवेशन रखा गया था। हमें पंजाब और संयुक्त प्रांत से आए अखिल भारतीय स्तर के नेताओं से मिलने का सुअवसर था। उन सब ने अपने-अपने क्षेत्रों में संघ की गतिविधियाँ बढ़ाने और विस्तार के प्रति हमें अपना समर्थन दिया है। वे संघ के सफलतापूर्वक चलन से गहन रूप से प्रभावित नजर आ रहे थे। जैसा आपको विदित है, हमारे चार प्रचारक बिहार भी गए हैं। थोड़े समय में ही श्री माधव गोलवलकर वहाँ उन्हें मिलेंगे। मुझे पक्का विश्वास है कि आपको मद्रास प्रांत में जो काम सौंपा गया है, उसे आप अति कुशलतापूर्वक पूरा करेंगे।"

वर्ष 1939 के पूरे समय में डॉ. हेडगेवार ने गुरुजी से कहा कि वे सभी सार्वजनिक सभाओं में बोलें।

1 सितंबर, 1939 के दिन द्वितीय विश्वयुद्ध शुरू हो गया। इसने भारत को उसकी स्वतंत्रता के लिए एक स्वर्णिम अवसर प्रदान किया। बालाजी हुद्दार और डॉ. वी.आर. सांजगिरी डॉ. हेडगेवार के पास सुभाषचंद्र बोस का एक संदेश लेकर आए। उस समय डॉ. हेडगेवार देवलाली में अपना इलाज करा रहे थे। बोस के संदेश में था कि राष्ट्रीय स्वयंसेवक संघ के साथ मिलकर देश भर में एक क्रांति लाई जाए। चर्चा के बाद यह निर्णय हुआ कि बोस स्वयं शीघ्र नागपुर उनसे मिलने के लिए आएँगे, परंतु बोस आ न सके। डॉ. सांजगिरी ने 12 जुलाई, 1939 को डॉ. हेडगेवार को लिखा—"आप हमारे आपसे मिलने आने के मिशन की निष्ठा को बड़ी आसानी से समझ सकते हैं। हम नागपुर में मिलने के आपके निमंत्रण का आपको धन्यवाद देते हैं। अनपेक्षित परिस्थितियों के कारण फिलहाल नागपुर का तय कार्यक्रम रद्द किया जाता है, तो क्या आप इस महीने की बीस तारीख को बंबई आ रहे हैं? हमें पूरी आशा है कि हम वहाँ अवश्य मिलेंगे। मुझे पूर्ण विश्वास है कि आप हमें निराश नहीं करेंगे। संबंधित व्यक्ति 20 तारीख की रात को चलेगा। आप एक दिन के लिए वहाँ आकर रुकें। मुझे आशा है कि आपस में एक-दूसरे

के लाभ की कोई योजना बना पाएँगे।"

यह स्पष्ट है कि डॉ. संजीगिरि ने अपने पत्र में जिस व्यक्ति का जिक्र किया था, वह और कोई नहीं, स्वयं 'नेताजी' थे। परंतु डॉ. हेडगेवार अधिक अस्वस्थता के कारण बंबई नहीं जा सकते थे और इसलिए यह बैठक मूर्त रूप न ले पाई। शेषाद्रिजी के अनुसार, "स्वर्गीय आर.एस. रुईकर को साथ लेकर सुभाष बाबू डॉ. हेडगेवार को देखने 20 जून, 1940 को आए, परंतु उस समय डॉ. हेडगेवार मृत्यु-शैया पर थे, इसलिए कोई चर्चा न हो सकी।"

डॉ. हेडगेवार ने अपने जीवन के अंतिम कुछ महीने अत्यधिक अस्वस्थ अवस्था में बिताए। इसके बावजूद उन्होंने राष्ट्रीय स्वयंसेवक संघ का कार्य निरंतर जारी रखा। अंतत: गोपालराव ओग्ले, 'महाराष्ट्र' के संपादक और अन्य कुछ प्रमुख व्यक्तियों ने उन्हें मना लिया कि वे जनवरी 1940 में अपने इलाज के लिए बिहार में राजगीर जाएँ। अन्य लोगों के अतिरिक्त उनके साथ अप्पाजी जोशी भी गए। उस स्थान पर विद्यमान गरम पानी के झरने अपने आरोग्यकारी गुणों के कारण लोकप्रिय हैं।

डॉ. हेडगेवार वहाँ दो महीने रुके। अप्रैल में उन्हें फिर वहाँ जाना पड़ा। उनके इतना अधिक बीमार होने पर भी एक दिन छात्रों का एक समूह उनसे मिलने आया। वे उनसे मिले तथा उन्हें प्रोत्साहित किया कि राजगीर में एक शाखा शुरू करें। वे 16 मई, 1940 को फिर से राजगीर से नागपुर लौट आए, ताकि पुणे में आयोजित हो रहे राष्ट्रीय स्वयंसेवक संघ प्रशिक्षण वर्ग में शामिल हो सकें, मगर वह अत्यधिक बीमार थे और उन्हें अगले चौबीस दिनों तक तेज ज्वर रहा, अर्थात् शिविर की पूरी अवधि के दौरान। 2 जून के दिन उनकी उपस्थिति में गुरुजी ने स्वयंसेवकों को संबोधित किया। उस समय तक उनका स्वास्थ्य इतना गिर चुका था कि वे मुश्किल से बैठ पाते थे। जून 4 को उन्होंने बड़े प्रयत्न से एक संक्षिप्त सा भाषण दिया और स्वयंसेवकों का संबोधन किया। स्वयंसेवकों को दिया गया वह उनका अंतिम भाषण साबित हुआ—

"मैं नहीं समझता कि मैं इस अवस्था में भी हूँ कि आपको कुछ शब्द कह पाऊँ। जैसा कि आप सब लोग जानते हैं, मैं पिछले चौबीस दिनों से बिस्तर पर ही हूँ। संघ के नजरिए से पिछला एक वर्ष गौरवमय रहा है। आज मैं अपने समक्ष एक लघु हिंदू राष्ट्र के दर्शन कर रहा हूँ। मेरी रुग्णता के कारण मेरे लिए निजी तौर पर आपको जान पाना संभव नहीं है; हालाँकि मैं पिछले कई दिनों से नागपुर में ही हूँ। मैंने पुणे के अधिकारी प्रशिक्षण वर्ग में एक पखवाड़े का समय बिताया। वहाँ मैं प्रत्येक स्वयंसेवक को जान पाने योग्य था। मैं उम्मीद कर रहा था कि यहाँ भी मैं ऐसा कर पाऊँगा, परंतु मैं आपके लिए थोड़ी सी भी सेवा के योग्य नहीं हूँ। मैं आज यहाँ केवल आपके दर्शनों के लिए आया हूँ।

"यद्यपि हम एक-दूसरे से परिचित नहीं हैं, तो भी ऐसा क्या है, जो मेरे हृदय को

आपकी ओर और आपके हृदयों को मेरी ओर खींचता है? वह निश्चित रूप से उस दर्शन का परिणाम है, जिसे राष्ट्रीय स्वयंसेवक संघ ने हमारे भीतर रचा है। भले ही कोई पूर्व संपर्क न रहा हो, स्वयंसेवक बड़ी गर्मजोशी के साथ पहली ही भेंट में एक-दूसरे के निकट आ जाते हैं। यहाँ तक कि बिना एक-दूसरे से बात किए भी वे आपस में मित्र बन जाते हैं। उनके चेहरों की मुसकराहट ही एक-दूसरे की पहचान के लिए पर्याप्त है।

"जब कुछ दिनों पूर्व मैं पुणे में था, मैं और मेरे साथ साँगली के श्री काशीनाथ राव वहाँ के लकड़ी पुल से गुजर रहे थे, ठीक उसी समय, दूसरी ओर से दो लड़के, जिनकी उम्र 8 या 10 वर्ष रही होगी, आ रहे थे। जैसे ही वे हमारे करीब आए, उन्होंने हमें एक मधुर मुसकान दी और आगे निकल गए।

"मैंने काशीनाथ राव से कहा, 'ये लड़के स्वयंसेवक हैं।' वे चकित रह गए। बिना पूर्व परिचय के मैं इतनी निश्चिंतता के साथ कैसे जान गया कि वे स्वयंसेवक हैं? वे भ्रमित नजर आए और मुझसे पूछा, 'आप यह कैसे कहते हैं कि वे स्वयंसेवक हैं? उनके वस्त्रों तथा आचरण में ऐसा कुछ न था, जो यह दरशाता हो कि वे स्वयंसेवक हैं?' आप सच मानिए कि वे स्वयंसेवक ही थे। 'ठीक है, आप क्या चाहते हैं कि मैं अपनी बात की सत्यता को साबित करूँ?' यह कहते हुए मैंने उन बच्चों को वापस आने के लिए पुकारा। मैंने उनसे पूछा, 'क्या आप जानते हैं कि हम कौन हैं?' उन्होंने तुरंत उत्तर दिया, 'हाँ, हम जानते हैं। दो वर्ष पूर्व आप हमारे शिवाजी मंदिर में हमारी 'बाल शाखा' पर आए थे। आप हमारे सरसंघचालक डॉ. हेडगेवारजी हैं और आपके साथ जो सज्जन हैं, वे काशीनाथ लिमये हैं, जो साँगली से हैं।' यह परिणाम है संघ की कभी न रुकने वाली तपस्या का! श्री संजीव कामथ, जो मद्रास से थे और जिन्होंने यहाँ कुछ दिनों पूर्व संबोधन किया था, आश्चर्य से भरकर बोले, "अच्छा है, मैं यहाँ एक अनजान की भाँति आया था और यहाँ से आपके एक भाई के नाते जा रहा हूँ।" चार दिनों के भीतर ही वे हम सबके भाई की भाँति हो गए और यहाँ से हमारी मधुर बंधुत्व की भावना को लेकर लौट गए। इस सबका श्रेय किसी भी एक व्यक्ति विशेष को नहीं जाता, परंतु संघ को जाता है। कैसे यह होता है कि पंजाब, बंगाल, मद्रास, बंबई, सिंध आदि से अलग-अलग व्यावहारिक परिदृश्यों के लोग यहाँ आकर एक-दूसरे के स्नेह से बँध जाते हैं? यह इसलिए संभव हुआ, क्योंकि वे सब राष्ट्रीय स्वयंसेवक संघ से संबंध रखते हैं।

"राष्ट्रीय स्वयंसेवक संघ के सभी स्वयंसेवक एक-दूसरे से प्रेम करते हैं, ठीक वैसे ही, जैसे हम अपने सगे भाइयों को प्रेम करते हैं, यहाँ तक कि एक ही माँ के बच्चे संपत्ति पाने के लिए एक-दूसरे से झगड़ते हैं, लेकिन स्वयंसेवकों के बीच ऐसे झगड़े कभी नहीं होते।

"मैं पिछले चौबीस दिनों से अपने घर की चहारदीवारी के अंदर कैद हूँ, परंतु मेरा

भौतिक शरीर अवश्य वहाँ था, मगर मेरा मस्तिष्क हमेशा आप सबके बीच घूम रहा था। मुझे कल एक अदम्य इच्छा हुई कि मैं शाम के कार्यक्रम में कुछ क्षण बिताऊँ, कम-से-कम प्रार्थना के समय में तो अवश्य ही, लेकिन डॉक्टरों के सख्त निर्देशों के रहते, मुझे उस आनंद से खुद को वंचित रखना पड़ा।

"आप आज अपने-अपने घरों को लौट रहे हैं। मैं आप सबको एक प्यार भरी विदाई देता हूँ। यद्यपि बिछोह दुःख का कारण है, परंतु इसमें उदास होने की कोई आवश्यकता नहीं। आप सब लोग उसी लक्ष्य को पाने के लिए यहाँ से लौट रहे हैं, जिसके लिए आप यहाँ आकर इकट्ठे हुए थे। मैं चाहता हूँ कि आप सब शपथ लें कि आप अपनी अंतिम साँस तक संघ को न भूलेंगे। ईश्वर करे, आपके इस कार्य में कभी भी वह क्षण न आए, जब आप कहें, 'मैं पाँच वर्ष पहले संघ का एक स्वयंसेवक था।' भगवान् करे हम सभी अपने जीवन की अंतिम साँस तक, स्वयंसेवक बने रहें। ईश्वर हमारे शरीर, मन तथा मस्तिष्क में संघ के लिए कार्य करने की हमारी प्रतिज्ञा की ज्योति को हमेशा प्रकाशमान रखे। प्रतिदिन, सोने से पूर्व, हम खुद से पूछें, 'आज कितना कार्य हमने संघ के लिए किया?'

"संघ के रोजमर्रा के कार्यक्रमों का सिर्फ निर्वाह या संघ स्थान पर प्रतिदिन भौतिक रूप में उपस्थित होना मात्र हमारे लक्ष्य की प्राप्ति के लिए पर्याप्त नहीं है। याद रहे, हमें संपूर्ण हिंदू समाज, कन्याकुमारी से लेकर हिमालय तक, को संगठित करना है। सच यह है कि हमारा कार्यक्षेत्र संघ के बाहर विद्यमान विशाल हिंदू संसार है। हमारा उद्देश्य यह होना चाहिए कि हम लोगों को राष्ट्रीय मोक्ष का सही मार्ग दिखा सकें। वह सच्चा मार्ग और कुछ नहीं, हमारी-आपकी संस्था ही है। हिंदू संतति ऐसी ही संस्था के माध्यम से खुद को सुरक्षित रख सकती है।

"राष्ट्रीय स्वयंसेवक संघ की किसी अन्य कार्य में रुचि नहीं है। यह पूछा जाना कि भविष्य में संघ क्या करेगा, अर्थविहीन है। संघ अपनी संस्था की उड़ान को और अधिक ऊँचा उड़ाने के लिए प्रयत्न करेगा। जैसे हम अपने प्रयत्न निरंतर जारी रखेंगे, एक स्वर्णिम क्षण ऐसा आएगा, जब संपूर्ण भारत एक राष्ट्र की भाँति खड़ा होगा, अटूट तथा एक अविभाजित इकाई के रूप में। हिंदुस्तान पर उस समय विश्व भर की कोई भी ताकत बुरी नजर न डाल पाएगी। हमने कभी भी किसी पर आक्रमण नहीं किया, मगर हमें अवश्य हर समय जागरूक रहना पड़ेगा और किसी भी बाहरी शक्ति द्वारा किए गए हम पर आक्रमण का डटकर विरोध करना होगा। मैं आपको कोई नई बात नहीं बता रहा हूँ। प्रत्येक स्वयंसेवक को संघ के कार्य को अपने जीवन का एकमात्र मिशन बनाना होगा। मुझे विश्वास है कि यहाँ से आप इस दृढ़ प्रतिज्ञा, जो आपके हृदयों में गहरी छाप दी गई है कि आपके जीवन में केवल संघ का कार्य ही अत्यावश्यक प्राथमिकता है, को साथ

लेकर एक-दूसरे से विदा लेंगे। मैं इस आश्वासन के साथ आप सबको विदाई देता हूँ।"

अपनी गिरती हुई शारीरिक अवस्था के कारण उन्हें 15 जून को विशेष परीक्षणों के लिए मेथो अस्पताल ले जाया गया। परीक्षणों की एक श्रृंखला के बाद, उन्हें बाबासाहेब घटाटे के घर पर ले जाकर रखा गया।

20 जून को उनकी दशा में और गिरावट आ गई। इस कारण सुभाष बोस उनसे न मिल सके। डॉक्टरों ने उन्हें 'लंबर पंक्चर' (रोग के निदान के लिए रीढ़ की हड्डी में एक सुई डालकर किया जानेवाला परीक्षण) देने के लिए तैयारी कर ली और वे समझ गए कि अंत करीब है।

उन्होंने गुरुजी को अपने करीब बुलाया और उन्हें सबकी उपस्थिति में कहा, "अच्छा, अब आपको संघ की जिम्मेदारी अपने कंधों पर उठानी है।" शुक्रवार, 21 जून, 1940 के दिन, राष्ट्रीय स्वयंसेवक संघ के संस्थापक डॉ. केशव बलिराम हेडगेवार ने अंतिम साँस ली।

□

2

माधव सदाशिव गोलवलकर उपाख्य श्रीगुरुजी

एम.एस. गोलवलकर राष्ट्रीय स्वयंसेवक संघ के द्वितीय सरसंघचालक बने। उन्होंने यह जिम्मेदारी वर्ष 1940 में अपने कंधों पर ली और वर्ष 1973 में अपनी अंतिम साँस तक इसी पद पर कार्य करते रहे।

एम.एस. गोलवलकर को आम तौर पर 'गुरुजी' के नाम से जाना जाता है। उन्हें यह नाम तब मिला, जब कुछ वर्षों तक उन्होंने बनारस हिंदू विश्वविद्यालय में अध्यापन कार्य किया। वहाँ पर छात्र उन्हें प्रेम और श्रद्धा से 'गुरुजी' कहते थे और फिर यह नाम उनके साथ जुड़ गया।

वर्ष 1940 से 1973 के दौरान उनके नेतृत्व में राष्ट्रीय स्वयंसेवक संघ बड़ी तेजी से विकसित हुआ और इस दौरान देश में कई उतार-चढ़ाव भरी घटनाएँ घटीं, जैसे कि देश का विभाजन, वर्ष 1948 में राष्ट्रीय स्वयंसेवक संघ पर प्रतिबंध, भारत की वर्ष 1962 के युद्ध में चीन से करारी हार तथा वर्ष 1965 और 1971 में लड़ी गई भारत-पाकिस्तान लड़ाइयाँ।

गुरुजी को देश भर की 65 बार की गईं यात्राओं के लिए जाना जाता है। उनकी विस्तृत यात्राएँ, जो उनके स्वास्थ्य की कीमत पर भी की गईं तथा उनकी 33 वर्षों की थका देनीवाली कार्यसूची ने राष्ट्रीय स्वयंसेवक संघ से प्रेरित संस्थाओं को जीवन के प्रत्येक क्षेत्र में जन्म दिया—जनजातीय कल्याण से लेकर छात्र राजनीति तक।

गुरुजी राष्ट्रीय स्वयंसेवक संघ में एक सर्वाधिक पूजनीय व्यक्ति बने, इस कारण से भी कि वे आध्यात्मिक रूप से अत्यंत प्रवीण थे। सच यह है कि गुरुजी के आध्यात्मिक गुरु ने एक बार उनसे कहा था कि एक युवा संन्यासी के रूप में घने लंबे केश जो उन्होंने रखे हैं, वे उन पर खूब फबते हैं। गुरुजी ने तदुपरांत कभी अपने बाल नहीं कटवाए। उन्होंने 1930 के दशक में एक संन्यासी के रूप में रामकृष्ण मिशन में औपचारिक दीक्षा ली थी।

यहाँ पर गोलवलकर के परिवार की सात पीढ़ियों का संक्षिप्त वर्णन है—

गोलवलकर की वंशावली
(सात पीढ़ियाँ)

- काशी उपाध्याय
  - यग्नेश्वर उपाध्याय
  - अनंत शास्त्री उपाध्याय
    - काशीनाथ पांडे ('धर्मसिंधु' के रचनाकार)
      - सखाराम गोलवलकर पधापे
        - बाल कृष्ण गोलवलकर
          - सदाशिव गोलवलकर
            - 10 कम समय के जीवित बच्चे
            - माधव गोलवलकर
              - वासुदेव गोलवलकर
              - चार बहनें
          - रामचंद्र गोलवलकर

गुरुजी के पिता सदाशिवराव को कम आयु में ही अपनी शिक्षा छोड़ देनी पड़ी थी, क्योंकि उनके पिता की मृत्यु हो गई थी। आर्थिक मजबूरियों के रहते उन्होंने कई वर्षों तक संघर्ष किया। उन्होंने नागपुर के पास कामती में डाक-तार विभाग में नौकरी की और फिर बाद में वे एक अध्यापक बने।

गुरुजी की माँ का नाम लक्ष्मीबाई था। उनका जन्म नागपुर के एक रायकर परिवार में हुआ था। सदाशिवराव को आम तौर पर लोग 'भाऊजी' कहा करते थे और लक्ष्मीबाई को 'ताई'। गुरुजी उनकी चौथी संतान थे।

गुरुजी का जन्म नागपुर के रायकर निवास में 19 फरवरी, 1906 के दिन प्रातः साढ़े चार बजे हुआ था। भारतीय कलेंडर के अनुसार, यह फागुन कृष्ण एकादशी (विजय एकादशी) का पवित्र दिन (विक्रम संवत् 1962 का) था।

गुरुजी के आठ बहन-भाई और थे, मगर वे एकमात्र थे, जो जीवित बचे। बाकी सब बहन-भाई छोटी आयु में ही ईश्वर को प्यारे हो गए। उनका नाम माधव रखा गया, परंतु परिवार में सब उन्हें 'मधु' के नाम से पुकारते थे।

जब माधव केवल दो वर्ष के थे, उनके पिता सदाशिवराव को आज के छत्तीसगढ़ में एक गाँव सरायपल्ली में एक अध्यापक की नौकरी मिली।

अपने बचपन को याद करते हुए गुरुजी ने सरसंघचालक के रूप में पुणे में अपने एक भाषण के दौरान कहा था, "मैं जब अपने बचपन को याद करता हूँ, मेरे मस्तिष्क में कई मीठी यादें आ जाती हैं। वे सब घटनाएँ मेरे मस्तिष्क-पटल पर एक-एक कर गुजर जाती हैं। सुबह के समय मेरी माँ मुझे जल्दी जगा देती थी। मेरी माँ घर के कामों में व्यस्त हो जाती थी, पर उसके साथ-साथ स्तोत्र पढ़ती रहती थी और ईश्वर का नाम जपती रहती थी। ताई की मधुर आवाज मेरे कानों और हृदय में बसने लगती थी। कैसा सघन तथा महान् प्रभाव उन मधुर स्वरों, जिन्हें वे सुबह के शांत और उदात्त वातावरण में सुनाती थीं, मेरे युवा मस्तिष्क पर पड़ता रहा होगा!" ('श्रीगुरुजी—एक नए युग के प्रणेता'—सी.पी. भिषिकर)।

माधव की आरंभिक शिक्षा सरायपल्ली में हुई, परंतु सात महीनों के भीतर, अप्रैल 1909 में उनके पिता का स्थानांतरण हो गया। अगले बीस वर्षों तक नियमित रूप से उनके स्थानांतरण होते रहे। उन्होंने दुर्ग, रायपुर, चंद्रपुर, भंडारा, बालाघाट, नरसिंहपुर, होशंगाबाद आदि जगहों पर अध्यापन कार्य किया।

माधव भी उनके साथ-साथ चलते रहे और इस प्रकार उन्होंने रायपुर, चंद्रपुर, भंडारा तथा खंडवा में अपनी प्राथमिक पढ़ाई पूर्ण की।

पिता सदाशिव हेडमास्टर के पद से सेवानिवृत्त हुए। उन्होंने रामटेक, जो नागपुर से 50 किलोमीटर दूर है, में अपना घर बनाया और वर्ष 1932 में वहाँ रहने लगे। संयोगवश गृह प्रवेश के दिन राष्ट्रीय स्वयंसेवक संघ के संस्थापक डॉ. केशव बलिराम हेडगेवार वहाँ उपस्थित हुए।

जब माधव लगभग 11 वर्ष के थे, तब उनका पवित्र जनेऊ संस्कार (उपनयन संस्कार) खंडवा (अब मध्य प्रदेश) में हुआ। माधव ने उसी दिन से त्रिकाल संध्या (प्रार्थनाओं की नियमित प्रथा) शुरू की और अपनी अंतिम साँस तक इसे नहीं छोड़ा।

पुणे के नारद मंदिर में युवा ब्रह्मचारियों की एक सभा में बोलते हुए उन्होंने अपने

अनुभव का जिक्र किया—"गायत्री मंत्र, सूर्य नमस्कार तथा संध्या के माध्यम से अपनी आंतरिक और शारीरिक शक्ति को पोषित करने से मुझे स्वस्थ शरीर एवं स्वस्थ मस्तिष्क प्राप्त हुआ है।"

माधव एक अत्यंत प्रतिभाशाली छात्र थे। वर्ष 1919 में उन्होंने अंग्रेजी उच्च विद्यालय में प्रवेश लिया। उन्होंने कक्षा सात के बाद 'उच्च शिक्षा प्रवेश तथा छात्रवृत्ति परीक्षा' को उत्तीर्ण कर चार रुपए प्रति माह की छात्रवृत्ति प्राप्त की।

उन्होंने उच्च विद्यालय शिक्षा से पहले ही संपूर्ण 'रामचरितमानस' को पढ़ लिया था और उसके कई अंश कंठस्थ कर लिये थे। माधव एक पठनशील पाठक थे। वे खेलों, विशेष रूप से हॉकी और 'मल्लखम' व्यायाम के प्रति भी बराबर उत्साही थे।

सोलह वर्ष की आयु में, वर्ष 1922 में माधव ने छंदा (अब चंदरपुर) के जुबली उच्च विद्यालय से मैट्रिकुलेशन की परीक्षा पास की। उनके पिता चाहते थे कि वे चिकित्सा कॉलेज में प्रवेश लें और एक डॉक्टर बनें। सी.पी. भिषिकर, गुरुजी की जीवनी के लेखक, लिखते हैं, "इस प्रकार अधिक वित्तीय भार के बावजूद, उनके पिता ने माधवराव को पुणे के फर्गुसन कॉलेज की विज्ञान शाखा में प्रवेश दिला दिया। चिकित्सा कॉलेज में प्रवेश तभी मिल सकता था, जब वे विज्ञान में इंटरमीडिएट की परीक्षा उत्तीर्ण कर लें, लेकिन इस बीच बंबई सरकार ने यह घोषणा कर दी कि उनके कॉलेजों में केवल उन्हीं छात्रों को प्रवेश मिलेगा, जो उसी प्रांत के मूल निवासी हों। उन दिनों में मध्य प्रदेश तथा बरार उस राज्य के हिस्सा न थे। इसके परिणामस्वरूप माधव को तीन महीने के बाद ही कॉलेज छोड़ देना पड़ा और वे नागपुर वापस आ गए। भाऊजी (गुरुजी के पिता) का बेटे को एक डॉक्टर बनाने का स्वप्न पूरा न हो सका।"

नागपुर वापस आने पर माधव ने हिस्लोप कॉलेज में विज्ञान वर्ग में प्रवेश लिया। और वर्ष 1924 में उसी कॉलेज से इंटरमीडिएट की परीक्षा उत्तीर्ण की तथा उनका नाम प्रतिभावान छात्रों की सूची में आया।

भिषिकर ने उस समय की एक यादगार घटना को लिखा है, "प्रोफेसर गार्डिनर ने एक बार कक्षा में बाइबल के बारे में बात की। चूँकि वह मिशनरियों का कॉलेज था, बाइबल की पढ़ाई अनिवार्य थी। माधव ने बाइबल का भी गहरा अध्ययन किया था, यहाँ तक कि अपने भाषणों के बीच में सरसंघचालक के रूप में तथा अपनी बातचीत के दौरान वे कभी-कभी बाइबल एवं ईसा मसीह के जीवन के प्रसंग भी बताते थे। जब उन्होंने देखा कि प्रो. गार्डिनर ने उस उद्धरण विशेष का हवाला गलत ढंग से दिया है, तो वे अपने डेस्क से खड़े होकर बोले, "सर, आप गलत उद्धरण दे रहे हैं," और अपनी याददाश्त से उन्होंने ठीक उद्धरण बतला दिया। वह प्रोफेसर हैरान रह गया, परंतु वह यह कैसे पचा सकता था कि एक छात्र बाइबल के प्रति उससे अधिक जानकार हो सकता है ? इसलिए

उसने बाइबल की एक प्रति मँगवाई, उसे देखा और पाया कि माधव बिल्कुल सही कह रहा था। पुस्तक में उद्धरण ठीक उसी प्रकार था, जो माधव कह रहा था। प्रोफेसर ने एक खिलाड़ी की भाँति अपनी गलती स्वीकार की और माधव की पीठ ठोंकी।"

इन दो वर्षों के दौरान माधव ने प्रसिद्ध नेत्रहीन बाँसुरी वादक श्री सावलराम से बाँसुरी वादन सीखा। अपनी इंटरमीडिएट की परीक्षा पास करने के बाद माधव ने बनारस हिंदू विश्वविद्यालय (बी.एच.यू.) में प्रवेश लिया। वर्ष 1916 में पंडित मदनमोहन मालवीय द्वारा स्थापित यह शिक्षा-संस्थान राष्ट्रवाद का केंद्र था और देश भर से प्रतिभावान छात्र इसकी ओर आकृष्ट होते थे।

माधव ने विज्ञान-स्नातक के लिए यहाँ प्रवेश लिया था। विश्वविद्यालय में एक लाख से भी अधिक पुस्तकों वाला पुस्तकालय था, आस-पास का क्षेत्र हरा-भरा था, यहाँ की प्रयोगशाला पूर्ण रूप से सुसज्जित थी और यहाँ खेल के बड़े-बड़े मैदान थे। माधव पुस्तकालय में किताबें पढ़ने एवं खेलों में काफी समय व्यतीत करते थे।

वर्ष 1926 में उन्होंने अपनी विज्ञान-स्नातक की डिग्री प्राप्त की और वर्ष 1928 में वे प्रथम श्रेणी में अपनी स्नातकोत्तर परीक्षा विज्ञान में पूरी की। इन चार वर्षों में जब वे विश्वविद्यालय में थे, उन्होंने अपनी आध्यात्मिक यात्रा भी प्रारंभ कर दी। विश्वविद्यालय के पुस्तकालय में वह अन्य किसी छात्र की तुलना में अधिक समय व्यतीत किया करते थे। उन्होंने विविध विषयों का अध्ययन किया, जैसे संस्कृत, पश्चिमी दर्शनशास्त्र, रामकृष्ण परमहंस और स्वामी विवेकानंद के प्रेरणादायक विचार, विभिन्न धर्मों तथा मठों के मुख्य धर्मग्रंथ व विज्ञान संबंधी विषयों पर कई पुस्तकें आदि।

भिषिकर लिखते हैं, "माधवराव एक चिंतनशील पाठक थे, इतना अधिक कि अपनी स्नातक की पढ़ाई के अंतिम वर्ष में लंबी बीमारी की अवधि में भी कोई-न-कोई पुस्तक हाथों में होती थी। कई बार वे शाम को कॉलेज से आते थे, खाना खाते थे और फिर पुस्तक पढ़ने बैठ जाते थे और सुबह के प्रारंभिक घंटों तक पढ़ते रहते थे। वे तरोताजा हो फिर से तैयार हो जाते थे और अगले दिन के कार्यक्रमों के लिए निकल पड़ते थे। उनके कमरे में हमेशा किताबें फैली रहती थीं। चूँकि उनके मस्तिष्क में आध्यामिकता की ओर झुकाव था, तब भी, जब वे नागपुर में हिस्लोप कॉलेज के छात्र थे, वे 'सिटी हाई स्कूल' के हेडमास्टर श्री मुले के पास हिंदू धर्म-ग्रंथों के अध्ययन के लिए जाते थे। जब वे बनारस में थे, वहाँ पर आध्यात्मिक चर्चाएँ, वैदिक आलेखों का अध्ययन और पंडित मदनमोहन मालवीय के साथ हुए संपर्कों ने भी उन पर गहरा प्रभाव डाला, जो उनके जीवन में कई प्रकार से, जैसे पूजा, ध्यान, आसन, प्राणायाम, सांसारिक-व्यक्तिगत जीवन से विरक्ति और समाज की खुशियाँ तथा दु:खों के साथ एक पहचान की भावना के रूप में स्पष्ट दिखाई पड़ा। शायद यही वह समय था, जब उन्होंने अपने आनेवाले जीवन के बारे में

सोचा होगा! विश्वविद्यालय में एक छात्र के रूप में उन्हें कठिन आर्थिक मुश्किलों का सामना करना पड़ा था, परंतु उनके चेहरे पर उस कठिनाई का भाव कभी दिखता नहीं था।"

विज्ञान में अपनी स्नातकोत्तर परीक्षा पूर्ण करने के बाद माधव ने सामुद्रिक जीवन के अध्ययन व अनुसंधान का निर्णय लिया और मद्रास के एक जलजीवालय में पढ़ाई के लिए चले गए, परंतु आर्थिक मजबूरियों के कारण (उनके पिता सेवानिवृत्त हो चुके थे और वे उनकी आगे की पढ़ाई का खर्च नहीं उठा सकते थे।) वे अपना अनुसंधान कार्य पूरा न कर पाए और उसे बीच में ही छोड़कर नागपुर वापस लौट आए।

भिषिकर कहते हैं, "पढ़ाई के अतिरिक्त उन दिनों माधवराव के मस्तिष्क में जो विचार कौंधा करते थे, उनकी एक झलक उन पत्रों से मिल जाती है, जो उन्होंने मद्रास से लिखे थे। वे पत्र काशी में उन्हें जो संस्कार मिले थे, एक अति भावुक युवा मन पर देश भर में हो रही घटनाओं के प्रभाव और अपनी जिंदगी के अगले लक्ष्य के निर्णय के लिए हो रहे मानसिक संघर्ष को उजागर करते थे। यह माधवराव के जीवन का वास्तव में एक अति महत्त्वपूर्ण समय था। उनके मस्तिष्क में उठे तूफान ने उनके आगे के जीवन के प्रति एक दिशा निर्धारित कर दी। यहाँ जो महत्त्वपूर्ण बात हमें अपने मस्तिष्क में रखनी है, वह यह है कि यद्यपि वह युवा पुरुष वैज्ञानिक अनुसंधान कार्य में लगा था तथा पढ़ाई के बाद एक परंपरागत पारिवारिक जीवन के द्वार पर खड़ा था, एक खुशहाल निजी जीवन, जैसे व्यक्तिगत लक्ष्यों के प्रति विचार कभी भी उनके मन में नहीं आए थे।"

उस समय में स्वतंत्रता संघर्ष में तीन क्रांतिकारियों भगत सिंह, सुखदेव और राजगुरु ने कुख्यात ब्रिटिश अधिकारी सांडर्स को उसके अत्याचारों का बदला लेने के लिए मार दिया था। माधव ने जनवरी 1929 के प्रथम सप्ताह में अपने एक मित्र बाबूराव तेलंग को लिखा—

"लाहौर के विस्फोट के बारे में सुना। सुनकर बड़ी तसल्ली हुई। यह एक संतोष का विषय है कि यद्यपि एक छोटे स्तर पर ही सही, साम्राज्य लोलुप विदेशी शासकों के द्वारा राष्ट्र के अपमान का कुछ बदला तो लिया गया। मैंने आपके साथ हमेशा ही सार्वभौमिक बंधुत्व, बराबरी, शांति आदि के विचारों पर चर्चा की। मैंने हिंसा, नफरत तथा बदले की भावना आदि की हमेशा भर्त्सना की है और तुम्हें दोषी बताया है तथा तुमसे झगड़ा भी किया है। तुम्हें आश्चर्य होगा कि मैं वही हूँ, जो उस प्रकार की बातें अब लिख रहा हूँ।"

उसी पत्र में वे लिखते हैं, "लोगों के बीच एक राष्ट्रीय जागरूकता पैदा करने की आवश्यकता है। हिंदू और मुसलमानों के बीच का वास्तविक संबंध सब लोगों के संज्ञान में लाना होगा। ब्राह्मण तथा गैर-ब्राह्मण के विवाद को अब खत्म करना होगा। मैं कोई बड़ा नेता नहीं हूँ, न ही किसी संगठन का सदस्य हूँ, परंतु इस कार्य के प्रति प्रत्येक व्यक्ति को अपना भरपूर योगदान देना पड़ेगा।"

विश्वविद्यालय छोड़ने के बाद माधवराव यह निर्णय लेने का प्रयत्न कर रहे थे कि क्या उन्हें एक एकांतवासी बन जाना चाहिए और हिमालय में जाकर स्वत: ज्ञान प्राप्त करना चाहिए अथवा यहीं पर रहकर समाज की सेवा करनी चाहिए ?

20 मार्च, 1929 के अपने एक पत्र, जो उन्होंने अपने एक दोस्त तेलंग को लिखा था, में इस बात की चर्चा की—"मेरी इच्छा एक आम सांसारिक जीवन जीने की नहीं है। जो मैं चाहता हूँ, वह है इस जीवन की डोर को मैं और अधिक परिशुद्धि स्वर तक ले जा पाऊँ। ऐसा करते हुए मुझे मानसिक तनाव होना अवश्यंभावी है। इसका अर्थ है, मेरे लिए यह मायने नहीं रखता कि मैं आम दुनिया से पृथक् जीवन जीऊँगा। महत्त्वपूर्ण बात यह है कि जीवन की डोर उस स्वर्गिक संगीत से बाहर जाकर स्वरविहीन नहीं होनी चाहिए।"

उन्होंने उसी पत्र में यह भी जोड़ा, "इस अनिश्चित तथा भयावह मार्ग के अतिरिक्त दूसरा मार्ग और कोई नहीं। यह केवल शुक ही है, जो रंभा के लुभावों को जीतकर 'ब्रह्मपद' (ईश्वर तथा मोक्ष का अंतिम पड़ाव) पा सके, जबकि वे विश्वामित्र, जो उसी राह पर अग्रसर थे, मेनका के आकर्षण से दब गए तथा उन्हें धूल चाटनी पड़ी। मेरा मार्ग भी मिलता-जुलता ही है, लेकिन इसे एक बहाने के रूप में प्रयोग कर हथियार डालना और कहना कि मैं भी एक आम आदमी की भाँति एक बुरे रास्ते पर चलूँगा, एक प्रकार से कायरता ही होगी। अंतिम शांति की तलाश में एक व्यक्ति को उस पीड़ा का सामना करने के लिए भी तैयार रहना होगा, जो आवश्यक रूप से उसके हिस्से में आने वाली है। उसे इसका सामना दृढ़ता से करना होगा और इस पर विजय पानी होगी। कोई अन्य कम खतरनाक मार्ग बाकी नहीं है।"

जो बात माधव को राष्ट्रीय स्वयंसेवक संघ के प्रति अपना संपूर्ण जीवन समर्पित करने की ओर ले गई, उसे उनके द्वारा अपने एक अन्य पत्र, जो उन्होंने वर्ष 1929 में तेलंग को लिखा, से स्पष्ट उजागर होती है, जहाँ वे कहते है—"मैंने संन्यास अपनाने को पहले ही मंजूर कर लिया है, परंतु यह अभी संपूर्ण नहीं हुआ। शायद मेरा हिमालय चले जाने का मूल विचार गलत था। अब मैं अपने जीवन के प्रत्येक अणु में परित्याग की भावना विकसित करने का यत्न कर रहा हूँ, आम संसार में रहते हुए भी, जिसमें आम आदमी के दु:खों को साझा किया जा सके और अपनी जिम्मेदारियों को दक्षता से निभाया जा सके। अब मैं हिमालय की ओर नहीं जाऊँगा, अपितु हिमालय मेरे पास आएगा, इसकी निर्मल शांति मेरे अंदर बस जाएगी। अब कोई आवश्यकता नहीं कि मैं इस निर्मलता को प्राप्त करने के लिए कहीं जाऊँ।"

वर्ष 1930 में उन्हें उसी बनारस हिंदू विश्वविद्यालय, जहाँ पर वे एक छात्र रहे थे, जीव-विज्ञान के एक व्याख्याता के रूप में अध्यापन करने का अवसर प्राप्त हुआ। उन्होंने

वहाँ लगभग तीन वर्ष बिताए। ये तीन वर्ष उनके जीवन के आगामी मार्ग को निर्धारित करने में अत्यंत महत्त्वपूर्ण साबित हुए।

यद्यपि युवा माधव जीव-विज्ञान के व्याख्याता थे, उन्होंने अपने छात्रों और मित्रों को अन्य कई विषय, जैसे अंग्रेजी, अर्थशास्त्र, गणित तथा दर्शनशास्त्र भी पढ़ाए। उनके वेतन का अधिकतम हिस्सा गरीब छात्रों की पढ़ाई में की गई सहायता पर खर्च होता था। उनके छात्रों के स्नेह तथा आदर ने उन्हें 'गुरुजी' की उपाधि से विभूषित किया।

माधवराव की इस जीवन-अवधि का सर्वाधिक महत्त्वपूर्ण पहलू था, उनका राष्ट्रीय स्वयंसेवक संघ के संपर्क में आना। भैयाजी दाणी, जो आगे की पढ़ाई के लिए वर्ष 1928 में काशी आए थे, उन्होंने वहाँ एक शाखा आरंभ की थी। दानी ने गुरुजी के साथ करीबी संपर्क बनाए और गुरुजी प्रतिदिन शाखा में शामिल होने लगे।

यह रुचिपूर्ण है कि लगभग एक दशक के बाद, जब गुरुजी सरसंघचालक बन गए, भैयाजी दाणी उनके साथ कुछ वर्ष सरकार्यवाह (महासचिव) थे। गुरुजी ही बी.एच.यू. कैंपस में स्वयंसेवकों को पंडित मदनमोहन मालवीयजी से मिलने के लिए लेकर जाते थे। मालवीय का राष्ट्रीय स्वयंसेवक संघ के प्रति एक सकारात्मक दृष्टिकोण था। बाद में उन्होंने संस्था को विश्वविद्यालय परिसर में ही एक खुला स्थान तथा एक छोटा भवन क्रमशः शाखा लगाने के लिए तथा अपना कार्यालय चलाने के लिए दिया।

वर्ष 1932 में तत्कालीन संघ प्रमुख डॉ. हेडगेवार ने गुरुजी को, जब गुरुजी अभी विश्वविद्यालय में पढ़ा रहे थे, उनके एक अन्य व्याख्याता मित्र सदगोपाल के साथ नागपुर में विजयादशमी समारोह के लिए निमंत्रण भेजा। इस प्रकार से डॉ. हेडगेवार के उनके साथ हुए निजी संपर्क ने संघ के कार्यों की एक अधिक स्पष्ट तसवीर गुरुजी के सम्मुख प्रस्तुत की। इस दौरे के बाद उनके वापस बी.एच.यू. आने के उपरांत वहाँ अपने अध्यापन को फिर से शुरू करने के साथ-साथ उन्होंने संघ के कार्य में और अधिक रुचि लेना प्रारंभ कर दिया।

एक दिलचस्प घटना गुरुजी के बी.एच.यू. में कार्य करने को लेकर है, जिसका जिक्र अकसर संघ के स्वयंसेवक किया करते हैं। जब वे बी.एच.यू. में एक छात्र थे, तब एक बार उन्हें एक बिच्छू ने काट लिया। उन्होंने जहाँ पर बिच्छू ने काटा था, वहाँ एक और कट लगा दिया, ताकि बिच्छू के डंक से जहरीला हुआ रक्त बाहर निकल जाए, जख्म को पोटैशियम परमेगनेट से धोया और पुनः पुस्तक पढ़ने बैठ गए। जब मित्रों ने उन्हें पूछा कि वे बिच्छू के काटने के बाद भी कैसे अपनी पुस्तकें पढ़ते रहे, तो उन्होंने जवाब में इतना ही कहा, "बिच्छू ने मेरे पाँव में काटा था, न कि सिर में, तो फिर समस्या क्या है?"

बाद में संघ के सरसंघचालक के रूप में समर्पण और त्याग की यही उच्च भावना

उनमें स्पष्ट दिखाई पड़ती थी, कमजोर स्वास्थ्य के रहते हुए भी वे बैठकों, यात्राओं तथा अन्य संगठनात्मक गतिविधियों की एक बड़ी अनुसूची पर प्रतिबद्धित हो कार्य करते रहे।

वर्ष 1933 में गुरुजी बी.एच.यू. में अपने तीन वर्ष के अध्यापन कार्यकाल को समाप्त कर नागपुर लौट आए। उनके माता-पिता रामटेक में निवास कर रहे थे, जो नागपुर से लगभग 25 मील दूर स्थित एक कस्बा था। उन्होंने अपने मामा के साथ रहना शुरू कर दिया। वे अपने माता-पिता के पास अकसर जाया करते थे। उन्हें आर्थिक मदद देने के लिए उन्होंने अपने मामा द्वारा चलाई जानेवाली कोचिंग कक्षाओं में छात्रों को पढ़ाना शुरू कर दिया, साथ ही साथ उन्होंने एक लॉ कॉलेज में भी प्रवेश ले लिया। इस बीच संघ में भी उनको अधिक जिम्मेदारियाँ सौंप दी गईं। वर्ष 1937 में संघ की प्रमुख शाखा को संचालित करने के लिए, जो उस समय तुलसीबाग में लगा करती थी, उन्हें कार्यवाह (प्रभारी सचिव) बना दिया गया। उन्हें वर्ष 1934 में ही डॉ. हेडगेवार ने संघ के संगठनात्मक कार्यों के लिए बंबई भी भेजा। वर्ष 1935 में उन्हें अकोला में संघ के प्रशिक्षण वर्ग के सर्वाधिकारी (समग्र प्रमुख) के तौर पर भेजा गया। वर्ष 1935 में गुरुजी ने अपनी कानून की पढ़ाई एक प्रतिभावान छात्र के रूप में पूरी की। उन्हीं दिनों उनके माता-पिता ने उन्हें विवाह करने के लिए कहा, परंतु उन्होंने माँ-बाप से कह दिया कि विवाह करने की उनकी कोई इच्छा नहीं है। उन्होंने अपनी माँ से कहा, "ताई, कृपया वंश खत्म होने की बात न करें। अगर हमारे जैसे कई अन्य परिवार भी समाज के अच्छे काम के लिए समाप्त होते हैं तो भी आज के हालात को देखते हुए यह अति आवश्यक है।"

जब वे संघ के कार्य में संलग्न थे, उसी समय गुरुजी में एकांतवासी बनने की प्रबल इच्छा भी जाग्रत् हुई। वे रामकृष्ण आश्रम, जो नागपुर शहर के धामतोली क्षेत्र में था, की ओर झुकने लगे थे और उन्होंने आश्रम प्रमुख स्वामी भास्करेश्वरानंद के साथ निकटता के बना लिये थे। उन्होंने आश्रम में आध्यात्मिकता की खोज के लिए अधिक-से-अधिक समय बिताना शुरू कर दिया।

उनकी यह तलाश इतनी अधिक मजबूत हो गई कि वर्ष 1936 के ग्रीष्मकाल में वे नागपुर से सारगाच्छी स्थित रामकृष्ण मिशन आश्रम की ओर चले आए, जहाँ उन्होंने स्वामी अखंडानंद से, जो रामकृष्ण परमहंसजी के शिष्य थे, 'दीक्षा' (भक्ति की ओर जीवन का प्रारंभ) प्राप्त की। गुरुजी ने मकर संक्रांति के शुभ अवसर पर 13 जनवरी, 1937 के दिन दीक्षा ली। उन्होंने बाद में इन बातों को लेखनीबद्ध किया, "मेरे लिए स्वर्णाक्षरों में लिखा जानेवाला अविस्मरणीय दिन। केवल इसके लिए नहीं कि मेरे ऊपर असंख्य नवजातों की करोड़ों की संख्या का सौभाग्य मुसकरा रहा था और मुझे ईश्वर की असीम कृपा का वरदान दे रहा था! वास्तव में उस दिन के अनुभव पवित्र थे, इतने अधिक पवित्र, उन्हें और उनके संपूर्ण अस्तित्व की प्रतिच्छाया, जो उन्होंने मुझ पर डाली और मुझे आशीर्वाद

का समर्थन दिया। सारे समय मैं काँप रहा था। उसको मैं भूल नहीं सकता। मैं स्वयं को बदला हुआ महसूस करता हूँ। मैं वह नहीं था, जो एक मिनट पूर्व था।"

स्वामी अखंडानंद के निधन के उपरांत अमिताभ महाराज गुरुजी को सभी सहयोगियों, जो श्रीरामकृष्ण परमहंस के समय से थे, जिनमें परमहंस के शिष्य स्वामी अभेदानंद और स्वामी विवेकानंद के भाई श्री भूपेंद्रनाथ दत्त भी शामिल थे, से मिलवाने के लिए कलकत्ता ले गए।

भिषिकर ने गुरुजी के जीवन के इस महत्त्वपूर्ण अध्याय का वर्णन इन शब्दों में किया है—"स्वामी अभेदानंद श्रीगुरुजी को देखकर अत्यंत प्रसंन्न हुए और बोले, 'तुम निश्चित रूप से एक समर्पित त्याग का जीवन जीओगे।' श्रीगुरुजी के स्कूल के दिनों के एक मित्र, जो सारगाछी आश्रम में ही रह रहे थे, ने बेलूर मठ में रहने की प्रतिज्ञा ली। श्रीगुरुजी ने भी ऐसी ही इच्छा प्रकट की। इस पर अमिताभ महाराज उन्हें अलग ले गए और कहा, 'आपको रामकृष्ण मिशन में नहीं रहना है।' गुरुजी कुछ हैरान हो गए और बोले, 'क्या यह सच है, आपको कैसे पता चला?' जब अमिताभ महाराज ने उन्हें स्वामी अखंडानंदजी से हुई उनकी बातचीत के विषय में बताया, तो श्रीगुरुजी ने कहा, 'मुझे भी गुरुदेव ने कहा था कि जब कभी मैं मुश्किल में पड़ूँ तो आपसे विचार-विमर्श करूँ, तो मेरे लिए आपके पास क्या योजना है?' अमिताभ महाराज ने उत्तर दिया, 'मैं आपको वापस वहाँ ले जा रहा हूँ, जहाँ से मैं आपको लेकर आया हूँ।'"

मार्च 1937 में गुरुजी नागपुर वापस आ गए। यहाँ वे रामकृष्ण आश्रम में अमिताभ महाराज के साथ एक महीना रहे। इस अवधि में अमिताभ महाराज ने गुरुजी से कहा कि आप स्वामी विवेकानंद के शिकागो संबोधन का मराठी में अनुवाद करें। उन्होंने गुरुजी के मामाजी को भी बुलाया। उनको कहा कि वे गुरुजी को डॉ. हेडगेवार के पास ले जाएँ।

इसके बाद डॉ. हेडगेवार और गुरुजी के बीच मुलाकातों की एक लंबी श्रृंखला चली। गुरुजी को यह निर्णय लेने में कुछ समय लगा कि वे अपना संपूर्ण जीवन राष्ट्रीय स्वयंसेवक संघ के माध्यम से समाज को समर्पित कर दें। इसी अवधि में उन्होंने बाबाराव सावरकर की पुस्तक 'राष्ट्र मीमांसा' का एक ही दिन में मराठी में अनुवाद कर दिया और इसे नागपुर के एक प्रतिष्ठित अधिवक्ता विश्वनाथ केलकर को समर्पित किया।

डॉ. हेडगेवार ने वर्ष 1939 में नागपुर में आयोजित हुए संघ के प्रशिक्षण वर्ग का 'सर्वाधिकारी' (समग्र प्रमुख) गुरुजी को नियुक्त किया।

वर्ष 1939 में ही गुरुजी की भाऊसाहब मधखोलकर, एक प्रसिद्ध मराठी लेखक और दैनिक समाचार-पत्र 'तरुण भारत,' नागपुर से प्रकाशित के संपादक के साथ विस्तृत चर्चा हुई। इस बैठक में डॉ. हेडगेवार भी उपस्थित थे। साढ़े तीन दशकों के बाद गुरुजी के निधन के बाद मधखोलकर ने अपने एक लेख में उस बैठक का विस्तृत

वर्णन किया, जिसका शीर्षक था 'त्रिकोणी संगम' जो 'तरुण भारत' के 16.6.1973 के संस्करण में छपा था।

मधखोलकर ने लिखा, "मैंने श्रीगुरुजी से पूछा, 'मुझे पता चला है कि कुछ समय के लिए आपने यहाँ का संघ का कार्य छोड़ दिया था और बंगाल में रामकृष्ण आश्रम चले गए थे, जहाँ पर आपने स्वामी विवेकानंद के गुरु-बंधु से दीक्षा प्राप्त कर ली, परंतु बाद में आपने आश्रम छोड़ फिर से संघ की ओर पहल की। यह कैसे हुआ, क्या आपको ऐसा नहीं लगता कि संघ का उद्देश्य आश्रम के उद्देश्य से बिल्कुल अलग है?' मेरे प्रश्न को सुनकर गुरुजी शांत हो गए और आधी आँखें मूँदे कुछ सोचने लग गए। ऐसा प्रतीत हो रहा था कि वे किसी मदहोशी की अवस्था में चले गए हों। कुछ समय के बाद उन्होंने धीरे से बोलना शुरू किया।

"उन्होंने कहा, 'यह एक आकस्मिक प्रश्न था, परंतु संघ तथा आश्रम की संस्थिति में कोई पृथक्कता है या नहीं, डॉक्टरजी (डॉ. हेडगेवार) इसके प्रति अधिक विस्तार से बता पाएँगे, क्योंकि क्रांतिकारी आंदोलन के समय वे कलकत्ता में थे और उनकी गतिविधियों में गहनता से जुड़े रहे थे। आपने भगिनी निवेदिता की वह पुस्तक अवश्य पढ़ी होगी, जिसका शीर्षक है 'सकारात्मक हिंदुत्व'। मुझे पूर्ण विश्वास है, आपको यह भी पता है कि वे क्रांतिकारियों से किस प्रकार गहरे जुड़ी थीं। शुरू ही से मेरा झुकाव दोनों तरफ था—एक ओर तो आध्यात्मिकता और दूसरी ओर राष्ट्रीय पुनर्निर्माण का कार्य। मेरे बनारस, नागपुर और कलकत्ता प्रवास के दौरान मैंने यह जाना कि अगर मैं संघ में रहता हूँ, तो मैं इस कार्य को अधिक प्रभावपूर्ण ढंग से कर सकता हूँ। इसलिए मैंने खुद को संघ के हवाले कर दिया। मैं समझता हूँ, जो मैं कर रहा हूँ, वह स्वामी विवेकानंद के दर्शन, मार्गदर्शन और विधियों के अनुरूप है। अन्य किसी भी महान् व्यक्तित्व के जीवन या सीख ने मुझे इतना प्रभावित नहीं किया है। मेरा मानना है कि संघ का कार्य करते हुए मैं सिर्फ उन्हीं के कार्य को आगे बढ़ाऊँगा।'

मधखोलकर ने आगे लिखा, "मैं उस स्वयं-दर्शन के प्रकाश को, जो उस समय गुरुजी की आँखों में था, जब वे मुझे यह सब बतला रहे थे, कभी नहीं भूल सकता। डॉक्टर साहब भी उस समय शांत हो गए थे और विचारों में मग्न थे?"

वर्ष 1939 का राष्ट्रीय स्वयंसेवक संघ प्रशिक्षण वर्ग गुरुजी के लिए एक निर्णायक मोड़ था, जब उन्होंने संगठनात्मक कार्य में स्वयं को संपूर्ण रूप से डुबो दिया तथा संघ में अपने आस-पास के लोगों के लिए अनुकरणीय आदर्श के रूप में स्वयं को प्रस्तुत किया। अब डॉ. हेडगेवार और गुरुजी, दोनों ने और करीब से कार्य करना शुरू कर दिया, ताकि वे अपने अथक परिश्रम से इस संगठन को मजबूत कर सकें। फरवरी 1939 में सिंदी में एक महत्त्वपूर्ण बैठक हुई, जिसमें संगठन के शीर्षस्थ नेताओं ने कई अति महत्त्वपूर्ण निर्णय

बड़ी बारीकी से विचार-विमर्श करने के उपरांत लिये, जिससे तय हो सके कि आने वाले वर्षों में राष्ट्रीय स्वयंसेवक संघ किस दिशा की ओर जाएगा। यह बैठक 10 दिनों तक चली। राष्ट्रीय स्वयंसेवक संघ की वर्तमान प्रार्थना, इसकी शाखा में प्रयुक्त आदेशों आदि पर इस बैठक में नए निर्णय लिए गए, जो इसकी पुरानी परंपरा से हटकर थे। गुरुजी भी इस बैठक का एक हिस्सा थे। अन्य लोगों के साथ अप्पाजी जोशी, जो डॉ. हेडगेवार के नजदीकी विश्वासपात्र थे और बालासाहब देवरस, जो बाद में राष्ट्रीय स्वयंसेवक संघ के तृतीय सरसंघचालक बने, आदि भी बैठक में उपस्थित थे।

एक बार, जब उस बैठक की बात हो रही थी, अप्पाजी जोशी ने एक घटना विशेष को याद किया, "संघ स्थान (वह स्थान, जहाँ शाखा लगती है) पर भगवा ध्वज के आगे झुकने के बाद स्वयंसेवक किसके आगे नमस्कार करें? मैं और गुरुजी इस बात के प्रति एक निश्चित विधि से सहमत न थे, जबकि गुरुजी ने बड़े ही शक्तिशाली ढंग से संवैधानिक नियमों के समर्थन में अपना पक्ष रखा। मैंने उस प्रणाली पर जोर दिया, जो संघ की पारिवारिक भावना के अनुरूप थी। अंत में डॉक्टरजी (डॉ. हेडगेवार) ने मेरे समर्थन में फैसला सुनाया। उस समय मैं गुरुजी को बड़ी करीबी दृष्टि से देख रहा था, मगर उनके चेहरे पर निराशा की भावना लेशमात्र भी नहीं थी। न ही उनके शब्दों में बाद में कभी भी कोई कड़वाहट थी। हम सभी उनकी मानसिक स्थिरता और नेतृत्व के प्रति निष्ठा देखकर प्रभावित थे।"

अप्पाजी ने उस बैठक की एक अन्य घटना को भी स्मरण किया, "सिंदी में उस बैठक में डॉक्टरजी ने एक बार मुझसे पूछा, 'आप संघ के अगले सरसंघचालक के रूप में श्रीगुरुजी को कैसे देखते हैं?' उस बैठक में हुई चर्चाओं पर मेरी नजर के आधार पर मैंने बिना हिचक के उत्तर दिया, 'अति सुंदर! सर्वाधिक उचित चुनाव!'

वर्ष 1932 से ही डॉ. हेडगेवार का स्वास्थ्य गिरना शुरू हो गया था। यह उनकी प्रबल इच्छाशक्ति ही थी, जिसके कारण वे चलते रहे, मगर यह स्पष्ट था कि वे संस्था के नेतृत्व के लिए अपना उत्तराधिकारी ढूँढ़ रहे थे तथा उन्होंने गुरुजी में उसे देख लिया था।

सिंदी की बैठक के बाद गुरुजी को बंगाल में संघ कार्यों के लिए कलकत्ता भेजा गया। वे प्रतिदिन 25 मील पैदल चला करते थे, क्योंकि उन दिनों यात्रा के लिए धन का अभाव था। उनके प्रयत्नों के परिणामस्वरूप वर्ष 1939 के प्रतिपदा (हिंदू पंचांग में नववर्ष) के दिन कलकत्ता में पहली शाखा स्थापित की गई। अप्रैल 1939 में उन्हें वापस नागपुर बुला लिया गया, ताकि वे राष्ट्रीय स्वयंसेवक संघ के प्रशिक्षण वर्ग को एक 'सर्वाधिकारी' के रूप में सँभाल सकें।

इस बीच डॉ. हेडगेवार स्वास्थ्य-सुधार के लिए कुछ दिनों के लिए देवलाली चले

गए, मगर उनका स्वास्थ्य बिगड़ता गया। गुरुजी ने व्यक्तिगत रूप से उनकी सेवा की।

जब भी ज्वर का वेग बढ़ जाता था, डॉ. हेडगेवार अचेत हो जाते थे, परंतु इस अवस्था में भी वे राष्ट्रीय स्वयंसेवक संघ के कार्य की बात करते थे। गुरुजी निरंतर उनका ध्यान रखते थे। अंततः डॉ. हेडगेवार कुछ स्वस्थ हुए और 7 अगस्त, 1939 को गुरुजी के साथ नागपुर लौट आए। वर्ष 1939 में रक्षाबंधन पर्व मनाने के लिए एक समारोह में उन्होंने गुरुजी को संघ का 'सरकार्यवाह' (महासचिव) बनाने की घोषणा कर दी।

गुरुजी ने सरकार्यवाह का पद केवल दस महीने सँभाला। इस अवधि में राष्ट्रीय स्वयंसेवक संघ के विस्तार का कार्य तीव्रता से होता रहा, क्योंकि मध्य प्रदेश, महाराष्ट्र और दूरस्थ प्रदेशों में भी, जैसे पंजाब, दिल्ली, कराची, पटना, कलकत्ता, लखनऊ आदि में कई नई शाखाएँ आरंभ की गईं। राष्ट्रीय स्वयंसेवक संघ एक राष्ट्रीय स्वरूप वाला संगठन बन गया था, जिसने अति अल्प समय में अविभाजित भारत के अधिकतर हिस्सों में अपनी उपस्थिति दर्ज करा दी थी।

इस बीच डॉ. हेडगेवार की तबीयत लगातार खराब होती चली गई और उन्हें आराम के लिए राजगीर (बिहार) भेजा गया। उनकी अनुपस्थिति में गुरुजी ने ही उनके कार्यों को सँभाला। राजगीर में किया गया उपचार अधिक कारगर साबित न हुआ तथा डॉ. हेडगेवार वापस लौट आए तथा संगठन के कार्यों में फिर से संलिप्त हो गए। अप्रैल, 1940 में डॉ. हेडगेवार पुणे में राष्ट्रीय स्वयंसेवक संघ के प्रशिक्षण वर्ग में गए और उनका स्वास्थ्य अप्रत्याशित रूप से गिर गया। उनको यह भान हो गया कि अब अंत करीब आ गया है। इसलिए उन्होंने गुरुजी को बुलावा भेजा और राष्ट्रीय स्वयंसेवक संघ के कई कार्यकर्ताओं के समक्ष उनसे कहा, "अब संघ की संपूर्ण जिम्मेदारी आपको सौंपी जाती है। पहले आप इसे स्वीकार करें और फिर आप मेरे शरीर का जो करना चाहें करें।"

गुरुजी ने कहा, "आप क्यों ऐसा कह रहे हैं? आप जल्द ही ठीक होनेवाले हैं।"

डॉ. हेडगेवार ने एक मुसकराहट के साथ उत्तर दिया, हालाँकि वे काफी पीड़ा में थे, "हो सकता है, मगर मैंने जो कहा है, उसे न भूलें।" यह वह क्षण था, जब गुरुजी को डॉ. हेडगेवार ने अपना उत्तराधिकारी नियुक्त कर दिया था, क्योंकि उन्हें सरसंघचालक का संपूर्ण प्रभार दे दिया गया था। डॉ. हेडगेवार को और दो दिनों तक भयंकर कष्ट सहना पड़ा था, अंततः वे शुक्रवार, 21 जून, 1940 को प्रातः 9.27 बजे स्वर्ग के लिए प्रस्थान कर गए।

डॉ. हेडगेवार के निधन के कुछ दिनों के बाद अकोला में पाँच संघचालकों की एक बैठक हुई, जिसमें अप्पाजी जोशी, बाबासाहब घटाटे और महाराष्ट्र के संघचालक काशीनाथराव लिमये ने भाग लिया। इस बैठक में परिस्थिति की समीक्षा की गई और सब इस बात पर सहमत हुए कि गुरुजी बिल्कुल सही उत्तराधिकारी हैं।

भिषिकर इन घटनाओं का विस्तृत वर्णन करते हैं, जिन्होंने आगामी सरसंघचालकों द्वारा

अपना उत्तराधिकारी बनाने के स्थायी नियम की आधारशिला रखी—"इस सर्वसम्मतिपूर्ण निष्कर्ष के बाद उन सब ने (अकोला बैठक में पाँच संघचालक) ने गुरुजी के नेतृत्व में विश्वास प्रकट किया और यह निर्णय लिया कि डॉ. हेडगेवार के निधन के 13वें दिन होने वाली श्रद्धांजलि सभा में गुरुजी के नाम की सरसंघचालक के रूप में आधिकारिक घोषणा की जाए। तदनुसार, निश्चित दिन रेशमबाग स्थित डॉक्टरजी की समाधि पर उनकी पवित्र याद में और इस बात की सार्वजनिक घोषणा करने के लिए कि गुरुजी नए सरसंघचालक होंगे, एक समारोह का आयोजन किया गया।

तद्नुसार नागपुर जिला सरसंघचालक बाबासाहब पाध्ये ने नए सरसंघचालक के रूप में गुरुजी के नाम की घोषणा की। उन्होंने इस सभा में पहला संबोधन भी किया। संघ के 'एक नेता' के सिद्धांत 'एकचालकनुवर्तित्व' की व्याख्या तथा भविष्य के प्रति डॉक्टरजी की अपनी व्यवस्था का वर्णन करते हुए अपने भाषण में कहा, "हमारे प्रथम सरसंघचालक की अंतिम इच्छा के अनुसार आदरणीय श्री माधवराव गोलवलकर को हमारा नया सरसंघचालक नियुक्त किया जाता है और अब वे हम सबके लिए डॉ. हेडगेवार के स्थान पर हैं। मैं उन्हें अपने नए सरसंघचालक के रूप में अपना प्रथम प्रणाम निवेदित करता हूँ।"

डॉक्टरजी के वयोवृद्ध चाचा आबाजी हेडगेवार ने भी उस अवसर पर लोगों को संबोधित किया। अपने संक्षिप्त मगर प्रेरणापूर्ण भाषण में उन्होंने कहा, "वास्तव में हमारे डॉक्टरजी ने हमें छोड़ा नहीं है; हम अब भी उन्हें माधवराव गोलवकर के रूप में देखते हैं। अब से आगे, उनका प्रत्येक निर्देश उसी तरह से हमें मानना होगा, जैसे कि डॉक्टरजी स्वयं हमें दे रहे हों।"

गुरुजी ने भी उस मौके पर नए सरसंघचालक के रूप में लोगों को संबोधित किया। उनका भाषण उनके सर्वोपरि विश्वास, नम्रता और डॉक्टरजी के प्रति उनकी गहन श्रद्धा-भावना का परिचायक था। नए सरसंघचालक के रूप में यह उनका प्रथम संबोधन था। अपनी नई जिम्मेदारी को नम्रता से स्वीकारते हुए उन्होंने कहा, "कौन होगा, जो हमारे महान् डॉक्टरजी के प्रति नतमस्तक न होगा! मैं बड़ा गर्व महसूस करता हूँ, जब मैं उस महान् आत्मा को अपनी पूजा अर्पित करता हूँ। चंदन के लेप और फूलों से उनकी अर्चना करना कमतर होगा। वास्तविक पूजा वह होगी कि हम स्वयं को भी पूजा योग्य बनाएँ। 'शिवो भुत्वः शिवम याजेत'—शिव की पूजा-अर्चना शिव ही बनना है। यही हमारे धर्म का विशिष्ट लक्षण है। डॉक्टरजी ने मुझे सरसंघचालक की जिम्मेदारियाँ निभाने का मुश्किल काम दिया है, परंतु यह विक्रमादित्य के सिंहासन जैसा है। अगर कोई अज्ञानी लड़का भी इस पर बैठता है, तो वह भी इस पर बैठकर एक बराबर का न्याय करेगा। आज मेरे जैसे एक साधारण व्यक्ति के प्रारब्ध ने इस पर बैठने का अवसर मुझे दे दिया है, मगर

डॉक्टरजी मेरे जैसे व्यक्ति को भी सही बात करने की प्रेरणा देते रहेंगे। हमारे महान् नेताओं के पवित्र गुण मुझे अच्छे कार्यों के योग्य बनाएँगे। आओ, अब हम सब मिलकर अपने पूरे विश्वास तथा आस्था के साथ इस कार्य को करें और इसे दोगुने जोश एवं उत्साह के साथ आगे ले जाएँ।"

नए सरसंघचालक के नेतृत्व में यात्रा

जून 1940 में गुरुजी के असाधारण रूप से वैचारिक तथा संगठनात्मक नेतृत्व में संघ ने अपनी यात्रा शुरू की। यद्यपि महाराष्ट्र के बाहर कई प्रांतों में संघ फैल चुका था, पर अभी भी देश के कई हिस्से इससे अछूते थे।

अभी तक राष्ट्रीय स्वयंसेवक संघ के स्वयंसेवक शाखा प्रारंभ करने का कार्य करते थे, जहाँ भी वे छात्र के रूप में जाते थे। कुछ संख्या प्रचारकों की भी थी। गुरुजी ने पूर्णकालिक कार्यकर्ताओं (प्रचारकों) की नई पद्धति को जन्म दिया। इसका परिणाम हुआ—देश भर में संघ के संगठनात्मक तंत्र में हुई असाधारण प्रगति।

इस बीच राष्ट्रीय स्वयंसेवक संघ ने अपने स्वयंसेवकों को स्वतंत्रता-आंदोलन में शामिल होने के प्रति उत्साहित करना शुरू किया। संस्था अभी स्वयं में अपरिपक्व अवस्था में थी। इसलिए इसने यह रणनीति अपनाई कि संस्था द्वारा सीधे स्वतंत्रता संघर्ष में कूदने की अपेक्षा, इसके स्वयंसेवक आंदोलन में व्यक्तिगत रूप से भाग लें। स्वतंत्रता संघर्ष में राष्ट्रीय स्वयंसेवक संघ के स्वयंसेवकों ने बड़ी संख्या में भाग लिया। उनमें से कइयों की जान भी चली गई और अन्य कई लंबी जेल की सजा के भागी बने।

गुरुजी ने स्वयं राष्ट्रीय स्वयंसेवक संघ के कार्य को बढ़ाने के लिए तेजी से संपूर्ण देश की यात्रा की। वर्ष 1941 में उन्होंने एक अत्यंत भावुक अपील की, जिसने कई युवाओं के दिलों को छू लिया। उन्होंने अपने जीवन को राष्ट्रीय स्वयंसेवक संघ के कार्यों के प्रति प्रचारकों के रूप में समर्पित कर दिया।

वर्ष 1942 में उन्होंने एक ऐतिहासिक भाषण दिया, जिसने उनके राष्ट्रीय मुद्दों के प्रति विचारों और राष्ट्रीय स्वयंसेवक संघ के भविष्य के बारे में उनके दृष्टिकोण का खुलासा किया। अपने इस भाषण में, जो उन्होंने हिंदू नववर्ष (वर्ष प्रतिपदा) के अवसर पर दिया, गुरुजी ने कहा, "यह हमारा अति महान् सौभाग्य है कि हम इस खतरनाक समय में पैदा हुए हैं, जिन्हें हमें अति शुभ मानना चाहिए। राष्ट्र के इतिहास में वह स्वर्णिम क्षण, जो सदियों के बाद आता है, अभी आने ही वाला है। अगर ऐसे महत्त्वपूर्ण समय पर भी हम सोए रहते हैं तो हमारे जैसा बदकिस्मत कोई न होगा। केवल वह व्यक्ति ही अमर लोकप्रियता को पाता है, जो मुश्किलों का सामना डटकर करता है। आओ, इसलिए हम इस वर्तमान मुसीबत का सामना शांति तथा निश्चय के साथ करें। आप इसे एक अवसर

समझें, जब आपके अंदर से आपका सर्वाधिक अच्छा निकलकर बाहर आ सकेगा।

"एक मृतप्राय राष्ट्र के पुनरुत्थान में अधिक-से-अधिक एक पीढ़ी का समय लगना चाहिए, लेकिन हमारी आज की दशा क्या है ? हमारे 17 वर्षों के कठोर परिश्रम के बाद भी हमारा कार्य एक परिसीमा के भीतर ही हुआ है। संघ सच के साथ खड़ा है, इसलिए इसकी विजय होना निश्चित है और यह अपनी शपथ को अवश्य पूरा करेगा। एक बार जब हम वचन देते हैं, तो हमें इसके महत्त्व को साबित करना होगा, फिर भले ही इस प्रक्रिया में हमें अपनी जान भी क्यों न देनी पड़े।

"इसलिए एक वर्ष के लिए आप अपने परिवार तथा अपने व्यक्तिगत हितों को ताक पर रख दें। तलवार की धार पर चलनेवाले इस जीवन को अपनाएँ। अपने प्रति कठोरता का भाव लाने के लिए तैयार रहें। अपनी सारी विचारधारा, समय और अपनी संपूर्ण शक्ति को सिर्फ इस काम पर केंद्रित करें। हमें इसके प्रति जागरूक रहना है और स्वयं को इस शुभ कार्य की सफलता के लिए कठोर बनाना है।"

वर्ष 1941 और 1942 में युवा स्वयंसेवकों को उनकी यह सलाह थी कि "हमें प्रचारकों की आवश्यकता है···हमें प्रचारक चाहिए। यह वह माँग है और चारों ओर से आ रही है। हमें इस माँग को अवश्य पूरा करना चाहिए।" उन्होंने आगे कहा, "कार्यकर्ताओं की स्वर्ग से वर्षा नहीं होती। इसके लिए हमें स्वयं प्रयत्न करने होंगे और हमारे अंदर ही से कार्यकर्ता खोजने होंगे। हमें अपने कर्तव्य का निर्वाह दृढ़ निश्चय और तपस्या के साथ करना होगा तथा हमें अपने निजी जीवन के प्रति आनेवाले विचारों को त्यागना होगा··· हमारे सामने एक बहुत बड़ा मिशन है और हमारे पास बहुत ही कम समय हमारे हाथों में है, परंतु आप चिंता न करें, अगर हम आज भी निर्णय ले लेते हैं, तो हम जितना चाहें, उतना काम कर सकते हैं और इतने कार्यकर्ता पैदा कर सकते हैं, जितने हम चाहें। प्रश्न सिर्फ इतना है कि हम अपने-अपने हृदय में थोड़ा क्रांतिकारी परिवर्तन ला सकें। दिलों में आई एक क्रांति और हमारी जिंदगियाँ देखेंगी कि हमारे जीवन में अप्रत्याशित बदलाव आ गए हैं और हमें आशा के नए द्वार दिखाई पड़ेंगे। आओ, हम अपने व्यक्तिगत जीवन के दरवाजे को बंद कर निरंतर प्रयत्न करते रहने की शपथ लें। आओ, हम एक वर्ष के लिए 'संन्यासी' बन जाएँ।"

गुरुजी के इस आह्वान का प्रभाव अद्भुत था। वर्ष 1942 में केवल लाहौर से 42 प्रचारक आगे आए। इनमें से 10 स्नातकोत्तर थे, दो डॉक्टर, 14 शास्त्री और अन्य स्नातक या मैट्रिक से ऊपर थे। इसी प्रकार अमृतसर शहर से 52 प्रचारक आए और उनमें से 4 डॉक्टर थे। जून 1942 और उसके बाद में प्रचारकों की एक बड़ी संख्या को विभिन्न प्रांतों में भेजा जाने लगा तथा राष्ट्रीय स्वयंसेवक संघ के विकास ने एक नई ऊँचाई को छू लिया।

इस बीच भारत में ब्रिटिश सरकार राष्ट्रीय स्वयंसेवक संघ की बढ़ती हुई लोकप्रियता से सतर्क हो गई। उसने सरकारी कर्मचारियों पर राष्ट्रीय स्वयंसेवक संघ की सदस्यता लेने पर प्रतिबंध लगा दिया और संस्था को प्रतिबंधित कर उस पर हमला किया। गुरुजी के मार्गदर्शन में राष्ट्रीय स्वयंसेवक संघ ने स्वयं को माहौल के अनुसार ढालने का प्रयास किया, जब उसने कुछ नाम संबंधी निश्चित बदलाव (ऐसे शब्दों जैसे 'कमांडर' आदि) का परित्याग किया और यह सुनिश्चित किया कि उसके शारीरिक विकास-व्यायामों को सैनिक प्रशिक्षण के रूप में न देखा जाए।

केंद्रीय पुलिस गुप्तचर विभाग ने 13 दिसंबर, 1943 की अपनी एक रिपोर्ट में लिखा, "संघ को प्रतिबंधित किए जाने का कोई मामला बना पाना संभव नहीं है, लेकिन यह भी समान रूप से स्पष्ट है कि गोलवलकर एक शक्तिशाली संस्था का निर्माण अत्यंत शीघ्रता से कर रहे हैं, इस प्रकार कि इसके कार्यकर्ता आदेशों का पालन करें, सख्त गोपनीयता का निर्वाह करें और किसी भी प्रकार की तोड़-फोड़ की काररवाई में कूद पड़ें, जब भी उनका नेता उन्हें ऐसा करने का आह्वान करे। सतही तौर पर इस संस्था की संरचना 'खाकसारों' के जैसी प्रकट होती है, परंतु दोनों संस्थाओं में एक मूल अंतर इस बात का है कि खाकसारों के नेता इनायतुल्लाह, एक बड़बोले और असंतुलित नेता हैं, जबकि गोलवलकर एक सतर्क, वाक्पटु और अधिक सक्षम नेता हैं।"

वर्ष 1942 में 'भारत छोड़ो' आंदोलन शुरू हो चुका था। राष्ट्रीय स्वयंसेवक संघ के स्वयंसेवकों ने देशभक्त नागरिकों के रूप में इस आंदोलन में भाग लिया। विदर्भ में चिमूर के स्वयंसेवकों ने अपने नेता रमाकांत देशपांडे के नेतृत्व में एक आंदोलन शुरू किया। अहिंसा की सीमाओं को तोड़कर यह हिंसक हो गया। एक टकराव में कुछ अंग्रेज लोग भी मारे गए। यह टकराव इस आंदोलन के इतिहास में 'चिमूर अष्टी प्रकरण' के नाम से प्रसिद्ध हुआ।

इसी प्रकार की गौरवमय कथा सिंध के सक्खर शहर के हेमू कालानी की है। वह अपने बहादुर सहयोगियों के साथ रेलवे पटरी को उखाड़ने में व्यस्त था। उनका उद्देश्य था कि अंग्रेज अपने सैनिकों को विभिन्न क्षेत्रों में संघर्ष के दमन के लिए न भेज सकें। बदकिस्मती से हेमू को गिरफ्तार कर लिया गया। उसके दोस्त निकल भागने में सफल हो गए और गिरफ्तारी से बच गए। हेमू को सैनिक अदालत ने वर्ष 1943 में मौत की सजा सुना दी। शहीद हेमू कालानी की याद को इस दिन मुंबई में सिंधी समारोह के द्वारा मनाते हैं।

इन गतिविधियों के साथ-साथ कई स्वयंसेवकों ने आंदोलन के भूमिगत नेताओं की मदद करने का कार्य किया। दिल्ली के संघचालक लाला हंसराज का घर अरुणा आसफ अली का गुप्त निवास-स्थल बना। उन्होंने स्वयं यह बात अपने एक साक्षात्कार में कही,

जो हिंदी दैनिक 'हिंदुस्तान' के एक अंक में अगस्त 1947 में छापा गया था। उन्होंने कहा, "मैं 1942 के आंदोलन में भूमिगत थी, दिल्ली के संघचालक लाला हंसराज ने मुझे 10-15 दिनों के लिए अपने घर में शरण दी तथा मेरी संपूर्ण सुरक्षा का प्रबंध किया। उन्होंने यह भी सुनिश्चित किया कि मेरे वहाँ छिपने के बारे में किसी को पता न चले। चूँकि भूमिगत हुए लोगों को एक स्थान पर अधिक समय तक नहीं टिकना चाहिए, मैं उनके घर से एंबाइडरी किए गए घाघरा और चुनरी पहनकर एक बारात में भांगड़ा करती हुई निकल गई। लालाजी की पत्नी ने मुझे यह पोशाक दी थी। बाद में जब मैं इसे वापस करने वहाँ गई, तो उन्होंने इसे लेने के लिए मना कर दिया और कहा कि 'इसे आप हमारी ओर से हमारी शुभकामनाओं के साथ, एक उपहार के रूप में रखें।'"

जब प्रसिद्ध वैदिक विद्वान् पंडित श्रीपद दामोदर स्तावालेकर औंध में संघचालक थे, उन्होंने कई दिनों तक क्रांतिकारी भूमिगत नेता नाना पाटिल को शरण दी थी, जिन्होंने एक अनोखे विचार 'पतरी सरकार' के साथ परीक्षण किया था। नाना पाटिल के एक सहयोगी किसनवीर सतारा के संघचालक के घर पर ठहरे थे, जब वे वहाँ से भूमिगत होकर कार्य कर रहे थे। प्रसिद्ध समाजवादी नेता अच्युतराव पटवर्धन संघ के कई स्वयंसेवकों के घर में रहे थे, जब वे भूमिगत होकर कार्य करते थे और आवश्यकता के अनुसार, हालात को देखते हुए स्थान परिवर्तन किया करते थे। न केवल ये व्यक्ति, बल्कि संघ के जीवनपर्यंत कटु आलोचक और गांधीजी के समर्थक साने गुरुजी भी पुणे के संघचालक भाऊसाहब देशमुख के घर पर गुप्त रूप से रहा करते थे।

इस विषय पर और अधिक स्पष्टता के लिए एक प्रकरण, जो लगभग छह वर्षों के बाद हुआ, को उद्धृत करना उपयुक्त होगा। शोलापुर की कांग्रेस समिति के एक सदस्य गणेश बापूजी शिनकर ने वर्ष 1948 में हुए एक 'सत्याग्रह' में भाग लिया, जो संघ के ऊपर लगे प्रतिबंध को हटाने के लिए था। उन्होंने प्रजातांत्रिक मूल्यों के आधार पर सत्याग्रह में शामिल होने के पूर्व कांग्रेस से त्यागपत्र दे दिया था। उन्होंने अपने कदम को स्पष्ट करते हुए एक बयान जारी किया था, जो 12 दिसंबर, 1948 को प्रकाशित हुआ। वे कहते हैं, "मैंने वर्ष 1942 में 'भारत छोड़ो' आंदोलन में भाग लिया था। उस समय पूँजीवादी तथा कृषक समुदाय सरकार से भयभीत था। इसलिए हमें उनके घरों पर शरण नहीं मिली। हमें भूमिगत होकर कार्य करने के लिए संघ के कार्यकर्ताओं के घरों में रहना पड़ा। संघ के लोग हमारे भूमिगत होकर किए जाने वाले कार्यों से खुश थे और खुशी-खुशी हमारी मदद किया करते थे। वे हमारी सारी आवश्यकताओं का भी ध्यान रखते थे। न केवल इतना ही, अगर हममें से कोई बीमार पड़ जाता था तो संघ के स्वयंसेवकों के डॉक्टर हमारा इलाज करते थे। संघ के जो स्वयंसेवक अधिवक्ता थे, वे हमारे मामलों को निडर होकर लड़ते थे। उनकी राष्ट्रभक्ति और मूल्यों पर आधारित जीवन-शैली निर्विवाद थी।"

गुप्तचर विभाग संघ के बारे में नियमित रूप से रिपोर्ट भेजता रहता था। 30 दिसंबर, 1943 की रिपोर्ट में कहा गया, "राष्ट्रीय स्वयंसेवक संघ तेजी से आगे बढ़ रहा है, ताकि यह एक अति महत्त्वपूर्ण अखिल भारतीय संगठन बन सके। संघ के प्रवक्ता यह कहते रहते हैं कि संघ का मूल उद्देश्य हिंदुओं की एकता स्थापित करना है⋯। लाहौर में नवंबर 1943 में आयोजित एक कार्यक्रम में एम.एस. गोलवलकर ने घोषणा की कि संघ का उद्देश्य छुआछूत को मिटाना तथा हिंदुओं के विभिन्न वर्गों को एक एकल संगठित किए जाने वाले धागे में पिरोना है।⋯यह स्पष्ट है कि संघ इस बात के लिए दृढ़ प्रतिज्ञ है कि वह अपना कार्यक्षेत्र और प्रभाव बढ़ाकर रहेगा और इस वर्ष यह मध्य प्रांत में प्रसिद्ध धार्मिक संत तुकादोजी महाराज को संघ के संदेश को फैलाने के लिए अपने साथ लाने में सफल हुआ। संघ की सदस्यता निरंतर बढ़ती जा रही है। मध्य प्रांत में सदस्यता 32,000 से बढ़कर 33,344 हो गई है। बंबई में यह 18,029 से बढ़कर 20,476 तक पहुँच गई है और पंजाब में 10,000 से बढ़कर 14,000 हो गई है।

"उनकी इस प्रगति का नया आयाम यह है कि उन्होंने अब गाँवों में प्रवेश करना शुरू कर दिया है। वर्धा के शीतकालीन शिविर में एम.एस. गोलवलकर ने इस बात पर बहुत अधिक जोर दिया था कि संघ को अब गाँवों में फैलना चाहिए। इसके मुख्यालय से संघ के पदाधिकारी निरंतर दूर-दराज के इलाकों में लगनेवाली शाखाओं का दौरा कर रहे हैं, ताकि वे संघ के कार्यों में स्वयंसेवकों की रुचि बढ़ा सकें, उन्हें गुप्त निर्देश दे पाएँ और स्थानीय इकाइयों को मजबूत कर सकें। हम संघ प्रमुख एम.एस. गोलवलकर के अभी हाल ही के विस्तृत रूप में हुए दौरों को ऐसे प्रयत्नों के उदाहरण के रूप में देख सकते हैं। अप्रैल महीने में वे अहमदाबाद में थे, मई में वे अमरावती तथा पुणे में थे। जून में वे नासिक और बनारस गए। उन्होंने अगस्त में चंदा का दौरा किया, सितंबर में पुणे, मद्रास, मध्य प्रांत में अक्तूबर में तथा नवंबर में वे रावलपिंडी गए।"

विभाजन

भारत को मिलनेवाली स्वतंत्रता से संघ को यह आभास हो गया था कि उस परिस्थिति का मुकाबला करने के लिए हिंदुओं को तैयार करना था; इस परिस्थिति को उन पर कांग्रेस के नेतृत्व ने थोपा था। गुरुजी, बाबासाहब आप्टे और बालासाहब देवरस ने देश का विस्तृत दौरा किया। सैकड़ों युवा और मध्य उम्र के व्यक्तियों ने संघ में शामिल होना शुरू कर दिया था, विशेष रूप से पंजाब के शहरों तथा गाँवों में, जैसे रावलपिंडी, लाहौर, पेशावर, अमृतसर, जालंधर और अंबाला आदि।

अंग्रेजी के समाचार-पत्र 'इंग्लिश ट्रिब्यून' ने लिखा—"पंजाब हिंदुस्तान की तलवार वाली बाजू है तथा राष्ट्रीय स्वयंसेवक संघ पंजाब की तलवार है।" मुसलिम लीग के

मुखपत्र 'डॉन' ने प्रतिक्रिया में यह लिखा—"अगर कांग्रेस नेतृत्व मुसलमानों से सहयोग चाहता है तो इसे संघ पर तुरंत प्रतिबंध लगाना चाहिए।"

गुरुजी वर्ष 1946-47 में मुलतान के दौरे के बाद सियालकोट और मोंटगोमरी गए। उन्होंने पंजाब होते हुए सिंध में प्रवेश किया। सिंध प्रांत में उस समय 80 शाखाएँ थीं। वहाँ 52 प्रचारक थे, जिनमें एक लालकृष्ण आडवाणी भी थे।

भारत को विभाजित किए जाने की योजना को कार्यान्वित करने के लिए ब्रिटिश सरकार ने सेना और पुलिस का विभाजन अंतिम कार्य के कुछ महीनों पूर्व धर्म के आधार पर कर दिया था। इसलिए सिंध, पश्चिमी पाकिस्तान और पूर्व बंगाल में पड़नेवाले क्षेत्रों को मुसलमान सेना पुलिस जत्थे के हवाले कर दिया गया। इन क्षेत्रों के हिंदू निशाने पर आ गए। वे बारूद के ढेर पर बैठे थे, जिनका कोई रक्षक न था। गुरुजी ने इन हिंदुओं तक पहुँचने की पहल की और 'पंजाब राहत समिति' तथा 'हिंदू सहायता समिति' का गठन किया। इन दोनों की गतिविधियों का केंद्र लाहौर था। पंजाब राज्य के संघचालक रायबहादुर बदरीदास और डॉ. गोकुलचंद नारंग क्रमशः इन समितियों के अध्यक्ष तथा कोषाध्यक्ष थे।

राष्ट्रीय स्वयंसेवक संघ के स्वयंसेवकों की विभाजन के समय भूमिका को याद करते हुए प्रोफेसर ए.एन. बाली अपनी पुस्तक 'नाउ इट कैन बी टोल्ड' में कहते हैं—"उस मुश्किल समय में लोगों की रक्षा करने के लिए कौन मैदान में आया, सिवाय उन युवा पुरुषों के, जिन्हें राष्ट्रीय स्वयंसेवक संघ कहा जाता है? उन्होंने प्रत्येक मोहल्ले और राज्य के प्रत्येक शहर में महिलाओं तथा बच्चों को सुरक्षित बाहर निकालने की व्यवस्था की। उन्होंने उनके लिए खाने, चिकित्सा और कपड़ों की व्यवस्था की और उन्हें हर संभव सहायता प्रदान की। उन्होंने प्रत्येक शहर में अग्नि दमन दल बनाए। उन्होंने बचकर निकलनेवाले हिंदुओं और सिखों के लिए लारियों तथा बसों की व्यवस्था की तथा रेलवे ट्रेनों में अपने रक्षक दल भेजे। उन्होंने बिना थके हिंदू और सिख बस्तियों में रात-दिन पहरा दिया। उन्होंने लोगों को आत्मरक्षा का प्रशिक्षण दिया। वे उन डरे हुए लोगों के पास पहुँचनेवाले प्रथम व्यक्ति थे, उनको मदद पहुँचानेवाले प्रथम तथा पूर्वी पंजाब के सुरक्षित इलाके में जानेवाले अंतिम व्यक्ति थे। मैं पंजाब के विभिन्न जिलों में कांग्रेसी नेताओं के नाम बता सकता हूँ, जिन्होंने अपनी स्वयं की और अपने परिवारों की रक्षा के लिए राष्ट्रीय स्वयंसेवक संघ से मदद ली। उन्होंने सहायता के लिए आई किसी भी पुकार को अनदेखा न किया। ऐसे भी कई मामले सामने आए, जब संघ के स्वयंसेवकों ने मुसलिम महिलाओं तथा बच्चों को हिंदू मोहल्लों से सुरक्षित निकालकर मुसलिम लीग के सहायता शिविरों में पहुँचाया।"

"जब संपूर्ण पंजाब में आग लगी हुई थी और कांग्रेसी नेता दिल्ली में असहाय बैठे तमाशा देख रहे थे, ऐसे समय में राष्ट्रीय स्वयंसेवक संघ के स्वयंसेवकों ने अपने

अनुशासन, शारीरिक शक्ति के बल पर अपनी स्वयं की जान पर खेलते हुए पंजाब के लोगों को बचाया था। अब अगर पंजाब से बाहर का कोई व्यक्ति हिंदुओं और सिखों को कहे कि आप उन सिखों तथा राष्ट्रीय स्वयंसेवक संघ के उन बहादुर जवानों को भूल जाओ, जिन्होंने उनकी रक्षा में अपने प्राण दाँव पर लगा दिए थे, तो उसका आह्वान व्यर्थ ही जाएगा।

उन शरणार्थियों में से प्रत्येक व्यक्ति, जो पश्चिम पाकिस्तान से आया है, संघ का ऋणी है। जब उन्हें सबने राम भरोसे छोड़ दिया था, केवल संघ ही उनके साथ खड़ा था।"

अपनी पुस्तक 'इनकंपेयरेबल गोलवलकर' (अतुलनीय गोलवलकर) में रंगा हरि ने एक महत्त्वपूर्ण घटना का जिक्र किया है, जिससे यह प्रकट होता है कि गुरुजी ने भी उस समय के जम्मू और कश्मीर प्रांत को भारत से जोड़ने के कार्य में एक महत्त्वपूर्ण भूमिका निभाई थी। उस समय के कश्मीर के महाराजा हरि सिंह विलय की संधि पर हस्ताक्षर करने के प्रति अधिक इच्छुक नहीं थे, जबकि अधिकतम अन्य रियासतों ने इस पर अपनी मोहर लगा दी थी।

"गुरुजी 17 अक्तूबर, 1947 के दिन हवाई जहाज से दिल्ली के प्रचारक वसंतराव ओक तथा बैरिस्टर नरेंद्र जीत सिंह को साथ लेकर वहाँ पहुँचे। वहाँ के क्षेत्रीय प्रचारक और राज्य स्तर के तीन-चार कार्यकर्ताओं ने वहाँ पर उनकी अगवानी की। संघ के प्रबंध के अनुसार, गुरुजी और उनके सहयोगी बैरिस्टर ससुराल पक्ष के घर दिवानियत भवन में ठहरे। अगले दिन 18 अक्तूबर को गुरुजी एक निजी कार में महाराजा से मिलने के लिए 'कर्ण भवन' गए। महाराजा और महारानी के मन में गुरुजी के प्रति अत्यंत श्रद्धा का भाव था। इसलिए वे दोनों ही गुरुजी के स्वागत के लिए महल के मुख्य द्वार पर उन्हें लेने के लिए खड़े थे। जैसे ही महाराजा उनके पैर छूने के लिए झुके, गुरुजी ने उनका हाथ पकड़ लिया। प्रारंभिक अनौपचारिक बातचीत के बाद सुबह 10.30 बजे औपचारिक चर्चा शुरू की गई। इस चर्चा में दोनों ओर से कोई अन्य व्यक्ति शामिल न हुआ। इसलिए किसी को भी यह पता न चला कि चर्चा के दौरान क्या बातें सामने आईं और किस प्रकार के विषय और सुझाव चर्चा के विषय बने। जब महाराजा चर्चा के बाद गुरुजी को विदा करने बाहर आए, वे गुरुजी की कार के पास आए और कहा, 'मैं निश्चित रूप से आपके सुझावों पर ध्यान से सोचूँगा।' उनको विदा देने के क्षणों में राजसी दंपती ने गुरुजी को दो बहुमूल्य शॉलें भेंट कीं। जाने से पहले गुरुजी ने महाराजा से अपील करते हुए कहा, 'यह एक अच्छा विचार हो सकता है कि आप राजकुमार को जम्मू भेज दें और स्वयं श्रीनगर में बने रहें, ताकि जनता का हौसला बना रहे।' गुरुजी तथा उनके सहयोगी दोपहर के खाने से पूर्व अपने ठहरने के स्थान पर लौट आए।

"उसी दिन शाम को, लाल चौक के पास मंगल बाग स्थित डी.ए.वी. कॉलेज में वरिष्ठ स्वयंसेवकों का एक पूर्व निर्धारित मिलन समारोह आयोजित किया गया। इसमें 500 से भी अधिक स्वयंसेवकों ने भाग लिया। गुरुजी का 'बौद्धिक' हुआ। उन्होंने महाराजा के साथ हुई उनकी बैठक का कोई जिक्र नहीं किया। वे 19 अक्तूबर को दिल्ली वापस आ गए।

"गुरुजी ने दिल्ली आकर गृहमंत्री सरदार पटेल से भेंट की तथा उन्हें महाराजा के अनुकूल रुख के बारे में अवगत कराया। सौभाग्य से उस समय तक रामचंद्र काक के स्थान पर मेहरचंद महाजन 'प्रधानमंत्री' बन गए थे। अगला कदम रणनीतिज्ञ सरदार पटेल ने उठाया। परिणामस्वरूप, जम्मू और कश्मीर देश के साथ मिल गया।"

विभाजन के कुछ ही महीनों बाद गुरुजी ने संघ के विस्तार के कार्य के लिए अपनी देशव्यापी यात्राओं को फिर से शुरू कर दिया। उन्होंने 30 अक्तूबर के दिन पुणे में एक सभा को संबोधित किया, जिसमें एक लाख से भी अधिक लोगों ने भाग लिया। राष्ट्रीय स्वयंसेवक संघ के राज्य स्तरीय प्रशिक्षण शिविर के लिए वे 6 दिसंबर को अकोला पहुँचे। उस शिविर में 10000 स्वयंसेवकों ने भाग लिया था। शिवाजी पार्क बंबई में आयोजित एक सार्वजनिक सभा में 75000 से भी अधिक लोगों ने भाग लिया। मध्य प्रदेश तथा महाकौशल क्षेत्र में उनकी सभाओं ने भारी भीड़ को आकृष्ट किया था। महाकौशल क्षेत्र ही में संघ की 600 शाखाएँ शुरू हो चुकी थीं।

राष्ट्रीय स्वयंसेवक संघ की पहुँच विंध्य से भी आगे चली गई थी और संघ ने अपने पद-चिह्नों को देश के दक्षिणी भागों में भी मजबूती प्रदान करनी शुरू कर दी थी। तब आंध्र प्रदेश के गुंटूर जिले में 31 शाखाएँ लग रही थीं और 3000 स्वयंसेवक थे, संघ के सरसंघचालक जब वहाँ गए। हैदराबाद के निजाम ने राज्य में राष्ट्रीय स्वयंसेवक संघ की गतिविधियों की इजाजत नहीं दी। कर्नाटक शुरू से ही संस्था के लिए एक अनुकूल क्षेत्र साबित हुआ था। जनवरी 1948 में 8000 से भी अधिक स्वयंसेवकों ने राज्य में आयोजित राज्य स्तरीय शीतकालीन शिविर में भाग लिया था। वे बंगलुरु में राष्ट्रीय स्वयंसेवक संघ की गणवेश पहनकर शिविर में उपस्थित थे।

केरल में वामपंथियों ने गुरुजी की एक सभा को जनवरी 1948 में बाधित करने का प्रयत्न किया, परंतु वे सफल न हो सके। तमिलनाडु में भी राष्ट्रीय स्वयंसेवक संघ अपना आधार बनाने में सफल सिद्ध हुआ।

राष्ट्रीय स्वयंसेवक संघ पर प्रतिबंध

30 जनवरी, 1948 के दिन महात्मा गांधी की नई दिल्ली में हत्या कर दी गई। गुरुजी

उस समय चेन्नई में थे। उसी दिन उन्होंने चेन्नई से सभी शाखाओं को निर्देश भेज दिए, "अपना दुःख आदरणीय महात्माजी के दुःखद निधन पर व्यक्त करने के लिए शाखाएँ 13 दिनों तक एक शोक समय का पालन करेंगी और सभी दैनिक कार्यक्रमों को स्थगित रखा जाएगा।" वे 31 जनवरी को हवाई जहाज से नागपुर वापस लौट आए।

दिल्ली में राज्य संघचालक लाला हंसराज गुप्ता, नगर संघचालक हरीशचंद्र गुप्ता और राज्य प्रचारक वसंतराव ओक—तीनों बिरला भवन में गए और कई कांग्रेसी नेताओं से दुःख और शोक प्रकट किया। परंतु कांग्रेस का एक विशेष वर्ग, जो राष्ट्रीय स्वयंसेवक संघ के बढ़ते हुए प्रभाव से असहज हो रहा था, इस घटना में उसने संघ को समाप्त कर देने का एक अवसर देखा। तत्कालीन प्रधानमंत्री जवाहरलाल नेहरू ने अमृतसर में घोषणा कर दी, "राष्ट्रीय स्वयंसेवक संघ राष्ट्रपिता की हत्या के लिए जिम्मेदार है।"

गुरुजी ने नेहरू और गृहमंत्री सरदार पटेल को दो पत्र लिखे। दोनों पत्रों में उन्होंने एक ही प्रकार के विषय पर चर्चा की। उन्होंने लिखा, "मैं कल चेन्नई में था, जब मैंने वह दुःखदायी समाचार सुना, जिसने संपूर्ण मानवता को हिलाकर रख दिया है। इस प्रकार की गंदी और भर्त्सना योग्य घटना इतिहास में कभी नहीं हुई। मेरा हृदय असीम वेदना से टूट गया है।

"यह एक कठिन कार्य है कि किन शब्दों में उस व्यक्ति की भर्त्सना की जाए, जिसने यह कायरतापूर्ण कार्य किया है। कोई भी व्यक्ति इस जघन्य मूर्खतापूर्ण कार्य के बारे में सोच भी नहीं सकता। उस व्यक्ति के बारे में क्या कहा जाए, जिसने संपूर्ण विश्व को अशांत कर हतप्रभ कर दिया था?

"परंतु आओ हम अपनी जिम्मेदारियों को निभाने का कार्य करें, जो एक महान् नेता के आकस्मिक निधन से हम पर आन पड़ी हैं, उस महान् आत्मा को याद करते हुए, जो अलग-अलग स्वभाववाले लोगों को एक एकता के धागे से बाँध सकी थी और उन्हें एक समान मार्ग पर आगे ले चली थी। आओ, हम फिर जाग खड़े हों, इस आपद के मुश्किल समय में अपनी पुनः अर्जित शक्ति तथा विवेकपूर्ण भावनाओं के साथ तथा अपने उदात्त व्यवहार, नियंत्रणपूर्ण वाणी के दम पर हम राष्ट्र में अपनी सदाबहार एकता का भाव फिर से पैदा करें।

"यह उस पवित्र व्यक्तित्व के प्रति हमारी सच्ची और पवित्र श्रद्धांजलि होगी। मैं हमारे सर्वदा दयालु परमेश्वर से संघ की ओर से प्रार्थना करता हूँ कि यह हमेशा एकता के मार्ग पर चले, इस पूजा के साथ कि ईश्वर इसे हमेशा वह मार्ग दिखाए, जो इस राष्ट्र के सभी लोगों में विशुद्ध अवर्णनीय राष्ट्रवाद की भावना जगाए।"

राष्ट्रीय स्वयंसेवक संघ पर महात्माजी की हत्या करवाए जाने के झूठे आरोप की

प्रतिक्रियास्वरूप हजारों स्वयंसेवकों के घरों और संपत्तियों में आग लगा दी गई और उन्हें जला डाला गया।

गुरुजी को 2 फरवरी के दिन गिरफ्तार कर लिया गया और 4 फरवरी को केंद्र सरकार द्वारा एक विज्ञप्ति जारी कर राष्ट्रीय स्वयंसेवक संघ पर प्रतिबंध लगा दिया गया। सरसंघचालक ने नागपुर में अपनी गिरफ्तारी के समय कहा, "शक के बादल छँट जाएँगे और हम इस सबसे निर्दोष बाहर निकल आएँगे। तब तक कई तरह से अत्याचार किया जाएगा, मगर हमको यथाशक्ति इसे सहन करना है। मेरा पक्का विश्वास है कि संघ के स्वयंसेवक इस परीक्षा को सफलतापूर्वक पास कर लेंगे।" उन्हें नागपुर केंद्रीय कारागार में भेज दिया गया।

द्वारका प्रसाद मिश्र, जो उस समय मध्य प्रांत के गृहमंत्री थे, ने अपनी आत्मकथा—'लिविंग इन एन एरा' में लिखा, "महात्मा गांधी की हत्या ने निकम्मे राजनीतिज्ञों को एक हथियार प्रदान कर दिया कि वे अपने प्रतिद्वंद्वियों को बदनाम करें या उन्हें नीचा दिखाएँ (मूल अंग्रेजी संस्करण का पृष्ठ-59); इस बात को झुठलाया नहीं जा सकता है।"

वह अधिसूचना, जिसके द्वारा राष्ट्रीय स्वयंसेवक संघ पर प्रतिबंध लगा, उसकी मुख्य बातें इस प्रकार थीं—

- यह निश्चय किया गया है कि सभी हिंसात्मक तथा विद्वेषपूर्ण ताकतों को जड़ से उखाड़ फेंक दिया जाए, जो देश की स्वतंत्रता को जोखिम में डाल रही हैं तथा इसके उज्ज्वल यश पर दाग लगा रही हैं। इस नीति के अंतर्गत भारत सरकार ने निर्णय लिया है कि राष्ट्रीय स्वयंसेवक संघ को एक गैर-कानूनी संस्था घोषित किया जाए।
- राष्ट्रीय स्वयंसेवक संघ का घोषित उद्देश्य है कि 'हिंदुओं को शारीरिक, बौद्धिक और मानसिक रूप से विकसित किया जाए, उनमें एक भाईचारे व सेवा-भाव की भावना पैदा की जाए।' लेकिन यह अफसोस का विषय है कि राष्ट्रीय स्वयंसेवक संघ के सदस्य अपने घोषित लक्ष्य के अनुसार स्वयं को पेश नहीं करते।
- संघ के स्वयंसेवक अवांछनीय गतिविधियों का कार्य भी कर रहे हैं। इसके सदस्य हिंसात्मक गतिविधियों, जैसे अराजकता, लूट, डाके, हत्याएँ, हथियार इकट्ठे करना और गुप्त रूप से विस्फोटक सामग्री इकट्ठा करना आदि में लिप्त हैं। यह भी संज्ञान में आया है कि ये ऐसे पैम्फलेट जनता में बाँटते हैं, जिनके द्वारा उन्हें बंदूक का प्रयोग कर आतंकवाद के मार्ग पर चलने के लिए कहा जाता है और सरकार के विरुद्ध असंतोष पैदा किया जाता है तथा सेना और पुलिस को विद्रोह के मार्ग पर चलने के लिए प्रेरित किया जाता है। ऐसे

कार्य काफी गुप्त रूप से किए जाते हैं।

- ऐसी आपत्तिजनक और मारक संघ की गतिविधियाँ लगातार हो रही हैं और कई व्यक्ति संघ के हिंसा के इस विचार के शिकार हो चुके हैं, जिनमें से गांधीजी स्वयं भी एक आखिरी शिकार हैं।
- सरकार यह स्वीकार करती है कि यह उसका कर्तव्य है कि वह हिंसा के इस अतिवादी प्रदर्शन को नष्ट करने के लिए कदम उठाए। इस दिशा में उठाए गए पहले कदम के रूप में संघ को एक गैर-कानूनी संस्था के रूप में घोषित किया जा रहा है।

राष्ट्रीय स्वयंसेवक संघ पर लगे प्रतिबंध पर प्रतिक्रिया व्यक्त करते हुए गुरुजी ने एक संक्षिप्त बयान जारी किया, "यह राष्ट्रीय स्वयंसेवक संघ की नीति रही है कि वह अपनी गतिविधियों का निर्वाह सरकार के नियमों और कानूनों के अंदर रहकर करे। वर्तमान सरकार ने संघ को गैर-कानूनी घोषित कर दिया है। इस प्रकार से मैं यह उचित मानता हूँ कि संघ की सारी गतिविधियाँ बंद करा दूँ, जब तक यह प्रतिबंध वापस नहीं लिया जाता। परंतु मैं पूर्ण रूप से इस बात से इनकार करता हूँ कि मुझे संघ पर लगाए गए आरोप स्वीकार्य हैं।"

देश भर में लगभग 20,000 स्वयंसेवकों को गिरफ्तार कर लिया गया। 6 अगस्त को गुरुजी को जेल से रिहा कर दिया गया, परंतु कई शर्तों के साथ, जिनमें एक यह थी कि वे केवल नागपुर नगरपालिका क्षेत्र में ही रहेंगे। 11 अगस्त के दिन गुरुजी ने सरदार पटेल को पत्र लिखकर कहा कि वह राष्ट्रीय स्वयंसेवक संघ के कार्य करने के मूलभूत अधिकार को वापस उन्हें सौंप दें।

पटेल ने 27 फरवरी, 1948 के दिन प्रधानमंत्री को एक लंबा पत्र लिखा (नेहरू-गांधी पत्राचार संग्रहण—अंक 6, पृष्ठ संख्या- 56 तथा 57)। उस प्रलेख के अंश इस प्रकार हैं—

- सभी सामग्री, जो जाने-अनजाने, सच्चे-झूठे, नामित व अनामित स्रोतों से प्राप्त हुई थी, उसकी गहन रूप से छान-बीन कर ली गई है। इनमें से 90 प्रतिशत सामग्री आधारहीन तथा काल्पनिक रिपोर्टों पर आधारित पाई गई है। अधिकतम आरोप राष्ट्रीय स्वयंसेवक संघ की गतिविधियों पर लगे हैं कि उन्होंने मिठाई बाँटी, समारोह किए। जाँच में ये बातें झूठी पाई गई हैं।
- षड्यंत्रकारियों से पूछताछ से यह बात साबित होती है कि राष्ट्रीय स्वयंसेवक संघ इस षड्यंत्र में शामिल नहीं है।

इस बीच गुरुजी ने भी सरदार पटेल तथा प्रधानमंत्री के साथ पत्राचार लगातार जारी रखा और राष्ट्रीय स्वयंसेवक संघ पर लगे प्रतिबंध को हटाने की प्रार्थना की। नेहरू ने और

अधिक रोषपूर्ण प्रतिक्रिया व्यक्त की और गुरुजी को 12 नवंबर, 1948 की आधी रात में बाराखंभा रोड, नई दिल्ली से बंगाल राज्य आपराधिक प्रक्रिया संहिता 1818 के अंतर्गत गिरफ्तार कर लिया गया। यह 130 वर्ष पुराना कानून सरकार को संपूर्ण अधिकार देता था कि वह किसी को भी, कहीं से बिना किसी सबूत या कारण के गिरफ्तार कर सकती थी। गुरुजी को 15 नवंबर के दिन नागपुर लाया गया। सरकार ने इस गिरफ्तारी को गुप्त रखा। उन्हें हवाई अड्डे से पहले नागपुर केंद्रीय जेल ले जाया गया और फिर कुछ दिनों के बाद उन्हें सिवनी की उप-जेल में भेज दिया गया।

गुरुजी ने राष्ट्रीय स्वयंसेवक संघ कार्यकर्ताओं का आह्वान किया कि वे नेहरू सरकार की दमनकारी नीति के विरुद्ध एक अहिंसात्मक विरोध (सत्याग्रह) शुरू करें।

45 दिनों तक 9 दिसंबर, 1948 से 22 जनवरी, 1949 तक सत्याग्रह चला। 77,000 से भी अधिक स्वयंसेवकों ने अपनी गिरफ्तारियाँ दीं तो उन्हें कारावास भेजा गया। बाद में गुरुजी को बेतूल के कारावास में भेज दिया गया।

सरकार के साथ राष्ट्रीय स्वयंसेवक संघ पर से प्रतिबंध उठाने का पत्राचार कुछ हिचक के साथ जारी रहा। सरकार राष्ट्रीय स्वयंसेवक संघ से उसका संविधान माँग रही थी, जो उन्होंने दिया। अंत में 11 जुलाई, 1949 की आधी रात में राष्ट्रीय स्वयंसेवक संघ पर लगा प्रतिबंध हटा लिया गया।

गुरुजी को 13 जुलाई, 1949 के दिन बेतूल जेल से रिहा किया गया। वे वहाँ से सीधे नागपुर गए। प्रतिबंध के दौरान सरकार ने 'डॉ. हेडगेवार भवन' को जब्त कर लिया था। इसे 17 जुलाई को वापस पाने पर राष्ट्रीय स्वयंसेवक संघ की शाखा फिर से लगाई गई। गुरुजी ने इस अवसर पर स्वयंसेवकों को संबोधित करते हुए कहा—

"हमारा कार्य आज से पुनः शुरू हो रहा है। एक व्यक्ति जब नींद से जाग जाता है, वह तरोताजा और शक्तिपूर्ण महसूस करता है। हमें भी उसी उत्साह के साथ अपने कार्य को पुनः सँभालना है। हमें इस कार्य को इसके विकास से शानदार बनाना है। कार्य की परिशुद्धता मन की परिशुद्धता से जुड़ी हुई है। मन या हृदय विशुद्ध तब तक नहीं हो सकता, जब तक इसमें प्यार की भावना न हो। चाहे कोई मित्र है या दुश्मन, हमारा दृष्टिकोण हमेशा 'मा-विद्धविशाव है' (किसी के प्रति कोई शत्रुता नहीं) वाला होना चाहिए। हमें अपने आप को परम शुद्ध भावनाओं में डुबोकर कि भारतवर्ष हमारे राष्ट्र का एक विराट् स्वरूप है और हम सब इसकी भुजाएँ, हाथ-पैर और शरीर के अन्य अंग हैं, हमें इस अति विशाल शानदार कार्य को विकसित करना है, सभी के हृदयों को जीतकर अपने लक्ष्य के प्रति प्रतिबद्धता के साथ और अपने स्नेहमय व्यवहार के साथ।"

20 जुलाई को गुरुजी ने देश भर की यात्रा फिर से शुरू कर दी, परंतु उससे पहले

उन्होंने राष्ट्रीय स्वयंसेवक संघ पर लगे प्रतिबंध के हटने पर अपनी शुभकामनाएँ उन्हें प्रेषित की थीं। उनमें से एक डॉ. श्यामाप्रसाद मुखर्जी भी थे। उन्होंने सरसंघचालक को एक लिखित संदेश भेजा था, जिसमें लिखा था, "मुझे पूरा विश्वास है कि अब एक ऐसा वातावरण बनाया जा सकता है, जिसमें राष्ट्र की सभी सकारात्मक आध्यात्मिक शक्तियों को एक साथ जोड़ा जा सके।" मुखर्जी ने बाद में 'भारतीय जनसंघ' की स्थापना की।

गुरुजी ने उन दिनों जो पत्र गोपालस्वामी आयंगर और श्यामाप्रसाद मुखर्जी को लिखे, वे अंग्रेजी में थे, सरदार पटेल और पुरुषोत्तमदास टंडन को लिखे पत्र हिंदी में थे और अंबेडकर एवं खापर्डे को पत्र मराठी में लिखे गए थे।

अनावश्यक शत्रुता की भावना को दूर करने के लिए, गुरुजी ने स्वयं अगस्त माह के प्रथम सप्ताह में जवाहरलाल नहेरू और सरदार पटेल से जाकर मुलाकात की। उन्होंने पंडित नेहरू को लिखा, "मैं पूरी कोशिश कर रहा हूँ, क्योंकि मेरे साथियों के दिलों से उन कड़वी यादों को पोंछने के लिए असाधारण प्रयत्नों की आवश्यकता है। पुरानी कड़वी यादों में पड़े रहने का कोई औचित्य नहीं है। मैं बिना किसी शंका के आश्वस्त हूँ कि मुझे सरकार से सहयोग प्राप्त होगा, जिससे एक आपसी स्नेह, आदर तथा सहयोग का स्वस्थ वातावरण तैयार होगा और जो एक-दूसरे के प्रति सद्भावना पैदा करेगा।"

सरदार पटेल ने 21 जुलाई को (तीन दिनों के भीतर) गुरुजी को वापस लिखा, "जैसा कि आपने अपनी सार्वजनिक सभाओं में कहा है, देश की परिस्थिति ऐसी है और चीजें इस तरह से हो रही हैं कि हम सबको भूतकाल की अपेक्षा अपने वर्तमान और भविष्य के प्रति देखना चाहिए।"

गुरुजी ने बाबासाहब अंबेडकर को लिखा, "आप जैसे शुभचिंतकों से मिलने जाने का कर्तव्य मेरे व्यस्त कार्यक्रमों के कारण स्थगित होता रहा है, जिनमें मैं संघ के कार्य को पुनः ठीक प्रकार से व्यवस्थित करने में लगा हूँ।"

गुरुजी के लिए देश भर में कई स्वागत समारोहों का आयोजन किया गया। इन स्वागत समारोहों के पीछे भी वही विचार काम कर रहा था कि संघ के कार्यक्रमों को जितना संभव हो पाए, शीघ्रता से दोबारा शुरू किया जा सके। वर्ष 1949 के अंत तक कई प्रशिक्षण शिविरों का आयोजन किया गया। गुरुजी अथक एक शहर से दूसरे में आ-जा रहे थे। युवा प्रचारकों तथा 70,000 स्वयंसेवकों, जिन्हें आठ महीने की प्रतिबंध अवधि में कारावास भुगतना पड़ा था, ने यह सुनिश्चित किया कि कुछ महीनों की अल्प अवधि के भीतर ही संघ पहले से भी अधिक शक्तिशाली होकर उभरे।

परंतु जब अभी गुरुजी संगठनात्मक कार्यों पर अपना ध्यान केंद्रित कर रहे थे, तभी पाकिस्तानी बंगाल से बड़ी संख्या में सताए गए शरणार्थी भारतीय बंगाल में आने शुरू हो गए। यद्यपि वहाँ राष्ट्रीय स्वयंसेवक संघ का कोई मजबूत अस्तित्व न था, मगर गुरुजी के

कहने पर एक 'वास्तुहारा सहायता समिति' (निर्वासित लोगों के लिए सहायता कमेटी) का गठन बैरिस्टर रणदेव चौधरी की अध्यक्षता में 8 फरवरी, 1950 के दिन किया गया। कई प्रचारकों को आस-पास के राज्यों से इन शरणार्थियों की सहायता के लिए भेजा गया। एकनाथ रानाडे को इस पहल को चलाने का कार्य सौंपा गया। गुरुजी ने स्वयं भी कलकत्ता आकर परिस्थिति का आकलन किया और फिर वापस दिल्ली आने पर उन्होंने एक अपील जारी की, "मैं अभी हाल ही में कलकत्ता जाकर लौटा हूँ और पूर्वी बंगाल के बारे में विभिन्न स्रोतों से सूचना प्राप्त करने के बाद मेरा मानना है कि हमारे लिए वहाँ के हिंदुओं की सहायता करना सर्वोपरि महत्त्व का कार्य है। वहाँ के लोगों की भयावह स्थिति का वर्णन करना मेरे लिए संभव नहीं है। पूर्वी बंगाल पर डाल दी गई लौह दीवार को भेदते हुए हमें नियमित रूप से वहाँ हो रही हत्याओं, डकैतियों, अराजकता, बलात्कारो और धर्म-परिवर्तनो की खबरें आ रही हैं।"

उन्होंने आगे कहा, "इससे कोई मकसद हल न होगा, यदि हम यह भूल जाएँ कि वहाँ के लोगों की इस दर्दनाक दशा के लिए हमारे नेताओं द्वारा देश के धर्म पर आधारित विभाजन को स्वीकृति देना ही जिम्मेवार है। यह सर्वाधिक महत्त्वपूर्ण बात है कि हमारे नेता इस भ्रम से स्वयं को स्वतंत्र कर लें कि विभाजन धर्म पर आधारित नहीं था, परंतु भूगोल पर आधारित था। सच्चाई स्पष्ट हो चुकी है और हमें इसका सामना करना चाहिए। यह अब अच्छा न होगा कि यदि वे लोग, जिनके हाथ में सत्ता की डोर है, इस सत्य को न स्वीकारें।

"विभाजन के प्रति यह भ्रांत सोच तथा इसके साथ एक धर्म-निरपेक्ष (विधर्मी) राज्य राष्ट्र को सौंपे जाने के प्रति भ्रामक विचार राष्ट्र की समस्याओं को हल करने के मार्ग में मुख्य अवरोध बनते आ रहे हैं। आप इन डेढ़ करोड़ बदकिस्मत बंधुओं को क्या कहेंगे—विदेशी या स्थानीय? पुनर्वास मंत्री ने कह दिया कि ये लोग विदेशी हैं और वे हमारे ऊपर एक अनावश्यक बोझ बने हुए हैं, पर क्या यह सोचना ठीक है? अगर मैं अधिकतम कोमल शब्दों का प्रयोग भी करूँ, तो भी एक व्यक्ति केवल यह कह सकता है कि यह विचार एकदम अमानवीय है। न केवल यह विचार भर्त्सना के योग्य है, परंतु यह एक बेइज्जती भी है, जिसके कारण उन्हें भारतीय नागरिकता से वंचित किया जा रहा है तथा पाकिस्तानी क्रूरता की आग में उनका बलिदान दिया जा रहा है।"

सरकार से प्रार्थना करते हुए उन्होंने कहा, "सरकार से और विशेष रूप से प्रधानमंत्री से मेरी यह विनती है कि वे पाकिस्तान द्वारा की जा रही इन पशुतापूर्ण ज्यादतियों को रोकने का हल निकालें और हमारे भाई-बहनों को, जो सीमा पार रहते हैं, इनसे निजात दिलाएँ। अगर हमारी नीति भ्रामक, अस्पष्ट और कमजोर होगी, तो सरकार पर आरोप होगा कि उसने डेढ़ करोड़ भारतीयों का संपूर्ण सर्वनाश कर दिया और इसकी प्रतिष्ठा मिट्टी में मिल जाएगी। इसके लिए पुलिस की काररवाई हो सकती है या इसका अर्थ यह भी हो

सकता है कि सरकार मुसलिमों को पाकिस्तान भेजे और बदले में वहाँ के हिंदुओं को भारत ले आए। कोई-न-कोई कड़ी कारवाई तुरंत की जानी चाहिए, ताकि हमारे अपने डेढ़ करोड़ हिंदू भाई, जिनमें हमारा ही रक्त दौड़ता है, एक सुरक्षित जीवन प्राप्त कर सकें।"

5,000 से भी अधिक स्वयंसेवकों ने राहत कार्य में भाग लिया। 5 अप्रैल को गुरुजी ने सरदार पटेल को पत्र लिखा, जिसमें सूचना तथा स्थिति की अंदरूनी गंभीरता को साझा किया गया। वे उन्हें 12 अप्रैल के दिन मिले भी और उन्हें राष्ट्रीय स्वयंसेवक संघ द्वारा किए जा रहे प्रयत्नों से अवगत कराया।

इस बीच 26 जनवरी, 1950 के दिन भारत को एक गणतंत्र घोषित किया गया और इसने अपने नए संविधान को अपनाया। गुरुजी ने संघ की बधाइयाँ और शुभकामनाएँ तत्कालीन राष्ट्रपति डॉ. राजेंद्र प्रसादजी को भेजीं। 25 जनवरी को गुरुजी ने उन्हें लिखा, "मैं बड़ी ही खुशी और हर्ष के साथ आपका, आपके इस स्वतंत्र भारत के गणतंत्र के राष्ट्रपति चुने जाने के अवसर पर अभिनंदन करता हूँ...दयावान ईश्वर आपको अच्छा स्वास्थ्य और लंबी आयु प्रदान करें, ताकि आप इस विशाल कार्य में सफल हो पाएँ।"

वर्ष 1950 में दो वर्षों के अंतराल के बाद मई-जून में राष्ट्रीय स्वयंसेवक संघ के प्रशिक्षण शिविर फिर से आरंभ हुए। गुरुजी सभी शिविरों में गए और स्वयंसेवकों से विस्तृत चर्चाएँ कीं। ये शिविर महत्त्वपूर्ण थे, क्योंकि स्वतंत्र भारत में लगनेवाले ये प्रथम शिविर थे। अंतिम शिविर स्वतंत्रता प्राप्ति से पूर्व मई-जून 1947 में आयोजित किए गए थे।

एक गणतंत्र के रूप में जब देश अपना पहला स्वतंत्रता दिवस मनाने की तैयारियाँ कर रहा था, असम में एक विनाशकारी भूकंप आया। गुरुजी तुरंत वहाँ पहुँचे और उन्होंने डिब्रूगढ़ में सेवानिवृत्त न्यायाधीश कामाख्या राम बरुआजी की अध्यक्षता में एक राहत समिति का गठन किया। कलकत्ता वापस आने के बाद उन्होंने भूकंप के शिकार लोगों की मदद करने के लिए एक अपील जारी की।

वर्ष 1952 में राष्ट्रीय स्वयंसेवक संघ अपने स्वयंसेवकों को स्वदेशी शिक्षा का एक मॉडल तैयार कर शिक्षा के क्षेत्र में प्रवेश करने के लिए प्रेरित कर रहा था। इस मुद्दे पर गुरुजी तथा प्रोफेसर राजेंद्र सिंह, नानाजी देशमुख, पंडित दीनदयाल उपाध्याय और भाऊराव देवरस के मध्य एक लंबा विचार-विमर्श हुआ। परिणामस्वरूप गोरखपुर में पहला 'सरस्वती शिशु मंदिर' नानाजी देशमुख के नेतृत्व में अस्तित्व में आया। इसके सभी अध्यापक स्नातक थे और अपने प्रचारक जीवन से सेवानिवृत्त हुए थे। गुरुजी ने भवन की आधारशिला रखी। आज इस पहल के कारण देश भर में इस तरह के बड़ी संख्या में स्कूल हैं, जो करोड़ों छात्रों को शिक्षा प्रदान कर रहे हैं।

वर्ष 1952 में ही राष्ट्रीय स्वयंसेवक संघ ने 'गौ-रक्षा' आंदोलन शुरू किया। अखिल भारतीय प्रतिनिधि सभा (राष्ट्रीय स्वयंसेवक संघ की निर्णय लेनेवाली उच्चतम इकाई) ने

नागपुर में सितंबर 1952 में देश भर में गौ-हत्या पर प्रतिबंध लगाने के लिए एक प्रस्ताव का अनुमोदन किया।

एक विशाल अभियान देश भर में शुरू किया गया। गुरुजी ने एक बयान जारी किया, "इस हस्ताक्षर संग्रहण का मुख्य उद्‌देश्य करोड़ों हस्ताक्षरों के साथ एक भारी विनती राष्ट्रपतिजी को सौंपना है। यह कार्य एक जबरदस्त राष्ट्रप्रेम का है। यह मेरी विनती है कि इस देश का प्रत्येक नागरिक धर्म, मठ, जाति, पार्टी आदि के भेदभाव से ऊपर उठे और इस पवित्र कार्य में भाग ले।" उन्होंने राजनीतिक नेताओं, संपादकों और धार्मिक प्रमुखों को व्यक्तिगत रूप से अलग-अलग पत्र लिखे। हस्ताक्षर अभियान की औपचारिक शुरुआत मुंबई में सरकार्यवाह भैयाजी दानी तथा गुरुजी द्वारा की गई। राष्ट्रीय स्वयंसेवक संघ के स्वयंसेवकों ने 94,459 गाँवों तथा शहरों में जाकर लोगों से हस्ताक्षर प्राप्त किए। हस्ताक्षरों की कुल संख्या थी—एक करोड़ उन्यासी लाख नवासी हजार तीन सौ बत्तीस (1,79,89,332)!

अगले दिन, 8 दिसंबर को गुरुजी ने हस्ताक्षर देने के लिए राष्ट्रपति से भेंट की और उनसे प्रार्थना की कि देश भर में गौ-हत्या पर प्रतिबंध लगा दें।

इस गौ-रक्षा अभियान का एक मुख्य प्रभाव यह रहा कि इससे राष्ट्रीय स्वयंसेवक संघ संगठनात्मक स्तर पर फिर से एक नई चमक के साथ सम्मुख आया और इसने अपनी संगठनात्मक पहुँच को बड़े पैमाने पर और अधिक बढ़ा लिया।

राष्ट्रीय स्वयंसेवक संघ अब राहत और पुनर्निर्माण के कार्यों में बढ़-चढ़कर भाग लेने लग गया था, जहाँ भी देश में कोई आपदा या संकट की स्थिति पैदा होती थी। इसका परिणाम हुआ कि एक 'सेवा विभाग' (समाज सेवा की एक विशेष इकाई) की उत्पत्ति हुई।

वर्ष 1952 में भारत में पहले आम चुनाव हुए। डॉ. श्यामाप्रसाद मुखर्जी ने पं. नेहरू की नीतियों के विरुद्ध उनकी कैबिनेट से त्यागपत्र दे दिया था। वे अपनी एक नई राजनीतिक पार्टी के गठन के बारे में सोच रहे थे। वे 1951 के आरंभ में नागपुर संघचालक बाबासाहब घटाटे के घर पर गुरुजी, बालसाहब देवरस और भाऊराव देवरस से मिले थे। विचार-विमर्श के बाद यह निर्णय हुआ कि भारतीय जनसंघ का निर्माण किया जाए। राष्ट्रीय स्वयंसेवक संघ ने यह स्पष्ट करते हुए कि वह किसी भी राजनीतिक गतिविधि में सीधे भाग न लेगा, उसने अपने कुछ प्रचारक इस नई राष्ट्रवादी पार्टी के गठन कार्य में मदद करने के लिए दे दिए। इस प्रकार से प्रचारक जैसे दीनदयाल उपाध्याय, अटल बिहारी वाजपेयी और नानाजी देशमुख भारतीय जनसंघ से जुड़ गए, जिसके शीर्ष पर डॉ. मुखर्जी थे।

जैसे ही चुनावों की सरगर्मियों ने देश में जोर पकड़ा, गुरुजी तथा कई और संघ के वरिष्ठ कार्यकर्ता, जैसे भैयाजी दाणी, बालासाहब देवरस आदि प्रसिद्ध सिम्हागढ़ किले पर संगठनात्मक परिस्थिति की समीक्षा और अपने अगले कदम निश्चित करने का निर्णय

लेने के लिए गए। वे वहाँ पर लोकमान्य तिलक के बँगले में 25 दिसंबर, 1951 से 18 जनवरी, 1952 तक रुके।

उनके निजी सहायक डॉ. अन्नाजी थाटे के अनुसार, "गुरुजी का प्रतिदिन का नित्यकर्म था—प्रात: स्नान के बाद योगासन, सूर्य-नमस्कार करना, सूर्योदय के बाद पहाड़ी रास्तों पर लंबा पैदल-भ्रमण, नहाने के बाद स्वाध्याय, धर्म-ग्रंथ अध्ययन, दोपहर के खाने के बाद किले के निवासियों के साथ मेल-मिलाप और चर्चा करना, संघ की प्रार्थना, पठन और विचार-विमर्श करना आदि। उनके खाने में दोपहर से पहले चाय के दो कप, दोपहर का भोजन और शाम को दो कप चाय होती थी। उन्होंने उस वर्ष मकर संक्रांति का पर्व सिम्हागढ़ किले में ही मनाया था। वे 18 जनवरी को किले से नीचे आए और लोगों में शामिल हो गए, जो प्रजातंत्र के परिवर्तन-अनुभव के प्रति उत्साहित थे।"

जब गुरुजी संस्था को मजबूत करने के कार्य में निरंतर प्रयत्नशील थे, तब 23 जून, 1953 के दिन एक आपदा आन पड़ी—भारतीय जनसंघ के संस्थापक का रहस्यमय परिस्थितियों में कश्मीर की एक जेल में निधन हो गया। गुरुजी को जैसे इस अनहोनी का पूर्वाभास हो गया था, क्योंकि उन्होंने डॉ. श्यामाप्रसाद मुखर्जी को संकेत दे दिया था कि वे कश्मीर न जाएँ। वे सिकंदराबाद में थे, जब उन्हें यह समाचार मिला। जैसे ही उन्हें इसकी सूचना मिली, गुरुजी एक कमरे में चले गए और दरवाजा अंदर से बंद कर लिया। राष्ट्रीय स्वयंसेवक संघ के एक प्रचारक बापूराव मोघे, जो उस समय उनके साथ थे, ने गुरुजी की प्रतिक्रिया इन शब्दों में व्यक्त की, "यह एक ऐसी आपदा थी, जिसने हिमालय को भी हिलाकर रख दिया।"

गुरुजी ने नागपुर आकर डॉ. मुखर्जी के सुपुत्र आशुतोष को लिखा, "हम पिछले 10-12 वर्षों से एक-दूसरे के संपर्क में थे और हमारा स्नेह तथा संबंध समय के साथ-साथ बढ़ता गया। मुझे यह कहते हुए अत्यंत पीड़ा का आभास हो रहा है कि इस रिक्तता, जो उनके निधन से आई है, को कोई भी व्यक्ति भर नहीं पाएगा।"

नागपुर में उन्होंने एक अन्य बयान में कहा, "श्यामाप्रसाद मुखर्जी ने अपने जीवन का बलिदान संघर्ष की उस रणभूमि पर कर दिया, जिसमें इस बात पर जोर था कि संपूर्ण कश्मीर का विलय भारत में हो और यह कि कश्मीर हमेशा भारत का एक अभिन्न अंग होना चाहिए। श्रीनगर में श्री श्यामबाबू के देहावसान ने मुझे गंभीर रूप से घायल कर दिया है। मुझे उनके अंतिम दर्शन भी नसीब न हुए। इस घटना ने मेरे दिल में जो घाव दिया है, वह कभी भी न भर पाएगा। एक उच्चतम स्तर के विद्वान्, एक कुशल संगठनकर्ता, एक प्रभावी वक्ता, एक अतुलनीय सांसद, लोगों के एक सेवक, जिन्होंने अपना संपूर्ण जीवन मातृभूमि को सौंप दिया, विशुद्ध राष्ट्रवाद तथा नागरिक अधिकारों के एक निडर धर्मयोद्धा और इस सबसे अधिक महत्त्वपूर्ण एक दुर्लभ आदर्शवादी तथा आज के जमाने में निर्दोष

चरित्र के साथ एक सुसंस्कृत व्यक्ति हमारे बीच से उठकर चला गया है। डॉ. मुखर्जी के कारावास और जेल में हुई उनकी मृत्यु को आसानी से भुलाया नहीं जा सकता। अगर और कुछ न भी हो, तथाकथित नागरिकों की सरकार की जिम्मेवारी ध्यान रखे जाने की इस प्राणघातक कमी के लिए निश्चित रूप से उनके दरवाजे पर हमेशा दस्तक देती रहेगी।"

मार्च 1954 में प्रमुख राष्ट्रीय स्वयंसेवक संघ कार्यकर्ताओं की एक चिंतन बैठक सिंदी (महाराष्ट्र) में आयोजित की गई। प्रतिदिन की शाखा के साथ-साथ गुरुजी सहभागियों को पीपल के एक पेड़ के नीचे प्रतिदिन संबोधित किया करते थे और इसके बाद प्रश्नोत्तरी का क्रम चलता था।

गुरुजी ने इस बैठक के सहभागियों को याद दिलाते हुए कहा, "मैं आपसे केवल एक बात कहना चाहता हूँ कि हम यह सभा उस स्थान पर कर रहे हैं, जहाँ हमारे परम पूजनीय डॉक्टर साहब ने हमारे संलेख (प्रोटोकॉल) के अलग-अलग पहलुओं, हमारी प्रार्थना और आदेशों आदि को अंतिम रूप दिया था। यह हमारे लिए एक अवसर है कि हम अपने कार्यों को एक बार फिर से याद करें तथा उनको दोहराएँ एक ऐसे स्थल पर, जहाँ हम एक सप्ताह से अपनी कार्य-योजना के निर्माण के लिए बैठे हैं। अगर हमारे आस-पास की किसी भी दशा के कारण हमारे हृदयों में कोई शंका है, तो हमें यह प्रतिज्ञा करनी है कि अपने अंदर किसी भी प्रकार की कमजोरी न आने देंगे और रात-दिन काम करते हुए, अपनी पूरी शक्ति के साथ, हम अपने कार्य को सभी क्षेत्रों में इस स्तर तक फैला देंगे कि कोई भी व्यक्ति उस वातावरण से अछूता न रह पाएगा।"

सिंदी की बैठक के बाद राष्ट्रीय स्वयंसेवक संघ के प्रशिक्षण शिविर पूरे देश में जगह-जगह आयोजित किए गए और गुरुजी ने भी इन शिविरों में शामिल होनेवाले हजारों स्वयंसेवकों को संबोधित किया।

इस बीच भाषा के आधार पर अलग-अलग राज्यों की स्थापना की माँग देश भर में जोर पकड़ती जा रही थी और क्षेत्रवाद के प्रति भी मोह बढ़ रहा था। 23 मई, 1954 के दिन एक अधिवेशन के मुख्य अतिथि के तौर पर गुरुजी ने मुंबई में कहा, "अंग्रेजों की शैतानी रणनीति के कारण हमने यह यकीन करना आरंभ कर दिया है कि भाषा में अंतर संस्कृति में अंतर ला देगा, परंतु यह मान्यता गलत है। भारतीय संविधान में भी यह सोच पैठ कर गई। हमने अपने संविधान में हमारे देश को एक 'जोड़' (यूनियन) कहा है, जो गलत है। जोड़ का अर्थ है, कुछ बिखरे हुए टुकड़ों को एक साथ मिलाकर उन्हें इकट्ठा खड़ा कर देना। हमारा देश एक संयुक्त आत्मा का देश है, यह बिखरा हुआ नहीं है। कुछ लोग कहते हैं कि वे 'एक भारत' के समर्थक हैं, परंतु यह 'एक भारत' शब्द कहाँ से 'एक भारत' आया है? यह विचार ही अपने आप में एक अचेतन अंतर के भाव को दरशाता है, जो एक सागर की भाँति पूरे राष्ट्र में फैल रहा है।"

उन्होंने भाषा के आधार पर राज्य माँगनेवालों से पूछा, "क्यों वे लोग, जो पूरे विश्व को एक एकल राज्य मानने की बात करते हैं, अपने दिलों में इस बात का डर पाले हुए हैं कि पहले भारत को एक एकल राज्य बना देना चाहिए?"

जुलाई 1954 में जब गुरुजी रेल द्वारा भोपाल पहुँचे, तो स्टेशन मास्टर ने उन्हें सूचित किया कि गई रात में नागपुर में उनके पिता का देहावसान हो गया। यह संभव न था कि 400 किमी. की दूरी इतनी जल्दी पूरी की जा सके। इसलिए उन्होंने अपने ममेरे भाई दिनकर टिकेदार को एक संदेश भेजा कि वह उनके पिता का अंतिम संस्कार कर दें। गुरुजी नागपुर वापस आए और पाँच दिनों तक माँ के पास रहे तथा नासिक में पवित्र नदी गोदावरी के तट पर अपने पिता के अंतिम क्रियाकर्म संपन्न किए। 3 अगस्त को वे नागपुर वापस चले गए।

गुरुजी ने इस व्यक्तिगत क्षति के समय पर कुछ समय निकाला और भोपाल के स्टेशन मास्टर को एक पत्र लिखा, "आपने जिस विशुद्ध सहानुभूतिपूर्ण भावनाओं के साथ नागपुर से आए दुःखद समाचार को मुझसे साझा किया, उससे मेरे मन में आपके प्रति एक गहरा विश्वास और आदर जाग गया है। चूँकि समाचार आकस्मिक प्रवृत्ति का था, मैं आपके प्रति कृतज्ञता प्रकट करना भूल गया, जैसा कि मैं प्रयत्न कर रहा था इस दुःख से उबरने का, आपने मुझे जिस तत्परता तथा सद्भाव के ढंग से खबर दी, उसके लिए मैं आपका ऋणी हूँ। मैं इस पत्र के माध्यम से अपनी ओर से तथा अपने सहयोगियों की ओर से आपका धन्यवाद करता हूँ। मुझे आशा है कि भविष्य में मुझे कोई अवसर अवश्य मिलेगा, जब मैं व्यक्तिगत रूप से आपसे मिलकर आपको बेहतर जान पाऊँगा और आपको मैं व्यक्तिगत रूप से सम्मानित कर सकूँगा।"

वर्ष 1955 में 450 वर्ष पुरानी पुर्तगाली औपनिवेशिवक बस्ती गोवा की स्वतंत्रता के लिए एक आंदोलन शुरू हो गया। दिल्ली के पूर्व प्रांत प्रचारक वसंतराव ओक 'सत्याग्रह' के लिए एक दल का नेतृत्व कर रहे थे। भारतीय जनसंघ ने इस संघर्ष में प्रमुख रूप से हिस्सा लेने का निर्णय लिया था। गुरुजी ने अपना एक पत्र व्यक्तिगत रूप से ओक को भेजा, "इस महान् कार्य के लिए मेरी सभी शुभकामनाएँ। मैं उस परमपिता परमात्मा से अपने हृदय की गहराइयों से प्रार्थना करता हूँ कि वे इस कार्यक्रम को सफलता के अपने आशीर्वाद का वरदान दें। जो भी पवित्र कार्य मैंने ईश्वर की अनुकंपा के रहते अपने जीवन में किए हैं, मैं उन्हें आपको आपकी सफलता तथा सुरक्षा के लिए अर्पित करता हूँ।"

राष्ट्रीय स्वयंसेवक संघ के एक निष्ठावान समर्थक तथा अग्रणी विचारक दत्तोपंत ठेंगड़ी, जिन्होंने 'भारतीय मजदूर संघ' की स्थापना की थी (जो भारत में आज सर्वाधिक मजदूर संगठन), को वर्ष 1950 में 'इंटक' (कांग्रेस का समर्थन प्राप्त था) के अध्यक्ष, पी.वाई. देशपांडे ने उनके साथ कार्य करने का निमंत्रण भेजा। यह दिलचस्प है कि कांग्रेस

के राष्ट्रीय स्वयंसेवक संघ के विरोधी होने के बावजूद गुरुजी ने ठेंगड़ी को कहा, "जिस संगठन के लिए आप काम करने जा रहे हैं, आप उसके अनुशासन में बँधकर रहें। जब इसके अनुशासन और आपके नैतिकतापूर्ण बौद्धित्व का यदि टकराव हो, तो उस समय यह आदर्श विकल्प होगा कि आप त्यागपत्र दे दें, परंतु जब तक आप उस संस्था में हैं, आप हमेशा उसके अनुशासन को ही एक मानदंड मानकर चलें।"

'इंटक' में ठेंगड़ी को भेजे जाने के निर्णय ने राष्ट्रीय स्वयंसेवक संघ द्वारा भारत में साम्यवादियों के एक सर्वाधिक शक्तिपूर्ण गढ़ को भेदने में उसकी मदद की—वह था श्रमिक आंदोलन। उनके द्वारा श्रमिक आंदोलन में कूद पड़ने से और 'इंटक' में रहकर उन्होंने जो भी सीखा था, उसके आधार पर ठेंगड़ी ने 23 जुलाई, 1955 के दिन 'भारतीय मजदूर संघ' की संस्थापना में सहायता की।

वर्ष 1952 में आम चुनावों में भारतीय जनसंघ (बी.जे.एस.) कुछ खास न कर पाया। गुरुजी ने बी.जे.एस. के एक कार्यकर्ता को लिखा, "जो-जो चुनाव हार गए हैं, उन्हें खेल भावना के साथ इसके परिणाम को स्वीकार करना चाहिए, लेकिन अपनी संस्कृति की इस सच्ची भावना के साथ कि हमें हार और जीत दोनों में समान भाव से अपना कार्य बिना किसी मोह के करना है। जो जीत गए हैं, उन्हें यह अधिकार है कि वे खुश नजर आएँ, मगर फूलें नहीं और जो हार गए हैं, वे स्वाभाविक रूप से उदास दिखाई देंगे, परंतु उन्हें झुकना या निराश्रित नहीं महसूस करना है। आखिरकार, यह ऐसे ही रहा है और होना भी चाहिए कि यह पार्टियों के बीच एक खेल है, जो एक ही राजनीतिक सरंचना की हिस्सेदार हैं और यह खेल बिल्कुल दोस्ताना तथा भाईचारे की भावना से खेलना चाहिए।"

उन्होंने आगे कहा, "चुनाव प्रचार में यह अस्वाभाविक नहीं है कि काफी कड़वाहट और शत्रुता पैदा की जाए, पर मैं मानता हूँ कि इस प्रकार की अवांछित भावनाओं को संपूर्ण रूप से समाप्त कर देना चाहिए और एक सटीक तथा सही समझ कि हम सब एक ही मातृभूमि के बच्चे हैं, को परिश्रमपूर्वक स्थापित किया जाना चाहिए और सभी को, चाहे वे किसी भी पार्टी से संबंध रखते हों, यह निश्चय कर लेना चाहिए कि उन्हें एक-दूसरे के सहयोग से लोगों की भलाई के लिए कार्य करना चाहिए। अगर सही अर्थों में देखा जाए तो सहमति का क्षेत्र अति विस्तृत होता है और मतभेदों का न के बराबर। इस अवधारणा के साथ हमारा प्रजातांत्रिक स्वरूप बना रहेगा, चाहे जो लोग इसको तोड़ना चाहते हैं, इस पर कितना भी प्रहार क्यों न करें तथा देश में कितनी ही अराजकता फैलाने का प्रयत्न करें।"

वर्ष 1957 के चुनावों से पहले श्रीगुरुजी ने कहा, "मैं अपने महान् हिंदू लोगों का संबोधन करता हूँ, उनके लिए मैं यत्न करता हूँ, जिनके लिए मेरा धर्म बना है, वे पक्के अनश्वर हिंदू लोग, जिन्हें मैं चिरकालिक देवत्व के प्रामाणिक दर्शनों के रूप में पूजता हूँ। मैं प्रार्थना करता हूँ कि वे स्वयं को अपनी आत्मचेतना से ऊँचा उठाएँ और स्वतंत्र रूप से

डॉ. केशव बलिराम हेडगेवार

श्री माधव सदाशिव गोलवलकर

श्री मधुकर दत्तात्रेय देवरस

प्रो. राजेंद्र सिंह

श्री कुप्पहल्ली सीतारमय्या सुदर्शन

भारत माता

अनुशासित स्वयंसेवक

समर्पित स्वयंसेवक

तथा निडर होकर अपने वोट के अधिकार का निर्वहन करें, बिना भ्रमित हुए, बिना विचलित हुए अथवा बिना डरे, किसी भी व्यक्ति या पार्टी के वर्चस्व के प्रति। उन्हें सावधान रहना होगा और दृढ़ता के साथ ऐसे लोगों या पार्टियों को वोट देना होगा, जो हिंदुओं तथा हिंदू हितों को समर्पित हो चुकी हैं और जो संकीर्ण प्रांतवाद से स्वतंत्र हैं, प्रगतिवादी हैं, बेकार की नफरत और अपने विरोधियों के प्रति अनावश्यक शत्रुता से स्वतंत्र हैं, दृढ़ता से तथा आवश्यक रूप से हिंदू हैं, जिनका चरित्र उज्ज्वल है, व्यक्तिगत अथवा राष्ट्रीय, जो लोगों और राष्ट्र की सेवा के लिए पूर्ण समर्पण भाव से दृढ़ निश्चय ले चुके हैं, जो एक समरूप तथा समन्वित कार्य के मूल्य तथा प्रणाली को जानते हैं और अपनी मातृभूमि, राष्ट्र और लोगों के प्रति निष्ठा एवं समर्पण रखते हैं और जो सर्वाधिक भारी तथा सर्वाधिक कष्टमय कार्य को संपूर्ण रूप से अपने कंधों पर उठा सकते हैं, अपने निजी सुखों का परित्याग करते हुए और जो अपने वोट को बेकार नहीं होने देना चाहते। वे ही ठीक प्रकार का चुनाव कर पाएँगे और एक उज्ज्वल होते हुए राष्ट्र-जीवन की कभी न हिल पानेवाली जड़ों को डालने में सहायक होंगे, उन सब के साथ, जो हमारी प्रिय मातृभूमि की ओर संकेत करता है—हमारी भारत माता।"

सिंदी के उपरांत राष्ट्रीय स्वयंसेवक संघ कार्यकर्ताओं का एक और महत्त्वपूर्ण शिविर मार्च 1960 में इंदौर में लगा। यह सिंदी में वर्ष 1954 में लगे शिविर से कहीं अधिक बड़ा था। इसका उद्देश्य था कि संघ के पिछले छह वर्षों के कार्यों की समीक्षा की जाए और भविष्य की योजनाएँ निर्धारित की जाएँ। शिविर एक बौद्धिक चिंतन का स्थल अधिक था; यहाँ सभी बैठकों में गुरुजी मौजूद रहे थे। उन्होंने कई प्रश्नोत्तर सत्रों में प्रश्नों के उत्तर दिए। गुरुजी ने इस शिविर में स्पष्ट रूप से कहा कि अगर हिंदू समाज में वर्ण और जाति अपनी उपयोगिता खो चुके हैं, तो उन्हें तुरंत समाप्त कर दिया जाना चाहिए।

वर्ष 1960 में गुरुजी ने सरकार को एक संभावित विदेशी आक्रमण के प्रति चेतावनी दी थी और वर्ष 1962 में चीन ने भारत पर आक्रमण कर दिया। राष्ट्रीय स्वयंसेवक संघ ने देश की रक्षा के लिए पूरी शक्ति से इसमें भाग लिया तथा इस अतिक्रमण के विरुद्ध सरकार की मदद की। उस समय के प्रधानमंत्री पंडित नेहरू को राष्ट्रीय स्वयंसेवक संघ के प्रयत्नों और राष्ट्रहित के कार्यों को मानना पड़ा था और वर्ष 1963 में गणतंत्र दिवस की परेड में राष्ट्रीय स्वयंसेवक संघ की एक टुकड़ी को परेड में शामिल होने का निमंत्रण दिया था। उस परेड में राष्ट्रीय स्वयंसेवक संघ के लगभग 3000 स्वयंसेवकों ने भाग लिया था।

जनवरी 1963 में गुरुजी नेपाल गए। गुरुजी ने पंडित जवाहरलाल नेहरू और लाल बहादुर शास्त्री को लिखा—"अगर हम नेपाल के साथ अपने संबंधों में सुधार कर सकें, इसे सम्मान दें, इसके साथ अपने मित्रतापूर्ण संबंध मजबूत करें, और इसकी शैक्षणिक,

आर्थिक और अन्य आवश्यकताओं को ध्यान में रखें तो यह देश हमारा एक मजबूत और भरोसेमंद समर्थक देश तथा हमारी सीमाओं का एक रक्षक हो सकता है। चूँकि हमारे सभी हित एक-दूसरे से जुड़े हैं, यह हमारी सुरक्षा के दृष्टिकोण से भी आवश्यक है कि हम दोनों के बीच एक निष्ठापूर्ण तथा मित्रतापूर्ण संबंध बनाए जाएँ। दो देशों के बीच कड़वाहट, जो भारतीय अधिकारियों के जाने-अनजाने उदासीन और असंवेदनशील रुख से पैदा हुई है, समाप्त की जानी चाहिए और अगर आवश्यक हो तो इन अधिकारियों के स्थान पर अन्य संवेदनशील अधिकारी लाए जाएँ। मुझे इस बात पर जरा भी शंका नहीं है कि आप इन सब बातों पर ध्यान देंगे तथा भारत-नेपाल के संबंधों को एक दृढ़ तथा मैत्रीपूर्ण आधार प्रदान करने में सफल होंगे।"

वर्ष 1965 में जब पाकिस्तान ने भारत के जम्मू और कश्मीर राज्य के छंब क्षेत्र में हमला बोलकर भारत पर आक्रमण कर दिया, तब तत्कालीन प्रधानमंत्री लाल बहादुर शास्त्री ने दिल्ली में बुलाई गई सभी दलों की वैचारिक समिति की बैठक में गुरुजी को भी भाग लेने का निमंत्रण भेजा; हालाँकि राष्ट्रीय स्वयंसेवक संघ एक गैर-राजनीतिक इकाई है। गुरुजी महाराष्ट्र की यात्रा पर थे और साँगली में थे, जब उन्हें प्रधानमंत्री का संदेश दिया गया। वे तुरंत दिल्ली के लिए रवाना हो गए।

गुरुजी ने इस बैठक में सुझाव दिया कि अगर पाकिस्तान को जम्मू-कश्मीर तथा कच्छ के क्षेत्र में आगे बढ़ने से रोकना है तो भारतीय सशस्त्र सैनिक दल लाहौर की ओर बढ़े। राष्ट्रीय स्वयंसेवक संघ ने इस युद्ध में उत्कृष्ट भूमिका निभाई और सरकार को अपना संपूर्ण सहयोग दिया। अचानक युद्ध रोके जाने की घोषणा, उस समय जब भारतीय सुरक्षा बल पाकिस्तानी फौज को कूट रहे थे, से गुरुजी सहमत न थे। उन्होंने कहा, "सच्चाई यह है कि हमारा स्वतंत्रता प्राप्त कर लेने का युद्ध तब तक सफलतापूर्वक समाप्त न होगा, जब तक हम पूरे पाकिस्तान को आजाद नहीं करा लेते। इस बात का कोई अर्थ नहीं कि हम एक ऐसे हव्वे को जन्म दें कि दुनिया क्या कहेगी?"

उनका तर्क था कि कम-से-कम युद्ध विराम रेखा वहाँ स्थापित होनी चाहिए, जहाँ तक भारतीय सेना पाकिस्तान में घुस गई है और भारत में भी वही सिद्धांत लागू हो, जो संयुक्त राष्ट्र ने वर्ष 1949 में कश्मीर पर लागू किया था। गुरुजी का यह मत भी था कि यह वांछित नहीं है कि शास्त्रीजी बातचीत के लिए ताशकंद जाएँ।

गुरुजी के मार्ग-निर्देशन में राष्ट्रीय स्वयंसेवक संघ से प्रेरित स्वयंसेवकों ने विभिन्न क्षेत्रों में काम शुरू किया और कई संस्थाएँ बनाईं। एक ऐसी ही पहल में 'विश्व हिंदू परिषद्' का गठन हुआ। इस संस्था को बनाने का निर्णय वर्ष 1964 में हो गया था। औपचारिक रूप से संस्था को वर्ष 1966 में प्रयाग (इलाहाबाद) में कुंभ के पवित्र अवसर पर स्थापित किया गया। यह तीन दिवसीय विश्व हिंदू सम्मेलन बड़े विशाल स्तर पर जनवरी 22, 23

और 24 को हुआ। इस सम्मेलन से पूर्व एक वरिष्ठ राष्ट्रीय स्वयंसेवक संघ प्रचारक दादासाहब आप्टे संपूर्ण विश्व के दौरे पर गुरुजी के कहने पर इस संस्था की स्थापना के लिए विश्व भर से समर्थन जुटाने के लिए गए थे। भिषिकर के अनुसार, गुरुजी ने प्रयाग में अपने भाषण में निम्नलिखित विचार बिंदुओं को छुआ—

1. लंबी दासता के कारण, आत्मविश्वास की कमी, दूसरों की नकल तथा हीन-भावना के रहते हिंदू प्रसार-प्रचार उस दशा को प्राप्त कर गया है कि न तो यह हिंदू ही रहा और न ही गैर-हिंदू ('न हिंदू, न यावानाह')। अब उन सभी को हिंदुत्व की अनोखी महानता से उत्तरोत्तर परिचित होना होगा, व्यापक हिंदू दर्शनशास्त्र और महान् व्यवहार की हिंदू संहिता तथा इस प्रकार से एक बार फिर से धर्म के सच्चे सार को स्थापित करना होगा। प्रारंभ में कम-से-कम आवश्यक संस्कारों को लाने की व्यवस्था करनी चाहिए। कौन से संस्कार होने चाहिए, यह विद्वानों और पंडितों को देखना चाहिए।
2. हिंदू, जो भारत से बाहर स्थापित हो गए हैं, वे दिल की गहराइयों से हिंदू बने रहना चाहते हैं, परंतु धर्म और संस्कृति के प्रति आवश्यक जानकारी और संस्कारों को जान पाने की उचित व्यवस्थाएँ उन्हें उपलब्ध नहीं हैं। इसका परिणाम यह हो सकता है कि एक ऐसा खतरा मँडरा रहा है कि वे पश्चिमी सभ्यता को अपनाने की ओर अवांछित समर्पण कर सकते हैं। इसलिए उनके परिवारों के लिए इस प्रकार की जानकारी तथा संस्कारों को उन तक पहुँचाने का कार्य तुरंत आवश्यक रूप से किया जाना चाहिए।
3. हमारे अपने देश में हम अकसर स्वयं को हिंदू कहलाए जाने के प्रति झिझक महसूस करते हैं। हम एक हीन भावना के शिकार हो चुके हैं। यह अत्यावश्यक है कि हम इसलिए हमारे भीतर हिंदू होने के प्रति एक सघन गर्व का भाव जगाएँ तथा एक मिशनरी उत्साह विश्व भर में पवित्र भारतीय परंपराओं के विकास के लिए पैदा करें। विदेशों में बसे हिंदुओं में हमें विश्वास पैदा करना चाहिए कि वे गर्व से खुद घोषणा करें कि भारत में हिंदू समाज विद्यमान है, जो उनके लिए एक बाँध के रूप में कार्य कर रहा है; पर यह सब हो सके, इसके लिए हमें भारत ही में एक ठीक सहनशीलतापूर्ण और सद्भावपूर्ण माहौल का निर्माण करना होगा। हम सबको, चाहे हम भारत में हों या विदेशों में, हिंदू होने के प्रति गर्व का भाव रखना होगा और पूरे विश्व में एक हिंदू के रूप में अपना सिर ऊँचा उठाकर चलना होगा।
4. हम किसी और धर्म के विरुद्ध नहीं हैं। इसलिए हमारा काम हमेशा ईमानदारी,

स्नेह और चरित्र की शुद्धता तथा संपूर्ण मानवता के प्रति स्नेह पर आधारित होना चाहिए। यह उचित न होगा कि हम किसी धर्म या आस्था के नाम पर किसी प्रकार की संकीर्णता या स्वार्थ भरे रवैए को अपनाएँ या उसे बढ़ावा दें। हम यह न भूलें कि हिंदुत्व अपनी आध्यात्मिक प्रसारता में एक व्यापक दृष्टिकोण का नाम है।

5. सनातन धर्म का अर्थ है, उच्च सैद्धांतिक मानवीय व्यवहार की एक चिरकालिक तथा उत्कृष्ट आचार-संहिता, जो सभी मतों और समयों के सब मानवों पर लागू होती है। इसमें सभी प्रकार के विभिन्न विश्वास निहित हैं, जैसे बौद्ध मत, सिख मत आदि, जो एक समान धार्मिक परंपराओं से उपजे हैं। एक जाने-माने जैन मुनि ने कहा, "कैसे यह संभव है कि कोई व्यक्ति, जो स्वयं को हिंदू न कहता हो, जैन हो सकता है? हमारे सभी अलग-अलग मत-संप्रदाय वास्तव में समान पवित्र परंपराओं तथा जीवन-मूल्यों को साझा करते हैं। यह हमारा कर्तव्य है कि हम उन सबके बीच एक समन्वय की भावना पैदा करें तथा संपूर्ण समाज को आध्यात्मिक उत्कृष्टता की ऊँचाइयों पर ले जाएँ।
6. हमारे वनवासी भाई-बहन, जो पहाड़ियों तथा जंगलों में रहते हैं, अत्यंत दुःख की स्थिति में हैं। वास्तव में, यह हमारा तथाकथित उच्च जाति समाज ही है, जो उनकी वर्तमान दुःखदायी दशा के लिए जिम्मेदार है। लंबे समय तक ये वनवासी घोर अन्याय को सहते आए हैं। चूँकि वे भी हमारे समाज के अभिन्न अंग हैं, हमें हर संभव प्रयत्न द्वारा उनकी सहायता करनी चाहिए और इस प्रकार, अपने पुराने पापों का प्रायश्चित्त करना चाहिए।"

अपने विदाई संदेश में उन्होंने कहा—

"यह ढाई दिन का कार्यक्रम स्वर्णाक्षरों में लिखने योग्य है। यह वास्तव में हमारे लिए एक महान् और सौभाग्यशाली अवसर है। हमारा सौभाग्य, जो बरसों से सोया हुआ था, जाग गया है। अब यह पूरे विश्व में गूँजेगा और इसका परचम ऊँचा लहराएगा। स्वामी विवेकानंद ने कहा था कि वह दिन अब दूर नहीं है, जब हमारा ध्वज विश्व की चोटी पर लहराएगा। हमें इस बात में लेशमात्र भी संदेह नहीं कि ऐसा होगा।"

प्रयाग के उपरांत विश्व हिंदू परिषद् के प्रांतीय सम्मेलन गुजरात, महाराष्ट्र, असम तथा अन्य कई स्थानों पर आयोजित किए गए। गुरुजी उन सब सम्मेलनों में उपस्थित थे।

गुरुजी की दिनचर्या बहुत अधिक थकानेवाली थी और वे इसके साथ अविरल चलते रहे, बिना अपने स्वास्थ्य की चिंता करते हुए। वर्ष 1969 में ऐसी शंका उत्पन्न हुई कि उन्हें कैंसर हो गया है, मगर गुरुजी ने अपनी निर्धारित कार्य-सूची में कभी बदलाव न होने दिया।

मई 1970 में मुंबई में राष्ट्रीय स्वयंसेवक संघ कार्यकर्ताओं ने उन्हें डॉ. प्रफुल्ल देसाई, टाटा मेमोरियल अस्पताल के एक मशहूर कैंसर विशेषज्ञ के पास ले जाकर अपना निदान करवाने के लिए मजबूर किया। एक विस्तृत परीक्षण करने के बाद डॉ. देसाई ने निदान की पुष्टि कर दी कि गुरुजी को कैंसर है। गुरुजी को यह बताया गया, मगर वे उसी तरह शांतचित्त रहे, जैसे वे रहते थे। उन्होंने डॉ. देसाई से पूछा, "कैंसर कितना फैल चुका है और क्या यह ठीक हो सकता है?" डॉ. देसाई ने उत्तर दिया, "यह तो एक ऑपरेशन (शल्य क्रिया) के बाद ही मालूम हो सकेगा। अगर हम यह नहीं करते तो इसमें और भी अधिक खतरा है। मैं कृतज्ञतापूर्वक चाहता हूँ कि आप इसकी अनुमति देंगे।"

गुरुजी ने इस पर हामी इस शर्त के बाद भरी कि वे यह ऑपरेशन उनके पूर्व निर्धारित कार्यक्रमों के अनुसार, राष्ट्रीय स्वयंसेवक संघ के प्रशिक्षण शिविरों के दौरे के बाद ही करवाएँगे। केवल कुछ ही लोग जान पाए, जब वे प्रशिक्षण केंद्रों की यात्रा और वहाँ उपस्थित स्वयंसेवकों से बात कर रहे थे कि उन्हें एक गंभीर बीमारी है। वास्तव में दौरे के दौरान दिल्ली में उन्होंने 11 जून, 1970 के दिन एक प्रेस कॉन्फ्रेंस भी आयोजित की, जिसमें उन्होंने राष्ट्रीय स्वयंसेवक संघ के उन विरोधियों को जवाब दिया, जो इसको बदनाम करने के प्रयत्न कर रहे थे।

दिल्ली में आयोजित प्रेस कॉन्फ्रेंस के बाद वे स्वयंसेवकों के एक प्रशिक्षण शिविर में संबोधन के लिए कलकत्ता आए। वहाँ से वे मुंबई चले गए, जहाँ 30 जून को शल्य क्रिया के लिए उन्हें टाटा मेमोरियल अस्पताल में भर्ती किया गया। एक जुलाई को उनकी तीन घंटों की शल्य चिकित्सा हुई। अस्पताल में रहते हुए उन्होंने एक नजदीक की शाखा में जाना शुरू कर दिया। उन्होंने मुंबई में आयोजित राष्ट्रीय स्वयंसेवक संघ की केंद्रीय कार्यकारिणी समिति में भी जुलाई 10 से 12 दिनों पर भाग लिया। 26 जुलाई के दिन उन्होंने अस्पताल छोड़ा और तीन अगस्त को वे ट्रेन से नागपुर रवाना हो गए।

13 अगस्त, रक्षाबंधन के अवसर पर गुरुजी ने राष्ट्रीय स्वयंसेवक संघ के एक कार्यक्रम को संबोधित किया। वे 45 मिनट तक खड़े रहे और वहाँ उपस्थित लोगों को बिना कोई परेशानी प्रकट किए संबोधित करते रहे। 26 सितंबर को वे वापस नागपुर उस माह के अन्यत्र कार्यक्रमों को निबटाकर लौटे तथा अपनी पुरानी दिनचर्या पर पुनः कार्य शुरू किया। वर्ष 1970 में विजयादशमी समारोह को संबोधित करते हुए, जहाँ वी. शंकर, सरदार वल्लभभाई पटेल के सेवानिवृत्त हुए सचिव मुख्य अतिथि थे, गुरुजी ने एक संभाव्य विदेशी आक्रमण की चेतावनी दी और राष्ट्र की अंदरूनी शक्ति बढ़ाने के लिए जोर दिया। 23 अक्तूबर को वे अपने देश भर के दौरे पर निकल पड़े। गुरुजी ने डॉ. देसाई को कहा था, "नाशवान, जैसा कि मानव है, उसे अपनी शारीरिक अवस्था के बारे में अधिक नहीं

सोचना चाहिए। प्रत्येक जीवित प्राणी को एक न एक दिन जाना ही है। इसलिए महत्त्वपूर्ण यह नहीं कि एक व्यक्ति कितना लंबा जीता है, बल्कि महत्त्वपूर्ण यह है कि वह कैसा जीवन जीता है। मेरे सामने जीवन का एक मिशन है और मुझे इसे प्राप्त करना है। इसलिए मैं परमपिता से विनती करता हूँ कि वे मुझे अंत तक स्वस्थ रखें।"

गुरुजी के जीवन का अंतिम दौर शुरू हो गया था। उन्हें पता था कि वे स्वस्थ नहीं हैं, परंतु उन्होंने वह दिनचर्या जारी रखी, जो उन्हें आराम करने का समय न देती थी। अपनी शल्य चिकित्सा के बाद तुरंत उन्होंने 23 अक्तूबर से 7 दिसंबर तक विस्तृत यात्राएँ कीं, तीन-तीन दिन क्रमश: मुंबई और बंगलुरु, प्रचारकों की एक सभा में, नासिक में और फिर पुणे में उसके बाद फिर चार दिन मुंबई में और नागपुर में छोटा ठहराव लेकर, फिर दिल्ली, उसके बाद मुंबई, कर्नाटक से होते हुए, जहाँ पर एक प्रांतीय संघ सम्मेलन चल रहा था, वहाँ से वे पंधरपुर गए, फिर शोलापुर, फिर से मुंबई तथा वापस नागपुर आए। इन सभी स्थानों पर कार्य-सूची विशाल थी और रफ्तार तेज—कार्यकर्ताओं के मार्गदर्शन के लिए बैठकें, सार्वजनिक भाषण और भविष्य की योजनाएँ बनाना आदि।

डॉ. देसाई ने गुरुजी को लगभग तीन वर्ष के समय की बात कही थी। इसलिए वर्ष 1973 तक उन्होंने स्वयं को संगठनात्मक कार्यों में झोंक दिया। वर्ष 1972 के उत्तरार्ध में उनका महाकौशल, महाराष्ट्र और विदर्भ का नियोजित दौरा रद्द करना पड़ा था। उनको गले में भयंकर दर्द महसूस होने लगा था; वे न कुछ खा पाते थे, न पीते और न ही बोल पाते थे।

महाराष्ट्र प्रांत के संघचालक बाबाराव भिड़े को एक पत्र में गुरुजी ने लिखा, "मैं तीन प्रांतों का दौरा न कर सका। मैंने डॉ. आबा थट्टे से पूछा है कि कैसे इस कमी को पूरा किया जा सकता है और अन्य प्रांतों के कार्यक्रमों को दोबारा तय करके कैसे उनके लिए समय निकाला जा सकता है?"

इस बीच वर्ष 1970 से वर्ष 1973 के बीच राष्ट्रीय स्वयंसेवक संघ के कई वरिष्ठ कार्यकर्ताओं का देहावसान हो गया। उनके लिए एक सर्वाधिक बड़ा नुकसान बाबा-साहब आप्टे का आकस्मिक और अचानक निधन था। आप्टे एक प्रचारक के रूप में डॉ. हेडगेवार के सहयोगी रहे थे। वे अपनी नींद में ही 27 जुलाई, 1972 को नागपुर में इस दुनिया को अलविदा कह गए।

दिसंबर 1971 में आम चुनावों की घोषणा हुई। कांग्रेस (आई) ने भारी बहुमत प्राप्त किया। गुरुजी ने वर्ष 1971 में संघ के सभी प्रशिक्षण शिविरों में दिए गए अपने भाषणों में पूर्वी पाकिस्तान में पैदा हुई विस्फोटक स्थिति के खतरनाक परिणामों के बारे में चेतावनी दी थी। 28 जून, 1971 को उन्होंने अपना दौरा पूरा किया और नागपुर वापस आए। इस समय तक परिस्थितियाँ बहुत खराब हो चुकी थीं। हिंदू शरणार्थियों की संख्या बढ़कर 30 लाख से ऊपर हो गई थी। संघ ने 'वास्तुहारा सहायता समिति' के द्वारा राहत कार्यक्रम

शुरू कर दिए थे। एक अखिल भारतीय स्तर का अभियान भी राहत सामग्री, अनाज, वस्त्र, दवाइयाँ आदि इकट्ठा करने के लिए शुरू कर दिया गया था और बड़े स्तर पर शरणार्थी शिविरों में इन्हें बाँटे जाने का कार्यक्रम जारी था।

नागपुर में 8-10 जुलाई, 1971 को राष्ट्रीय स्वयंसेवक संघ की केंद्रीय कार्यकारिणी की बैठक हुई और बँगलादेश की स्थिति पर एक प्रस्ताव पास हुआ, जिसमें सरकार से यह आह्वान किया गया कि वह विभाजन के समय पाकिस्तान के हिंदुओं को दिए गए अपने वचन को निभाए तथा उन्हें बचाव और सुरक्षा प्रदान करे। यह माँग प्रतिदिन जोर पकड़ती जा रही थी कि पूर्वी पाकिस्तान को याहिया खान के शक्तिशाली चंगुल से निकाल स्वतंत्र कराया जाए और इसके लिए अवामी लीग के समर्थन में सैनिक कारवाई कर शरणार्थियों को वापस उनके घर भेजा जाए। गुरुजी ने स्वयंसेवकों का आह्वान करते हुए उन्हें सतर्क रहने को कहा और आवश्यक सहायता के लिए आगे बढ़ने को कहा तथा लोगों के मन में उत्साह बना रहे, इसके लिए कार्य करने को कहा।

3 दिसंबर, 1971 के दिन पाकिस्तान ने भारत पर आक्रमण कर दिया। भिषिकर के अनुसार, "उस समय नागपुर में युवा स्वयंसेवकों के लिए एक प्रशिक्षण शिविर चल रहा था। गुरुजी ने तुरंत आक्रमण के बारे में एक बयान जारी किया और लोगों को उनकी तदनुसार जिम्मेदारियों के बारे में बताया। उनके इस बयान की लाखों प्रतियाँ स्वयंसेवकों द्वारा घर-घर जाकर वितरित की गईं।"

4 दिसंबर, 1971 के दिन जारी अपने एक बयान में गुरुजी ने देश के नागरिकों से अपील की, "मातृभूमि के लिए सच्चे स्नेह से प्रेरित एकता ही हमें विजय के पथ पर आगे ले जा सकती है। पाकिस्तान खुल्लम-खुल्ला हमसे युद्ध करने पर उतर आया है। हमारी सरकार और सेना इस चुनौती का सामना करने के लिए पूर्ण रूप से सक्षम हैं, परंतु हमें अपनी जनता के उत्साह को ऊँचा रखना अत्यावश्यक है तथा हमें अपने खेतों और कारखानों में उत्पादन को ऊँचे स्तरों पर रखना होगा। इसके अतिरिक्त, मोरचे पर विद्यमान हमारे सैनिक यह महसूस कर पाएँ कि संपूर्ण देश उनके पीछे उनके साथ खड़ा है। नागरिक सुरक्षा, रक्तदान, घायल सैनिकों की चिकित्सा-सेवा आदि कार्य कुछ अति आवश्यक कार्य हैं, जिनका आयोजन हमें अब करते रहना होगा।"

जैसा कि गुरुजी चाहते थे, राष्ट्रीय स्वयंसेवक संघ ने सैन्य अभियान अपना पूर्ण सहयोग दिया। दिसंबर 1971 में भारत के सैन्य बलों की एक जबरदस्त विजय के उपरांत पश्चिमी पाकिस्तान आजाद करा लिया गया।

उन्होंने तत्कालीन प्रधानमंत्री श्रीमती इंदिरा गांधी को 22 दिसंबर को एक पत्र में लिखा, "ईश्वर करे देश की एकता परिस्थितियों का एक सही आकलन और देश के

सम्मान तथा प्रतिष्ठा की रक्षा करने के निश्चय के स्वरूप में इसी प्रकार बनी रहें। यह केवल खतरे के समय में ही आवश्यक नहीं है, लेकिन सभी समय पर और राष्ट्र के पुनर्जागरण की सभी गतिविधियों के लिए भी आवश्यक है। राष्ट्रीय एकता की ताकत के निर्माण में जो राष्ट्रीय गर्व से परिपूर्ण है, राष्ट्रीय स्वयंसेवक संघ सदा आपके साथ है और रहेगा। मुझे विश्वास है कि देश के एक प्रतिनिधि के तौर पर आप इन सब पहलुओं पर विचार घरेलू तथा विदेशी नीतियों के निर्धारण के समय पर करेंगी। भगवान् करे आपके नेतृत्व में भारत का मान-सम्मान इसी प्रकार बढ़ता रहे।" युद्ध के बाद गुरुजी ने 'शिमला समझौते' के प्रति अपने गहरे संदेहों को प्रकट किया।

वर्ष 1972 में गुरुजी का स्वास्थ्य तेजी से गिरता रहा। 28 अक्तूबर और 3 नवंबर के बीच थाणे (महाराष्ट्र) में एक गहन बौद्धिक चिंतन सत्र का आयोजन किया गया। इसमें राष्ट्रीय स्वयंसेवक संघ के प्रमुख कार्यकर्ताओं ने भाग लिया। नागपुर वापसी पर उनका चिकित्सा उपचार फिर से शुरू हुआ। वर्ष 1973 में उन्होंने राष्ट्रीय स्वयंसेवक संघ की सर्वाधिक उच्च निर्णय लेनेवाली इकाई 'अखिल भारतीय प्रतिनिधि सभा' के अंतिम सत्र में, जो नागपुर में आयोजित किया गया था, अपने विचार व्यक्त किए।

यह वहाँ स्पष्ट हो गया था कि वे अब बहुत ही अस्वस्थ हैं, क्योंकि उन्हें बोलने के लिए अत्यधिक श्रम करना पड़ रहा था। मार्च 1973 में उनका स्वास्थ्य और अधिक बिगड़ गया और उन्हें नागपुर में राष्ट्रीय स्वयंसेवक संघ मुख्यालय में ही रखना पड़ा। 26 मार्च के बाद वे अपने आप स्नान करने योग्य भी न रह गए थे। 2 अप्रैल, 1973 को उन्होंने अपने हाथ से तीन पत्र लिखे और उन्हें कार्यालय सचिव पांडुरंग क्षीरसागर को सौंप दिया। डॉ. सुजीत धर कलकत्ता से उन्हें देखने के लिए हर पखवाड़े आया करते थे।

गुरुजी ने उनसे पूछा, "आप क्यों इस शरीर को जीवित रखना चाहते हैं, और कितने दिनों के लिए आप इसकी सुरक्षा कर पाएँगे?"

भिषिकर के अनुसार, "4 जून की रात श्री बाबूराव चौथाईवाले नियमानुसार उनकी मालिश करने अपने तेल की बोतल लेकर उनके पास आए, परंतु उसमें से तेल बाहर न आया। श्रीगुरुजी ने इसे देखा, मुसकराए और कहा, 'तेल समाप्त हो गया है? यह ठीक ही तो है। ठीक है, कल किसे इसकी आवश्यकता रहेगी?' चौथाईवाले को उन शब्दों का व्यथित कर देने वाला महत्त्व समझ में आ रहा था। पूरा दिन गुरुजी उत्तर की ओर मुख कर अपनी कुरसी पर बैठे रहे। वे एक योगी की भाँति नजर आ रहे थे, उनकी आँखें अधखुली थीं, शायद वे देवत्व को खोज रही थीं। उस रात भी वे बिस्तर पर न लेटे और अपनी कुरसी पर उसी मुद्रा में निरंतर बैठे रहे। उन्हें पता था कि उनके चले जाने का दिन अंततः आ ही गया था।"

5 जून, 1973 के दिन उनका स्वर्गवास हो गया। तीन पत्र, जो उन्होंने क्षीरसागर

को सौंपे थे, सबकी उपस्थिति में उन्हें खोला गया। उनमें से एक पत्र में उन्होंने संघ के सरसंघचालक की सभी जिम्मेदारियाँ बालासाहब देवरस को सौंप दी थीं। दूसरे पत्र में उन्होंने निर्देश दिया था कि उनका कोई स्मारक नहीं बनना चाहिए।

तीसरे पत्र में उन्होंने संत तुकाराम की अंतिम विनम्र प्रार्थना लिख दी थी :-

"अरे संतो और पवित्र लोगो, मेरी इस अंतिम प्रार्थना को ईश्वर तक पहुँचा दो। हे ईश्वर, मुझे भूलना मत। मैं और क्या कह सकता हूँ? आप मेरे प्रभु, सर्वज्ञानी हैं। मैं आपको प्रणाम करता हूँ। मुझे अपनी गौरवमयी शरण में ले लो।"

□

3
बालासाहब देवरस

'आप स्वयं को अपने अंतिम समय तक सुधारें।'

राष्ट्रीय स्वयंसेवक संघ के एक प्रशिक्षण शिविर में (संघ शिक्षा वर्ग), जो वर्ष 1973 में पुणे में आयोजित किया गया था, उस समय के सरसंघचालक श्रीगुरुजी ने खड़े होकर एक राष्ट्रीय स्वयंसेवक का परिचय दिया था, जो उस दिन 'बौद्धिक' देनेवाला था। गुरुजी ने कहा, "आपमें से कइयों ने डॉ. हेडगेवारजी को नहीं देखा होगा। अगर आप बालासाहब देवरस को देखेंगे तो आपको सामने डॉ. हेडगेवार खड़े नजर आएँगे।"

मधुकर दत्तात्रेय देवरस, जिन्हें उनके प्रसिद्ध नाम 'बालासाहब देवरस' से जाना जाता है, राष्ट्रीय स्वयंसेवक संघ के तीसरे सरसंघचालक थे। वे स्वयंसेवकों के उस पहले समूह में से थे, जिन्होंने डॉ. हेडगेवार द्वारा 'नागपुर के मोहिते बाड़ा' में शुरू की गई राष्ट्रीय स्वयंसेवक संघ की पहली शाखा में भाग लिया था। (यद्यपि राष्ट्रीय स्वयंसेवक संघ की स्थापना वर्ष 1925 में विजयादशमी के मौके पर की गई थी, परंतु पहली दैनिक शाखा कुछ महीनों के बाद वर्ष 1926 में शुरू की गई थी।) बालासाहब का प्रशिक्षण और किसी ने नहीं, बल्कि राष्ट्रीय स्वयंसेवक संघ के संस्थापक ने स्वयं अपने हाथों से किया था और शायद यही उन कारणों में से एक था कि लाखों स्वयंसेवकों को, जिन्होंने डॉ. हेडगेवार को कभी नहीं देखा था, उन्हें बालासाहब में राष्ट्रीय स्वयंसेवक संघ संस्थापक की छवि नजर आती थी।

बालासाहब के साथ प्रथम स्वयंसेवकों के दल में केशवराव वकील, त्र्यंबक झिलेदार, अल्हाड़ अंबेडकर, बापू दिवाकर, नरहरि पारखी, बाली यशकुण्यवर, माधवराव मुले और एकनाथ रानाडे शामिल थे। ग्यारह वर्षीय बालासाहब निर्विवाद रूप से उन

सबके नेता थे और उनके साथी हमेशा ही से उनकी ओर देखा करते थे, यद्यपि रानाडे उनसे उम्र में एक वर्ष तथा मुले तीन वर्ष बड़े थे। बाद में रानाडे और मुले दोनों महासचिव सरकार्यवह बने और दोनों ने संघ के विकास में उत्कृष्ट भूमिका निभाई।

देवरस परिवार मूल रूप से चेन्नूरू गाँव, जो आदिलाबाद (आंध्र प्रदेश) में है, का था। यह गाँव गोदावरी नदी के तट पर बसा था। प्राचीन भारतीय इतिहास के अनुसार, अगस्त्य ऋषि इस गाँव में आए थे तथा उन्होंने यहाँ अपना एक आश्रम स्थापित किया था। यह गाँव ऐतिहासिक दृष्टि से सांस्कृतिक, धार्मिक और आध्यात्मिक गतिविधियों का एक केंद्र था। इस गाँव में भगवान् शिव का एक प्राचीन मंदिर था। एक आम विश्वास यहाँ पर है कि इस मंदिर के भीतर शिवलिंग की स्थापना अगस्त्य मुनि द्वारा की गई थी। यह मंदिर 14वीं शताब्दी में मोहम्मद तुगलक द्वारा किए गए आक्रमण में नष्ट कर दिया गया था। विजयनगर साम्राज्य के प्रसिद्ध राजा कृष्णदेव ने इस मंदिर का जीर्णोद्धार कराया था। इस गाँव में अभी तक 'अगस्त्य कुंड' (तालाब) मौजूद है, जिसे एक तीर्थ-स्थल के रूप में पूजा जाता है।

'देवराजू' उपनाम के इस गाँव में छह परिवार थे। 200 वर्षों से भी अधिक पहले देवराजू परिवारों में से एक नागपुर आ गया था और कुछ समय के उपरांत, उपनाम देवराजू 'देवरस' में बदल गया।

बालासाहब, दत्तात्रेय देवरस और बहिनाभाई के सुपुत्र थे। वे अपनी माँ से गहन रूप से प्रभावित थे, जो विवाह के बाद 'पार्वतीबाई' के नाम से जानी जाती थीं। आरंभ में उनके पिता को यह पसंद नहीं था कि बालासाहब और उनके छोटे भाई भाऊराव राष्ट्रीय स्वयंसेवक संघ के संगठनात्मक कार्यों में अपना जीवन समर्पित करने की ओर बढ़ रहे थे। वे दोनों प्रतिभाशाली छात्र थे और दत्तात्रेय, विशेष रूप से बालासाहब से यह अपेक्षा करते थे कि वे भारतीय सिविल सेवा परीक्षा की तैयारी करें।

बालासाहब के पिता को भी लोग आमतौर पर 'भैयाजी' ही पुकारते थे। प्रारंभ में उन्होंने जबलपुर (मध्य प्रदेश) में एक जेल अधीक्षक के रूप में कार्य किया, लेकिन बाद में उन्होंने वह नौकरी छोड़ दी और नई नौकरी एक 'आइस कंट्रोलिंग ऑफिसर' के रूप में शुरू की। वे नागपुर आ गए और वहाँ इतवारी मोहल्ले में स्थित एक विशाल बँगले में रहने लगे। यहाँ देवरस परिवार के भाई, चाचा आदि सब इकट्ठा रहने लगे। कुल 25 सदस्य इस संयुक्त परिवार में थे, जो उस बँगले में रहता था। 'भैयाजी' पक्के धार्मिक व्यक्ति थे। वे कई गरीब बच्चों के कल्याण का ध्यान रखते थे, जो उनकी मदद के बिना अपनी पढ़ाई जारी नहीं रख सकते थे।

बालाजी बालाघाट (मध्य प्रदेश) में 11 दिसंबर, 1915 के दिन करंजा नामक स्थान पर जन्मे थे। बालासाहब 9 भाई-बहनों में आठवें थे। भैयाजी और पार्वतीबाई के चार लड़के

और पाँच लड़कियाँ थीं। उनका परिवार और मित्र उन्हें घर पर 'बाल' (मराठी में बच्चा) कहकर बुलाते थे। इसी वजह से उनका नाम 'बालासाहब देवरस' पड़ा। बालासाहब के छोटे भाई भाऊराव (राष्ट्रीय स्वयंसेवक संघ के एक अन्य महापुरुष, जिन्होंने अपना जीवन संघ के लिए समर्पित कर दिया) का जन्म 19 मई, 1917 के दिन हुआ।

वर्ष 1925 में जब राष्ट्रीय स्वयंसेवक संघ की संस्थापना की गई, देवरस का परिवार नागपुर में इतवारी मोहल्ले में रहने लगा था। बालक बालासाहब उस समय छठी कक्षा में पढ़ते थे, जब राष्ट्रीय स्वयंसेवक संघ की पहली शाखा में प्रवेश लिया। उनका उत्साह एक संक्रमण की तरह से था और वह अपने साथ अपने कई दोस्तों को भी राष्ट्रीय स्वयंसेवक संघ की शाखा में ले गए, जहाँ पर शामरावजी गाडगे गण शिक्षक थे। स्कूली बच्चों का यह दल वहाँ खेला करता था और गाडगे से बहादुरी की कथाएँ सुना करता था। कुछ समय के बाद बालासाहब ने अपने छोटे भाई भाऊराव को भी संघ से जोड़ दिया। वे हमेशा साथ-साथ रहा करते थे और एक-दूसरे से बहुत स्नेह करते थे।

पिता द्वारा विरोध किए जाने के बाद भी बालासाहब ने स्कूल के दिनों में भी राष्ट्रीय स्वयंसेवक संघ को निरंतर अधिक-से-अधिक समय देना शुरू कर दिया था। वे शाम को राष्ट्रीय स्वयंसेवक संघ की शाखा में भाग लेकर स्वयंसेवकों आदि से मिलकर तथा अन्य संगठनात्मक कार्यों को निबटाकर देर से घर लौटा करते थे। पिता उसकी दिनचर्या से अकसर चिढ़ते थे, मगर बालासाहब ने अपनी पढ़ाई में निरंतर अच्छे परिणाम लाकर दिए। संस्कृत उनका सबसे प्रिय विषय था, जिसमें वे अकसर 100 प्रतिशत अंक प्राप्त करते थे। इतिहास और अंग्रेजी उनके अन्य प्रिय विषय थे।

एक बार बालासाहब ने अपनी माँ से कहा, "राष्ट्रीय स्वयंसेवक संघ से मेरे कुछ मित्र भोजन करने के लिए आएँगे। परंतु मैं चाहता हूँ कि उन सबको मेरी तरह सम्मान प्राप्त हो, चाहे वे किसी भी जाति से संबंध रखते हों। उन्हें भोजन उन्हीं बरतनों में परोसा जाए, जिनमें हमारा परिवार खाता है। मैं जाति के नाम पर किसी प्रकार का भेदभाव नहीं चाहता।"

माँ ने सहमति प्रदान की और उसी दिन से देवरस परिवार में स्वयंसेवकों की जाति के प्रति कोई प्रश्न न पूछा गया, जब भी वे उनके घर खाना खाने के लिए आते थे। उस काल में देश में यह एक असाधारण बात थी, उन दिनों जाति-संबंधी भेदभाव अत्यधिक प्रचलित था।

उनका यह प्रण कि वे जाति संबंधी भेदभाव से दूर रहेंगे, एक न्यायपूर्ण और एक समान समाज की स्थापना करेंगे, बालासाहब के हृदय के काफी नजदीक था। 8 मई, 1974 के दिन वसंत व्याख्यानमाला पर अपने एक व्याख्यान में उन्होंने बड़ी स्पष्टता से कहा, "हमें यह मानना ही पड़ेगा कि छुआछूत एक बड़ा अभिशाप है तथा हमें इसे दूर करने का भरसक प्रयत्न करना चाहिए।" यह बयान राष्ट्रीय स्वयंसेवक संघ के इतिहास में एक मील का पत्थर माना जाता है, क्योंकि इसने संस्था द्वारा जाति पर आधारित भेदभाव के

विरुद्ध लड़ाई को नए जोश के साथ लड़ने की प्रेरणा दी। बालासाहब ने अपने 21 वर्ष के सरसंघचालक के कार्यकाल में जाति संबंधी भेदभाव के विरुद्ध अथक अभियान चलाया और छुआछूत का कड़ा विरोध किया। इससे बालासाहब के व्यक्तित्व के एक गुण का पता चलता है कि वे यथास्थिति को चुनौती देने की हिम्मत रखते थे।

डॉ. शिवांग गोडबोले ने एक दिलचस्प घटना बताई, "एक बार बालासाहब श्रीरामजी और पांडुरंग पंत के साथ महल कार्यालय (नागपुर) की सीढ़ियाँ उतर रहे थे। वे एक कार्यक्रम के लिए जा रहे थे। जब वे सीढ़ियाँ उतर रहे थे, तो राष्ट्रीय स्वयंसेवक संघ के एक वृद्ध स्वयंसेवक एक दूसरे स्वयंसेवक से कह रहे थे, 'हम अब काफी वृद्ध हो गए हैं। अब हम अपना दृष्टिकोण नहीं बदल सकते।' बालासाहब ने यह सुन लिया। वे रुके, वृद्ध की ओर मुड़कर उन्होंने उनसे कहा, 'हम सबको अपने अंतिम समय तक स्वयं में सुधार लाते रहना चाहिए'।"

उन्होंने इस नियम को स्वयं पर भी पूर्णतया लागू किया। गोडबोले के अनुसार, "सरसंघचालक बनने से पूर्व बालासाहब शीघ्रता से बोलते थे और बीच में अधिक विराम न देते थे। वे अपने व्याख्यान तथा भाषण तेजी से समाप्त कर देते थे। अप्पाजी जोशी जैसे कार्यकर्ताओं ने उन्हें इसके बारे में बताया। उन्होंने इसे सुधारना शुरू किया और समय रहते वे लोगों को संबोधन करने के अपने तरीके में परिवर्तन ले आए।"

बालासाहब एक संवेदनशील व्यक्ति थे और अधिक नहीं बोलते थे, परंतु जब भी वे अपने स्कूल के मित्रों से मिलते थे तो खुल जाते थे और फिर उनके बीच खूब बातचीत और हँसी का वातावरण बन जाता था।

गोडबोले एक अन्य घटना को याद करके लिखते हैं, "एक बार नागपुर में जब प्रथम वर्ष का शिविर चल रहा था, डॉ. रविंद्र जोशी, जो एक प्रचारक के रूप में पश्चिमी क्षेत्र का कार्य देख रहे थे, बालासाहब को शिविर की गतिविधियों तथा कार्यक्रमों के बारे में बताने के लिए गए। जब उन्होंने बालासाहब को यह सब बता दिया तो उन्होंने पूछा कि प्रशिक्षुओं के प्रात: उठने का समय क्या होगा? जब उन्हें बताया गया कि वह सुबह चार बजे का समय होगा, तो उन्होंने डॉ. जोशी से कहा, 'आप उन्हें इतनी जल्दी उठने को क्यों कह रहे हैं? ये बच्चे तो अभी काफी छोटे हैं'।"

बालासाहब की अभिप्रेरणा की खूबियाँ असाधारण थीं। यह इस तथ्य से प्रकट होता है कि जब वे इतवारी शाखा के प्रभारी बने, तो उन्होंने यह सुनिश्चित किया कि बड़ी संख्या में स्वयंसेवकों को राष्ट्रीय स्वयंसेवक संघ प्रचारक बनने की प्रेरणा प्राप्त हो।

जुलाई 1931 में बालासाहब ने अपनी मैट्रिकुलेशन की पढ़ाई पूरी की और नागपुर के मोरिस कॉलेज में दाखिला लिया। प्रतिदिन तीन या चार घंटों के लिए कक्षाएँ लगती थीं। बालासाहब कक्षाओं के बाद अपना अधिकतम समय राष्ट्रीय स्वयंसेवक संघ को देते

थे। वे अपने कॉलेज में बड़ी संख्या में युवाओं तथा उनके दोस्तों से मिला करते थे और उन्हें राष्ट्रीय स्वयंसेवक संघ में आने के लिए प्रेरित करते थे। जैसे-जैसे शाखाओं की संख्या बढ़ी, उन्हें वर्ष 1932 में मार्तंड मुलमुले और भैयाजी खांडवेकर के साथ इतवारी शाखा को सँभालने का कार्य सौंपा गया। छह महीने के भीतर उनको इस शाखा के 'मुख्य शिक्षक' की जिम्मेदारी दी गई। वर्ष 1935 में बालासाहब ने स्नातक की पढ़ाई पूरी की। कला स्नातक की उनकी पढ़ाई में दर्शनशास्त्र तथा संस्कृत मुख्य विषय थे। स्नातक की डिग्री लेने के बाद उन्होंने नागपुर में लॉ कॉलेज में दाखिला लिया।

वर्ष 1932 तक बालासाहब ने संघ में महत्त्वपूर्ण भूमिका अदा करनी शुरू कर दी थी। संगठनात्मक कार्यों तथा अपनी शिक्षा के साथ-साथ बालासाहब ने अनाथ बच्चों के एक विद्यालय में अंग्रेजी पढ़ानी शुरू कर दी। उन्होंने यह कार्य वर्ष 1936-37 में शुरू किया, जब डॉ. हेडगेवार ने उन्हें उन छात्रों की सहायता करने के लिए कहा था।

वर्ष 1937 में डॉ. हेडगेवार ने बालासाहब को कहा कि वे पुणे में राष्ट्रीय स्वयंसेवक संघ के प्रशिक्षण शिविर में 'मुख्य शिक्षक' की जिम्मेदारी सँभालें। उन दिनों शिविर की अवधि 40 दिनों की हुआ करती थी। उन्होंने एल-एल.बी. के अंतिम वर्ष की परीक्षा देने के उपरांत शिविर में भाग लिया। शिविर ठीक-ठाक चल रहा था और अपने अंतिम पड़ाव की ओर बढ़ रहा था, तो उन्हें नागपुर से एक तार मिला कि उन्होंने एल-एल.बी. की परीक्षा प्रथम श्रेणी में उत्तीर्ण कर ली है।

जब वे नागपुर वापस आए, तब उन्हें नागपुर की मुख्य शाखा का कार्यवाह (प्रभारी) नियुक्त किया गया। डॉ. हेडगेवार ने ऐसा एक उद्देश्य को ध्यान में रखते हुए किया था। उन्हें पता था कि राष्ट्रीय स्वयंसेवक संघ के कार्य को बढ़ाने के लिए संस्था को बड़ी संख्या में पूर्णकालिक प्रचारकों की आवश्यकता थी और बालासाहब इसके लिए एक आदर्श व्यक्ति थे कि वे युवाओं को इस कार्य के लिए प्रेरित करें। उन्होंने एक बार डॉ. हेडगेवार को कहा था, "एक 'आदर्श' शाखा वही है, जहाँ से बड़ी संख्या में युवा समाज की सेवा करने तथा अपना पूर्ण समय इस कार्य को समर्पित करने के लिए आगे आएँ।"

इस बीच बालासाहब के छोटे भाई भाऊराव अपनी बी.कॉम. तथा एल-एल.बी. की पढ़ाई के लिए लखनऊ चले गए। ऐसा उन्होंने विशेष रूप से डॉ. हेडगेवार के कहने पर किया था। उन्हें पढ़ाई के साथ-साथ उत्तरी भारत में राष्ट्रीय स्वयंसेवक संघ की शाखाओं का विस्तार करने के लिए कहा था। बालासाहब के माता-पिता यह नहीं चाहते थे कि भाऊराव लखनऊ जाएँ, परंतु उन्होंने अंततः इसकी अनुमति दे दी। इस बीच बालासाहब जितना कर पाते थे, उतना पैसा अपने छोटे भाई को भेजा करते थे। भाऊराव ने अपनी कठिन आर्थिक दशा को किसी से भी साझा नहीं किया, जबकि यह सच था कि वे स्वयं

ही अपने लिए प्रयत्न कर रहे थे और उन्हें परिवार से कोई विशेष आर्थिक मदद नहीं मिल रही थी। उनके बड़े भाई बालासाहब ही अकेले ऐसे व्यक्ति थे, जो उन्हें कुछ पैसा भेज देते थे। भाऊराव ने उत्तर प्रदेश, बिहार, असम और देश के अन्य कई भागों में राष्ट्रीय स्वयंसेवक संघ के संगठनात्मक कार्य को बढ़ाने में मुख्य भूमिका निभाई थी।

भाऊराव राष्ट्रीय स्वयंसेवक संघ तथा जनसंघ (बाद में बीजेपी) के शीर्षस्थ कार्यकर्ताओं की एक संपूर्ण पीढ़ी के लिए प्रेरणा के स्रोत बने, जब उन्होंने युवा कार्यकर्ताओं को सबकुछ छोड़कर संपूर्ण जीवन राष्ट्र निर्माण में लगाने का आह्वान किया। भाऊराव के किए गए प्रयत्नों का अनुमान उस सूची को देखने से हो जाता है, जिसमें पंडित दीनदयाल उपाध्याय, अटल बिहारी वाजपेयी, नानाजी देशमुख, अशोक सिंघल, मुरली मनोहर जोशी, कौशल किशोर, रज्जू भैया, लक्ष्मणराव भिड़े, बालेश्वर अग्रवाल, माधवराव दिवाले और अनंतराव गोखले सरीखे नाम शामिल हैं।

भाऊराव के लिए उनके बड़े भाई बालासाहब मुख्य प्रेरणा-स्रोत थे। यह एक असाधारण बात है, जिस प्रकार दोनों भाइयों ने अपना-अपना संपूर्ण जीवन एक उद्देश्य को समर्पित कर दिया। दोनों ही भाई अत्यंत प्रतिभावान विद्यार्थी रहे थे। भाऊराव ने लखनऊ.विश्वविद्यालय से स्वर्ण पदक अर्जित किया था, जबकि बालासाहब चाहते तो कोई सरकारी या न्यायिक लुभावना पद प्राप्त कर सकते थे, परंतु उन्होंने एक ऐसे युग में, जब समाज के शीर्षस्थ उच्च वर्ग से आनेवाले शिक्षित व्यक्ति सरकारी नौकरी पाना चाहते थे, एक अलग मार्ग का चुनाव किया।

नागपुर में प्रभारी के रूप में कार्यावधि के दौरान बालासाहब ने अपनी अनुकरणीय संगठनात्मक कुशलताओं का परिचय दिया। उन्हें एक साथ 15 शाखाओं को आरंभ करने के लिए जाना जाता है। उन्होंने यह सुनिश्चित किया कि राष्ट्रीय स्वयंसेवक संघ के कार्य को अन्य राज्यों में ले जाने के लिए कार्यकर्ताओं का एक निरंतर प्रवाह बना रहे। उससे डॉ. हेडगेवार को संस्था के फैलाव करने में सहायता मिली।

बालासाहब, राष्ट्रीय स्वयंसेवक संघ के कार्य स्वरूप में कुछ विशेष बदलाव भी लेकर आए, जिनका दीर्घकालीन प्रभाव पड़ा। उनके नागपुर का प्रभारी बनने से पहले राष्ट्रीय स्वयंसेवक संघ की शाखाएँ सप्ताह में छह दिनों के लिए लगती थीं और रविवार को छुट्टी का दिन होता था तथा श्रावण के पवित्र महीने में रविवार के साथ सोमवार को भी छुट्टी रहती थी। बालासाहब ने रविवार तथा सोमवार, दोनों दिनों के लिए गतिविधियाँ आरंभ कीं और धीरे-धीरे राष्ट्रीय स्वयंसेवक संघ ने सप्ताह के सातों दिन, वर्ष में 365 दिन बिना रुके शाखा लगानी आरंभ की और यह क्रम आज तक जारी है।

वर्ष 1938 में बालासाहब के कहने पर राष्ट्रीय स्वयंसेवक संघ की प्रथम प्रात:कालीन शाखा नागपुर में मोहिते बाड़ा स्थान पर शुरू की गई, जहाँ अपेक्षाकृत अधिक उम्र के

व्यक्तियों ने आना शुरू किया। तात्याजी बाविस्कर इस 'प्रभात' शाखा के कार्यवाह और बाबूराव माघ उसके मुख्य शिक्षक थे।

प्रातःकालीन शाखा लगाए जाने का विचार बालासाहब के संज्ञान में तब आया, जब उन्होंने देखा कि राष्ट्रीय स्वयंसेवक संघ के कई कार्यकर्ता शाम की शाखा में शामिल होना तो चाहते थे, मगर चूँकि वे दफ्तरों या अन्य व्यापारिक संस्थाओं में अपनी आजीविका के लिए कार्य करते थे, उनके पास शाखा में शामिल होने का समय न था। उन्हें संघ से जोड़ने के लिए प्रातःकालीन शाखा शुरू की गई। 'प्रभात शाखा' ने आगामी समय में राष्ट्रीय स्वयंसेवक संघ के नेटवर्क को मजबूत करने में एक महत्त्वपूर्ण भूमिका अदा की। 'प्रभात शाखा' के लिए बनाई गई गतिविधियाँ शाम की शाखा की गतिविधियों से अपेक्षाकृत शारीरिक रूप से कम थकानेवाली होती हैं, चूँकि अपेक्षाकृत अधिक आयु के स्वयंसेवक प्रभात शाखा में आते हैं।

बालासाहब को राष्ट्रीय स्वयंसेवक संघ के 'घोष' (बैंड) तथा 'समूहगान' की प्रथा शुरू किए जाने का भी श्रेय प्राप्त है। वर्ष 1937 के विजयादशमी समारोह में लगभग 2000 स्वयंसेवकों ने एक साथ मिलकर नागपुर में पाँच ऐसे समूह गान प्रस्तुत किए थे, जिन्होंने श्रोताओं और दर्शकों को मंत्रमुग्ध कर दिया था। बालासाहब ने स्वयं इन समूह-गीतों को चुना था और सुनिश्चित किया था कि स्वयंसेवक इसका पर्याप्त अभ्यास कर लें। इन गीतों के सार का अनुमान इन पंक्तियों से, जो इनमें से एक गीत का हिस्सा थीं, लगाया जा सकता है—

'खड़ा हिमालय बता रहा है, डरो न आँधी-पानी से,
डटे रहो अपने पथ पर सब कठिनाई तूफानों में!'

(हिमालय पर्वत जो खड़ा है, वह हमें यह बता रहा है कि हमें किसी तूफान या बारिश से नहीं डरना है, सिर्फ अपने मार्ग पर डटे रहना है, चाहे पथ में कितनी भी कठिनाई और तूफान क्यों न हों।)

वर्ष 1939 में बालासाहब एक प्रचारक के रूप में कलकत्ता गए, परंतु डॉ. हेडगेवार के निधन से थोड़ा पहले उन्हें नागपुर वापस बुला लिया गया। उन्हें फिर से नागपुर की मुख्य शाखा के 'कार्यवाह' का प्रभार दिया गया, जब गुरुजी सरसंघचालक बने। वह शाखा विशेषकर राष्ट्रीय स्वयंसेवक संघ के विकास के लिए अत्यधिक महत्त्वपूर्ण थी, क्योंकि वहाँ से प्रतिवर्ष बड़ी संख्या में प्रचारक निकलकर आते थे, जो देश के विभिन्न भागों में जाकर संघ के कार्य का विस्तार करते थे। साधनों की बेहद कमी थी, परंतु इससे समर्पित प्रचारकों को कोई फर्क नहीं पड़ता था और इसका परिणाम यह हुआ कि आनेवाले कुछ वर्षों में राष्ट्रीय स्वयंसेवक संघ के पदचिह्न देश के विभिन्न हिस्सों में पड़ चुके थे।

बालासाहब की संगठनात्मक और असाधारण प्रेरणापूर्ण कुशलताओं ने सुनिश्चित कर दिया, जिससे कि वर्ष 1940 के दशक के आरंभ में संघ के प्रचारकों ने पंजाब, कर्नाटक, केरल, सिंध, गुजरात, मध्य भारत, उत्तर प्रदेश, दिल्ली, कश्मीर और यहाँ तक कि नेपाल में भी कार्य आरंभ कर दिया था। माधवराव मुले पंजाब गए, यादवराव जोशी कर्नाटक, दत्तोपंत ठेंगड़ी केरल में थे, सिंध में राजपाल पुरी ने संघ शाखा की स्थापना की, मधुकरराव भागवत गुजरात गए, भैयाजी दानी मध्य भारत में थे, महाकौशल में एकनाथ रानाडे तथा प्रहलादराव अंबेडकर, उत्कल में मुकुंदराव मुकुंजे, बिहार में गजानन जोशी तथा नरहरि पारखी, राजा देशपांडे और यादवदकर ने आंध्र प्रदेश में संघ कार्य को आगे बढ़ाया। वसंतराव ओक दिल्ली के प्रभारी थे और भाऊराव देवरस उत्तर प्रदेश में संघ के कार्य-रथ को खींच रहे थे। ये सब लोग नागपुर शाखा से आए हुए स्वयंसेवक थे, जिसे बालासाहब देख रहे थे।

वर्ष 1942 से 1947 के मध्य 1000 से अधिक युवाओं ने संघ प्रचारक बनने का निर्णय लिया और देश भर में फैल गए। देश के सभी हिस्सों से संघ की शाखा शुरू किए जाने की माँग उठने लगी थी, जैसे-जैसे हिंदू यह मानने लगे कि यही एक ऐसी संस्था है, जो उनको मुसलिम लीग के गुंडों व इसलामी कट्टरवादियों के हमलों से बचाए रख सकती है, जो अपने देश को विभाजित किए जानेवाले अभियान में हिंदुओं को डस रही थी, ताकि उन्हें धर्म पर आधारित एक पृथक् राज्य 'पाकिस्तान' प्राप्त हो सके।

वर्ष 1946-47 में चार हजार स्वयंसेवकों ने राष्ट्रीय स्वयंसेवक संघ के देश भर में आयोजित प्रशिक्षण शिविरों में भाग लिया। यह अब तक की सर्वाधिक बड़ी संख्या थी।

वर्ष 1946 में राष्ट्रीय स्वयंसेवक संघ के एक वरिष्ठ कार्यकर्ता बच्छराज व्यास राजस्थान से वापस लौटे और नागपुर में उन्होंने फिर से अपनी वकालत शुरू की। उन्होंने अपने वकालत के कार्य से कुछ वर्षों का विराम लिया, ताकि वे राजस्थान में एक प्रचारक के रूप में संघ के लिए कार्य कर सकें। उनके नागपुर वापस आने पर उन्हें बालासाहब के स्थान पर नागपुर के कार्यवाह का भार सौंपा गया और गुरुजी ने बालासाहब से विस्तृत यात्राएँ करने के लिए कहा।

अप्रैल 1947 में विदर्भ में लगभग 1000 स्वयंसेवकों ने एक विशाल प्रशिक्षण शिविर में भाग लिया। बालाजी ने इस शिविर के आयोजन में प्रमुख भूमिका निभाई थी और वे व्यक्तिगत तौर पर वहाँ यह सुनिश्चित करने के लिए मौजूद रहे कि शिविर एक सफल आयोजन बने। जैसे ही शिविर का समापन हुआ, वे दिल्ली तथा पंजाब की यात्रा पर निकल गए। पंजाब में परिस्थिति काफी विस्फोटक हो चुकी थी। बालाजी का वहाँ पहुँचना अत्यंत महत्त्वपूर्ण साबित हुआ, जब उन्होंने उन स्वयंसेवकों को निर्देश दिए,

जिन्होंने हिंदुओं के बचाव में एक उत्कृष्ट भूमिका अदा करते हुए उन्हें सुरक्षित स्थानों पर भेजा, क्योंकि मुसलिम भीड़ ने हिंदू बस्तियों पर आक्रमण कर कई घर और संस्थान जलाए, हिंदू स्त्रियों से बलात्कार किया, बेकसूर हिंदुओं, जिनमें औरतें, बच्चे और यहाँ तक कि शिशु भी शामिल थे, को मार डाला।

पंजाब तथा दिल्ली के ढाई माह के अपने दौरे के उपरांत मार्च-अप्रैल 1947 में वापस नागपुर आने पर उन्होंने घटनाओं को याद करते हुए कहा, "मुसलिम लीग ने षड्यंत्र रचकर मुसलिम गुंडों से हिंदुओं पर एक प्रायोजित हमला करवाया। मैं अपने दौरे में जहाँ कहीं भी गया और बैठकों में भाग लिया, मुझे मालूम हुआ कि हिंदुओं के विरुद्ध वहाँ मेरे जाने के बाद हिंसक घटनाएँ घटीं।"

बालासाहब ने देश भर के प्रबुद्ध नागरिकों के साथ कई बैठकें कीं और उन्हें सावधान कर उन कदमों की ओर संकेत किया, जिन्हें देश के संभावित विभाजन को देखते हुए उठाना आवश्यक था। ऐसी ही एक बैठक में भारतीय नागरिक सेवा के लगभग 30 अफसर मौजूद थे। बालाजी ने उन सब को आगाह करते हुए उन्हें समय रहते राष्ट्र विरोधी तत्त्वों से निबटने के लिए आवश्यक कदम उठाने को कहा।

वर्ष 1947 में भारत के विभाजन की घोषणा की गई, उस समय पंजाब में राष्ट्रीय स्वयंसेवक संघ के दो प्रशिक्षण शिविर चल रहे थे। फगवाड़ा में 1400 स्वयंसेवक शिविर में प्रशिक्षण ले रहे थे, जबकि संगरूर में लगभग 2300 स्वयंसेवक उपस्थित थे। जैसे ही विभाजन की घोषणा हुई, शिविरों का समापन कर दिया गया और स्वयंसेवकों से वापस जाने को कहा गया। हिंदुओं के सुरक्षित बचाव को किसी भी कीमत पर सुनिश्चित करने को कहा गया।

वर्ष 1948 में एक दिलचस्प घटना घटी। मौरिस कॉलेज से दो स्वयंसेवक बालासाहब के पास आए और उनसे प्रार्थना की कि उनमें से एक छात्र को छात्र संघ के चुनावों में खड़ा होना चाहिए, जिनमें कांग्रेस पार्टी की छात्र इकाई और मार्क्सवादी पार्टी का बोलबाला था। बालासाहब ने उनमें एक—बी.ए. उधोजी को चुनाव में खड़े होने के लिए कहा और वह जीत गया। उधोजी के साथ जो अन्य छात्र बालासाहब के पास गया था, वह वसंत साठे थे, जो बाद में कांग्रेस के केंद्रीय मंत्री बने।

वर्ष 1948 राष्ट्रीय स्वयंसेवक संघ के लिए एक आमूल परिवर्तन का वर्ष साबित हुआ। 4 फरवरी, 1948 के दिन मोहनदास करमचंद गांधी की हत्या के चार दिन बाद संघ पर प्रतिबंध लगा दिया गया। उस समय के प्रधानमंत्री पंडित जवाहरलाल नहेरू ने इस घटना का उपयोग राष्ट्रीय स्वयंसेवक संघ को कुचलने के लिए किया, जो देश भर में एक दुर्जेय शक्ति के रूप में प्रकट हो रही थी। बालासाहब और संगठन के कई अन्य शीर्षस्थ व्यक्तियों को गिरफ्तार कर लिया गया। उन्हें बेतूल जेल में रखा गया। राष्ट्रीय

स्वयंसेवक संघ विरोधी इस काररवाई में 22000 से भी अधिक स्वयंसेवकों को गिरफ्तार कर लिया गया। 9 दिसंबर, 1948 से 21 जनवरी, 1949 के बीच राष्ट्रीय स्वयंसेवक संघ के स्वयंसेवकों ने एक सत्याग्रह (अहिंसापूर्ण प्रदर्शन) किया और 77090 स्वयंसेवकों ने अपनी गिरफ्तारियाँ दीं। उन्हें जेलों में रखने के लिए अधिकारियों को अतिरिक्त बैरकों का निर्माण करना पड़ा, चूँकि जेलों में पहले से इतनी जगह न थी।

मराठी समाचार-पत्र 'केसरी' के संपादक जी.वी. केतकर और अनुभवी नेता वेंकटराम शास्त्री ने राष्ट्रीय स्वयंसेवक संघ और सरकार के बीच मध्यस्थता के प्रयत्न किए। 29 मई, 1949 को राष्ट्रीय स्वयंसेवक संघ के द्वितीय प्रमुख श्रीगुरुजी, जो जेल में थे, ने बालासाहब को पत्र लिखकर कहा कि अगर सरकार राष्ट्रीय स्वयंसेवक संघ पर लगे प्रतिबंध को हटाने के लिए राजी नहीं होती तो वे एक और सत्याग्रह का नेतृत्व करें। यह पत्र एक कैदी के माध्यम से बालासाहब को प्राप्त होने वाला था, जो बेतूल जेल में बंद थे और रिहा होनेवाले थे। अधिकारियों ने वह पत्र पकड़ लिया और कांग्रेस नेतृत्व को समय बीतने के साथ चिंता सताने लगी, क्योंकि जनसाधारण का रुख अब संघ के प्रति समर्थन का था। सरकार को संघ के विरुद्ध कोई सबूत न मिल पाया था और आम धारणा यह थी कि इसे गलत ढंग से आरोप मंडित किया गया था, जबकि महात्मा गांधी की हत्या में संघ का कोई हाथ न था।

अंततः जुलाई 1949 में संघ पर लगा प्रतिबंध बिना शर्त हटा लिया गया और सभी संघ के गिरफ्तार स्वयंसेवकों तथा कार्यकर्ताओं को रिहा कर दिया गया। इस प्रतिबंध की अवधि में बालासाहब ने देश भर में संगठन को तैयार रखने में एक महत्त्वपूर्ण भूमिका निभाई। वे निरंतर गुरुजी के साथ संपर्क बनाए रखते थे, जिन्होंने उन्हें राष्ट्रीय स्वयंसेवक संघ पर लगे प्रतिबंध के प्रति होनेवाले सभी समझौतों और बातचीत में मुख्य भूमिका निभाने का कार्य सौंपा था।

बालासाहब को जनसंपर्क माध्यम के महत्त्व की पूर्ण जानकारी थी। जैसे ही राष्ट्रीय स्वयंसेवक संघ पर लगा प्रतिबंध उठा लिया गया, उन्होंने नागपुर के श्री नरकेसरी मंडल से मराठी समाचार 'तरुण भारत' खरीदने में एक महत्त्वपूर्ण भूमिका निभाई। यह समाचार-पत्र कुछ समय से बंद पड़ा था और इस पर 45000 रुपयों की देनदारी थी। बालासाहब ने यह पैसा बड़े प्रयत्नों से एकत्र किया और एक नया प्लेटफार्म 'नरकेसरी प्रकाशन संस्था' के नाम से खड़ा किया। इसने इस समाचार-पत्र को खरीद लिया।

राष्ट्रीय स्वयंसेवक संघ पर लगे प्रतिबंध के दौरान वर्ष 1948-49 में हिंदी साप्ताहिक पत्रिका 'युगधर्म' को शुरू किया गया और इसे 'नरकेसरी प्रकाशन संस्था' के अंतर्गत ले लिया गया। बाद में अलग-अलग शहरों से 'युगधर्म' के विभिन्न संस्करण शुरू किए गए। यह बालासाहब की दूरदृष्टि ही थी कि उन्होंने 'युगधर्म' के विभिन्न संस्करणों के

बारे में उस समय सोचा, जब भारत में अन्य किसी भी व्यावसायिक समाचार समूह ने इसके बारे में सोचा न था।

बालाजी का दृष्टिकोण बिल्कुल व्यावहारिक था। एक बार 'नागपुर टाइम्स' ने मार्क्सवादी नेता ए.बी. वर्धन के एक भाषण को विस्तार से प्रकाशित किया, जबकि 'तरुण भारत' में इसे संक्षिप्त वर्ग में छापा गया। बालासाहब ने संपादक से इस बारे में पूछा, फिर कहा, "अगर मुझे बर्धन ने जो कहा था, उसे जानने के लिए एक और समाचार-पत्र खरीदना पड़े तो इससे एक संपूर्ण समाचार-पत्र देने का लक्ष्य प्राप्त करने में हमारी कोई मदद नहीं होती।"

वर्ष 1950 तक बालासाहब ने अथक श्रम किया कि उन्हें 35 वर्ष की युवा अवस्था में स्वास्थ्य से संबंधित कई कठिनाइयों ने घेर लिया। गुरुजी को इससे स्पष्ट रूप से चिंता सताने लगी। बालासाहब ने कुछ समय के लिए आराम तथा पुन: स्वस्थ होने के बारे में निर्णय लिया। वे नागपुर में और कुछ समय के लिए नासिक में भी संघ के प्रचारक बने रहे।

अपने परिवार से दूर रहकर भी बालासाहब ने कभी उसे उपेक्षित नहीं किया। एक दिन उन्होंने अपनी भतीजी सिंधु को बुलाकर पूछा कि क्या वह विनायक शंकरराव अत्रे के साथ विवाह-सूत्र में बँधना चाहेगी, जिन्होंने एक प्रचारक के रूप में नागपुर आने से पहले तीन वर्ष विजयवाड़ा, आंध्र प्रदेश में बिताए थे। वे बालासाहब के करीबी थे और लगातार उनके संपर्क में रहते थे। सिंधु को बालासाहब में पूर्ण विश्वास था, परंतु फिर भी उन्होंने उससे कहा, "आप दोनों क्यों नहीं एक-दूसरे से मिलकर कुछ समय के लिए सैर पर जाएँ और फिर निर्णय लें कि आपको इस बारे में अंतत: क्या करना है?"

23 जून, 1959 के दिन विनायक और सिंधु नागपुर में 'न्यू इरा स्कूल' (अब नवयुग स्कूल) परिसर में विवाह-सूत्र में बँध गए। बालासाहब, गुरुजी और अन्य कई वरिष्ठ संघ कार्यकर्ताओं ने विवाह में भाग लिया और नवविवाहित जोड़े को आशीर्वाद प्रदान किया।

जब तक वे गतिहीन न हो गए, बालासाहब ने हमेशा यह सुनिश्चित किया कि दौरे पर चाहे कहीं भी हों, 'भैयादूज' के अवसर पर वे अपनी बड़ी बहन शांता पैथंकर के घर पर अवश्य जाते थे।

बालासाहब को खेती का भी पूर्ण ज्ञान था। उन्होंने और भाऊराव ने नागपुर तथा बालाघाट में भूमि विरासत में प्राप्त की थी। बालासाहब अकसर खेत पर जाकर व्यक्तिगत रूप से वहाँ हो रही खेती का निरीक्षण करते थे। उन्हें ऐसा करना पसंद था और वे उन मौकों का इंतजार करते थे। खेती से होनेवाली आय को राष्ट्रीय स्वयंसेवक संघ के कामों पर खर्च किया जाता था। बाद में दोनों भाइयों ने अपनी सारी जमीन बेच दी और प्राप्त रकम को राष्ट्रीय स्वयंसेवक संघ की गतिविधियों में लगा दिया।

वर्ष 1950 से लेकर 1960 तक बालासाहब के पास राष्ट्रीय स्वयंसेवक संघ की कोई औपचारिक जिम्मेदारी न थी। जब वे पुन: स्वस्थ हो गए, गुरुजी अकसर उन्हें चुनौती भरे कुछ कार्य सौंपा करते थे, जो नई गठित की गई संस्थाओं से संबंधित होते थे, जैसे अखिल भारतीय विद्यार्थी परिषद्, भारतीय मजदूर संघ, भारतीय जनसंघ आदि। उन्होंने यह भी सुनिश्चित किया कि राष्ट्रीय स्वयंसेवक संघ के स्वयंसेवक मीडिया के क्षेत्र में नए प्रयोगों में शामिल हों और अपने नए प्रकाशन लेकर आएँ, जिससे प्रमुख मुद्दों पर राष्ट्रीय स्वयंसेवक संघ के विचार-बिंदुओं को लोगों तक पहुँचाने में सहायता मिले। इन सब वर्षों के दौरान एक संघ स्वयंसेवक नत्थू प्रसाद को बालासाहब की सहायता के लिए नियुक्त किया गया। बाद में बालाजी ने सुनिश्चित किया कि उनका सहायक विवाह कर ले और स्थायी जीवन जिए। यह उनमें एक ऐसा गुण था, जिसकी सब लोग, जो उनके निकट थे, प्रशंसा करते थे। कई प्रचारक कई वर्षों तक प्रचारक के रूप में कार्य करने के बाद अपने घर वापिस जाने पर बालासाहब के पास आते थे। वे उनको स्थायी आजीविका दिलाने में मदद की और परिवार बसाने में मदद करते थे।

बालासाहब जब पूर्ण रूप से स्वस्थ हो गए, उनको कहा गया कि वे 'नागपुर प्रांत प्रचारक' की जिम्मेदारी सँभालें। वर्ष 1963 में बालासाहब को 'सहसरकार्यवाह' (उप महासचिव) नियुक्त किया गया, जब भैयाजी दाणी 'सरकार्यवाह' (महासचिव) थे। उसी वर्ष एकनाथ रानाडे ने कन्याकुमारी में स्वामी विवेकानंद के जन्म शताब्दी वर्ष में विवेकानंद स्मारक बनाए जाने का गुरुतर काम अपने ऊपर लिया।

बालासाहब ने फिर से अपनी सघन यात्राएँ शुरू कीं। उन्होंने प्रांत स्तर पर तीन दिवसीय बैठकें लेने से अपनी यात्रा की शुरुआत की। प्रत्येक बैठक में छह सत्र हुआ करते थे, जिनमें वे संस्था के अलग-अलग पहलुओं तथा संघ की विचारधारा पर अत्यधिक सूक्ष्मता से विचार-विमर्श करते थे। वे चाहते थे कि जो व्यक्ति बैठक में शामिल होने के लिए आएँ, वे एक-दूसरे के साथ बातचीत करें। बालासाहब का प्रयत्न होता था कि वे प्रत्येक शाखा, प्रत्येक जिला तथा देश के प्रत्येक प्रभाग का संघ के कार्यों के लिए दौरा करें। उन्होंने मजबूती और विकास पर एक ही समय में बराबर जोर दिया। संघ के मूल्यों की 'पवित्रता' और शाखा के उचित 'प्रकार' उनकी प्राथमिकता सूची में प्राथमिक स्तर पर रहते थे। इससे यह सुनिश्चित हुआ कि राष्ट्रीय स्वयंसेवक संघ अपने कर्तव्य मार्ग और आदर्शों पर जोर देने से न विचलित हो, जैसा कि कई संगठन हो जाते हैं, चाहे राष्ट्रीय स्वयंसेवक संघ तीव्रता से आगे बढ़ने के अपने क्रम को भले ही निरंतर जारी रखे।

वर्ष 1965 तक भैयाजी दाणी काफी अस्वस्थ हो गए थे। इसलिए बालासाहब को मार्च 1965 में सरकार्यवाह नियुक्त कर दिया गया। भैयाजी का 2 मई, 1965 को देहावसान हो गया।

आगे वर्षों तक बालासाहब ने अथक रूप से यात्राएँ जारी रखीं और राष्ट्रीय स्वयंसेवक संघ ने पूरे देश में बड़ी तेजी से अपना काम बढ़ाया। वर्ष 1970 में सरसंघचालक (गुरुजी) के कैंसर का निदान हुआ। गुरुजी और बालासाहब के मध्य राष्ट्रीय स्वयंसेवक संघ के भविष्य के कार्यस्वरूप पर निरंतर चर्चा होती रहती थी। इन चर्चाओं के फलस्वरूप यह निर्णय लिया गया कि एक तीन दिवसीय 'चिंतन बैठक' का आयोजन कन्याकुमारी में किया जाए। यह अधिवेशन, जिसमें राष्ट्रीय स्वयंसेवक संघ के सभी महत्त्वपूर्ण कार्यकर्ताओं ने भाग लिया, इनमें वे भी शामिल थे, जिनको अलग-अलग विभिन्न क्षेत्रों में कार्य करने के लिए बाहर भेजा जाता रहा था, जैसे शिक्षा, राजनीति, मजदूर संघ, जनजातीय कल्याण, धार्मिक संस्थान आदि, वर्ष 1971 में आयोजित हुआ। इन क्षेत्रों में पिछले कुछ वर्षों में कई संस्थाएँ अस्तित्व में आ गई थीं, जो अपनी पहचान बनाने में लगी थीं, जैसे भारतीय जनसंघ, विश्व हिंदू परिषद्, भारतीय मजदूर संघ, अखिल भारतीय विद्यार्थी परिषद्, वनवासी कल्याण आश्रम आदि।

यह बैठक 28 अक्तूबर से 1 नवंबर तक चली। बालासाहब ने व्यक्तिगत रूप से बड़ी संख्या में कार्यकर्ताओं से बातचीत की और उनके द्वारा दी गईं जानकारियों को ग्रहण किया, जिसे संघ के फैलाव के साथ-साथ इसको मजबूती प्रदान करने की दिशा में आगे की रणनीति निर्धारित करने के काम में उपयोग किया गया। इस बीच गुरुजी ने, उनको आराम की सलाह होने के बावजूद, अगले तीन वर्षों तक देश भर के विस्तृत दौरे जारी रखे। वर्ष 1973 में उनका स्वास्थ्य और खराब हो गया और 5 जून, 1973 के दिन उनकी आत्मा ने शरीर त्याग दिया। उस समय बालासाहब आंध्र प्रदेश में एक प्रशिक्षण शिविर में भाग ले रहे थे। वे संघ मुख्यालय नागपुर 6 जून, 1973 के दिन दोपहर लगभग 12.30 बजे पहुँचे। गुरुजी ने तीन पत्र लिखे थे और उन्हें 2 अप्रैल, 1973 को 'अखिल भारतीय व्यवस्था प्रमुख' पांडुरंग पंत क्षीरसागर को सौंप दिया था। ये पत्र आगामी व्यवस्थाओं के लिए थे और पांडुरंग पंत को यह निर्देश दिया गया था कि वे इन्हें गुरुजी के निधन के उपरांत ही खोलेंगे। गुरुजी के अंतिम संस्कार से पहले इनमें से दो पत्रों को बालासाहब ने पढ़ा। उन्होंने महाराष्ट्र प्रांत संघचालक बाबाराव भिड़े को तीसरा पत्र पढ़ने के लिए दिया, जिसमें नए सरसंघचालक के बारे में घोषणा की गई थी। बाबाराव भिड़े भावुक स्वयंसेवकों की उमड़ती हुई भीड़ के मध्य खड़े थे, जब उन्होंने माइक के सामने वह पत्र पढ़ना शुरू किया, जिसे लाउडस्पीकर के जरिए समस्त स्वयंसेवकों ने सुना।

बाबाराव ने पढ़ा, "मेरे सभी बंधु स्वयंसेवकों के लिए, पिछले एक महीने से मेरा शरीर अपनी ताकत बड़ी तेजी से खो रहा है। डॉक्टरों ने उम्मीद छोड़ दी है। ऐसा लगता है कि सबके मस्तिष्कों में यह विचार आ गया है कि यह शरीर अब अधिक समय तक

मेरा साथी न रह पाएगा।

"इस तरह से संघ कार्य के प्रति व्यवस्था का एक महत्त्वपूर्ण प्रश्न पैदा होता है। संघ (राष्ट्रीय स्वयंसेवक संघ) का कार्य निर्बाध रूप से इसके संविधान के अनुरूप चलता रहेगा। नए सरसंघचालक को चुने जाने का प्रश्न भी उसी संविधान के अंतर्गत निबटाया जाना है। 'अखिल भारतीय कार्यकारी मंडल' के जिन सदस्यों से मैंने इस पर चर्चा की, वे सभी मँजे हुए अनुभवी कार्यकर्ता हैं और प्रांत स्तर पर वे सब संघचालक के रूप में कार्य कर रहे हैं। सरसंघचालक के रूप में यह मेरी जिम्मेदारी बनती है कि मैं उनके समग्र निर्णय को साझा करूँ।

"मैं अपनी इस जिम्मेदारी को निभा रहा हूँ, अपना यह निर्णय सबको बताकर कि मेरी मृत्यु के उपरांत सरसंघचालक की जिम्मेदारी श्री मधुकर दत्तात्रेय उपाख्या बालासाहब देवरस निभाएँगे, जिन्हें आप सब जानते हैं।"

बालासाहब को उस पत्र के पढ़े जाने के बाद इस बात का पता चला कि वे अब संघ प्रमुख होंगे। थोड़े समय के लिए शांति छा गई। यह महसूस किया जा सकता था कि अनिश्चितता की भावना गायब हो चुकी थी और सर्वसम्मति यह थी कि राष्ट्रीय स्वयंसेवक संघ का नेतृत्व सक्षम हाथों में जा रहा था। बालासाहब उस समय 58 वर्ष के थे, जब उन्हें यह जिम्मेदारी सौंपी गई, वे मधुमेह के रोगी थे और अच्छे स्वास्थ्य की दशा में न थे, परंतु इससे वे कदापि विचलित न हुए और अगले दो वर्षों तक उन्होंने अथक यात्राएँ कीं, आपातकाल में जेल यात्रा की और एक कठोर जीवन-शैली को अपनाया, जिसने अंततः अपना प्रभाव दिखाया, परंतु उन्होंने कभी भी अपनी स्वास्थ्य संबंधी समस्याओं का जिक्र किसी के आगे न किया और न ही संघ संबंधी कार्यों पर इसका कोई प्रभाव पड़ने दिया।

बालासाहब अकसर सरसंघचालक के रूप में अपनी नियुक्ति के संदर्भ में एक किस्सा सुनाया करते थे, "एक अत्यधिक मोटा व्यक्ति एक बार ट्रेन में सफर कर रहा था। वह इतना मोटा था कि जब वह एक स्टेशन पर उतरना चाहता था, उसने अपनी पीठ प्लेटफार्म की ओर की और उलटा चलते हुए प्लेटफार्म पर उतरने का यत्न किया। चूँकि वहाँ अत्यधिक भीड़ थी, लोगों को यह ज्ञान न हुआ कि वह उतरना चाह रहा है, तो उन्होंने उसे ऊपर धकेल दिया और वह फिर से ट्रेन के भीतर आ गया और ट्रेन चल पड़ी। इस प्रकार मेरी दशा भी ठीक वैसी ही है। मैं कभी नहीं चाहता था कि मैं सरसंघचालक बनूँ, परंतु सबने मुझे अंदर धकेल दिया और मैं सरसंघचालक बन गया। अब मैं केवल आपके विश्वास के माध्यम से ही सफलता पा सकूँगा।"

बालासाहब को जब 'परम पूजनीय सरसंघचालक श्री बालासाहब देवरस' इन शब्दों से संबोधित किया जाने लगा तो आरंभ में असामान्य अनुभव करते थे। वे एक व्यक्ति के लिए प्रयुक्त अभिव्यक्ति 'परम पूजनीय' से बिल्कुल भी सहज अनुभव न करते

थे, परंतु फिर काफी चर्चा के बाद जब सब इस बात पर मतैक्य थे कि 'परम पूजनीय' की अभिव्यक्ति किसी व्यक्ति के लिए नहीं, बल्कि इसका अर्थ सरसंघचालक के पद के प्रति निकाला जाना चाहिए, तब वे कुछ सहज हो गए। सरसंघचालक बन जाने के बाद बालासाहब देश भर में प्रवास पर निकल पड़े। उन्होंने बड़ी संख्या में एकत्र लोगों, सार्वजनिक सभाओं, सम्मेलनों आदि को संबोधित किया।

जिन लोगों ने उन कार्यक्रमों में भाग लिया, उनकी एक बड़ी संख्या स्वयंसेवकों की थी। वर्ष 1974 के मध्य तक बालासाहब राष्ट्रीय स्तर पर एक सर्वाधिक शक्तिशाली बुद्धिजीवी, विवेकपूर्ण और देशभक्तिपूर्ण आवाज के रूप में उभरकर सामने आए। जिस प्रकार से उनके यात्रा कार्यक्रमों को आयोजित किया गया, उससे संघ और हिंदुत्व के बारे में विभिन्न गलत धारणाओं को दूर करने और उनके विरुद्ध किए जा रहे दुष्प्रचार को रोकने में मदद मिली। बालासाहब को वर्ष 1971-72 से यह आभास होने लगा था कि इंदिरा गांधी के नेतृत्ववाली कांग्रेसी सरकार राष्ट्रीय स्वयंसेवक संघ पर प्रतिबंध लगाकर रहेगी। इस कारण से देश को यह बताना महत्त्वपूर्ण था कि राष्ट्रीय स्वयंसेवक संघ की विचारधारा और गतिविधियाँ क्या हैं। उन्होंने यह कार्य कुशलतापूर्वक और प्रभावपूर्ण ढंग से किया था। अधिकतर कार्यक्रम, जो बालासाहब ने अपने प्रथम वर्ष में सरसंघचालक के रूप में किए, उनमें एक प्रश्न-उत्तर सत्र भी था, जिसमें श्रोताओं में से कोई भी व्यक्ति प्रश्न पूछ सकता था और वे उसका उत्तर देते थे। यह बालासाहब के कार्यक्रमों का एक विशेष चरित्र था, जो अगले दो दशकों तक चला।

एक ऐसा ही सत्र नवंबर 1973 में दिल्ली में स्थित संविधान क्लब में हुआ। प्रमुख नागरिकों की एक बैठक को संबोधित करते हुए उन्होंने एक प्रमुख अंग्रेजी दैनिक समाचार-पत्र 'दि स्टेट्समैन' द्वारा व्यक्त एक डर के प्रति अपनी प्रतिक्रिया जाहिर की। बालासाहब ने कहा, 'दि स्टेट्समैन' समाचार-पत्र ने शंका जाहिर की है कि मैं स्वयं से कितना काम कर पाऊँगा? उनकी शंका ठीक है, जब वह मेरे प्रति एक व्यक्ति के रूप में व्यक्त की जाए, लेकिन राष्ट्रीय स्वयंसेवक संघ ने एक लक्ष्य को साधा है और यही उसकी, डॉ. हेडगेवार के जाने के बाद भी, प्रगति का राज है। ठीक इसी प्रकार संघ का कार्य गुरुजी के चले जाने के बाद भी उन्नति के मार्ग पर जारी रहेगा, किसी को भी इस बारे में कोई शंका नहीं होनी चाहिए।"

इस भाषण के बाद श्रोताओं ने अनेक प्रश्न किए। उनमें से एक प्रश्न राष्ट्रीय स्वयंसेवक संघ के राजनीतिक दलों पर विचारों से संबंधित था। बालासाहब ने उत्तर दिया कि "संगठन ने स्वयंसेवकों को खुली छूट दे रखी है कि वे किसी भी राजनीतिक दल में शामिल हों या उनके लिए कार्य करें। अब आप पूछेंगे कि क्यों अधिकतर स्वयंसेवक भारतीय जनसंघ का समर्थन करते हैं? इसके लिए कोई कारण नहीं है। वर्ष 1946 में

कांग्रेस ने अपने अधिवेशन में राष्ट्रीय स्वयंसेवक संघ के प्रति विरोध जताया। वर्ष 1948 में राष्ट्रीय स्वयंसेवक संघ पर महात्मा गांधी की हत्या करवाने का झूठा आरोप लगा। श्रीगुरुजी, मुझे और हजारों स्वयंसेवकों को गिरफ्तार कर कारावास भेजा गया और उन पर हत्या का आरोप भारतीय दंड संहिता की धारा 302 के अंतर्गत दर्ज किया गया। उस उतार-चढ़ाव भरे समय में किसी भी राजनीतिक दल ने संघ का समर्थन नहीं किया। हमारे पास संसद् में एक भी ऐसा सदस्य नहीं था, जो इस बारे में कोई प्रश्न खड़ा करता। हमने सोचा कि ऐसी परिस्थिति को लंबा नहीं खींचा जा सकता।

सरदार पटेल चाहते थे कि संघ के कार्यकर्ता कांग्रेस में शामिल हो जाएँ, क्योंकि वे सोचते थे कि इससे देश के हितों की रक्षा हो सकेगी। इन्होंने यह बात गुरुजी को लिखे एक पत्र में कही थी, लेकिन कांग्रेस के भीतर कुछ वर्गों, विशेष रूप से समाजवादियों ने उनके इस सुझाव का विरोध किया। इस प्रकार यह बात आगे न बढ़ पाई। इस तरह से यह कई स्वयंसेवकों के लिए स्वाभाविक था कि वे जनसंघ की ओर ही जाएँ। यही वह कारण है कि आज जनसंघ अस्तित्व में है, परंतु हम यह भी मानते हैं कि राजनीतिकि छुआछूत भी नहीं होनी चाहिए। अगर ऐसा हो तो हम चाहेंगे कि हमारे स्वयंसेवक सभी राजनीतिक पार्टियों के लिए कार्य करें। ऐसा हमारा विचार है। जब मोरारजी भाई, कृष्णा मेनन और सुभद्रा जोशी एक राजनीतिक दल में रहकर काम कर सकते हैं, तो इसमें क्या बुराई है कि अन्य लोग भी ऐसा करें!"

मई 1974 में बालासाहब ने पुणे स्थित प्रतिष्ठित 'वसंत व्याख्यानमाला' में एक व्याख्यान प्रस्तुत किया। इस व्याख्यान को राष्ट्रीय स्वयंसेवक संघ के कुछ यादगार क्षणों के रूप में गिना जा सकता है। बालासाहब ने इस बेलाग भाषण में जातिगत भेदभाव, जिसमें हिंदू समाज जकड़ा हुआ है, की धज्जियाँ उड़ाते हुए बड़ी वीरता से घोषणा की, "छुआछूत एक अभिशाप है। इसे यहाँ से पूरी तरह जाना होगा।" उन्होंने अब्राहम लिंकन को उद्धृत करते हुए आगे कहा, "लिंकन ने कहा था, 'अगर गुलामी अनैतिक या गलत नहीं है, तो फिर कुछ भी गलत नहीं है।' हमें भी कहना चाहिए, 'अगर छुआछूत गलत नहीं है तो फिर कुछ भी गलत नहीं है'।"

वर्तमान सरसंघचालक मोहन भागवत ने 'ऑर्गेनाइजर' में प्रकाशित (मार्च 31 संस्करण, 2017) एक साक्षात्कार में कहा, "आज राष्ट्रीय स्वयंसेवक संघ का प्रभाव काफी अधिक है, अपेक्षाकृत उससे, जब यह उतना अधिक न था, मगर यह सिर्फ एक शुरुआत थी। इस प्रकार का राष्ट्रीय स्वयंसेवक संघ का समानाधिकारवादी दृष्टिकोण समाज के लिए भी आवश्यक था। इसलिए सरसंघचालक की जिम्मेदारी उठाने के बाद बालासाहब ने एक स्वर में संस्था के मुख्य उद्देश्य के रूप में इसके द्वारा 'सामाजिक समरसता' के बारे में घोषणा की। इसके अर्थ को स्वयंसेवकों के मस्तिष्क में और वृहत्तर

समाज में स्पष्ट करने के लिए बालासाहब ने महीनों तैयारी की और 'वसंत व्याख्यानमाला' (8 मई, 1974 को पुणे में आयोजित एक व्याख्यान शृंखला) में अपना प्रसिद्ध व्याख्यान प्रस्तुत किया। समानाधिकारवाद की प्रथा संघ के भीतर विद्यमान थी, परंतु इसके पीछे की सोच प्रक्रिया को उस व्याख्यान के द्वारा स्वयंसेवकों को स्पष्ट किया गया तथा वृहत्तर समाज को भी एक संदेश दिया गया।"

उन्होंने कहा, "समाज द्वारा हाशिए पर रखे गए कुछ वर्गों ने सदियों से कष्ट झेले हैं। उनके दिलों में यह दर्द घर कर गया है। हमें भी इस दर्द का अहसास है। हमें इस दशा को बदलना है। समाज का उपेक्षित वर्ग तथा समाज के अन्य वर्गों को एक-दूसरे के साथ इस प्रकार पेश आना चाहिए कि असमानता दूर हो जाए। भूतकाल के विवादों को वर्तमान में नहीं लेकर आना चाहिए, नहीं तो भविष्य में खतरा पैदा होगा। किसी को भी यह नहीं करना चाहिए। अगर ऐसा होता है तो मार्ग में रुकावटें न होंगी। मुझे पूर्ण विश्वास है कि समाज के उपेक्षित वर्गों को आपकी दयादृष्टि की आवश्यकता नहीं है। वे चाहते हैं कि उनके साथ समान व्यवहार हो। वे अपने स्वयं के प्रयत्नों से ही सबकुछ पाना चाहते हैं। अगर इसे पाने के लिए उन्हें कुछ सुविधाओं की आवश्यकता है तो वे उनको मिलनी चाहिए। उन्हें कब तक वे सुविधाएँ देनी होंगी, यह भी उन पर छोड़ देना चाहिए। परंतु अंततः एक समय आना चाहिए, जब प्रत्येक व्यक्ति यह महसूस करे कि हम सब एक समान हैं तथा एक जैसे पढ़े-लिखे हैं। समाज में इसकी स्थापना होनी ही चाहिए।"

यहाँ इस भाषण को दोबारा लिखना प्रासंगिक होगा, जो राष्ट्रीय स्वयंसेवक संघ के सामाजिक समानता तथा सामाजिक सद्भाव संबंधी मुद्दों के प्रति इसकी विचारधारा के दृष्टिकोण पर एक संदर्भ बिंदु बन चुका है। यह भाषण हिंदुत्व के विभिन्न पहलुओं पर फैले मकड़जाल तथा भ्रांतियों को भी दूर करने का काम करता है।

सामाजिक समता और हिंदू संगठन

आपने मुझे वसंत व्याख्यानमाला के इस वर्ष के भाषण सत्र में आमंत्रित कर जो गौरव प्रदान किया है तथा यहाँ अपने विचार व्यक्त करने का सुअवसर दिया है, उसके लिए मैं आपका आभारी हूँ।

यहाँ के आयोजकों ने मुझे कुछ विषय सुझाए थे। उनमें से मैंने 'सामाजिक समता और हिंदू संगठन' विषय को चुना। राष्ट्र के भविष्य तथा विशेष रूप से हिंदू संगठन की दृष्टि से यह विषय अत्यंत महत्त्वपूर्ण है। राष्ट्र के कल्याणार्थ हिंदू संगठन आवश्यक है, अतः उससे संबंधित सभी प्रश्न महत्त्वपूर्ण हैं। किंतु इनमें भी सामाजिक समता का विषय नाजुक और सामयिक होने के कारण वह मुझे अधिक महत्त्व का प्रतीत हुआ। इसलिए मैंने सोचा कि ऐसे विषय पर विचार व्यक्त करने का सुअवसर मुझे नहीं चूकना चाहिए।

हिंदू कौन है ?

हिंदू कौन है ? 'हिंदू' शब्द की व्याख्या क्या है, इस पर अनेक बार काफी विवाद खड़े किए जाते हैं, ऐसा हम सभी का सामान्य अनुभव है। 'हिंदू' शब्द की अनेक व्याख्याएँ हैं, किंतु कोई भी परिपूर्ण नहीं है; क्योंकि हरेक में अव्याप्ति या अति-व्याप्ति का दोष है। किंतु कोई सर्वमान्य व्याख्या नहीं है। केवल इसलिए क्या हिंदू समाज के अस्तित्व से इनकार किया जा सकेगा ? मेरी यह मान्यता है कि हिंदू समाज है और इस नाम के अंतर्गत कौन आते हैं, इस संबंध में भी सभी बंधुओं की एक निश्चित व सामान्य धारणा है, जो अनेक बार अनेक प्रकार से प्रकट होती है। कुछ वर्ष पूर्व सरकार ने 'हिंदू कोड' बनाया। उसे बनाने में पं. नेहरू तथा डॉ. आंबेडकर आदि अगुआ थे। यहाँ के बहुसंख्य समुदाय के लिए यह कोड लागू करने के विचार से अंततोगत्वा उन्हें इस कोड को 'हिंदू कोड' ही कहना पड़ा तथा वह किन लोगों पर लागू होगा, यह बताते समय उन्हें यही कहना पड़ा कि मुसलमान, ईसाई, पारसी तथा यहूदी लोगों को छोड़कर अन्य सभी के लिए, अर्थात् सनातनी, आर्यसमाजी, जैन, सिख, बौद्ध—सभी पर यह लागू होगा। आगे चलकर तो यहाँ तक कहा है कि इनके अतिरिक्त और जो भी लोग होंगे, उन्हें भी यह कोड लागू होगा। 'हमें यह लागू नहीं होगा', यह सिद्ध करने का दायित्व भी उन्हीं पर होगा।

उन्हें ऐसा विचार क्यों करना पड़ा ? तो उनके ध्यान में यह बात आई कि ऐतिहासिक, सामाजिक और सांस्कृतिक सभी दृष्टियों से इन सभी बंधुओं के लिए सर्वसमावेशक शब्द 'हिंदू' ही है। इसलिए 'हिंदू' शब्द का उच्चार करते ही ये सारे लोग उसमें आते हैं, ऐसा मानकर ही हम इस विषय का विचार करेंगे।

हम सभी हिंदुओं को संगठित करना चाहते हैं। संगठन यानी मोर्चा या सभा नहीं। वहाँ भी लोग एकत्र होते हैं और संगठन में भी एकत्र आते हैं अथवा यह कहना अधिक उचित होगा कि संगठन में उन्हें एकत्रित करना पड़ता है। एकत्र होने पर वे एकत्रित साथ-साथ कैसे रहेंगे, उन्हें एक-साथ क्यों रहना चाहिए, इसका भी विचार करना पड़ता है। इस एकता का आधार क्या हो सकता है ?

अपनी यह मातृभूमि है, हम उसके पुत्र हैं और हजारों वर्षों से हम यहाँ एक साथ रहते आए हैं। इस दीर्घ कालखंड में हमने अतीत का उज्ज्वल इतिहास निर्माण किया है, यह भावनात्मक आधार तो होगा ही। किंतु क्या यही पर्याप्त है ? क्या इस भावना के साथ ही कोई व्यावहारिक पक्ष होना आवश्यक नहीं ? सब लोगों को 'हम सभी एक हैं' का भावात्मक बोध होना जैसा आवश्यक है, वैसा ही प्रत्यक्ष व्यवहार में भी इस एकता का अनुभव सदा सहज रूप से होना चाहिए। अपने दैनंदिन व्यवहार में जब तक हम सभी को अपनी इस 'एकता' की अनुभूति नहीं होती, तब तक एकता की नींव मजबूत और

चिरस्थायी नहीं हो सकती। यदि आप ऐसा समझते हैं, और मुझे विश्वास है कि आप भी ऐसा ही सोचते हैं, तो फिर इस दृष्टि से हममें क्या कमी है, इसका विचार करना भी आवश्यक हो जाता है।

धर्मांतरण का दोषी कौन?

विगत अनेक शताब्दियों के इतिहास में मुट्ठी भर मुसलमानों तथा अंग्रेजों ने इस देश पर राज किया। हमारे अनेक बांधवों का धर्मांतरण किया तथा हम लोगों के बीच ब्राह्मण-गैर ब्राह्मण, सवर्ण-अस्पृश्य आदि भेद पैदा किए। इस संबंध में केवल उन लोगों को दोष देकर हम अपने दायित्व से मुक्त नहीं हो सकते। परकीयों से संबंध आने, उनके द्वारा बुद्धि-भेद किए जाने से ही यह सब हुआ, ऐसा कहने मात्र से क्या होगा? अन्य समाज और संस्कृति के साथ आज नहीं तो कल संबंध तो आने वाला ही था। बर्लिन में जिस भाँति दीवार खड़ी की गई, वैसा होना तो संभव ही नहीं था। दीवार तो वे खड़ी करते हैं, जिन्हें दूसरों के दर्शन और विचारों से भय लगता है। दोनों पद्धतियाँ एक साथ चलने में ही उनकी श्रेष्ठता प्रस्थापित होती है। जो पद्धति भय के कारण अपने चारों ओर दीवार खड़ी करती है, वह तो स्वयं ही अपनी हीनता स्वीकार कर लेती है। अत: अन्य लोगों पर दोषारोपण करने की अपेक्षा अंतर्मुख होकर हमारे किन दोषों का उन्होंने लाभ उठाया, इसका भी हमें विचार करना होगा। इसके लिए सामाजिक विषमता भी कारणीभूत रही है, ऐसा हमें स्वीकार करना होगा। वर्ण-भेद, जाति-भेद, अस्पृश्यता—ये सभी सामाजिक विषमता के ही आविष्कार हैं। आज भी समाज में विचरण करते समय इन प्रश्नों की ठोकर हमें लगती है, यह हम सभी का अनुभव है।

सद्-असद् विवेक चाहिए

अत्यंत प्राचीनकाल से चली आ रही संस्कृति के हम अभिमानी हैं। संपूर्ण हिंदू समाज को अपनी संस्कृति का अभिमान रखना चाहिए, यह हमारी अपेक्षा है। हम समझते हैं कि हिंदू को यदि सच्चे अर्थ में हिंदू के रूप में जीवित रहना है तो उसे अपनी संस्कृति के शाश्वत जीवन-मूल्यों को, जो प्रदीर्घकाल के आघातों और ऐतिहासिक तथा राजनीति की उथल-पुथल के बावजूद टिके रहे, बने रहे, उनकी विरासत को नहीं छोड़ना चाहिए। ऐसा सोचना उचित ही है। किंतु इसका यह अर्थ नहीं कि 'जो पुराना है वह सोना है', वह अपरिवर्तनीय और शास्त्र-शुद्ध है।

'पुराणमित्येव न साधु सर्वं—अर्थात् पुराना है, इसलिए अच्छा है, ऐसा मानने का कोई कारण नहीं। यह भी सोचने का तरीका उचित नहीं कि पुरानी बातों से अब तक हमारा गुजारा होता रहा, अत: आज ही नए ढंग से सोचने की क्या आवश्यकता है?

तातस्य कूपोध्यमिति दुवाणा।
क्षारं जलं कापुरुषा पिबन्ति॥

अर्थात् यह कुआँ मेरे पिताजी का है, उसका जल खारा हुआ तो क्या हुआ ? उन्होंने इसका जल पिया है, उनका कुछ नहीं बिगड़ा, अतः हम भी उसी जल को पीएँगे, इस प्रकार का दुराग्रह करना ठीक नहीं होगा। समाज में अनेक प्रकार के लोग रहते हैं। एक वर्ग किसी भी नई बात को स्वीकार करने को तैयार रहता है। अन्य प्रकार के लोगों में पुरानी बातों से चिपके रहने की वृत्ति होती है।

सन्ताः परीक्षान्यतरत् भजन्ते।

ऐसा विचार कर अर्थात् कसौटी पर कसकर, सद्विवेक-बुद्धि से किसी वस्तु का त्याग अथवा स्वीकार करना ही अधिक उचित होगा। अधिकाधिक लोग इसी पद्धति से विचार और आचार करने हेतु प्रवृत्त हों, ऐसा हमें प्रयास करना चाहिए।

कालानुरूप सुधार

मुझे यह जानकारी मिली है कि यहूदी लोगों ने विशिष्ट कालखंडों के बाद बार-बार अपने धर्मग्रथों और धार्मिक आचारों की जाँच की है, पुनर्मूल्यांकन किया है। धर्मग्रंथ के शब्द तो बदलना संभव नहीं था, किंतु उन्होंने नई व्याख्याएँ तैयार कीं। प्राचीनकाल में अपने देश में भी इसी प्रकार का धर्म-चिंतन, धर्म-मंथन किया ही गया होगा। उन्होंने इस बात का भी विचार किया होगा कि अपने धर्म की शाश्वत बातें कौन सी हैं और परिवर्तनीय कौन सी ? अन्यथा इतनी स्मृतियाँ तैयार नहीं हो पातीं। अपने देवताओं में परिवर्तन हुआ है। ऋग्वेद के इंद्र, वरुण, अग्नि प्रभृति देवताओं की बजाय विष्णु और शिव की उपासना चल रही है। शैव और वैष्णवों के बीच शत्रुता का व्यवहार था, किंतु आद्य शंकराचार्यजी ने समन्वय स्थापित कर पंचायतन पूजा प्रचलित की। अब तो घर-घर में शिवरात्रि के साथ ही, शयनी व प्रबोधिनी एकादशी का व्रत रखा जाता है।

प्राचीन ग्रंथों में, पुराणों में जो कथाएँ बताई गई हैं, उन्हें हम ज्यों-की-त्यों सही मानने के लिए तैयार नहीं। अपने पुराणों में चंद्र-ग्रहण की कथा है। राहु चंद्रमा को लीलता है, इसलिए चंद्र को ग्रहण लगता है। अतः शालाओं में बच्चों को चंद्र-ग्रहण क्यों लगता है, यह पढ़ाते समय क्या इस कथा को भी पुस्तक में शामिल किया जाएगा ? ऐसी बात नहीं कि रूढ़िवादिता या धर्मग्रंथ के हर शब्द पर अक्षरशः विश्वास और आस्था रखना कोई अपने ही देश में है। सन् 1925 में अमेरिका में एक बड़ा रोचक मामला चला ('द ट्रायल दैट रॉक्ड द वर्ल्ड', रीडर्स डाइजेस्ट, जुलाई 1962)। वहाँ एक राज्य में किसी शिक्षक पर मामला चलाया गया। उस पर आरोप लगाया गया कि 'बाइबिल' में सृष्टि और मनुष्य की उत्पत्ति की जो कहानी है, उसके विरुद्ध वह 'विकास का सिद्धांत' (Theory of

Evolution) बताता है। उसे दंड भी दिया गया। किंतु आज तो सभी ईसाई 'बाइबिल' में वर्णित सृष्टि व मनुष्य की उत्पत्ति की कहानी को अमान्य करते हैं। फिर भी 'बाइबिल' को वे अमान्य नहीं करते। यह बात ध्यान में रखने योग्य है।

अनेक बातें ईश्वर ने निर्माण की हैं, ऐसा कुछ लोग मानते हैं। वे अपरिवर्तनीय हैं, यही समझाने का उनका उद्‌देश्य रहता है। किंतु ईश्वर ने ही स्वयं कहा है कि—

"धर्म-संस्थापनार्थाय संभवामि युगे-युगे।"

धर्म-ग्लानि के बाद धर्म-संस्थापना का यह अर्थ तो नहीं कि पुरानी बातों को ही फिर से लाया जाएगा, उसमें कोई परिवर्तन नहीं होगा। अंतिम पैगंबर की भाँति 'मैं अंतिम अवतार हूँ', ऐसा तो किसी ने नहीं कहा। प्राणतत्त्व तो पुराने ही होंगे, क्योंकि वे शाश्वत एवं सनातन हैं। किंतु उनका आविष्कार और अभिव्यक्ति में परिवर्तन। इस परिवर्तन का हमें स्वागत करना चाहिए।

प्राचीनकाल में जो व्यवस्थाएँ निर्माण हुईं, वे उस काल की आवश्यकता के अनुरूप तैयार की गईं, ऐसा मुझे लगता है। आज यदि उनकी आवश्यकता न हो, "उपयोगिता समाप्त हो गई हो तो हमें उनका त्याग करना चाहिए। अपनी वर्ण-व्यवस्था का ही विचार करें तो हमारे ध्यान में आएगा कि समाज में चार प्रकार के कार्य समाज-धारणा के लिए अच्छे ढंग से होने आवश्यक हैं, ऐसा मानकर तथा समाज के विविध व्यक्तियों व व्यक्ति समूहों की स्वाभाविक क्षमता और प्रवृत्ति को देखते हुए ही इस प्रकार की व्यवस्था निर्माण हुई। व्यवस्था में वर्गीकरण होना अपरिहार्य है, किंतु उस व्यवस्था में भेदों की कल्पना कदापि नहीं थी। कुछ विद्वानों के मतानुसार प्रारंभ में यह जन्मानुसार नहीं थी। किंतु आगे चलकर इस विशाल देश में तथा जनसमूह में गुणों को कैसे पहचाना जाए, यह प्रश्न विचारशील लोगों के मन में उठा होगा। किसी भी विशिष्ट परीक्षा-पद्धति के अभाव में उन्होंने शायद जन्म से ही वर्ण का बोध स्वीकार किया होगा, ऐसा मैं समझता हूँ। किंतु उसमें ऊँच-नीच का भाव नहीं था। बल्कि सहस्रशीर्ष, सहस्राक्ष, सहस्रपाद ऐसे विराट् समाज के ये सभी महत्त्वपूर्ण अवयव हैं, यही भव्योदात्त कल्पना इसके पीछे रही है। अत: यह स्पष्ट है कि इसमें पैरों से जंघाएँ श्रेष्ठ और जंघाओं से हाथ या हाथों से सिर श्रेष्ठ है, इस प्रकार की विपरीत या हास्यास्पद भावना कदापि नहीं थी। इसी कारण एक जमाने में यह व्यवस्था सर्वमान्य थी और कुछ काल तक सुचारु रूप से चली थी। इसके लिए संयमन और संतुलन (Checks and balances) की व्यवस्था थी। ज्ञानशक्ति को पृथक् किया गया। उसे सम्मान तो दिया, पर साथ में दारिद्र्य भी दिया। दंड-शक्ति को पृथक् किया और उसे धन-शक्ति से दूर रखा। धन-शक्ति को दंड-शक्ति से नहीं मिलने दिया। इस प्रकार जब तक यह संयमन और संतुलन ठीक तरह से काम करते रहे, तब तक यह व्यवस्था भी सुचारु रूप से चली। किंतु बाद में इस ओर दुर्लक्ष होने से तथा अन्य कारणों

से यह व्यवस्था टूट गई।

आनुवंशिक गुण-संपदा की सीमा

जन्म से अर्थात् आनुवंशिकता से गुण-संपदा आती है, इस प्रकार का विचार पूर्वजों ने किया; किंतु उस काल में भी उन्होंने जन्मतः आनेवाले गुणों की मर्यादा को समझा था, इसलिए—

शूद्रोऽपि शीलसम्पन्नौ गुणवान् ब्राह्मणों भवेत्।
ब्राह्मणोऽपि क्रियाहीनः शूद्रात् प्रत्यवरो भवेत्॥

अर्थात् शूद्र भी यदि शीलवान् और गुणवान् हो तो वह ब्राह्मण बन जाता है तथा ब्राह्मण यदि कर्महीन हो जाए तो वह शूद्र से भी नीच है। ऐसा कहा अथवा 'जात्या ब्राह्मण इति चेत् न', अर्थात् जन्म से ब्राह्मण होता है, ऐसा कहना उचित नहीं—यह बताते हुए ऋष्यशृंग, वसिष्ठ, विश्वामित्र, अगस्त्य आदि ने अन्य जातियों में जनमे लोग भी धर्माचरण के कारण ब्राह्मण ही हुए, यह स्पष्ट किया है।

पुराणों में ऐसी कथा है कि शूद्र स्त्रा् का पुत्र महीदास अपने गुणों के कारण द्विज बना तथा उसने 'ऐतरेय ब्राह्मण' की रचना की। जिसके पिता का पता नहीं, ऐसे जाबाल का उपनयन संस्कार कर उसके गुरु ने उसे द्विज बनाया, उपनिषद् की यह कथा भी प्रसिद्ध है। प्राचीन पद्धति में आवश्यक लचीलापन होने के कारण ही यह संभव हुआ होगा।

परिवर्तित परिस्थिति

किंतु आज तो अनेक कारणों से परिस्थिति पूर्णतया बदल गई है। इस कारण नए युग, नए काल के अनुरूप विचार करना ही उचित होगा। छपाई कला के विकास के कारण पुस्तकों द्वारा शिक्षण-संस्थाओं में ज्ञानार्जन शुरू हुआ, यंत्र युग के कारण घर-घर में होनेवाले काम कारखानों में होने लगे। नए आविष्कार हुए, नया विज्ञान आया। इस कारण आनुवंशिकता के साथ ही आस-पास का वातावरण और अन्य बातों का महत्त्व बढ़ गया।

यह सही है कि प्रकृति के कारण अर्थात् आनुवंशिकता के कारण कुछ विषमता निर्माण होती है। किंतु उस विषमता का शास्त्र बनाना उचित नहीं। यदि मनुष्य के प्रयास प्रकृति द्वारा निर्मित विषमता को स्थायी बनाने में हुए तो यह कोई उसका बड़प्पन या महानता नहीं होगी। इसलिए मनुष्य को यही विचार करना चाहिए कि प्रकृति के नियमों का अध्ययन कर यह प्राकृतिक विषमता कैसे दूर की जा सकती है? उसे किस प्रकार सहनीय बनाया जा सकेगा? विषमता का दर्शन तैयार करना उचित नहीं होगा। दुर्बल अथवा निर्बल परिवार में जनमे बालक को भी सभी प्रकार की सुविधाएँ उपलब्ध कराने के प्रयास विश्व के सभी समझदार समाजों में होते हैं। यदि किसी जाति विशेष में जन्म

लेने के कारण कुछ न्यूनताएँ (Handicaps) निर्माण होती हों तो वह व्यवस्था चल नहीं पाएगी। उन न्यूनताओं को आनुवंशिक या नैसर्गिक कहकर उनका समर्थन करना आज के युग में भूल होगी। विशिष्ट प्रकार की शिक्षा-प्रशिक्षा द्वारा तथा अन्य व्यवस्था से पीढ़ियों से चले आ रहे गुण बदले जा सकते हैं। जापान के लोग ठिगने समझे जाते थे; किंतु द्वितीय विश्वयुद्ध के बाद अमेरिकी जनता से उनका संबंध हुआ और उनके रहन-सहन तथा खान-पान की आदतों में काफी परिवर्तन हो गया। इससे उनकी ऊँचाई भी बढ़ गई। यह बात सिद्ध हो चुकी है। पहले अपने देश में तथा कुछ अन्य देशों में भी कुछ जातियों को बहादुर (Martial) कहने की पद्धति थी। प्रथम तथा द्वितीय विश्वयुद्ध इतने बड़े पैमाने पर हुए कि पूर्ण लामबंदी या अनिवार्य भरती करके ही बड़ी-बड़ी सेनाएँ खड़ी करनी पड़ीं तथा हम जानते हैं कि ये सभी लोग बहादुर जातियों की भाँति ही लड़े।

वास्तव में देखा जाए तो आज संपूर्ण परिस्थिति इतनी बदल चुकी है कि समाज-धारणा के लिए आवश्यक ऐसी जन्मतः वर्ण-व्यवस्था या जाति-व्यवस्था आज अस्तित्व में ही नहीं है। सर्वत्र अव्यवस्था है, विकृति है। अब वह व्यवस्था केवल विवाह संबंधों तक ही सीमित रह गई है। इस व्यवस्था का भाव (Spirit) समाप्त हो गया, ढाँचा (Letter) रह गया। प्राण निकल गया, पंजर बचा है। समाज-धारणा से उसका कोई संबंध नहीं है। अतः सभी को मिलकर सोचना चाहिए कि जिसका समाप्त होना उचित है, जो स्वयं ही समाप्त हो रहा है, वह ठीक ढंग से कैसे समाप्त हो।

रोटी-बेटी का व्यवहार

अपने यहाँ 'रोटी-बेटी व्यवहार' शब्द प्रचलित है। पहले रोटी-व्यवहार भी जाति तक ही सीमित था। किंतु अब वे बंधन टूट चुके हैं और रोटी-व्यवहार सभी जातियों में शुरू हो गया है। इस कारण जाति-भेद की तीव्रता कम होने में काफी मदद मिली है। अब विभिन्न जातियों के बीच बेटी-व्यवहार भी शुरू हो गया है। यह अधिक पैमाने पर हुआ तो जाति-भेद समाप्त करने तथा सामाजिक एकरसता निर्माण होने में वह अधिक सहायक होगा, यह स्पष्ट ही है। अतः रोटी-बेटी व्यवहार के बंधनों के टूटने का स्वागत है। किंतु बेटी-व्यवहार रोटी-व्यवहार जैसा आसान नहीं है। यह बात सभी को ध्यान में रखकर संयम न खोते हुए उसके अनुकूल आचरण करना चाहिए। विवाह कहते ही अच्छी जोड़ी का विचार होना स्वाभाविक ही है। अतः ऐसे विवाह शैक्षणिक, आर्थिक और जीवन-स्तर की समानता के आधार पर ही होंगे। जिस मात्रा में लोगों के निवास की बस्तियाँ एक स्थान पर होकर साथ-साथ रहने की प्रवृत्ति बढ़ेगी, समान शिक्षा-सुविधा के साथ लोगों का जाति-निरपेक्ष आर्थिक स्तर ऊँचा उठेगा, उतनी मात्रा में ही यह स्वाभाविक रूप से संभव हो सकेगा। कानून बनाकर या धन का लालच दिखाकर यह संभव नहीं, न ही यह

कोई जल्दबाजी का विषय है। यह बात सभी को ध्यान में रखनी चाहिए। सभी लोगों को सामाजिक परिवर्तन के इस प्रयास में अपना-अपना योगदान देना होगा।

अस्पृश्यता : एक भयंकर भूल

अस्पृश्यता (छुआछूत) अपने समाज की विषमता का एक अत्यंत दु:खद और दुर्भाग्यजनक पहलू है। विचारशील लोगों का मत है कि अति प्राचीनकाल में भी इसका अस्तित्व नहीं था तथा काल के प्रवाह में यह किसी अनाहूत की भाँति समाविष्ट होकर रूढ़ बन गई। वास्तविकता कुछ भी हो, किंतु हमें यह स्वीकार करना कि अस्पृश्यता एक भयंकर भूल है और उसका पूर्णतया उन्मूलन आवश्यक है (Lock, Stock & Barrel)। इस संबंध में अब मत नहीं हैं। अब्राहम लिंकन ने अस्पृश्यता के संबंध में कहा था, "यदि अस्पृश्यता अनुचित नहीं है तो कुछ भी अनुचित नहीं है।" (If untouchability is not wrong, then nothing is wrong.)

अत: हम सभी के मन में सामाजिक विषमता के उन्मूलन का ध्येय अवश्य होना चाहिए। हमें लोगों के सामने यह स्पष्ट रूप से रखना चाहिए कि विषमता के कारण हमारे समाज में किस प्रकार दुर्बलता आई और उसका विघटन हुआ। उसे दूर करने के उपाय बतलाने चाहिए तथा इस प्रयास में हरेक व्यक्ति को अपना योगदान देना चाहिए।

धर्माचार्यों से अनुरोध

अपने धर्मगुरु, संत, महात्मा और विद्वानों का जनमानस पर प्रभाव है। इस कार्य में उनका सहयोग भी आवश्यक है। पुरानी बातों पर उनकी श्रद्धा है और वे बातें बनी रहें, इतना आग्रह ठीक है। किंतु हमारा उनसे यही अनुरोध है कि वे लोगों को अपने प्रवचनों-उपदेशों द्वारा यह भी बताएँ कि अपने धर्म के शाश्वत मूल्य कौन से हैं तथा कालानुरूप परिवर्तनीय बातें कौन सी हैं? शाश्वतंताशाश्वत का विवेक रखनेवाले सभी आचार्यों, महंतों और संतों की आवाज देश के कोने-कोने में फैलनी चाहिए। समाज की रक्षा का दायित्व हमारा है और वह मठों से बाहर निकलकर समाज-जीवन में घुल-मिलकर रहने से ही पूर्ण होगा, ये बातें उन्हें समझनी चाहिए तथा तदनुरूप कार्य करने हेतु उन्हें आगे आना चाहिए। सौभाग्य से इस दिशा में उनके प्रयास प्रारंभ होने के शुभ संकेत भी मिलने लगे हैं। हमारे दिवंगत सरसंघचालक श्रीगुरुजी ने ऐसे सभी संत-महात्माओं को एक-साथ लाकर उन्हें इस दृष्टि से विचार हेतु प्रवृत्त किया था। इसी का यह सुफल है कि अनेक धर्मपुरुष, साधु-संत समाज के विभिन्न घटकों में घुलने-मिलने लगे और धर्मांतरित बांधवों को स्वधर्म में शामिल करने को तैयार हुए।

समाज के अन्य समझदार लोगों पर भी बड़ा दायित्व है। उन्हें ऐसे मार्ग सुझाने चाहिए

कि जिनसे काम तो बने, किंतु समाज में कटुता उत्पन्न न हो। 'उपायं चिन्तयन् प्राज्ञः अपायमपि चिन्तयेत्'—समाज में सौहार्द, सामंजस्य और परस्पर सहयोग का वातावरण स्थापित करने के लिए ही हमें समानता चाहिए। इस बात को भूलकर या इसे न समझते हुए जो लोग बोलेंगे, लिखेंगे और आचरण करेंगे, वे निश्चय ही अपने उद्देश्यों को बाधा पहुँचाएँगे।

योग्य दिशा : योग्य प्रकार

हिंदू समाज के किसी भी वर्ग को अन्याय व अत्याचार का पुतला कहकर कोसते रहना, अपमानित करना, आत्महत और तेजोहत करना कदापि उचित नहीं। उनका आत्मबल बनाए रखकर नए प्रकार के अच्छे सामाजिक व्यवहार के उदाहरण और आदर्श उनके सामने रखे जाना आवश्यक है। आखिर वे सभी हिंदू समाज के ही अंग हैं। अतः उनका स्वाभिमान भी बना रहे, इसका ध्यान रखना होगा। जाति-व्यवस्था तथा अस्पृश्यता का उन्मूलन करना हो तो जो लोग उसे मानते हैं, उनमें भी परिवर्तन लाना होगा। जो उसे मानते हैं, ऐसे लोगों पर टूट पड़ने या उनसे संघर्ष करने की बजाय कार्य करने का दूसरा मार्ग भी हो सकता है।

संघ के संस्थापक आद्य सरसंघचालक डॉ. हेडगेवारजी के साथ काम करने का सौभाग्य मुझे मिला है। वे कहा करते थे—

"हमें न तो अस्पृश्यता माननी है और न उसका पालन करना है।"

संघ-शाखाओं और कार्यक्रमों की रचना भी उन्होंने इसी आधार पर की। उन दिनों भी कुछ और ढंग से सोचनेवाले लोग थे। किंतु डॉक्टरजी को विश्वास था कि आज नहीं तो कल, वे अपने विचारों से सहमत होंगे ही। अतः उन्होंने न तो इसका ढोल पीटा और न किसी से झगड़ा किया या उसके विरुद्ध अनुशासन-भंग की काररवाई ही की; क्योंकि उन्हें विश्वास था कि दूसरा व्यक्ति भी सत्रवृत्त है। कुछ आदतों के कारण भले ही वह संकोच करता हो, किंतु यदि उसे समय दिया गया तो वह भी अपनी भूल निश्चित ही सुधार लेगा। प्रारंभिक दिनों में, एक संघ-शिविर में, कुछ बंधुओं ने महार (हरिजन) बंधुओं के साथ भोजन करने में संकोच व्यक्त किया। डॉक्टरजी ने उन्हें नियम बताकर शिविर से निकाला नहीं। सभी अन्य स्वयंसेवक, डॉक्टरजी और मैं एक साथ भोजन के लिए बैठे। जिन्हें संकोच था, वे अलग बैठे। किंतु उसके बाद दूसरे भोजन के समय वे ही बंधु स्वयं हम सभी के साथ बैठे।

इससे भी अधिक उद्‌बोधक उदाहरण मेरे मित्र पं. बच्छराजजी व्यास का है। जिस शाखा का मैं प्रमुख था, उसी शाखा के वे स्वयंसेवक थे। उनके घर का वातावरण पुराना, कट्टरपंथी होने के कारण, वे उन दिनों मेरे यहाँ भी भोजन के लिए नहीं आते थे। जब वे

पहली बार संघ-शिविर में आए, तब उनके भोजन की समस्या खड़ी हो गई; क्योंकि परोसा गया भोजन उन्हें नहीं पसंद था। मैंने डॉक्टरजी से पूछा तो उन्होंने कोई नियम बताकर उन्हें शिविर में आने से नहीं रोका, क्योंकि उन्हें बच्छराजजी के संबंध में विश्वास था कि उनमें उचित परिवर्तन अवश्य होगा। अत: उन्होंने मुझे कहा कि बच्छराजजी को शिविर में आने दो। हम उन्हें अलग रसोई पकाने की छूट देंगे। प्रथम वर्ष तो यही हुआ, किंतु दूसरे वर्ष स्वयं बच्छराजजी ने कहा कि मैं भी सब लोगों के साथ भोजन करूँगा। बाद में वे जैसे-जैसे संघ कार्य में रमते गए, वैसे-वैसे उनके व्यवहार में (धार्मिक वृत्ति के होने के बावजूद) किस प्रकार परिवर्तन हुआ, यह सर्वविदित है। वे संघ के एक निष्ठावान कार्यकर्ता बने और राजस्थान में अनेक वर्षों तक प्रांत प्रचारक के नाते कार्यरत रहे। बाद में वे भारतीय जन संघ के अखिल भारतीय अध्यक्ष भी रहे।

सावधान

अनेक बार हिंदू समाज में जो आंतरिक विद्वेष और संघर्ष की स्थिति पैदा होती है, उसका मूल कारण राजनीतिक या वैयक्तिक झगड़ा ही होता है। आगे चलकर राजनीतिक लोग या संबंधित व्यक्ति दो जातियों के बीच संघर्ष हो सके, ऐसे समय ऐसे ससवृत्त बंधु तथा पत्रकार भी अज्ञानवश उनका साथ देते हैं। हिंदू और मुसलमान के बीच झगड़े को दो संप्रदायों के बीच का संघर्ष निरूपित किया जाता है; किंतु हिंदुओं के राजनीतिक या वैयक्तिक झगड़ों अथवा अत्याचारों को भड़कीले व जातीयतावादी शीर्षक दिए जाते हैं। यह कदापि उचित नहीं।

आलोचना नहीं, सहयोग

दलित या अस्पृश्य माने गए बंधुओं ने काफी अत्याचार व कष्ट सहन किए हैं। किंतु उन्हें भी यह ध्यान रखना चाहिए कि समाज के सभी घटक यह महसूस करते हैं कि यह बात गलत है और ये अत्याचार रुकने चाहिए। इस दिशा में वे प्रयत्नशील भी हैं। उन्हें (अस्पृश्यों को) भी अभिप्रेत है कि अन्याय समाप्त होकर उन्हें सबके साथ समानता का स्थान प्राप्त हो। अत: सभी लोगों का इस दृष्टि से प्रयास होना चाहिए। उन प्रयत्नों के लिए पोषक भाषा का उपयोग और आचरण होना भी आवश्यक है। समाज की अन्यायपूर्ण तथा बुरी बातों की निंदा या आलोचना तो अवश्य होनी चाहिए। किंतु साथ ही अपने समाज के दोषों के प्रति व्यथा की भावना भी प्रकट होनी चाहिए। जिस प्रकार विदेशी लोग हमें परकीय मानकर तुच्छता और तिरस्कारपूर्ण बरताव करते हैं, उस प्रकार का भाव हममें नहीं रहना चाहिए। सभी को इस बात की सावधानी बरतनी चाहिए कि अतीत के झगड़े को वर्तमान में घसीटकर अपने भविष्य को खतरे में न डाल दें। हम सब

इसी समाज के अंग हैं। अत: हम समाज के अन्य घटकों के साथ रहेंगे, इस प्रकार का वास्तविक आग्रह उन्हें रखना चाहिए। ऐसा करने पर ही दलितेतर बहुत बड़ा समाज और दलितों की शक्ति एकजुट होकर उस शक्ति के आधार पर अपेक्षित सामाजिक समता का वातावरण बन सकेगा।

महात्मा फुले, गोपालराव आगरकर या डॉ. आंबेडकर प्रभृति महापुरुषों ने अपने समाज की बुराइयों पर कड़े प्रहार किए हैं। कुछ जातियों तथा ग्रंथों की भी कटु आलोचना की है। उसका क्या प्रयोजन था तथा उस समय की परिस्थिति क्या थी, इसे हमें समझना होगा। व्यक्ति प्रारंभ में किसी बात की ओर ध्यान आकर्षित कराने के लिए तथा जनमत जाग्रत् करने के लिए कड़ी भाषा का प्रयोग करता है। किंतु सदा-सर्वदा ऐसा करते रहना सबके लिए आवश्यक नहीं है।

मेरी यह धारणा है कि दलित बंधु किसी की कृपा नहीं चाहते। वे बराबरी का स्थान चाहते हैं और वह भी अपने पुरुषार्थ से ही।

हमारे ये भाई अब तक पिछड़े हुए रहने के कारण चाहते हैं कि उन्हें सभी प्रकार की सुविधाएँ और अवसर मिलने चाहिए। उनकी यह अपेक्षा और माँग उचित ही है। किंतु अंततोगत्वा उन्हें समाज के विभिन्न घटकों के साथ योग्यता की कसौटी पर स्पर्धा करके ही बराबरी का स्थान प्राप्त करना है। यह उन्हें भी अभिप्रेत होगा।

सामाजिक समता : एकता का आधार

अनेक दोषों के बावजूद हिंदुओं की अपनी कुछ विशेषताएँ हैं, जीवन विषयक उनकी कुछ कल्पनाएँ हैं, धारणाएँ हैं। विश्व के विचारशील लोग भी यह स्वीकार करते हैं कि इस समाज ने कुछ शाश्वत मूल्य प्रस्थापित किए हैं। अत: इन जीवन-मूल्यों को माननेवाला तथा तदनुरूप आचरण करनेवाला ऐसा एकरस समता-युक्त संगठित हिंदू समाज खड़ा हो सका तो ये विशेषताएँ टिकी रहेंगी और विश्व के लिए भी उपयोगी सिद्ध हो सकेंगी। सभी व्यक्ति ईश्वर-पुत्र हैं। इतना ही नहीं, इससे भी आगे बढ़कर वे ईश्वर के ही अंश हैं, ऐसा माननेवाले हिंदू धर्म में ऊँच-नीच की भावना पनपे, इस संबंध में डॉ. आंबेडकर ने अत्यंत दु:ख व्यक्त किया था। वास्तव में, समानता का साम्राज्य प्रस्थापित करने के लिए इससे बड़ा आधार और क्या हो सकता है। अत: हिंदुओं की एकता आवश्यक है और उस एकता का आधार सामाजिक समता ही हो सकती है, ऐसा ही विचार सभी बांधवों को करना चाहिए और राष्ट्र को संगठित व शक्तिशाली बनाने हेतु आगे आना चाहिए।

रचनात्मक दृष्टि

अपने समाज के इतिहास का कालखंड काफी लंबा है तथा उसमें विचार और

आचार की स्वतंत्रता के लिए पूर्ण गुंजाइश होने के कारण पुराने ग्रंथों में कुछ ऐसे वचनों का उल्लेख मिलता है, जिनका विपरीत अर्थ निकालकर विषय विपर्यास किया जा सकता है। इस संस्कृति ने स्त्रा् को तुच्छ माना है, यह बताने के लिए 'न स्त्रा् स्वातंत्र्यमर्हति' का उल्लेख किया जाता है और दूसरी ओर स्त्रा् को अपने समाज में कितना ऊँचा स्थान प्राप्त है, यह बताने के लिए 'यत्र नार्यस्तु पूज्यन्ते रमन्ते तत्र देवता:'—इस प्रकार का वचन भी यहाँ उपलब्ध है। जो समाज की एकता चाहते हैं, उन्हें एकता के लिए जो-जो आवश्यक व अनुकूल हैं, वे सभी लोगों के सामने किस प्रकार लाई जा सकेंगी, उनकी विपरीत धारणाएँ कैसे दूर हो सकेंगी तथा उनमें किस प्रकार सामंजस्य स्थापित किया जा सकेगा, इस दिशा में प्रयास करना होगा।

व्याख्यान के बाद प्रश्नोत्तर सत्र शुरू हुआ। उनमें से एक प्रश्न एक पुरानी घटना के बारे में था, जिसमें राष्ट्रीय स्वयंसेवक संघ के द्वितीय सरसंघचालक ने 'चार वर्णों की प्रथा' का कथित रूप में समर्थन किया था। (जो समाज को चार विस्तृत वर्गों में विभाजित करती है—ब्राह्मण, क्षत्रिय, वैश्य और शूद्र) जिसे कई लोग हिंदू समाज में प्रचलित जाति भेदभाव का आधार मानते थे। बालासाहब ने उत्तर दिया, "इस पर गुरुजी से मेरी बातचीत हुई है। उन्होंने मुझे स्पष्ट रूप से कहा है कि जब उन्होंने चार वर्ण प्रथा के बारे में बात की थी, तो वह सिर्फ एक प्राचीन भारतीय प्रथा की व्याख्या कर रहे थे। गुरुजी ने स्पष्ट कहा है कि इस प्रथा ने अब अपनी उपयोगिता को खो दिया है।"

सरसंघचालक का दायित्व सँभालने के एक वर्ष के भीतर ही बालासाहब ने ऐसी सभाओं को बड़ी संख्या में संबोधित किया था और इस प्रकार वे एक विचारक नेता के रूप में उभरे। उन्होंने गुरुजी के विचारों, भाषणों और उनके जीवन की प्रमुख घटनाओं को एक संकलित किए जाने के कार्य में एक विशेष भूमिका निभाई थी। एक नई संस्था 'भारतीय विचार-साधना' का गठन किया गया, जिसने गुरुजी के संपूर्ण कार्यों को प्रकाशित करवाने का कार्य शुरू किया। इस प्रकाशन कार्य के दो संस्करणों की प्रस्तावना बालासाहब ने स्वयं लिखी थी।

संयोग से, गुरुजी को एक सफल पत्र लेखक के रूप में जाना जाता था, बालासाहब का पत्र-लेखन की ओर कोई झुकाव न था, परंतु वे अपने भाषण बड़ी सूक्ष्मता के साथ तैयार करते थे और उसके कई प्रारूप सहयोगियों से सलाह लेकर उनका पूर्व अवलोकन करते थे। उनकी यह तैयारी उनके भाषणों से झलकती थी, जो जन प्रवचनों में कई मुद्दों के लिए संदर्भ बिंदुओं का काम करते थे।

तीसरे सरसंघचालक प्रोफेसर राजेंद्र सिंह ने उनके बारे में कहा था, "बालासाहब असाधारण संगठन गुणों के धनी थे। कार्यकर्ताओं के साथ उनका व्यवहार, जिसमें वे स्वतंत्र रूप से सोचने की आजादी देते थे, प्रत्येक व्यक्ति के उसके अपने मत का आदर

करते थे, फिर भी उन्हें एकमत निर्णय पर ले आते थे और फिर अंतिम निर्णय पर आते थे, जिसे वे चाहते थे, वह सर्वसम्मत हो। समाज के कमजोर और वंचित वर्गों के प्रति उनके हृदय में अंतहीन उदारता भरी थी। वे हमेशा अपने कार्यकर्ताओं से कहते थे कि आप यह मानें कि हम स्वयं अनुसूचित जाति में जनमे हैं, तब इन लोगों के बारे में सोचें।"

बालासाहब को इस बात का पूर्वाभास उस समय हो गया था, जब वे अभी राष्ट्रीय स्वयंसेवक संघ प्रमुख बने भी न थे कि देश आपातकाल की ओर बढ़ रहा था और उस समय की प्रधानमंत्री इंदिरा गांधी के नेतृत्व में कांग्रेस सत्ता में रहने के लिए कुछ भी कर सकती थी।

देश भर में वर्ष 1973-74 से राष्ट्रीय स्वयंसेवक संघ के स्वयंसेवक आगे आकर उस समय के भ्रष्ट और निरंकुश शासन के समापन के लिए एक जन-आंदोलन चला रहे थे। स्वतंत्रता सेनानी और समाजवादी नेता जयप्रकाश नारायण उन सब ताकतों के अगुआ बन चुके थे, जिनकी आस्था शासन को भ्रष्टाचार-मुक्त और जन सहयोगी प्रणाली में बदलने में थी।

कानून प्रवर्तन एजेंसियों ने आंदोलन को कुलचने का प्रयत्न किया। दिसंबर 1974 में बालासाहब ने दिल्ली में एक सभा को संबोधित करते हुए अनुभवी जयप्रकाश नारायण के नेतृत्ववाले जन-आंदोलन को समर्थन देने की घोषणा कर दी। उन्होंने कहा, "जयप्रकाशजी भ्रष्टाचार और अन्य बुराइयों को हमारी राजनीति से हटाने के प्रयत्न कर रहे हैं। वे महान् नेताओं, जैसे महात्मा गांधी, आचार्य विनोबा भावे और गोलवलकर गुरुजी के कार्यों को आगे बढ़ा रहे हैं।"

अखिल भारतीय विद्यार्थी परिषद् छात्रों की एक संस्था, जिसका संस्थापन राष्ट्रीय स्वयंसेवक संघ से प्रेरणा लेकर हुआ था और जिसमें अधिकतर सदस्यता स्वयंसेवकों की है, इस आंदोलन में शुरू से ही एक प्रमुख भूमिका निभा रही थी।

राष्ट्रीय स्वयंसेवक संघ की भूमिका से प्रभावित होकर जयप्रकाश नारायण ने पटना (बिहार) में राष्ट्रीय स्वयंसेवक संघ के एक प्रशिक्षण शिविर में कहा, "संघ (राष्ट्रीय स्वयंसेवक संघ) एक क्रांतिकारी संस्था है और ठीक इस समय, देश में ऐसी कोई अन्य संस्था नहीं है, जो राष्ट्रीय स्वयंसेवक संघ के आस-पास भी होने का दावा कर सके...इस संस्था के नाम ही में 'राष्ट्रीय' शब्द है। ऐसा बड़ा सोच-विचारकर ही किया गया होगा।"

इस बीच राष्ट्रीय स्वयंसेवक संघ के बढ़ते हुए प्रभाव को देखकर वामपंथियों और कांग्रेस ने इस पर प्रतिबंध लगाने की ओर कार्य करना शुरू कर दिया। 8 जनवरी, 1975 के दिन सिद्धार्थ शंकर रे, एक वरिष्ठ कांग्रेसी नेता, जो उस समय की प्रधानमंत्री श्रीमती इंदिरा गांधी को कानूनी मसलों पर सलाह दिया करते थे, ने उन्हें एक पत्र लिखा, जिसमें

उन्होंने राष्ट्रीय स्वयंसेवक संघ पर प्रतिबंध लगा देने की सलाह दी। वह पत्र 'इंडियन एक्सप्रेस' (अंग्रेजी का एक दैनिक समाचार-पत्र) में छप गया, जिसने पूरे देश में एक भूचाल ला दिया।

परंतु बालासाहब अच्छी तरह से जानते थे कि यह केवल थोड़े ही समय की बात है। इसके पूर्व कि सरकार संगठन पर प्रहार करती, उन्होंने इस समस्या से निपटने के लिए बड़ी सतर्कता के साथ तैयारी शुरू कर दी थी, ताकि प्रतिबंध लगने के बाद भी संगठन को कुशलतापूर्वक चलाया जा सके।

16 जून, 1975 के दिन सरसंघचालक ने रोहतक में राष्ट्रीय स्वयंसेवक संघ के एक प्रशिक्षण शिविर को संबोधित किया। उन्होंने स्पष्ट शब्दों में कहा कि उन्हें मालूम था कि प्रतिबंध लगने ही वाला है—"जुलाई 1949 में केंद्र की कांग्रेस सरकार के मन में राष्ट्रीय स्वयंसेवक संघ पर प्रतिबंध लगाकर इसे समाप्त करने का विचार आया था। वही चर्चा और विचार आज भी अस्तित्व में है। शुरू में हमने इस ओर अधिक ध्यान न दिया, परंतु इस वर्ष जनवरी से ही मैं अपने विचार इस पर व्यक्त करता रहा हूँ। अगर कुछ हजार स्वयंसेवकों को जेल भी भेजा जाता है तो भी राष्ट्रीय स्वयंसेवक संघ का कार्य रुकनेवाला नहीं है। राष्ट्रीय स्वयंसेवक संघ को इस बात की भी परवाह नहीं कि इस पर प्रतिबंध लगाया जाता है अथवा नहीं। हम पूरे समर्पण भाव से कार्य करते रहेंगे। अगर संगठन पर प्रतिबंध लगता है तो हम इस प्रतिबंध को हमारे पक्ष में लाभ उठाने के लिए भरसक इस्तेमाल करेंगे।"

25 जून, 1975 की रात में इंदिरा सरकार ने आंतरिक आपातकाल लागू कर दिया और 4 जुलाई, 1975 को राष्ट्रीय स्वयंसेवक संघ पर प्रतिबंध लगा दिया। बालासाहब को उससे काफी पहले 30 जून, 1975 के दिन गिरफ्तार कर लिया गया और उन्हें महाराष्ट्र की यरवदा जेल भेज दिया गया।

सरसंघचालक ने जेल के भीतर से ही आंदोलन को नेतृत्व देने का काम जारी रखा। उन्होंने कहा, "यह धैर्य का युद्ध है, भावनाओं पर नियंत्रण रखने का युद्ध है।" राष्ट्रीय स्वयंसेवक संघ ने विरोध अभियान, जो तानाशाही शासन के खिलाफ था, को जारी रखने की तैयारी की हुई थी।

प्रतिबंध लगाए जाने के तीन सप्ताह के भीतर 25,000 से भी अधिक स्वयंसेवकों को गिरफ्तार कर लिया गया, 50,000 से भी अधिक स्वयंसेवकों को भूमिगत होना पड़ा, ताकि प्रजातंत्र के पक्ष में आंदोलन चलता रहे। 'सत्य समाचार' एक प्रमुख भूमिगत प्रकाशन था, जिसे देश भर में आपातकाल के दौरान राष्ट्रीय स्वयंसेवक संघ के स्वयंसेवकों ने चलाए रखा। प्रशासनिक मशीनरी भरसक प्रयत्नों के बावजूद इस समाचार-पत्र के प्रसार को न

रोक पाई, जिसने इंदिरा गांधी के तानाशाही शासन के तमाम बुरे कामों पर से परदा उठाया और इंदिरा गांधी के उन दुराग्रही अधिकारियों की पोल खोली, जिन्होंने लाखों भारतीयों को सताया, जिनमें बड़ी संख्या में स्वयंसेवक थे, ताकि उनकी विरोधी आवाज का दमन किया जा सके। आपातकाल में 1,30,000 से भी अधिक भारतीयों को जेल भेजा गया, जिनमें 1,00,000 से अधिक स्वयंसेवक ही थे।

12 दिसंबर, 1976 के दिन 'दि इकॉनोमिस्ट' ने लिखा

"श्रीमती इंदिरा गांधी के विरुद्ध चल रहे भूमिगत आंदोलन में यह दावा किया जाता है कि वह विश्व में एक अकेली गैर-वामपंथी क्रांतिकारी ताकत है, जो यह दावा भी करती है कि वह रक्तपात तथा वर्ग संघर्ष दोनों से दूर है। वास्तव में उसे एक दक्षिणपंथी संगठन भी कहा जा सकता है, क्योंकि इसमें जनसंघ की और इसके सांस्कृतिक सहबद्ध राष्ट्रीय स्वयंसेवक संघ की प्रभुता है, लेकिन इस समय इसके प्लेटफार्म पर केवल एक ही मुद्दा है और वह यह कि कैसे भारत में प्रजातंत्र को वापस लाया जाए? इस ऑपरेशन के सिपाही (भूमिगत आंदोलन में) हजारों स्वयंसेवक हैं, जो ग्राम स्तर पर चार व्यक्तियों के एक दल के रूप में संगठित हैं। उनमें से अधिकतर राष्ट्रीय स्वयंसेवक संघ के नियमित सदस्य हैं, यद्यपि बड़ी संख्या में अधिक-से-अधिक नए युवा लोग भर्ती हो रहे हैं। दूसरी भूमिगत पार्टियों, जिन्होंने भूमिगत आंदोलन में सहभागियों के तौर पर शुरुआत की थी, ने जनसंघ तथा राष्ट्रीय स्वयंसेवक संघ के पक्ष में पूर्ण रूप से मैदान छोड़ दिया है।"

यहाँ तक कि इंदिरा गांधी को खुद यह मानना पड़ा, "हम राष्ट्रीय स्वयंसेवक संघ के 10 प्रतिशत स्वयंसेवकों को भी पकड़ न पाए। वे सब भूमिगत हो गए हैं और राष्ट्रीय स्वयंसेवक संघ प्रतिबंध के बावजूद उखड़ा नहीं है। इसके विपरीत, यह नए क्षेत्रों, जैसे केरल में अपनी जड़ें विकसित कर रहा है।" (दि पीपल वर्सस इमरजेंसी : 'ए' सागा ऑफ स्ट्रगल 1991, पृष्ठ-21)

कई पर्यवेक्षकों के अनुसार, "सरसंघचालक की जिम्मेदारी लेने के बाद बालासाहब के नेतृत्व की यह पहली चुनौतीपूर्ण परीक्षा थी।

21 मार्च, 1977 को राष्ट्रीय स्वयंसेवक संघ पर लगे प्रतिबंध को उठा लिया गया और बालासाहब को जेल से रिहा कर दिया गया। जैसे ही वे बाहर आए, बालासाहब देश भर की यात्रा पर निकल पड़े। उनका संदेश बिल्कुल साफ था कि "प्रतिशोध के लिए कोई स्थान नहीं है। राष्ट्रीय स्वयंसेवक संघ को इस जीत का श्रेय प्राप्त हुआ है। यह समय हमारे विशाल हृदय होने का है। हमें उनके दिलों को बदलने की आवश्यकता है, जिन्होंने हमारे साथ अच्छा व्यवहार नहीं किया है।" बालासाहब ने कहा, जब वे मार्च 1977 में नागपुर में एक विशाल जनसमूह को संबोधित कर रहे थे।

9 अप्रैल, 1975 के दिन एक विशाल स्वागत जुलूस में, जिसमें हजारों स्वयंसेवकों ने भाग लिया, बालासाहब को नई दिल्ली रेलवे स्टेशन के पास ही में स्थापित एक मंच पर ले जाया गया। विभिन्न शीर्षस्थ नेताओं, जिनमें अटल बिहारी वाजपेयी, नानाजी देशमुख, दत्तोपंत ठेंगड़ी, माधवराव मुले और मधु दंडवते शामिल थे, ने इसी मंच से बालासाहब का स्वागत और समर्थन किया। एक प्रमुख समाजवादी नेता दंडवते ने बालासाहब के साथ यरवदा जेल में काफी समय बिताया था, जिसके कारण उनके राष्ट्रीय स्वयंसेवक संघ के प्रति विचारों में बदलाव आया था।

बालासाहब ने उसी दौरे पर उसी दिन पत्रकारों से चर्चा करते हुए स्पष्ट तौर पर कहा था कि यह समय सभी प्रकार की कड़वाहटों को मिटाने का है और सबको प्रजातंत्र की मजबूती के लिए साथ-साथ आना चाहिए। उन्होंने तत्कालीन प्रधानमंत्री मोरारजी देसाई से भी भेंट की और राष्ट्रीय स्वयंसेवक संघ के 'हिंदुत्व' के विचार पर उनसे चर्चा की, जिसमें उन्होंने बताया कि यह एक सर्व-सम्मिलित विचारधारा है और इसकी आस्था सबको साथ लेकर चलने में है।

अगले दिन एक सार्वजनिक सभा में उनका अभिनंदन किया गया। एक बहु-प्रतिष्ठित सार्वजनिक व्यक्तित्व और पश्चिमी बंगाल, पंजाब, हरियाणा और कर्नाटक के पूर्व राज्यपाल धर्मवीर ने सभा की अध्यक्षता की। धर्मवीरजी ने वर्ष 1964 से 1966 तक कैबिनेट सचिव का पद भी सँभाला था, जब केंद्र में कांग्रेस की सरकार थी। इससे पूर्व वह भारत के प्रथम प्रधानमंत्री पंडित जवाहरलाल नेहरू के मुख्य सचिव पद पर भी रह चुके थे। इस अवसर पर बालासाहब ने विस्तारपूर्वक बयान करते हुए तत्कालीन इंदिरा गांधी सरकार द्वारा राष्ट्रीय स्वयंसेवक संघ को बदनाम किए जाने की बात कही। उस समय की प्रसिद्ध राष्ट्रीय स्वयंसेवक संघ विरोधी ब्रिगेड, जिसमें सुभद्रा जोशी, डॉ. गोयल और शशि भूषण शामिल थे, द्वारा रची गई एक पुस्तिका का प्रकाशन सरकार द्वारा किया गया था और उसे आपातकाल के दौरान सरकारी खर्च पर वितरित किया गया था। इस पुस्तिका में राष्ट्रीय स्वयंसेवक संघ के विरुद्ध हर प्रकार के आरोप गढ़े गए थे। ये आरोप नए न थे।

बालासाहब ने इस मौके पर यह भी बताया कि राष्ट्रीय स्वयंसेवक संघ के देश भर में स्थित कार्यालयों पर आपातकाल में छापेमारी की गई थी, मगर अधिकारियों को कहीं पर भी भड़कानेवाली सामग्री का कोई लेशमात्र टुकड़ा भी न मिला था। उन्होंने विस्तारपूर्वक इस समारोह में उन परिस्थितियों को बताया, जो इंदिरा सरकार द्वारा राष्ट्रीय स्वयंसेवक संघ पर लगाए गए प्रतिबंध के लिए कारण बताई गई थीं। यह मुख्य रूप से राष्ट्रीय स्वयंसेवक संघ के स्वयंसेवकों द्वारा जेपी आंदोलन से जुड़ना ही था।

उनके दिल्ली प्रवास के दौरान 'राष्ट्रीय स्वयंसेवक संघ में मुसलमानों' के होने

के मुद्दे को भी कई पत्रकारों ने उठाया। विशिष्ट मुसलमान नेता, जिनमें शाही इमाम भी शामिल थे, भी आए और उन दिनों बालासाहब से मिले।

अगले कई महीनों में 'राष्ट्रीय स्वयंसेवक संघ में मुसलिम' मुद्दा संघ के भीतर चर्चा का विषय रहा। बालासाहब ने राष्ट्रीय स्वयंसेवक संघ में मुसलमानों के प्रवेश का स्वागत किया और इसे प्रोत्साहन दिया। उन्हें महसूस होता था कि इससे यह सुनिश्चित करने में मदद मिलेगी कि वे देश की मुख्यधारा में रहें।

बालासाहब के मुंबई में आयोजित अभिनंदन समारोह में जाने-माने न्यायविद्, कूटनीतिज्ञ और पूर्व कैबिनेट मंत्री जस्टिस (सेवानिवृत्त) एम.सी. छागला, जो अपने नागरिक स्वतंत्रता संबंधी विचारों के लिए जाने जाते थे, ने कहा, "मैं धर्म से एक मुसलमान हूँ, परंतु राष्ट्रीयता से एक हिंदू हूँ।" जाने-माने कानूनविद् नानी पालकीवाला ने भी इस समारोह में भाग लिया था। लगभग सभी सार्वजनिक समारोहों, जो बालासाहब ने उन दिनों देखे थे, में मुसलमान नेताओं ने बड़े ध्यानपूर्वक उनके साथ मंच साझा किए थे।

जबकि राष्ट्रीय स्वयंसेवक संघ सामाजिक स्तर पर प्रक्रियाएँ शुरू कर रहा था कि अलग-अलग हिस्सेदार एक साथ आएँ, उस कलह और दरार को पाटने के लिए—जो आपातकाल में पैदा की गई थी, ताकि देश अपने बेहतर लक्ष्यों की प्राप्ति के लिए आगे बढ़ पाए, मगर राजनीतिक हलकों में परिस्थितियाँ तेजी से खराब होती चली गईं।

केंद्र में सत्ता में स्थापित जनता पार्टी टूटकर बिखरने लगी थी। पार्टी के कई नेता मूर्खतापूर्ण लड़ाइयाँ लड़ रहे थे। उनमें से कई बालासाहब के पास भी गए, जिन्होंने उन सबको एक ही सुझाव दिया कि आप सबको राष्ट्र निर्माण के लिए एक साथ काम करना चाहिए, परंतु उनके अंदर कई अहंकाररूपी कलहें विद्यमान थीं। एक समाजवादी नेता मधु लिमये ने अपने कई सहयोगियों को भड़काना शुरू किया कि वे पार्टी के अंदर 'दोहरी सदस्यता' के मुद्दे को उछालें। यह पहल इसलिए थी, ताकि पार्टी में भारतीय जनसंघ के नेताओं के बढ़ते हुए दबदबे को रोका जाए, जिन्होंने अपनी पार्टी का विलय जनता पार्टी में कर दिया था, परंतु राष्ट्रीय स्वयंसेवक संघ के साथ अपने गहरे रिश्तों को बनाए हुए थे।

जो लोग मधु लिमये द्वारा उठाए गए मुद्दे का समर्थन कर रहे थे, उनकी माँग थी कि या तो भारतीय जनसंघ के नेता जनता पार्टी में रहें या फिर केवल राष्ट्रीय स्वयंसेवक संघ के कार्यकर्ता बने रहें। उनको दोनों की सदस्यता न दी जाए। उनकी यह माँग विद्वेषपूर्ण थी, क्योंकि राष्ट्रीय स्वयंसेवक संघ एक गैर-राजनीतिक संस्था है और वहाँ पर सदस्यता का कोई औपचारिक नियम नहीं है।

यह विवाद अगस्त 1977 में उठ खड़ा हुआ, जब जनता पार्टी की सरकार को बने छह महीने भी पूरे नहीं हुए थे। यह सबको पता था कि लिमये इस बात पर बेहद खफा थे कि उन्हें मंत्री नहीं बनाया गया था। इसलिए ऐसा नजर आता था कि उन्होंने बेड़ा डुबो

देने का प्रण कर डाला था।

बालासाहब देवरस ने सैद्धांतिक बात कही कि राष्ट्रीय स्वयंसेवक संघ में बने रहने का निर्णय भारतीय जनसंघ के नेताओं को स्वयं लेना होगा। जहाँ तक संघ का प्रश्न है, वह किसी के भी दबाव ने अपने संबंध किसी से नहीं तोड़ेगा।

लिमये ने यह प्रश्न भी उठाया कि बालासाहब के दिल्ली आगमन के समय उनके स्वागत में कई केंद्रीय मंत्री उपस्थित हुए। तत्कालीन प्रधानमंत्री मोरारजी देसाई ने अपने मंत्रियों को कहा था कि वे ऐसे किसी भी कार्यक्रम में नहीं जाएँगे। सिकंदर बख्त मोरारजी मंत्रिमंडल के एक सदस्य और चाँदनी चौक, दिल्ली से निर्वाचित लोकसभा के सदस्य ने मोरारजी से कहा था कि उन्हें ऐसा नहीं लगता कि बालासाहब के स्वागत के लिए मंत्रियों के वहाँ चले जाने से कोई गलत कार्य हो गया है। बख्त स्वयं भी उस कार्यक्रम में गए थे, जिसके कारण मूल रूप से यह विवाद उपजा था।

यह कहा-सुनी न केवल जारी रही, परंतु इसने और अधिक जोर पकड़ लिया। इस बीच इन सब विवादों से बेपरवाह बालासाहब ने संगठनात्मक ढाँचे को उन क्षेत्रों में फैलाने का निर्णय लिया, जहाँ राष्ट्रीय स्वयंसेवक संघ की पैठ नहीं थी। उन्होंने एक तीन चरणों की रणनीति को अपनाया। पहले चरण में राष्ट्रीय स्वयंसेवक संघ ने उन कार्यकर्ताओं को फिर से जगाने पर जोर दिया, जो कुछ वर्षों से निष्क्रिय हो गए थे। दूसरे चरण में संस्था ने सामाजिक रूप से हाशिए पर नए समाज के उपेक्षित वर्गों (जिन्हें कई स्थानों पर 'दलित' के रूप में जाना गया) से संपर्क करने का निश्चय किया। तीसरे चरण में मुसलमानों को जोड़े जाने के प्रयत्न किए गए। एक समेकित लक्ष्य यह था कि समाज को एक संदेश दिया जाए कि राष्ट्रीय स्वयंसेवक संघ उन लोगों के कार्य को, जो समाज के भले के लिए वे कर रहे हैं, अपना कार्य मानता है।

जब जनता पार्टी की सरकार गिरी, उसी समय असम में एक विशाल आंदोलन छात्रों द्वारा शुरू किया गया, जिसमें उन बँगलादेशी लोगों को देश से बाहर करने के लिए कहा गया, जो बड़ी संख्या में गैर-कानूनी रूप से असम में घुसकर रह रहे थे। बालासाहब में यह दूरदृष्टि थी कि वे इस बात पर अड़ सकें कि बँगलादेश से हिंदू इस कारण यहाँ आ गए थे कि वहाँ पर उनका उत्पीड़न हो रहा है। इसलिए उन्हें शरणार्थी माना जाना चाहिए, जबकि अन्य लोगों को घुसपैठिए। इससे इस बात की घरेलू और साथ में वैश्विक जानकारी बढ़ी कि बँगलादेश में हिंदू सुरक्षित नहीं हैं।

आम चुनावों में इंदिरा गांधी फिर से सत्ता में वापस आ गईं। जनता पार्टी टूट गई थी। तत्कालीन भारतीय जनसंघ के नेताओं ने एक नई पार्टी का गठन किया—'भारतीय जनता पार्टी'। अटल बिहारी वाजपेयी के नेतृत्व में पार्टी ने 'गांधीवादी समाजवाद' को अपने

एक आदर्श के रूप में अपनाया। सब लोग इस बात से सहमत न थे, परंतु बालासाहब ने बीजेपी को अपना मार्ग खोजने के लिए स्वतंत्र छोड़ दिया। उन्हें पता था कि नए बने संगठन को आनेवाले समय में अपना मार्ग बदलना पड़ेगा। इसलिए जब बीजेपी अपनी राह 1980 के दशक के आरंभ में स्वयं बना रही थी, राष्ट्रीय स्वयंसेवक संघ ने एक नई चुनौती को स्वीकार किया।

वर्ष 1981 में संपूर्ण देश स्तब्ध रह गया, जब समाज के कमजोर वर्गों के 1500 हिंदुओं का तमिलनाडु के मीनाक्षीपुरम् स्थान पर धर्म परिवर्तन करा दिया गया। राष्ट्रीय स्वयंसेवक संघ ने तत्कालीन प्रधानमंत्री इंदिरा गांधी पर पर्याप्त दबाव बनाया कि वे इस घटना की जाँच के लिए एक सर्वदलीय संसदीय समिति का गठन करें। समिति ने अपनी जाँच रिपोर्ट पेश की, जिसे संसद् में चर्चा का विषय बनाया गया। पार्टी से हटकर इसके विभिन्न राजनीतिक पार्टियों के प्रतिनिधियों ने संसद् में इस घटना की कड़ी निंदा की। स्वतंत्रता प्राप्ति के समय से लेकर यह पहला अवसर था, जब धार्मिक परिवर्तन के मुद्दे पर एक संपूर्ण बहस की गई थी।

बालासाहब ने इस बीच संगठन के भीतर एक अधिक बड़ी चर्चा धर्म-परिवर्तन के मुद्दे पर शुरू कर दिया था, जो भारत के कई हिस्सों को प्रभावित कर रहा था। एक पाँच दिवसीय बौद्धिक विचार सत्र बंगलौर में आयोजित किया गया, जिसमें सभी जिला स्तर के संघ प्रचारकों ने भाग लिया। यह संस्था की कर्तव्य यात्रा में एक मुख्य मोड़ था, क्योंकि इसमें समाज के उपेक्षित वर्गों के प्रति राष्ट्रीय स्वयंसेवक संघ की नीति और रणनीति की दिशा तथा कार्यक्रमों को तय किया गया। इस बैठक के बाद एक विशाल 'विराट् हिंदू सम्मेलन' का आयोजन किया गया, जिसमें 5 से 6 लाख लोगों ने भाग लिया। दिल्ली के तत्कालीन प्रांत प्रचारक अशोक सिंघल ने इस सम्मेलन के आयोजन में केंद्रीय भूमिका निभाई थी। सिंघल ने बाद के कुछ वर्षों में विश्व हिंदू परिषद् का नेतृत्व सँभाला और 1980 के दशक के अंत में तथा 1990 के दशक के आरंभ में राम मंदिर बनाए जाने के आंदोलन में एक महत्त्वपूर्ण भूमिका निभाई।

बालासाहब देवरस ने यह निर्णय भी लिया कि विश्व हिंदू परिषद् में नए युवा लोगों को लाया जाए; इसलिए वे सिंघल को इसमें लेकर आए। संयोगवश, जाने-माने विद्वान् तथ वरिष्ठ कांग्रेसी नेता डॉ. करण सिंह 'विराट् हिंदू सम्मेलन' के आयोजन के साथ गहन रूप से जुड़े थे। उन्होंने स्वयं भी एक संस्था 'विराट् हिंदू समाज' की संस्थापना की थी।

बालासाहब ने राष्ट्रीय स्वयंसेवक संघ की सभी इकाइयों को निर्देश जारी किए कि वे ऐसे कार्यक्रम देश भर में चलाएँ। इस प्रकार वर्ष 1981 में कर्नाटक में 'हिंदू समाजोत्सव' (हिंदू सामाजिक समारोह) का आयोजन हुआ, जिसमें जीवन के सब क्षेत्रों व संप्रदायों से आए लोगों ने भाग लिया। तमिलनाडु में 'हिंदू मुन्नानी' नाम की संस्था सामने आई।

वर्ष 1982 में बंगलौर में एक 'हिंदू समागम' का आयोजन हुआ। उस वर्ष एक अन्य 'विराट् सम्मेलन' केरल में आयोजित हुआ, जिसे बालासाहब ने स्वयं संबोधित किया। महाराष्ट्र में डॉ. बाबासाहब अंबेडकर की जन्मवार्षिकी पर वर्ष 1983 में एक नई संस्था 'समाजीत समरास्ता मंच' का गठन किया गया। इस संस्था ने एक 7000 किमी. लंबी यात्रा का आयोजन महात्मा फुले तथा डॉ. अंबेडकर के द्वारा किए गए योगदान को लोगों के समक्ष प्रस्तुत किए जाने के उद्देश्य से किया। इस यात्रा को पूरा करने में डेढ़ महीना लगा, जिसमें राष्ट्रीय स्वयंसेवक संघ के समाज के उपेक्षित वर्गों के मुद्दों के प्रति लिये गए मोरचे से संबंधित भ्रमों के निवारण के लिए लोगों को स्पष्टीकरण दिए गए।

वर्ष 1984 में, जब सरसंघचालक के रूप में अपने वार्षिक भाषण में विजयादशमी के अवसर पर (जिसे समकालीन और विचारधारा संबंधी मुद्दों पर राष्ट्रीय स्वयंसेवक संघ के ठहराव तथा दृष्टिकोण का परिचायक माना जाता है।) बालासाहब ने हिंदू समाज के विभिन्न वर्गों को इकट्ठा करने की आवश्यकता पर बल दिया।

वर्ष 1985 में बालासाहब ने निर्णय लिया कि वे संघ के कार्यों की समीक्षा करेंगे और बदलते समय के साथ इसके भविष्य के दिशा-निर्देश जारी करेंगे। यह अवसर था संगठन द्वारा 60 वर्ष पूरे किए जाने का।

नागपुर में एक पथ-प्रवर्तक भाषण में वर्ष 1985 में उन्होंने कहा कि यद्यपि राष्ट्रीय स्वयंसेवक संघ ने 60 वर्ष पूरे कर लिये हैं, मगर जो प्रगति हुई है, वह संतोषजनक नहीं है और हमें अभी बहुत कुछ करना बाकी है। उन्होंने सभी स्वयंसेवकों का एक निर्णायक आह्वान किया, "हम सभी को आत्म-निरीक्षण की आवश्यकता है। यह समय है कि हम हर प्रकार की नकारात्मकता छोड़ एक नए मार्ग का निर्माण करें।"

इस बीच मीनाक्षीपुरम् की घटना ने कई नई गतिविधियों के संचालन को मौका दिया, जिसे विश्व हिंदू परिषद् ने हाथ में लिया। मीनाक्षीपुरम् की घटना के बाद हुए सार्वजनिक समारोहों में आनेवाली जबरदस्त प्रतिक्रिया से उत्साहित होकर विश्व हिंदू परिषद् (विहिप) ने 'एकात्मता यात्रा' (राष्ट्रीय एकीकरण की यात्रा) का आयोजन किया। देश भर में आयोजित यह 85,000 किमी. लंबी यात्रा एक बड़ी सफलता थी और इसे जबरदस्त जन-समर्थन मिला। विहिप ने अब निर्णय लिया कि भगवान् राम के जन्मस्थल अयोध्या में वह एक राम मंदिर का निर्माण करेगी। इसने वर्ष 1984 में घोषणा की थी कि वह हिंदुओं के लिए रामजन्म भूमि वापस लेने के मुद्दे पर लड़ेगी।

यह दिलचस्प है कि एक नेता, जिन्होंने इस विचार को प्रारंभ में प्रकट किया और 'विहिप' को इस कार्य का बीड़ा उठाने के लिए प्रोत्साहित किया, कांग्रेस के एक वरिष्ठ पार्टी नेता श्री दाऊदयाल खन्नाजी थे। वे उत्तर प्रदेश राज्य में चंद्रभानु गुप्ता के नेतृत्व वाली सरकार में मंत्री रह चुके थे। वर्ष 1986 में एक न्यायिक आदेश के बाद केंद्र सरकार और

राज्य सरकार ने भगवान् राम के अयोध्या स्थित जन्मस्थल पर पड़े ताले को खोला और अयोध्या आंदोलन अपने द्वितीय चरण में प्रवेश कर गया।

आपको याद होगा कि नागपुर में विजयादशमी पर अपने भाषण में बालासाहब ने दूरदर्शिता का परिचय देते हुए यह घोषणा की थी कि कांग्रेस अब टूटने लगी है और इसका केवल एक विकल्प होगा, जो हिंदू संस्थाओं की ओर से सामने आएगा। इस बीच जबकि अयोध्या आंदोलन को देश भर से समर्थन प्राप्त हो रहा था, दशकों से विद्यमान हमारे देश में अल्पसंख्यकों के तुष्टीकरण ने यह सुनिश्चित कर दिया कि कोई भी राजनीतिक दल उसे समर्थन देने के लिए आगे नहीं आया।

वर्ष 1989 में अंततः भारतीय जनता पार्टी ने आह्वान किया तथा इस आंदोलन के प्रति पालमपुर (हिमालय प्रदेश) में अपनी राष्ट्रीय कार्यकारिणी समिति की एक बैठक में इस आशय का प्रस्ताव पारित कर अपने समर्थन की घोषणा की।

वर्ष 1989 में राजीव गांधी के नेतृत्ववाली कांग्रेस पार्टी को चुनावों में जनता ने सत्ता से बाहर कर दिया और भारतीय जनता पार्टी ने लोकसभा में अपनी सीटों की संख्या में उल्लेखनीय वृद्धि दर्ज की। यह हिंदू वोटों के ध्रुवीकरण की ओर एक संकेत था और अयोध्या आंदोलन के प्रति बढ़ते हुए समर्थन की अभिव्यक्ति।

उसी वर्ष राष्ट्रीय स्वयंसेवक संघ ने अपने संस्थापक डॉ. हेडगेवार की जन्म शताब्दी मनाई और साथ ही डॉ. बी.आर. अंबेडकर की भी, जो अनुसूचित जाति के एक बड़े नेता थे और जिन्हें बहुत से लोग 'भारत के संविधान का पिता' भी मानते हैं। विहिप ने भी उसी वर्ष अपनी रजत जयंती मनाई।

24 मार्च, 1989 के दिन राष्ट्रीय स्वयंसेवक संघ तथा इसके साथ संबद्ध विभिन्न संस्थाओं की एक बैठक अहमदाबाद में हुई। जिन व्यक्तियों ने बैठक में भाग लिया, उनमें बालासाहब, एच.वी. शेषाद्रि, रज्जू भैया, यादवराव जोशी, भाऊराव देवरस, अशोक सिंघल, एल.के. आडवाणी, सुंदर सिंह भंडारी और दत्तोपंत ठेंगड़ी इत्यादि शामिल हुए।

इस बैठक के प्रमुख नतीजों में से एक यह था कि राष्ट्रीय स्वयंसेवक संघ के एक वरिष्ठ प्रचारक मोरोपंत पिंगले को यह जिम्मेदारी सौंपी गई कि वे विहिप का मार्ग-निर्देशन करें, विशेष रूप से इस बात पर जोर देते हुए कि अयोध्या आंदोलन की तीव्रता में बढ़ोतरी कैसे हो!

अयोध्या आंदोलन ने वर्ष 1990 में एक हिंसक मोड़ ले लिया, जब उत्तर प्रदेश के तत्कालीन मुख्यमंत्री मुलायम सिंह यादव ने शांतिपूर्ण स्वयंसेवकों पर गोली चलाने का आदेश दे दिया, जो अयोध्या में रामजन्मभूमि पर भगवान् राम का एक मंदिर बनाने के लिए 'कार सेवा' के लिए एकत्र हुए थे। आधिकारिक आँकड़ों के अनुसार, इस गोलाबारी में 16 कार्यकर्ताओं की मृत्यु हुई थी, परंतु अनौपचारिक सूत्रों के अनुसार सैकड़ों स्वयंसेवकों

का कोई पता न चला।

इस रक्तपात ने देश की अंतरात्मा को झकझोरकर रख दिया। हिंदू स्तब्ध थे और अपनी संगठन शक्ति का परिचय देते हुए वे 6 दिसंबर, 1992 के दिन बड़ी संख्या में एक साथ मिलकर अयोध्या आए। एक तीखी प्रतिक्रिया के तौर पर विवादग्रस्त ढाँचा (जिसे मुसलमान बाबर द्वारा निर्मित की गई मसजिद कहते थे), जो वहाँ भगवान् राम के जन्मस्थल पर मौजूद था, गिरा दिया।

इस घटना पर बालासाहब की प्रतिक्रिया इस प्रकार थी, "यह अच्छा नहीं हुआ है, परंतु मुसलमानों को भी आभास होगा कि जब एक निष्ठा और पूजास्थल को तोड़ा या नष्ट किया जाता है तो वह कितना पीड़ादायी होता है।"

अयोध्या में विवादग्रस्त ढाँचे को गिराए जाने के पश्चात् केंद्र सरकार ने राष्ट्रीय स्वयंसेवक संघ पर प्रतिबंध लगा दिया। बालासाहब का स्वास्थ्य कमजोर हो गया था, परंतु गंभीर स्वास्थ्य समस्याओं के बावजूद वे दिन-रात संघकार्य में लगे रहे। जब वर्ष 1993 में प्रतिबंध हटा लिया गया, तब उन्होंने सरसंघचालक का प्रभार किसी अन्य को सौंपने की बात सोची। यह एक अविस्मरणीय घोषणा थी, जब किसी सरसंघचालक की नियुक्ति पहली बार एक दूसरे सरसंघचालक ने अपने जीवित रहते हुए की। 11 मार्च, 1994 के दिन उन्होंने नए सरसंघचालक के रूप में रज्जू भैया के नाम की घोषणा कर दी। यह परंपरा उसके बाद निरंतर चल रही है। रज्जू भैया ने बागडोर के.एस. सुदर्शन को सौंपी और स्वयं को कार्यभार मुक्त किया तथा सुदर्शनजी ने बाद में यह जिम्मेदारी मोहन भागवत के हाथों में सौंप दी।

बालासाहब अपने अंतिम वर्षों में खराब स्वास्थ्य के कारण अधिक यात्राएँ नहीं कर पाए, परंतु वे सक्रिय रहे और एक अनुभवी परामर्शदाता के रूप में सक्रिय रहे। राष्ट्रीय स्वयंसेवक संघ ने अपने तृतीय सरसंघचालक को याद करते हुए वर्णन किया है कि कैसे वे अपनी अंतिम साँस तक संघ के कार्य में निमग्न रहे और वे हमेशा के लिए एक प्रेरणा बन गए।

"बालासाहबजी ने लकवे से पीड़ित होने के बाद तथा पूर्ण रूप से बिगड़ चुकी और साथ न देने वाली शारीरिक अवस्था में जो दो दौरे किए, वे अत्यधिक प्रेरणाप्रद थे। राष्ट्रीय स्वयंसेवक संघ पर लगा प्रतिबंध, जिसे रामजन्मभूमि आंदोलन के बाद लगाया गया था, वर्ष 1993 में वापस ले लिया गया। इसके तुरंत बाद राष्ट्रीय स्वयंसेवक संघ के चेन्नई कार्यालय में एक बम विस्फोट हो गया। कार्यालय के सामने का कमरा नष्ट हो गया। इसमें 11 व्यक्तियों, जिनमें कार्यालय में रह रहे कुछ स्वयंसेवक और कुछ आगंतुक शामिल थे, को अपनी जान से हाथ धोना पड़ा। संपूर्ण देश हतप्रभ था। बालासाहब की तुरंत प्रतिक्रिया का वर्णन करते हुए उनके तत्कालीन निजी सहायक श्रीकांत जोशी ने कहा

कि जिस क्षण बालासाहबजी को यह खबर मिली, उन्होंने चेन्नई जाने की जिद की और कहा कि वे निजी तौर पर मरनेवालों के परिवारों को अपनी सहानुभूति व्यक्त करेंगे, परंतु उनकी बिगड़ती स्वास्थ्य दशा को ध्यान में रखते हुए डॉक्टरों ने कड़ाई से इसे नकार दिया। बालासाहब शांत न रह सके और जो भी उनसे मिलने नागपुर आता, उसे वे अपनी मृतकों के परिवारों को संवेदना न दे पाने की असमर्थता पर दु:ख व्यक्त करते रहे। बालासाहबजी को उस समय कितनी वेदना से गुजरना पड़ा, इसका वर्णन करते हुए श्रीकांत जोशी को यह कहना पड़ा, "जब भी वे मेरी आँखों में देखते थे, वे एक ही संदेश देते नजर आते थे, वह था, उनकी चेन्नई जाने की इच्छा। उनकी इस दृढ़ता को देखकर डॉक्टरों ने अंतत: उन्हें चेन्नई जाने की इजाजत दे दी थी, इस शर्त पर कि पहले वे नागपुर से हैदराबाद जाएँगे और वहाँ अगर उन्हें कोई स्वास्थ्य संबंधी समस्या इस बीच नहीं आती तो। दो दिन विश्राम लेकर आगे चेन्नई प्रस्थान करेंगे, उनके स्वास्थ्य की स्थिति इतनी गंभीर थी कि वे लगातार चार घंटे का सफर एक साथ नहीं कर सकते थे। डॉक्टरों की इस सलाह के मुताबिक हम नागपुर से हैदराबाद की उड़ान ले पहले हैदराबाद पहुँचे और वहाँ दो दिनों के विश्राम के बाद चेन्नई गए। चूँकि बालासाहबजी चल नहीं सकते थे, पूरे सफर में उन्हें एक पहिएदार कुरसी पर रखा गया।

"चेन्नई में उतरने से ठीक पहले एक एयर होस्टेस ने उनके साथ कुछ बातचीत की। सब लोग, जो उन्हें देख रहे थे, यह समझ रहे थे कि वे कोई खास उपचार के लिए जा रहे हैं। उसने उन्हें पूछा कि वे कौन से अस्पताल में जा रहे हैं? उन्होंने कहा, "मैं किसी अस्पताल में या कोई उपचार के लिए नहीं जा रहा हूँ। मैं नागपुर से आ रहा हूँ और मुझे हाल ही के बम विस्फोट में मरनेवालों के परिवारों को सांत्वना देने जाना है।" सभी को यह सुनकर आश्चर्य हुआ। उन्हें उनके स्वास्थ्य के बारे में बताया गया। एक अनोखे व्यक्ति, जिनकी उम्र 80 वर्ष की है, जो खुद से चल भी नहीं पाता, जिनके आधे शरीर में लकवा मार गया है और इसके साथ-साथ, जो खुद से पेशाब भी नहीं कर सकते, जो उनकी बगल में लटकी पेशाब की थैली से स्पष्ट है, जो नागपुर से आए हैं, मृतकों के परिवारों को संवेदना प्रकट करने के लिए, जिन्हें वे व्यक्तिगत रूप से जानते भी नहीं हैं। उसे अत्यधिक स्तब्धता का आभास हुआ और वह आगे बोल न सकी। 'इतनी खराब हालत में इतनी लंबी यात्रा?' वह सोचने लगी। हवाई अड्डे पर विमान उतर गया। उन्हें एक पहिएदार कुरसी पर बड़ी मुश्किल से चढ़ाया। हमें लेने के लिए हवाई अड्डे पर एक कार खड़ी थी। उसने पहिएदार कुरसी को कार के नजदीक लगाया और उन्हें कार में बैठने में मदद की। उनके कार में बैठ जाने के पश्चात् उसने उनके पैर छुए। उसने कहा, "आप वास्तव में एक महात्मा हैं। इस उम्र में, इस दशा में और जिस प्रकार की मुश्किलें आप झेल रहे हैं, आप दूसरों का दु:ख बाँटने आए हैं! मैंने ऐसा व्यक्ति अपने जीवन में

नहीं देखा था। आप सच में एक महात्मा हैं।" और वह चली गई।

कार चेन्नई की ओर जाने लगी। जब तक हम अपने ठहरने के स्थान पर पहुँचे, समय सुबह के 10.30 बजे का हो गया था। बालासाहबजी मुझे उन्हें कार्यालय ले चलने के लिए जोर दे रहे थे। बालासाहबजी को बताया गया कि विस्फोट में मृतकों के परिजनों को 4.00 बजे शाम को इकट्ठे होकर आने के लिए कहा गया है और वे उनसे तब मिल सकेंगे। उसके बाद वे शांतचित्त हो गए। डॉक्टरों ने उनका परीक्षण किया था, उनका रक्तचाप 180/110 था। उन्हें बीपी घटाने की गोली दी गई। डॉक्टर सोच रहे थे कि उन्हें कार्यालय कैसे लेकर जाया जाए? दोपहर तक उनका रक्तचाप बढ़कर 220/120 हो गया था। डॉक्टरों को डर था कि अगर यह इस प्रकार बढ़ता रहा तो उन्हें हृदयाघात हो सकता है या वे फिर से लकवे के शिकार हो सकते हैं। बालासाहबजी बार-बार देरी का कारण पूछ रहे थे। बढ़ते हुए अधैर्य के साथ, उन्होंने पूछा कि हम चल क्यों नहीं रहे हैं? कोई विकल्प न देखकर मैंने डॉक्टरों को कहा कि हमें किसी भी कीमत पर कार्यालय जाना ही है, क्योंकि बालासाहब की यह कठोर जिद थी। अगर कोई अनहोनी होती है तो मैंने उन्हें चिकित्सीय आपातकाल के लिए भी तैयार रहने के लिए कहा, क्योंकि मुझे लग रहा था कि यदि हम यहाँ और रुके रहेंगे तो उनका स्वास्थ्य और अधिक बिगड़ जाएगा। डॉक्टरों को भी मेरी बात माननी पड़ी।

"सब भगवान् के भरोसे छोड़ हम उन्हें कार्यालय ले गए। पहिएदार कुरसी पर बैठे हुए बालासाहबजी ने मृतक स्वयंसेवकों की फोटो को अपने हाथ से छुआ। उन्होंने प्रत्येक को फूलों सहित श्रद्धा भेंट की। उन्होंने उनको तिलक किया और ज्योति प्रज्वलित की। उन्होंने धूप भी भेंट की। वे दुःख से काँप रहे थे। उन्होंने नष्ट हुए कार्यालय को अश्रुपूर्ण आँखों से देखा। शामियाने के अंदर लगभग 200 स्वयंसेवक और उनके परिवार बैठे हुए थे, जिनमें शहीदों के परिजन, जैसे माँ, बहन, भाई, पिता आदि थे। उनका बालासाहबजी के साथ परिचय कराया गया। बालासाहबजी ने कुछ देर बड़ी मुश्किल से उनसे बात की।

"मैं आप लोगों से मिलने के लिए आया हूँ। कृपया मुझे माफ कर दें। स्वयंसेवकों की इस प्रकार की गई हत्या से घोर दुःख होता है। इस रिक्तता की पूर्ति करना असंभव है। मैं आप लोगों से मिलने आया हूँ। मेरी स्वास्थ्य दशा अच्छी नहीं है। फिर भी मेरा यह कर्तव्य है कि मैं आपसे मिलूँ। मैं भी आपके दुःख में शामिल हूँ। मैं आपकी तकलीफ को समझ सकता हूँ।" शहीदों के सभी परिजन इस पर भावविभोर हो गए और उनमें से कुछ ने नम आँखों से कहा, "आपके यहाँ आने से हमारा दुःख कम हो गया है। इस दशा में भी आप सिर्फ हमारा दुःख बाँटने के लिए इतनी दूर से यहाँ आए हैं। हमें आपसे यही अपेक्षा थी। आप सच में भगवान् हैं। आप एक सच्चे महात्मा हैं।"

बालासाहबजी को और अधिक बोलने की अनुमति नहीं दी गई। उनके हिंदी में दिए गए भाषण का तमिल में अनुवाद किया गया। प्रार्थना के बाद उन्हें आराम के लिए वापस ले जाया गया। डॉक्टरों ने चैन की साँस ली और उनके बीपी का परीक्षण किया। यह 120/80, बिल्कुल सामान्य था।"

बालासाहब देवरस का पुणे (महाराष्ट्र) में 17 जून, 1996 के दिन देहावसान हो गया।

□

4

प्रोफेसर राजेंद्र सिंह उपाख्य रज्जू भैया

यह 11 मार्च, 1994 का दिन था और राष्ट्रीय स्वयंसेवक संघ की निर्णय लेने वाली सर्वोच्च इकाई—अखिल भारतीय प्रतिनिधि सभा—की एक बैठक इसके रेशम बाग, नागपुर स्थित मुख्यालय के अंदर डॉ. हेडगेवार सभागार में चल रही थी। सुबह के दस बजे थे और राष्ट्रीय स्वयंसेवक संघ के सरकार्यवाह एच.वी. शेषाद्रि ने देश भर से आए लगभग एक हजार प्रतिनिधियों का स्वागत किया, जो चर्चा में भाग लेने के लिए आए थे। शेषाद्रि ने फिर कुछ प्रमुख व्यक्तियों को श्रद्धा-सुमन भेंट किए, जो हाल ही में स्वर्गवासी हुए थे और फिर उन्होंने राष्ट्रीय स्वयंसेवक संघ की गतिविधियों की एक समेकित समीक्षा प्रस्तुत की।

तभी बाईं दिशा की ओर से कुछ हलचल हुई और सबने देखा कि लगभग आधा दर्जन स्वयंसेवक राष्ट्रीय स्वयंसेवक संघ के तृतीय सरसंघचालक बालासाहब देवरस को मंच पर ला रहे हैं। देवरस पहिएदार कुरसी पर बैठे हुए थे। स्वयंसेवकों की मदद से वे मंच पर पहुँचे। उनके सामने एक माइक रखा गया और उन्होंने धीमी आवाज में स्वयंसेवकों को संबोधित करना शुरू किया, "पूजनीय गुरुजी ने मुझे यह जिम्मेदारी वर्ष 1973 में दी थी। आप सबके सहयोग और समर्थन से मैं अब तक उस जिम्मेदारी को अपने कंधों पर उठा पाया, मगर गिरते स्वास्थ्य के कारण मेरे लिए अब यात्रा करना संभव नहीं रह गया है। इस कारण से सभी वरिष्ठ कार्यकर्ताओं के साथ मशविरे के बाद मैंने यह निर्णय लिया है कि यह जिम्मेदारी अब प्रोफेसर राजेंद्र सिंह (आमतौर पर 'रज्जू भैया' के नाम से जाने जानेवाले) अपने कंधों पर लें। मुझे पूरा भरोसा है कि रज्जू भैया को भी इसी प्रकार का सहयोग और समर्थन मिलता रहेगा। मैं भी एक स्वयंसेवक की भाँति अपना सवश्रेष्ठ योगदान देने के लिए हमेशा प्रत्यनशील रहूँगा।" जब उन्होंने घोषणा समाप्त की, उस समय सुबह के 10.40 बजे थे। सभागार में वातावरण शांत था और थोड़ा सा भावनात्मक

भी। बालासाहब ने फूलों का एक गुच्छा और एक नारियल रज्जू भैया की शुभ शुरुआत के चिह्न के रूप में भेंट किया। फिर समय आ गया राष्ट्रीय स्वयंसेवक संघ के चौथे और नवनियुक्त सरसंघचालक द्वारा स्वयंसेवकों के संबोधन का। रज्जू भैया ने एक संक्षिप्त उद्‌बोधन दिया, जिसमें उन्होंने सबको शुभकामनाएँ दीं और संघ में अपनी नई भूमिका एवं जिम्मेदारी के लिए लोगों से समर्थन की अपेक्षा की।

रज्जू भैया संघ के इतिहास में पहले प्रमुख थे, जिन्होंने इसके संस्थापक डॉ. हेडगेवार के साथ सीधे काम नहीं किया था। उन्होंने संघ में प्रवेश वर्ष 1942 में भारत छोड़ो आंदोलन के बाद लिया था। रज्जू भैया ने इस आंदोलन में प्रयाग (इलाहाबाद) से बड़ी ही सक्रियता के साथ भाग लिया था और उनकी बातचीत वरिष्ठ कांग्रेसी नेताओं के साथ होती रहती थी, जैसे पुरुषोत्तम दास टंडन, लाल बहादुर शास्त्री आदि। जब ऐच्छिक परिणाम के बिना आंदोलन समाप्त हो गया, चारों ओर एक निराशा छा गई, उस समय रज्जू भैया एम.एससी. के अपने अंतिम वर्ष की पढ़ाई पूरी कर रहे थे। उन्होंने कई कांग्रेसी नेताओं से उनके भविष्य के कार्यक्रमों के बारे में पूछा, मगर उन्हें कोई संतोषजनक उत्तर न मिला, क्योंकि कांग्रेस का खुद का नेतृत्व अनिश्चय की स्थिति में था और उसका अपने भविष्य के कार्यक्रमों के प्रति कोई निश्चित भाव न था। उन्हें इस अनिर्णय की स्थिति से घोर निराशा और प्रतिकार का भाव आया, इस प्रकार वे कांग्रेस की गतिविधियों से दूर होने लगे।

यह वह समय था, जब वे अपने एक सहपाठी के माध्यम से संघ के प्रचारक बापूराव मोघे के संपर्क में आए; इस सहपाठी का नाम था—श्यामनारायण श्रीवास्तव और एक और छात्र था शांताराम, जो उनका पड़ोसी था। मोघे रज्जू भैया से पाँच-छह वर्ष बड़े थे। उन्होंने नियमित रूप से मिलना शुरू किया और रज्जू भैया ने प्रतिदिन शाखा में जाना शुरू कर दिया, जो उनके घर के पास में लगती थी। मोघे ने रज्जू भैया पर अपनी एक अमिट छाप छोड़ दी।

उनके अपने शब्दों में, "जब मैं संघ में शामिल हुआ, बापूराव मोघे एक विभाग प्रचारक थे। वे ऐसे व्यक्ति थे, जिन्होंने संघ के प्रति मेरे प्रश्नों का संतोषजनक उत्तर दिया। बापूराव मोघे इंदौर के एक जाने-माने परिवार में जनमे थे। उन्होंने अपनी बी.एससी. (जीव विज्ञान) की पढ़ाई बनारस हिंदू विश्वविद्यालय (बी.एच.यू.) से पूरी की। वे एक स्वयंसेवक के माध्यम से, जो उनके साथ विश्वविद्यालय में एक ही कमरे में रहते थे, कई बार गुरुजी से मिले थे, मगर वे काशी (बनारस) में स्वयंसेवक नहीं बने थे। जब वे लखनऊ में एम.एससी. की पढ़ाई करने गए, तो वे माननीय भाऊराव देवरस के संपर्क में आए। भाऊरावजी अपनी बी.कॉम. की पढ़ाई करने लखनऊ गए थे और फिर कानून की पढ़ाई कर संघ कार्य का विस्तार करना चाहते थे। दोनों एक-दूसरे से लखनऊ विश्वविद्यालय के छात्र के रूप में मिले और उनमें गहरी मित्रता हो गई। बापूराव लखनऊ

में एक स्वयंसेवक बने। जब उन्होंने एम.एससी. की पढ़ाई पूरी कर ली, उनके परिवार ने आगे पढ़ाई के लिए उनकी सहायता करने से मना कर दिया। उन्होंने ट्यूशन पढ़ाना शुरू किया और संघ के प्रति अपना समय और समर्पण बनाए रखा। बाद में वे संघ के प्रचारक बन गए। प्रचारक के रूप में उन्होंने संघ के लिए कई स्थानों पर कार्य किया। वे संघ कार्य के मूल तत्त्वों की व्याख्या करने में एक विशेषज्ञ बन गए। वे संघ के बारे में पूछे जानेवाले प्रश्नों के सटीक और संतोषप्रद उत्तर देते थे। उनका व्यक्तित्व बड़ा आकर्षक था। यद्यपि वे अधिक लंबे न थे, उनकी लंबाई पाँच फीट थी, मगर जिस प्रकार वे वस्त्र धारण करते थे और बात करते थे, बड़े ही आत्मविश्वास के साथ, उससे लोग उनके प्रति घनीभूत हो जाते थे। मैं वर्ष 1942 में उनके संपर्क में आया और वर्ष 1946 तक (जब वे प्रयाग विभाग के प्रचारक रहे थे) मैं उनके काफी नजदीक आ गया था। वर्ष 1946 में वे प्रांत प्रचारक के रूप में आंध्र प्रदेश चले गए। उनकी अंग्रेजी भाषा की पकड़ असाधारण थी। तब तक राष्ट्रीय स्वयंसेवक संघ पर अधिक साहित्य उपलब्ध न था। केवल डॉक्टरजी (डॉ. हेडगेवार) की एक लघु आत्मकथा उपलब्ध थी। मैंने उनके सुझाव पर कई पुस्तकें पढ़ीं, जिनसे मुझे राष्ट्रीय स्वयंसेवक संघ के मूल सिद्धांतों और परिप्रेक्ष्य को समझने में मदद मिली। इन पुस्तकों में राधा कुमुद मुखर्जी की 'फंडामेंटल यूनिटी ऑफ इंडिया', वासुदेव शरण अग्रवाल की 'भारत की एकता के आधारभूत सिद्धांत', 'देश की बात' बंगाल के देवस्कर द्वारा लिखित और सावरकर की 'हिंदू पदपदशाही' शामिल थीं।

"इन पुस्तकों ने राष्ट्रीयता के प्रति मेरे मन के कई संदेहों का उत्तर मुझे दिया, जो मेरे मन-मस्तिष्क में तब उठ खड़े हुए थे, जब मैंने गांधीवादी साहित्य पढ़ा था। मुझे यह आभास भी हुआ कि सर्वाधिक महत्त्वपूर्ण कार्य समाज के लिए कार्य करना है।"

रज्जू भैया अपने दादा ठाकुर मेहताब सिंह के काफी नजदीक थे, जिनका जन्म वर्ष 1867 में हुआ था और वे अपने कठिन परिश्रम से बड़े जमींदार बने। एक बार वे आर्य समाज के नेता स्वामी दयानंद को देखने के लिए गए। उसी दिन से पूरा परिवार शाकाहारी बन गया। रज्जू भैया ने अपने स्मृति-पत्र में अपने दादाजी के बारे में लिखा है, "वर्ष 1934 में जब वे 67 वर्ष के थे, घुड़सवारी किया करते थे। वर्ष 1939 में जब मैंने इलाहाबाद विश्वविद्यालय में प्रवेश लिया, वे प्रयाग आए। हम 8 से 10 मील लंबी सैर के लिए इकट्ठे जाते थे। एक बार मैंने उनसे कहा कि हमें एक घोड़ागाड़ी पर सवार हो जाना चाहिए, तो उन्होंने उत्तर में कहा कि हमारा लक्ष्य केवल दो मील दूर है, इसलिए हमें पैदल जाना चाहिए। इतनी अधिक उम्र हो जाने के बाद भी उन्होंने मेरे चाचा की मोटरबाइक पर पीछे सवार होना मंजूर किया और हरिद्वार गए। यह यात्रा 100 मील लंबी थी।"

मई 1940 में ठाकुर मेहताब सिंह को लकवे ने जकड़ लिया। रज्जू भैया ने दो वर्षों तक उनकी सेवा-शुश्रूषा की। जब भी उन्हें कोई अत्यधिक महत्त्वपूर्ण मसले पर अपने

बेटों तथा अन्य परिजनों से चर्चा करनी होती थी, तब वे उनसे बात करते थे, बल्कि परिवार में किसी अन्य सदस्य की अपेक्षा उन पर अधिक विश्वास करते थे। वे वर्ष 1950 में ईश्वर को प्यारे हो गए।

"वे असाधारण गुणों के स्वामी थे और मैं उनके साथ अधिक-से-अधिक समय बिताना चाहता था, ताकि मैं उनसे अधिक सीख सकूँ।" रज्जू भैया ने अपने दादाजी के बारे में कहा।

यद्यपि ठाकुर मेहताब सिंह केवल प्राइमरी स्तर तक पढ़े थे, मगर वे चाहते थे कि उनके बच्चे खूब पढ़ाई करें। रज्जू भैया के पिता कुँवर बलबीर सिंह एक प्रतिभाशाली छात्र रहे थे। वे उ.प्र. में बुलंदशहर के नजदीक बनैल गाँव में जनमे थे तथा स्थानीय सरकारी स्कूल में उन्होंने अपनी प्राइमरी शिक्षा प्राप्त की थी। इस विद्यालय से सातवीं पास करने के बाद उन्होंने 'अलीगढ़ हाईस्कूल' में दाखिला लिया। यहाँ पर विद्यालय की उच्च शिक्षा प्राप्त करने के उपरांत उन्हें पुलिस के सुपरिंटेंडेंट के पद का प्रस्ताव किया गया। परंतु उन्होंने यह प्रस्ताव स्वीकार नहीं किया और आगे पढ़ने का विचार बनाया। उन्होंने आगरा में इंटरमीडिएट कॉलेज में प्रवेश ले लिया। उस समय पश्चिमी उत्तर प्रदेश में वह अकेला इंटरमीडिएट कॉलेज था। वर्ष 1913 में विशेष योग्यता के साथ उन्होंने इंटरमीडिएट की परीक्षा पास की और इस बार उन्हें प्रस्ताव मिला एक तहसीलदार बनने का। उस समय तक उनका ज्वाला देवी से विवाह हो गया था। यद्यपि उन्होंने इंटरमीडिएट पास करने से एक वर्ष पहले वर्ष 1912 में शादी कर ली थी, मगर इससे उन्हें आगे पढ़ाई जारी करने में कोई परेशानी महसूस नहीं हुई। ठाकुर मेहताब सिंह ने अपने बेटे को आगे पढ़ने के लिए हमेशा प्रोत्साहित किया। इस तलाश में जिसने उनकी मदद की, वह थी, उनके प्रतिभाशाली पढ़ाई के रिकॉर्ड के लिए उन्हें प्रदान की गई छात्रवृत्ति की राशि।

बलबीर सिंह ने आगरा से ही अपनी बी.एससी. की पढ़ाई की और प्रतिष्ठित रुड़की इंजीनियरिंग कॉलेज में प्रवेश लिया। यह देश में एकमात्र सिविल इंजीनियरिंग कॉलेज था और बड़ी ही कड़ी प्रतिस्पर्धा थी, मगर रज्जू भैया के पिता ने न केवल इंजीनियरिंग की परीक्षा पास की, अपितु उसमें शीर्ष पर भी रहे। इस कॉलेज से उत्तीर्ण होनेवाले चार शीर्षस्थ छात्रों को इंडियन इंजीनियरिंग सेवा का प्रस्ताव मिला करता था। बलबीर सिंह को भी यह प्रस्ताव प्राप्त हुआ। यद्यपि रेलवे और कुछ अन्य विभागों को प्रतिष्ठित माना जाता था, पर बलबीर सिंह ने सिंचाई विभाग को चुना। इसका प्रमुख कारण था उनके अंदर किसानों की सेवा करने का भाव, क्योंकि वे स्वयं गाँव के किसान थे।

बलबीर सिंह को पहली नियुक्ति वर्ष 1918 में हरिद्वार में प्राप्त हुई। उनकी सबसे बड़ी पुत्री सुशीला देवी का जन्म भी इसी वर्ष हुआ। जब उनकी दूसरी पुत्री चंद्रवती का जन्म हुआ, उस समय उनकी नियुक्ति झाँसी में थी। रज्जू भैया का जन्म वर्ष 1922 में

उनके पैतृक गाँव बनैल में हुआ। उस समय उनके पिता की नियुक्ति शहाजहाँपुर में थी। रज्जू भैया के दो छोटे भाई—विजेंद्र और यतींद्र का जन्म क्रमशः वर्ष 1926 और 1932 में हुआ। रज्जू भैया के बचपन की पहली लिपिबद्ध यादें वर्ष 1926 से शुरू होती हैं। उनके पिता की नियुक्ति इटावा में थी। "मुझे ट्रेकोमा (आँख का एक रोग) हो गया था। सिविल सर्जन ने मेरे उपचार के दौरान मुझे अपनी आँखों के आगे एक काल्पनिक हवाई जहाज बनाने के लिए कहा। मैं उनके काफी करीब आ गया था, क्योंकि उन्होंने मेरे साथ एक रोगी जैसा व्यवहार न करके एक बेटे जैसा व्यवहार किया था।"

सिविल सर्जन का नाम था डॉ. शिवबरन सिंह और उनके पुत्र ने बाद में रज्जू भैया की दूसरी बहन से विवाह किया था।

बलबीर सिंह की नियुक्ति एक कार्यकारी इंजीनियर के रूप में वर्ष 1926 में लगभग छह वर्षों के लिए मुजफ्फरनगर में हो गई। इस दौरान रज्जू भैया अकसर बीमार पड़ जाया करते थे। उन्हें बार-बार मलेरिया होता था। "मेरे अंदर कुनैन मिक्स्चर और अरंडी के तेल के प्रति नापसंदगी का भाव बन गया था, जिन्हें मेरे इलाज में प्रयोग किया जाता था। मुझे अकसर टाइफाइड भी हो जाता था। इससे मेरी माँ बहुत परेशान रहा करती थीं। वे हर समय मेरे बिस्तर के पास ही खड़ी या बैठी रहती थीं।"

रज्जू भैया के पिता उन्हें दिल्ली के सर्वाधिक जाने-माने डॉक्टर एम.ए. अंसारी (कांग्रेस पार्टी के पूर्व अध्यक्ष) के पास ले गए। वे उस समय एक रोगी से उसके उपचार के लिए 16 रुपए लिया करते थे, जो उस समय के हिसाब से एक बड़ी रकम थी। रज्जू भैया उन्हें याद करते हुए कहते हैं, 'वे एक बढ़िया व्यक्ति थे। उन्होंने मुझसे कई प्रश्न किए। जब उन्होंने मुझे पूछा, 'क्या आप दूध पीना पसंद करते हो?' मैंने उन्हें कहा, 'मुझे सुबह के समय दूध पीना पसंद नहीं है, जब यह पर्याप्त मात्रा में उपलब्ध होता है। मैं इसे दोपहर बाद पीना पसंद करता हूँ, परंतु उस समय दूध उपलब्ध नहीं होता।' डॉ. अंसारी ने मेरे पिता से एक बात कही, 'यद्यपि आपका पुत्र शरीर से कमजोर है, मगर बुद्धि से वह तीक्ष्ण है।'

पिता बलबीर सिंह ने रज्जू भैया तथा उनके भाई-बहनों की पढ़ाई की व्यवस्था घर पर ही कर दी थी। एक विलक्षण बुद्धि संपन्न बच्चे के रूप में रज्जू भैया ने हिंदी वर्णमाला के अक्षर एक ही दिन में सीख लिये और कुछ ही दिनों में वह इस योग्य हो गए कि अन्य बच्चों की पुस्तकों को पढ़ने लगे। वे एक छोटी पुस्तक को एक ही दिन में पढ़ डालते थे। वे बच्चों की पत्रिकाएँ 'शिशु' और 'बालसखा' विशेष रूप से पढ़ना पसंद करते थे।

बाल्यावस्था से ही उनको यह अहसास होने लगा था कि भारत को अंग्रेज शासित कर रहे हैं और इस विदेशी शासन से मुक्ति पाने के लिए एक स्वतंत्रता आंदोलन देश में चल रहा है। "यद्यपि हमारा बाहरी दुनिया से संपर्क सीमित था, परंतु हमने यह देखा था

कि कुछ जुलूस आदि निकलते थे, जिनमें नारेबाजी हुआ करती थी। कई बार हमें मेरठ में लगनेवाले नौचंदी के मेले में जाने का अवसर मिला था। भगत सिंह और उनके घनिष्ठ सहयोगी राजगुरु तथा सुखदेव को फाँसी की सजा सुनाई गई थी। एक दुकानदार ने एक छोटा चित्र लगा रखा था, जिसमें वह दृश्य था। यह चित्र उस मेले के आकर्षण का केंद्र बन गया था और उसे देखने के लिए भारी भीड़ जमा होती थी। अगले दिन वह चित्र वहाँ से हटा लिया गया और हमें पता चला कि उस दुकानदार को गिरफ्तार कर लिया गया था। हम इतने छोटे थे कि हम पूरी घटना को समझ नहीं पाए, पर हमें बहुत क्रोध आया था और हमारे मन में अंग्रेजों के प्रति कटु भाव थे।"

चूँकि बलबीर सिंह अपने दो छोटे भाइयों की इंग्लैंड में पढ़ाई के लिए पैसा खर्च कर रहे थे, अपने परिवार के भरण-पोषण के लिए उनके पास बहुत कम पैसा बचता था, हालाँकि वे अच्छा-खासा कमाते थे। जब उनके भाइयों ने इंग्लैंड में अपनी पढ़ाई वर्ष 1929 में पूरी कर ली, तब बलबीर सिंह की आर्थिक दशा में सुधार आया और अब परिवार ने रज्जू भैया को किसी आवासीय स्कूल में भेजने का निर्णय लिया।

वर्ष 1932 में उन्हें दिल्ली के प्रतिष्ठित मॉडर्न स्कूल में पाँचवीं कक्षा में दाखिला दिलाया गया। यह विशेष स्कूल आभिजात्य वर्ग का माना जाता था और इसमें पढ़ रहे छात्र काफी अमीर तथा प्रभावशाली परिवारों से आया करते थे। वे वहाँ एक हॉस्टल में रहे और बाद में उन्होंने लिखा, "इस हॉस्टल में ठहरने का मेरा अनुभव परिवार में ठहरने से अलग था। बड़ी कक्षाओं के छात्र बिगड़े हुए थे। उनका व्यवहार वैसा था, जो अंग्रेजी पब्लिक स्कूलों में पढ़ रहे छात्रों का होता है, यद्यपि पढ़ाई का माध्यम हिंदी था और जीवनशैली अधिकतम भारतीय थी। जिस कमरे में मैं ठहरा था, उसमें 8 से 10 छात्र थे और बाथरूम साझा था। जब हम स्नान के लिए अपने कपड़े उतारते थे तो प्रत्येक छात्र की शारीरिक बनावट पर टिप्पणियाँ की जाती थीं। खाने की व्यवस्था तो और भी दुःखद थी। पहले मेरे पास एक विकल्प था कि मैं जो पसंद करूँ, वही खाऊँ, परंतु अब मुझे वे सब्जियाँ खानी पड़ती थीं, जिनमें मसालों का नाम-निशान भी न होता था। केवल नमक का स्वाद आता था। हमें वही खाना पड़ता था, जो मेज पर लगता था। हममें से ऐसे कई छात्र थे, जो खाते ही तुरंत वाश-बेसिन में उल्टी कर देते थे। वहाँ एक डॉक्टर भी था, जो सिफारिश करता था कि हमारे लिए क्या अच्छा और क्या अच्छा नहीं है। खाना एकदम बेस्वाद और बकवास होता था। इसलिए मैं मुश्किल से खा पाता था। हम अपने वार्डन से बहुत डरा करते थे।"

"जब मैं अपनी ड्राइंग कक्षा में गया तो मेरे कला अध्यापक, जो एक प्रसिद्ध और प्रतिष्ठित व्यक्ति थे, ने मुझे गाय की तसवीर बनाने को कहा। मैं इस विषय में कमजोर था और जब मैंने वह तसवीर बनाई तो कोई यह न जान सका कि वह आखिर किसकी

तसवीर थी! यह गधा हो सकता था या फिर घोड़ा भी, कुछ भी स्पष्ट न था। मेरे अध्यापक ने कहा कि तुम इस विषय में कुशल नहीं बन सकते, पर जब तुम कुछ बनाओ तो उसके कुछ लक्षणों को अपने मस्तिष्क में रख लो। इससे मुझे बहुत मदद मिली।"

रज्जू भैया स्कूल में फुटबॉल और हॉकी खेलने लगे थे और शीघ्र ही दोनों टीमों में एक 'सेंटर हाफ' के रूप में खेलने लगे। उनका चुनाव ऊँची कूद के आयोजन में भी हो गया। "मैं चार फीट ऊँचा कूद सकता था, जो उस समय मेरा कद था।" रज्जू भैया ने बताया।

तीन महीनों के बाद छुट्टियों में रज्जू भैया घर पर आ गए और उनके परिवार ने पाया कि उनका तीन पौंड वजन कम हो गया था।

"मेरे पिता का तबादला उन्नाव में कानपुर के पास हो गया था। इसलिए मुझे मॉडर्न स्कूल से निकालकर सरकारी उच्च शिक्षा विद्यालय, उन्नाव में छठी कक्षा में प्रवेश दिला दिया गया। यह एक साफ-सुथरा स्कूल था और यहाँ के अध्यापक बड़े ही अच्छे थे।"

रज्जू भैया ने यहाँ पर अपना समय आनंद से बिताया, मगर छठी कक्षा में वे औसत नंबरों से पास हुए। अब वे इंटरमीडिएट के लिए तैयारी करने लगे। इस बीच वे अंग्रेजी, हिंदी तथा गणित सीखने में व्यस्त रहते थे। पिता बलबीर सिंह ने भी गणित में रुचि बढ़ाने के लिए उनकी सहायता करनी शुरू कर दी। वर्ष 1933 में उनकी बड़ी बहन की सगाई कैप्टन महादेव सिंह से हो गई, जो बाद में भारतीय सैनिक अकादमी के प्रथम भारतीय प्रमुख बने। वे जनरल करियप्पा और जनरल थिमैया के समकालीन थे और मेजर जनरल बनकर सेवानिवृत्त हुए। रज्जू भैया की छोटी बहन का भी उस समय विवाह हो गया, जब वे इंटरमीडिएट की पढ़ाई कर रही थीं।

वर्ष 1934 में बिहार और नेपाल में आए एक जबरदस्त भूचाल ने तबाही मचा दी। नेपाल की राजधानी काठमांडू में भयंकर विनाश हुआ। अंग्रेजी सरकार ने इंजीनियरों के दो प्रतिनिधिमंडल नेपाल भेजे और उन्हें नुकसान का अनुमान लगाने को कहा। बलबीर सिंह ने इस प्रतिनिधिमंडल में जाने के लिए स्वयं पहल की। इस दौरे पर रज्जू भैया उनके साथ गए।

"मैं नेपाल के प्रधानमंत्री से मिला, जिनका नाम शमशेर जंगबहादुर राणा था। राणा समुदाय के पूर्वज उदयपुर से आए थे और इस समुदाय के लोग धाराप्रवाह हिंदी बोलते थे। मैंने एक रुमाल में चाँदी का एक सिक्का डालकर प्रधानमंत्री को उपहारस्वरूप भेंट किया। वे हँसमुख व्यक्ति थे। हँसते हुए उन्होंने हमें वहीं नेपाल में रह जाने का प्रस्ताव किया और अच्छी स्थिति तथा शिक्षा का वचन दिया। मैंने उन्हें कहा कि भारत और नेपाल दो भाइयों जैसे हैं, मगर हमें पहले भारत को स्वतंत्र कराना है (ब्रिटिश शासन से)। तब हम यहाँ बेहतर अवस्था में आ सकते थे। उन्होंने मेरे पिता से कहा, 'ऐसा लगता

है कि आपका बेटा महात्मा गांधी का अनुयायी है।' यह सच भी था, क्योंकि गांधीजी की आत्मकथा पढ़ने के बाद मैंने अंग्रेजी सीखना शुरू कर दिया था। मैंने उनके सिद्धांत अपनाने की भी कोशिश की थी; इस दौरे पर मैंने बहुत कुछ सीखा और अनुभवों के एक खजाने तथा हर्षपूर्ण यादों के साथ वापस आया।"

इस बीच नेपाल से आ जाने के बाद रज्जू भैया ने घर पर अपनी पढ़ाई जारी रखी। वर्ष 1935 में बलबीर सिंह के साथ एक बड़ा कार हादसा हुआ। अपने घावों से आराम पाने के लिए उन्हें कुछ समय एक पहाड़ी स्थल पर बिताने की सलाह दी गई। इसलिए गरमियों में पूरा परिवार मसूरी चला गया। वहाँ पर रज्जू भैया को एक स्थानीय स्कूल में नौवीं कक्षा में प्रवेश मिला। वहाँ पर जीव विज्ञान का अध्ययन करते हुए रज्जू भैया ने एक दिन अपने पिता से कहा कि "मैं मेढक को पकड़कर उसे क्लोरोफार्म देकर परीक्षण के लिए मूर्च्छित तो कर सकता हूँ, मगर उसको चीरा नहीं लगा सकता।" वह उस स्वप्न का अंत था, जो उन्होंने रज्जू भैया को एक डॉक्टर बनाने के लिए देखा था।

दो महीने उस स्कूल में पढ़ने के बाद यह निर्णय लिया गया कि मुझे रुड़की भेज दिया जाए, जहाँ मेरे दोनों चाचा रहते थे। दोनों ने इंग्लैंड में इंजीनियरिंग की पढ़ाई की थी।

"मेरे एक चाचा इंजीनियरिंग कॉलेज में व्याख्याता थे, परंतु दूसरे चाचा मजबूरी में एक मीटर जाँचकर्ता के रूप में काम कर रहे थे, बावजूद इसके कि उन्होंने भी इंग्लैंड में इंजीनियरिंग की शिक्षा प्राप्त की थी। जब वे विदेश से भारत आए, तब की सरकार ने सरकारी नौकरियों में मुसलमानों के लिए 33 प्रतिशत आरक्षण लागू कर दिया था। आनेवाले वर्षों में सरकारी विभागों में अधिकतर मुसलमानों की ही नियुक्तियाँ की गई थीं। मेरे चाचा को छह वर्ष प्रतीक्षा करनी पड़ी, इससे पहले कि उनकी एक सहायक अभियंता (इंजीनियर) के रूप में तरक्की होती।"

वर्ष 1936 में बलबीर सिंह को पदोन्नति मिली और उन्हें नैनीताल भेजा गया, जो एक प्रसिद्ध पहाड़ी स्थल है, परंतु रज्जू भैया को उन्नाव में ही रहना पड़ा, अपने बाकी परिवार के साथ, ताकि वे अपनी उच्च विद्यालय की परीक्षा दे सकें। अपनी मैट्रिकुलेशन की परीक्षा उत्तीर्ण कर उनका प्रवेश नैनीताल के सेंट जोसेफ कॉलेज में हुआ। रज्जू भैया याद करते हुए कहते हैं, "उन दिनों में हम रेलवे में तृतीय श्रेणी में यात्रा करते थे, यद्यपि मेरे पिता के पद के हिसाब से हमें प्रथम श्रेणी में सफर करने की अनुमति प्राप्त थी।" बलबीर सिंह का स्पष्ट मानना था कि उनके बच्चे इसलिए प्रथम श्रेणी में यात्रा नहीं करेंगे, क्योंकि उनके पिता को यह सुविधा प्राप्त है। उन्हें इसके लिए स्वयं मेहनत करनी होगी।

"तृतीय श्रेणी में सफर करने के अनुभव ने मेरी उस समय बहुत सहायता की, जब मैं राष्ट्रीय स्वयंसेवक संघ के कामों के लिए यात्राओं पर जाने लगा।" रज्जू भैया ने वर्ष 1938 में, जब वे नैनीताल के सेंट जोसेफ कॉलेज में थे, अपनी हाई स्कूल की परीक्षा

उत्तीर्ण कर ली। उन्हें प्रथम श्रेणी प्राप्त हुई और विज्ञान में विशेष योग्यता।

"मेरे पिता की इच्छा थी कि मैं इंजीनियरिंग की प्रवेश परीक्षा में बैठूँ, क्योंकि उसमें उत्तीर्ण होने का अर्थ था, अपने आप सरकारी नौकरी भी पा लेना, पर मेरे मस्तिष्क में यह स्पष्ट था कि ब्रिटिश शासन के प्रतिरोध के रहते मुझे सरकारी नौकरी नहीं करनी है। मैंने अपने पिता से कहा कि मैं एक अध्यापक या फिर एक वैज्ञानिक बनना चाहूँगा।"

इंटरमीडिएट परीक्षा के परिणाम आने के बाद रज्जू भैया को इलाहाबाद विश्वविद्यालय के उपकुलपति डॉ. अमरनाथ झा का एक पत्र आया, जिसमें उन्हें वहाँ प्रवेश लेने के लिए आमंत्रित किया गया था।

बलबीर सिंह इसके लिए ठीक से राजी न थे, क्योंकि वे उन्हें हॉस्टल में नहीं रहने देना चाहते थे। अपने बच्चों के व्यावसायिक भविष्य से अधिक उन्हें उनके 'चरित्र' की चिंता थी, क्योंकि वे स्वयं एक हॉस्टल में रहे थे, उन्हें हॉस्टल जीवन के कुछ 'बुरे प्रभावों' के प्रति शंका थी, जो उनके पुत्र के चरित्र को प्रभावित कर सकते थे।

"मेरे माता-पिता हमारे पालन-पोषण और शिक्षा के प्रति काफी सजग थे और वे चाहते थे कि हम आदर्श नागरिक बनें।" रज्जू भैया ने कहा।

अंततः पिता बलबीर सिंह मान गए और उन्होंने अपने ज्येष्ठ पुत्र को इलाहाबाद विश्वविद्यालय भेजने की सहमति दे दी, परंतु उन्होंने यह भी सुनिश्चित किया कि रज्जू भैया को हॉस्टल में न रहना पड़े। इसलिए एक मकान इलाहाबाद में रज्जू भैया के लिए किराए पर लिया गया; उनकी माँ और छोटे भाई भी उनके साथ रहने के लिए वहाँ आ गए। मकान पार्क रोड पर था, जो विश्वविद्यालय के विज्ञान विभाग के नजदीक था। दोनों छोटे भाइयों ने भी यहाँ पर स्कूल में दाखिला ले लिया।

डॉ. महावीर सिंघल, जो इलाहाबाद में ही कार्य करते थे और बलबीर सिंह के घनिष्ठ मित्र थे, ने परिवार के मुखिया की भूमिका अदा की। डॉ. सिंघल के दो पुत्र पहले से ही विश्वविद्यालय में पढ़ रहे थे। उनमें से एक अशोक सिंघल थे, जिन्होंने बाद में विश्व हिंदू परिषद् में अनेक पदों पर कार्य किया और राम मंदिर आंदोलन में 1980 और 1990 के दशकों में प्रमुख भूमिका निभाई।

रज्जू भैया के बी.एससी. के बैच में कई प्रतिभाशाली विद्यार्थी थे। उनमें से एक रामचरण मल्होत्रा थे, जो दिल्ली विश्वविद्यालय के उपकुलपति बने। प्रसिद्ध गणितज्ञ हरीशचंद्र, जो विश्व भर में मान्यताप्राप्त रहे, भी उनकी कक्षा में सहपाठी थे। कांग्रेस के नेता पुरुषोत्तम दास टंडन के पुत्र दयाशंकर भी उसी बैच में पढ़ रहे थे।

रज्जू भैया ने एक दिलचस्प किस्सा सुनाया, "एक छात्र सुशील कुमार राय गणित में इतना प्रवीण था कि उसने एम.एससी. में प्रवेश लेने से पूर्व ही एम.एससी. का पूर्ण

पाठ्यक्रम समाप्त कर दिया था। उसे 500 रुपए महीने की एक विशेष छात्रवृत्ति प्रदान की गई। वह अपने साथी छात्रों की भी मदद कर देता था, अगर उन्हें कोई प्रश्न समझ में नहीं आता था।"

छात्र अधिकतर पैंट-कमीज पहनते थे और कभी-कभी वे धोती-कुरता या कुरता-पायजामा भी पहनते थे। कोई छात्र टाई नहीं लगाता था, परंतु कुछ प्रोफेसर टाई और लंबा कोट पहना करते थे।

"डॉ. सत्य प्रकाश 'प्रयोगों' के प्रभारी थे। वे एक वरिष्ठ कांग्रेसी नेता भी थे। वे धोती-कुरता (खादी का) पहनकर घूमते थे और छात्रों से पूछते रहते थे कि उन्हें प्रयोग करने व समझने में कोई समस्या तो नहीं आ रही!"

रज्जू भैया के अनुसार, कई दिग्गज इलाहाबाद विश्वविद्यालय के संकाय का हिस्सा थे, जिनमें डॉ. ताराचंद्र, ईश्वरी प्रसाद, बेनी प्रसाद, डॉ. दस्तूर आदि शामिल थे। छात्र इन महापुरुषों की ओर देखा करते थे और संकाय के लोग प्रयत्न करके भी उनका मार्गदर्शन करते थे। रज्जू भैया को सार्वजनिक जीवन का पहला अनुभव यहाँ हुआ था, क्योंकि वे यहाँ पर सार्वजनिक सभाओं में जाने लगे थे, जिनका संबोधन इलाहाबाद में वरिष्ठ कांग्रेसी नेता करते थे।

"राजर्षि पुरुषोत्तम दास टंडन, पंडित मदन मोहन मालवीय, लाल बहादुर शास्त्री और पंडित जवाहरलाल नेहरू, सब इलाहाबाद में रहते थे। कई मौकों पर हमारे प्रोफेसर और ये नेता मंच पर इकट्ठे आते थे। कांग्रेस कार्यकारिणी समिति की कई बैठकें भी यहाँ (इलाहाबाद में) होती थीं। हमें कई महान् पुरुषों और स्त्रियों से मिलने का सुअवसर मिलता था, जैसे राजाजी, पट्टाभि सीतारमैया, सरोजिनी नायडू और गांधीजी तथा अन्य लोग। संपूर्ण वातावरण स्वतंत्रता आंदोलन से अभिभूत था। मैं दयाशंकर के साथ टंडनजी से मिलने गया। उनकी सरलता व नम्रता का आदर सच में करता हूँ।"

रज्जू भैया ने मौलाना अबुल कलाम आजाद और सुभाषचंद्र बोस के भाषणों को भी सुना। "सुभाष बाबू के प्रति युवा वर्ग अत्यधिक आकर्षित था। उनका पहनावा बहुत ही सौम्य था।" रज्जू भैया याद करते हुए कहते हैं और अपने विश्वविद्यालय के समय की चर्चा करते हैं।

"गांधीजी की आत्मकथा पढ़ने के बाद और इलाहाबाद में चल रहे वातावरण के कारण मैं कांग्रेस की ओर जाने लगा। मुझे और कोई विचारधारा सुनने का अवसर नहीं मिला था।"

उनकी त्रैमासिक परीक्षाओं के परिणाम काफी प्रभावपूर्ण थे। रज्जू भैया ने गणित में 100 प्रतिशत अंक प्राप्त किए थे और अन्य विषयों में भी उच्चतम अंक प्राप्त किए थे।

वर्ष 1940-41 में रज्जू भैया ने जहाँ अपनी पढ़ाई पर और अधिक ध्यान देना शुरू किया, वहीं कुछ महत्त्वपूर्ण सार्वजनिक सभाओं में जाना भी जारी रखा। उन्होंने दो दिलचस्प घटनाओं को याद किया।

"द्वितीय विश्वयुद्ध शुरू हो गया था और राजनीतिक गतिविधियाँ बढ़ गई थीं। 'स्वराज भवन' में कांग्रेस कार्यसमिति की एक बैठक हुई थी, जहाँ कांग्रेस के सब नेता उपस्थित थे। उनमें से राजाजी ने हमारे ऊपर अत्यधिक प्रभाव छोड़ा था—अपनी तीव्र बुद्धि और स्मरणशक्ति के कारण। हम 'आनंद भवन' गए थे और वहाँ बैठक समाप्त होने पर नेताओं की एक झलक पाने के लिए प्रतीक्षा कर रहे थे। अचानक राजाजी बाहर आए और पूछा कि हम कौन सी कक्षाओं में पढ़ते हैं? हमने उन्हें बताया कि हम बी.एससी. अंतिम वर्ष के छात्र हैं। उन्होंने तुरंत हमसे सम-ज्यामिति से संबंधित एक व्यापक प्रश्न पूछ लिया। हम उनकी तीव्र स्मरणशक्ति पर हैरान हो गए। हमने उन्हें सही उत्तर दे दिया। उन्होंने हमारी पीठ थपथपाई और अच्छा पढ़ने को कहा, यह संकेत करते हुए कि हमारी पढ़ाई का उपयोग इस देश के लोगों की भलाई के लिए होना चाहिए।"

दूसरी घटना उस समय की है, जब कांग्रेस को छोड़कर सुभाष बोस इलाहाबाद आए। "कुछ छात्रों ने बोस के लिए एक सार्वजनिक सभा का आयोजन किया। मैं वहाँ गया, क्योंकि मैं बोस का भाषण सुनना चाहता था। उनका भाषण बड़ा प्रभावकारी था। उन्होंने मातृभूमि की स्वतंत्रता के लिए युवा वर्ग का आह्वान किया। वे हमें वह करने के लिए कह रहे थे, जो वे स्वयं कर रहे थे।"

इस बीच रज्जू भैया का परिवार पार्क रोड पर ही एक अन्य मकान में चला गया। वे इस स्थान पर अगले 15 वर्ष रहे। यह घर प्रसिद्ध हो गया, क्योंकि कई दिग्गज यहाँ आते थे और यहाँ कुछ समय के लिए रुकते थे, जिनमें श्रीगुरुजी, बाबा साहेब आप्टे, एकनाथ रानडे, भाऊराव देवरस व अन्य लोग शामिल थे।

वर्ष 1941 में रज्जू भैया ने अपनी बी.एससी. पढ़ाई की और शीर्षस्थ 5 छात्रों में से वे एक रहे। "मेरे पिता मेरे परिणाम से खुश थे। इसलिए मैंने उन्हें एक घड़ी मेरे लिए खरीदने को कहा, जिसमें सेकंड की सुई भी हो। उन्होंने मुझे वह घड़ी उपहार में दी, जिसकी कीमत 28 रुपए थी।"

उन्होंने भौतिकी में एम.एससी. करने का निर्णय लिया। अब उनकी कक्षा में 20 छात्र थे। प्रोफेसर के.एस. कृष्णन, जो कलकत्ता से इलाहाबाद आए थे, प्रथम वर्ष में मेरे अध्यापक रहे। जब इलाहाबाद में वे अपनी स्नातकोत्तर पढ़ाई कर रहे थे, तभी वर्ष 1942 में उन्होंने बनारस हिंदू विश्वविद्यालय के रजत जयंती समारोह में भाग लिया। डॉ. सर्वपल्ली राधाकृष्णन (जो बाद में भारत के द्वितीय राष्ट्रपति बने) वहाँ के उपकुलपति थे। बी.एच.यू. के संस्थापक पंडित मदन मोहन मालवीय ने महात्मा गांधी को समारोह में

आमंत्रित किया था। जब गांधीजी वहाँ पहुँचे तो पंडित जवाहरलाल नेहरू पहले ही मंच पर उपस्थित थे। एकदम से भगदड़ मच गई और गांधीजी की एक झलक पाने के लिए लोगों ने एक-दूसरे के साथ धक्का-मुक्की शुरू कर दी। रज्जू भैया याद करते हुए लिखते हैं, "जवाहरलाल नेहरू ने मंच पर तुरंत माइक सँभाल लिया और इसे एक छड़ी के रूप में इस्तेमाल करने लगे। वे सार्वजनिक सभाओं में अनुशासनहीनता सहन नहीं कर पाते थे। उन्होंने मंच पर से लोगों के बीच में कूदने का भी प्रयत्न किया, ताकि उन्हें नियंत्रित कर पाएँ, परंतु पुलिस के कुछ सिपाहियों ने उन्हें ऐसा करने से रोक दिया। गांधीजी ने नेहरू से कहा कि वे अपनी कुरसी पर बैठें, ये लोग बैठ जाएँगे, जब वे मुझे एक बार देख लेंगे, इसलिए उन्हें देखने दो। गांधीजी को भीड़ की मानसिकता का ज्ञान नेहरूजी से अधिक था।"

गांधीजी का संबोधन संक्षिप्त था। उन्होंने व्यंग्य के लहजे में कहा कि जब वे विश्वविद्यालय में अंदर दाखिल हुए, उन्होंने देखा कि विश्वविद्यालय का नाम अंग्रेजी और हिंदी—दोनों में लिखा है। अंग्रेजी के अक्षर हिंदी के अक्षरों की अपेक्षा काफी बड़े हैं। उन्होंने कहा, "हमें अंग्रेजी को प्रमुखता देने की मानसिकता से छुटकारा पाना होगा तथा हिंदी को नीचा दिखाने की प्रवृत्ति से बचना होगा, परंतु इस प्रकार की भावना तभी आएगी, जब हम अपने देश को अंग्रेजी शासन से मुक्त करा लेंगे।"

इस घटना के पाँच दशकों से भी अधिक समय के बाद, जब इनको वे अपने स्मारक-पत्र में वर्णित कर रहे थे, रज्जू भैया ने लिखा, "यह कितने दुर्भाग्य की बात है कि अंग्रेजों के यहाँ से 50 वर्ष पूर्व चले जाने के बावजूद हम अंग्रेजी का प्रभुत्व अपने चारों ओर देखते हैं। यह एक संकेत है, जबकि हमारे नेता अंग्रेजों के विरुद्ध थे, वे भारत के पक्ष में भी न थे। अंग्रेजी भाषा की चहुँओर छाया अभी भी विद्यमान है।"

बनारस के समारोह में शामिल होने के बाद वापस आते हुए रज्जू भैया और उनके दोस्तों ने अपने रेलवे टिकट तीसरी श्रेणी से दूसरी श्रेणी में उस समय बदलवा लिये, जब उन्हें पता चला कि इंदिरा, पद्मजा नायडू, रंजीत पंडित और विजयलक्ष्मी पंडित द्वितीय श्रेणी के कोच में सफर करेंगे। "हम उन बेंचों के सामने बैठ गए थे, जहाँ ये सभी नेता बैठे हुए थे और वे अधिकतर अंग्रेजी में बातचीत कर रहे थे। जब हमारे पास एक छात्र ने उनसे अंग्रेजी में उनके हस्ताक्षरों के लिए विनती की, विजयलक्ष्मी पंडित उस पर बरस पड़ीं कि वह हिंदी में बात क्यों नहीं करता? छात्र ने उत्तर दिया कि जब आप सबको मैंने अंग्रेजी में बातें करते देखा तो मैंने भी उसी भाषा का प्रयोग किया। विजयलक्ष्मी पंडित ने प्रत्युत्तर में कहा, "यह हमारी संस्कृति नहीं है कि हम दूसरों की बातें सुनें।" रंजीत पंडित ने हस्तक्षेप किया और उनसे कहा, "यह आपके हस्ताक्षर माँग रहा है, क्योंकि यह आपका आदर करता है। आप सिर्फ इसकी कॉपी पर हस्ताक्षर कर दें और इस विषय का पटाक्षेप करें।"

"हमें उस समय पता चला कि इन नेताओं में से अधिकतर का दोहरा चरित्र है—एक जनता के लिए है और दूसरा अपने लिए।" रज्जू भैया ने एम.एससी. प्रथम वर्ष में सर्वोच्च स्थान प्राप्त किया और अंतिम वर्ष के लिए उन्होंने 'स्पेक्ट्रोस्कोपी' में विशेष योग्यता प्राप्त करने का चुनाव किया। पाँच अन्य छात्रों ने भी ऐसा ही चुनाव किया।

अगस्त 1942 में जब 'भारत छोड़ो' आंदोलन शुरू हो गया, इलाहाबाद विश्वविद्यालय को बंद कर दिया गया। छात्रों को कहा गया कि वे हॉस्टल खाली कर दें। स्थानीय मकान मालिकों को निर्देश दिया गया कि वे छात्रों को किराए पर कमरे न दें।

'भारत छोड़ो' आंदोलन में क्या हुआ, उसे याद करते हुए रज्जू भैया ने एक दिलचस्प विवरण दिया है, "केवल 1000 स्थानीय छात्र ही इलाहाबाद में आंदोलन में भाग लेने के लिए रह गए। छात्रों को आशा थी कि कांग्रेसी नेतागण उनका मार्गदर्शन करेंगे, परंतु कोई भी क्षमतावान नेता वहाँ नहीं आया। कुछ वरिष्ठ छात्र आनंद भवन गए, जहाँ इंदिराजी, विजयलक्ष्मी पंडित की पुत्रियाँ नयनतारा और रीटा तथा अन्य लोग रह रहे थे। इन छात्रों ने आंदोलन को आगे बढ़ाने के लिए सुझाव माँगे, मगर हमारी भाँति उनके पास भी इसका कोई हल न था। ये नेता उम्र में हमसे बड़े थे, परंतु हमारा मार्गदर्शन करने के अयोग्य थे। ऐसा लगता था कि वे भी किसी से पूछना चाहते थे कि क्या किया जाना चाहिए?"

"मैं काफी हद तक निराश और भ्रांतिमुक्त हो गया। अगर आंदोलन को लंबे समय के लिए चलाया जाना था, तो फिर सभी नेता बंबई में गिरफ्तारी देने क्यों चले गए? उन्हें वापस अन्य जगहों पर कार्य करना चाहिए था। उन्हें चाहिए था कि वे आंदोलन के बारे में संपूर्ण सूचनाएँ छोटे पैंफलेटों के जरिए लोगों तक पहुँचाते। सितंबर के अंत तक गतिविधियाँ बहुत कम हो गईं। स्वतंत्रता आंदोलन के प्रति इतना अधिक उत्साह रहने के बावजूद मैंने स्वयं को उचित नेतृत्व और मार्गदर्शन के अभाव में दिशाविहीन पाया। आंदोलन के लिए उचित योजनाएँ क्यों नहीं बनाई गईं, क्या नेताओं को पता न था कि उन्हें गिरफ्तार कर लिया जाएगा? इन सभी प्रश्नों ने मुझे वास्तव में बड़ी चिंता में डाल दिया।"

जब रज्जू भैया भ्रांतिमुक्ति के इस दौर से गुजर रहे थे, उनको शांताराम काशलकर द्वारा द्वारिकाप्रसाद गर्ल्स कॉलेज में राष्ट्रीय स्वयंसेवक संघ द्वारा आयोजित किए जा रहे एक समारोह को मनाने के लिए एक आमंत्रण मिला। राष्ट्रीय स्वयंसेवक संघ के साथ हुए अपने पहले संपर्क को याद करते हुए रज्जू भैया ने कहा, "उस कार्यक्रम में लगभग 50 स्वयंसेवक थे और लगभग इतने ही अन्य लोग थे। कार्यक्रम काफी प्रभावी था, क्योंकि राष्ट्रीय स्वयंसेवक संघ के स्वयंसेवकों ने अपनी खेल संबंधी कुशलताओं, लाठी के प्रयोग, स्वयंसेवकों के बीच कुश्ती आदि का प्रदर्शन किया। इन कुशलताओं के प्रदर्शन के बाद, मेरे कक्षा सहपाठी श्यामनारायण श्रीवास्तव ने एक संक्षिप्त भाषण दिया, जिसमें उन्होंने संघ के उद्देश्यों और कार्यक्रमों को विशेष रूप से चिह्नांकित किया। कुल

मिलाकर कार्यक्रम ने अपने अनुशासन मेरे मन-मस्तक में अपना एक अमिट प्रभाव छोड़ा और मुझे मजबूरन यह सोचना पड़ा कि शायद देश के लिए स्वतंत्रता प्राप्ति का यही एक सर्वाधिक अच्छा तरीका है।"

अगले दिन श्यामनारायण अन्य किसी के साथ नहीं, बल्कि स्वयं बापूराव मोघे के साथ रज्जू भैया के यहाँ आए। श्यामनारायण ने इंदौर में राष्ट्रीय स्वयंसेवक संघ में प्रवेश लिया था, जबकि शांताराम द्वारिका प्रसाद गर्ल्स कॉलेज में राष्ट्रीय स्वयंसेवक संघ शाखा में जाते थे, मगर नियमित रूप से नहीं।

मोघे और रज्जू भैया ने राष्ट्रीय स्वयंसेवक संघ के अलग-अलग पहलुओं पर चर्चा की। आरंभ में रज्जू भैया ने राष्ट्रीय स्वयंसेवक संघ की शाखा में जाने के प्रति अपनी असमर्थता प्रकट की, क्योंकि यह उनके घर से थोड़ी दूरी पर लगती थी। शीघ्र ही एक और शाखा भारद्वाज पार्क में रज्जू भैया के घर से करीब शुरू की गई और उन्होंने वहाँ नियमित रूप से जाना शुरू कर दिया। उस समय पर ज्यादा गतिविधियाँ नहीं चल रही थीं, कॉलेज और विश्वविद्यालय 'भारत छोड़ो' आंदोलन की लहर में बंद पड़े थे। इसलिए राष्ट्रीय स्वयंसेवक संघ की शाखाओं के प्रति बड़ी संख्या में युवा आकृष्ट हो रहे थे।

इस नई शाखा का 'मुख्य शिक्षक' पंजाब से आया बी.एससी. प्रथम वर्ष का छात्र था। यहाँ पर दैनिक उपस्थिति शीघ्र ही 50 के पार चली गई।

"मुझे वहाँ का वातावरण पसंद आया। इसलिए मैं वहाँ दो भाइयों, आनंद और अशोक सिंघल को ले गया। उनके दो छोटे भाइयों, भारतेंदु और पीयूष भी राष्ट्रीय स्वयंसेवक संघ के स्वयंसेवक बन गए।"

रज्जू भैया के पास राष्ट्रीय स्वयंसेवक संघ के आरंभिक दिनों के बारे में एक दिलचस्प किस्सा है। उन्होंने स्वयं इसे हर्षकारक कहा है—"मैं 15 दिनों से शाखा में नहीं जा रहा था। एक दिन मेरे मुख्य शिक्षक मेरे पास आए और मुझे कहा कि मुझे गटनायक (शाखा में एक वर्ग के स्वयंसेवकों का प्रमुख) बनाया गया है। मैंने उन्हें कहा कि यद्यपि मुझे राष्ट्रीय स्वयंसेवक संघ का कार्य पसंद है, परंतु यह मेरे लिए नया है। इसलिए आपको मेरी स्वीकृति लेनी चाहिए थी। उन्होंने कहा कि मेरा नाम अब नागपुर प्रेषित किया जा चुका है और अब इस निर्णय को वापस लेना मुश्किल होगा। मैंने एतराज किया, मगर फिर भी जिम्मेदारी स्वीकार कर ली, ताकि मैं फिर से किसी पसोपेश में न पड़ूँ।"

रज्जू भैया ने अपनी पहली 'गुरु दक्षिणा' जल्द ही भेंट की। "मैं इसके महत्त्व को न समझ सका था। इसलिए मैंने केवल 10 रुपए ही गुरु-दक्षिणा में दिए।"

(गुरु दक्षिणा भगवा ध्वज के प्रति एक भेंट है, जिसे राष्ट्रीय स्वयंसेवक संघ में गुरु का सम्मान प्राप्त है। सभी स्वयंसेवक वर्ष में एक बार गुरु दक्षिणा देते हैं। यह राष्ट्रीय स्वयंसेवक संघ को संगठन के रूप में चलाने के लिए धन का एक मुख्य स्रोत है।)

रज्जू भैया को वहाँ पर राष्ट्रीय स्वयंसेवक संघ के एक शीतकालीन शिविर में आने को कहा गया, परंतु चूँकि वे अपने अंतिम वर्ष की परीक्षा दे रहे थे, इसलिए वहाँ नहीं जा पाए।

इन परीक्षाओं के दौरान एक दिन रज्जू भैया नोबल पुरस्कार विजेता सी.वी. रमन से मिले। सी.वी. रमन एक तटस्थ निरीक्षक के रूप में विश्वविद्यालय में आए थे और उन्हें छात्रों की प्रवीणता के स्तर को व्यावहारिक भौतिकी के क्षेत्र में आँकने का काम करना था। रमन रज्जू भैया से इतने अधिक प्रभावित हुए कि उन्होंने उन्हें अपने साथ में अनुसंधान कार्य करने का प्रस्ताव पेश किया। रज्जू भैया के अनुसार, "यह मेरे जीवन का एक सर्वाधिक यादगार क्षण बन गया।"

अपने अंतिम वर्ष की परीक्षा समाप्त करने पर और रमन द्वारा दिए गए प्रस्ताव के साथ रज्जू भैया नैनीताल गए, जहाँ उनके पिता की नियुक्ति थी। उन्होंने अपनी नैनीताल यात्रा को छोटा इसलिए कर दिया, क्योंकि वे वर्ष 1943 के वाराणसी (बनारस) में आयोजित किए जा रहे राष्ट्रीय स्वयंसेवक संघ के ग्रीष्मकालीन शिविर में जाना चाहते थे। यह शिविर उनके लिए एक महत्त्वपूर्ण मोड़ साबित हुआ, क्योंकि यहाँ पर वे गुरुजी से मिले।

उत्तर भारत में राष्ट्रीय स्वयंसेवक संघ के प्रशिक्षण शिविर एक वर्ष पहले ही आरंभ हो गए थे। वर्ष 1942 में लखनऊ में पहला प्रशिक्षण शिविर आयोजित हुआ। वर्ष 1943 में यह बनारस स्थित डी.ए.वी. कॉलेज में लगा। बंगाल और बिहार से बड़ी संख्या में स्वयंसेवक इस शिविर में भाग लेने आए थे। अशोक सिंघल तथा उनके तीन भाई भी इस शिविर में थे। बापूराव मोघे इस शिविर के मुख्य शिक्षक थे। राष्ट्रीय स्वयंसेवक संघ के कई दिग्गज संपूर्ण भारतवर्ष से यहाँ उपदेशक के रूप में आए थे, जिनमें लक्ष्मण राव भिडे, अनंत रामचंद्र गोखले, राजभाऊ स्वरगाँवकर (जो बाद में नागपुर में राष्ट्रीय स्वयंसेवक संघ मुख्यालय के संचालक बने) और पांडुरंग क्षीरसागर शामिल थे।

राष्ट्रीय स्वयंसेवक संघ के प्रचारक भाऊराव देवरस, बालासाहब आप्टे और दीन-दयाल उपाध्याय भी वहाँ मौजूद थे। उपाध्याय ने बाद में भारतीय जनसंघ की स्थापना की (बीजेएस) और इसके अध्यक्ष बने। बीजेएस का वर्ष 1977 में जनता पार्टी में विलय हो गया, मगर जब वर्ष 1980 में जनता पार्टी टूट गई, तो भारतीय जनसंघ का भारतीय जनता पार्टी के रूप में पुनर्जन्म हुआ। दीनदयाल उपाध्याय ने 'एकात्म मानववाद' के दर्शन की स्थापना की, जो बीजेपी की राजनीतिक विचारधारा का मर्म है।

"शिविर का सर्वाधिक स्मरणीय दिन वह था, जब गुरुजी का वहाँ आगमन हुआ। यह 'ज्येष्ठ त्रयोदशी' का दिन था (हिंदू कलेंडर के अनुसार एक पवित्र दिन) और उनका उस दिन का 'बौद्धिक' उस पत्र पर आधारित था, जिसे शिवाजी ने मिर्जा राजा जयसिंह को लिखा था। मुझे उन ऐतिहासिक जानकारियों का पता था, परंतु गुरुजी ने जिस प्रकार

वर्णन किया, उसने हमें मंत्रमुग्ध कर दिया। उनका बौद्धिक धाराप्रवाह था और उसमें सूक्ष्म विवरण और स्पष्टता का ऐसा मेल था कि हमें पता ही न चला कि वे डेढ़ घंटा बोल गए।"

जब गुरुजी शिविर में थे, रज्जू भैया की एम.एससी. की अंतिम वर्ष की परीक्षा का परिणाम आया। उन्हें इसके बारे में सूचना उनके एक मित्र ने तार द्वारा दी। गुरुजी ने उन्हें बुलाया और उन्हें बधाई दी। फिर उन्होंने उनके भविष्य की योजनाओं के बारे में पूछा। मैंने गुरुजी से कहा कि मेरी रुचि प्रोफेसर कृष्णन के सान्निध्य में अनुसंधान कार्य करने में है। फिर उन्होंने मुझसे पूछा, "क्या आप संघ कार्यों को कर सकने के लिए पर्याप्त समय निकाल पाओगे?"

जब रज्जू भैया शिविर से वापस लौट गए तो उन्हें प्रसिद्ध शिक्षाविद्, डी.एस. कोठारी (जो बाद में विश्वविद्यालय अनुदान आयोग और राष्ट्रीय शिक्षा आयोग के प्रमुख बने) के साथ पढ़ाने का एक प्रस्ताव मिला, परंतु चूँकि यह प्रस्ताव प्रयाग से बाहर का था, उन्होंने इसे स्वीकार न किया। इलाहाबाद विश्वविद्यालय के उपकुलपति ने उन्हें सुझाव दिया कि वे 'इंडियन सिविल सेवा' की परीक्षा में बैठें। "मैंने इरादा कर लिया था कि मैं ऐसी कोई नौकरी नहीं करूँगा, जहाँ मुझे ब्रिटिश सरकार के अधीन होकर कार्य करना पड़े।" रज्जू भैया ने कहा। यद्यपि विश्वविद्यालय में एक व्याख्याता को महीने भर का वेतन सिर्फ 200 रुपए मिलता था, फिर भी उन्होंने उसी विश्वविद्यालय में, जहाँ वे पढ़े थे, इस प्रस्ताव को स्वीकार कर लिया।

17 जुलाई, 1943 के दिन रज्जू भैया ने आधिकारिक रूप से इलाहाबाद विश्वविद्यालय में भौतिकी पढ़ाना शुरू किया और फिर अगले 23 वर्षों तक वहाँ कार्य किया। यह दिलचस्प है कि अपने अध्यापकीय कार्य को करते हुए वे निरंतर एक प्रचारक का काम भी करते रहे। रज्जू भैया विश्वविद्यालय में सर्वाधिक प्रसिद्ध अध्यापकों में से एक थे। उन्होंने हमेशा यह माना कि संघ में किए गए उनके कार्य ने उनके द्वारा कक्षा लेने की क्षमता को विकसित करने में मदद की है और इससे वे छात्रों को संतुष्ट रखने और अनुशासन बनाए रखने में समर्थ हुए।

उन्होंने कई ऐसे छात्रों को पढ़ाया, जो बाद में महत्त्वपूर्ण पदों पर आसीन हुए। उन्होंने उनकी पढ़ाने की विधि और ज्ञान, जो रज्जू भैया ने उन्हें दिया, को हमेशा सप्रेम याद रखा। उनके द्वारा पढ़ाए पहले बैचो में से एक में शांति भूषण (जाने-माने अधिवक्ता और जनता पार्टी की सरकार में कानून मंत्री) शामिल थे। उनके कई शिष्य बाद में उनसे मिलते थे और उनको याद दिलाते थे कि कैसे उन्होंने 'एंट्रोपी' जैसे उबाऊ विषय को उनके लिए दिलचस्प बना दिया था।

रज्जू भैया एक ही समय में कई कार्यों को संपन्न कर लेने में प्रवीण थे। अपनी अध्यापन की नौकरी के साथ-साथ वे अनुसंधान कार्य भी कर रहे थे और उन्होंने राष्ट्रीय

स्वयंसेवक संघ के विस्तार में भी उल्लेखनीय सहायता की। उन्होंने स्वयं इस बात की व्याख्या की, उस बात की एक झलक पेश करते हुए कि कैसे राष्ट्रीय स्वयंसेवक संघ के समर्पित कार्यकर्ता काम करते हैं, "मैं उन छात्रों के हॉस्टल में जाता था, जहाँ मेरे छात्र तथा राष्ट्रीय स्वयंसेवक संघ के कार्यकर्ता साथ-साथ रहते थे। मैंने उन प्रोफेसरों के साथ अपने अच्छे संबंध विकसित कर लिये, जो इन हॉस्टलों के प्रभारी थे। इससे मुझे स्वयंसेवकों तथा नए छात्रों की हॉस्टल में भर्ती कराने में काफी सहायता मिली। इन संपर्कों के माध्यम से मैं कई नए स्वयंसेवक बना पाया।"

यह रज्जू भैया ही थे, जिन्होंने अपने हॉस्टल दौरों और वहाँ पर हुई बैठकों के बीच ओंकार भवे, सुरेंद्र मित्तल, गंगाभक्त सिंह और रामप्रकाश गुप्त को संघ में शामिल होने के लिए प्रोत्साहित किया। ये चारों प्रचारक बने। गुप्त उत्तर प्रदेश के मुख्यमंत्री भी बने। गंगाभक्त सिंह भी उ.प्र. सरकार में एक मंत्री बने। प्रचारक बनने के कुछ समय के उपरांत मित्तल उज्जैन विश्वविद्यालय में रीडर बने, भवे आजीवन प्रचारक रहे। अपने जीवन के अंतिम वर्षों में वे विश्व हिंदू परषिद् के मंत्री पद पर थे।

रज्जू भैया अपने वेतन का अधिकतम भाग गरीब छात्रों पर खर्च कर देते थे। वे विश्वविद्यालय के सभी हॉस्टलों में जाया करते थे और छात्रों की जरूरतों पर नजर रखते थे, जिसको भी पढ़ाई के लिए वित्तीय सहायता की आवश्यकता पड़ती थी, रज्जू भैया उसकी सहायता किया करते थे।

"मैं अधिक-से-अधिक छात्रों को जानना चाहता था, ताकि मैं उन्हें शाखा में आने के लिए कह सकूँ और उन्हें संघ में शामिल कर सकूँ। अगर मैं इसके लिए 100 छात्रों से बात करता था, तो उनमें से 20 से 25 छात्र शाखा में आने लगते थे।"

वर्ष 1945 तक राष्ट्रीय स्वयंसेवक संघ के कार्य का तेजी से विकास हुआ। इन वर्षों में रज्जू भैया ने विश्वविद्यालय से आए पदोन्नति और गुरुतर कार्यों के लिए आए प्रस्तावों को स्वीकार करने से मना कर दिया, क्योंकि वे संघ के लिए अधिक समय देना चाहते थे। वर्ष 1945 में उन्होंने अनुसंधान कार्य छोड़ देने का निर्णय लिया और अध्यापन के काम पर स्वयं को सीमित किया, ताकि इससे उन्हें संगठनात्मक कार्यों के लिए अधिक समय मिल सके।

वर्ष 1946 तक प्रयाग जिले में शाखाओं की संख्या बढ़कर चालीस हो गई। उससे कुछ वर्ष पहले, राष्ट्रीय स्वयंसेवक संघ का कार्य पड़ोसी जिले प्रतापगढ़ में भी शुरू हो चुका था। एक 22 वर्षीय प्रोफेसर के रूप में रज्जू भैया ने प्रतापगढ़ में भी राष्ट्रीय स्वयंसेवक संघ को मजबूती प्रदान करने के कार्य में सहायता करनी शुरू की। वर्ष 1946 में राष्ट्रीय स्वयंसेवक संघ के दो प्रशिक्षण शिविर लगे, एक फैजाबाद जिले में और एक प्रयाग में। प्रत्येक शिविर में 600 से भी अधिक स्वयंसेवक उपस्थित हुए, जिससे संघ

की उस क्षेत्र में बढ़ती हुई शक्ति का पता चलता है। इस बढ़ती हुई शक्ति का एक मूल कारण आम लोगों का कांग्रेस की मुसलिम तुष्टीकरण की नीति से मोहभंग और एम.ए. जिन्ना के नेतृत्व में मुसलिम लीग की बढ़ती हुई आक्रामकता थी। वर्ष 1942 से 1946 की अवधि में रज्जू भैया लाल बहादुर शास्त्री, आचार्य कृपलानी, राजगोपालचारी, पट्टाभि सीतारमैया और पुरुषोत्तम दास टंडन तथा अन्य लोगों के संपर्क में थे।

"मुझे सुभाष बाबू (सुभाषचंद्र बोस) को देखने और सुनने का अवसर प्राप्त हुआ। उनका व्यक्तित्व प्रभावशाली था और उनके भाषण तीव्र और आक्रामक होते थे। मेरे उस समय के कांग्रेसी नेताओं के साथ अच्छे संबंध थे। जब मैं विभाग प्रचारक बना, हम बड़ी गर्मजोशी और स्नेह के साथ चर्चा किया करते थे।" रज्जू भैया ने अपने संस्मरणों में याद करते हुए लिखा है।

उन्होंने एक अन्य कथारूपी घटना का स्मरण किया, जो वर्ष 1946 में उस समय घटी, जब विधानसभा के चुनाव घोषित हुए। लाल बहादुर शास्त्री, जो बाद में भारत के प्रधानमंत्री बने, प्रयाग से एक कांग्रेस प्रत्याशी के रूप में चुनाव लड़ रहे थे। "शास्त्रीजी मुझे बाबूजी (पुरुषोत्तम दास टंडन) के घर पर मिले। इस क्षेत्र में राष्ट्रीय स्वयंसेवक संघ के एक नए प्रचारक राजनारायणजी कार्य कर रहे थे। वे अत्यंत प्रतिभाशाली थे और बहुत अच्छा गाते थे। उनको कई देशभक्तिपूर्ण गीत याद थे। शास्त्रीजी ने मुझसे कहा कि आपके प्रचारक राजनारायण बहुत अच्छा गाते हैं। कभी-कभी मुझे सार्वजनिक बैठकों के लिए देर हो जाती है और हमारे पास न तो ऐसे लोग हैं, जो गा सकते हैं और न ही ऐसे गाने हैं। चुनावों के दौरान कृपया उन्हें एक दिन के लिए हमारे पास भेज दें। वे मीटिंगों में हमारे जाने से पहले पहुँचेंगे और लोगों को देशभक्तिपूर्ण गानों से आकृष्ट करेंगे। जब वे गाना समाप्त करेंगे तो वहाँ पर चयनित वक्ता अपना भाषण शुरू करेंगे।"

रज्जू भैया ने शास्त्रीजी के आग्रह को स्वीकार कर लिया। इस घटना पर विस्तार से बोलते हुए उन्होंने लिखा, "मैंने अपनी सहमति दे दी। यह वाकया स्पष्ट करता है कि कांग्रेस के नेता संघ पर भरोसा करते थे। राष्ट्रीय स्वयंसेवक संघ को भी यह विश्वास था कि गांधीजी देश का विभाजन नहीं होने देंगे।"

"सच्चाई यह है कि कइयों को स्वतंत्रता प्राप्त करने की जल्दी थी। कांग्रेसी नेता बूढ़े हो रहे थे और वे सत्ता-सुख भोगना चाहते थे। हमें पक्का विश्वास था कि गांधीजी आगे बढ़कर लड़ेंगे। शायद कई कांग्रेसी उनके समर्थन में न आएँगे, परंतु राष्ट्रीय स्वयंसेवक संघ के लोग, जो संयुक्त भारत में विश्वास रखते थे, अवश्य उनके साथ खड़े रहेंगे। इस प्रकार कांग्रेस और राष्ट्रीय स्वयंसेवक संघ राष्ट्रवादी शक्ति के रूप में एक साथ मिलकर कार्य करेंगे और सुनिश्चित करेंगे कि हम स्वतंत्र रहें और इकट्ठे रहें।"

मगर आम अवधारणा के विपरीत कांग्रेस पार्टी की कार्यकारिणी समिति ने एक

प्रस्ताव पास कर दिया, जिसमें उन्होंने देश के प्रस्तावित विभाजन को स्वीकार कर लिया।

रज्जू भैया के अनुसार, "कांग्रेस पार्टी ने उस समय देश में ऐसा वातावरण बना दिया था कि जो भी व्यक्ति विभाजन का विरोध करे, ऐसा लगे कि वह स्वतंत्रता का विरोध कर रहा है। देश को अपना आश्वासन देने के बावजूद कांग्रेस ने सत्ता प्राप्त करने के लिए विभाजन पर अपनी मोहर लगा दी, जबकि राष्ट्रीय स्वयंसेवक संघ ने विभाजन के उपरांत पंजाब में हिंदुओं की सुरक्षा और पुनर्स्थापन को सुनिश्चित करने का भारी प्रयत्न किया।"

यह याद दिलाते हुए कि वर्ष 1947 के अंतिम समय में देश भर में किस प्रकार क्षोभ का वातावरण था, रज्जू भैया ने अपने संस्मरणों में लिखा, "राष्ट्रीय स्वयंसेवक संघ का कार्य उस दौरान अत्यधिक तेजी से विकसित होता गया। प्रयाग में एक कार्यक्रम होना था, जहाँ मुझे डॉ. श्यामा प्रसाद मुखर्जी से मिलने का अवसर मिला, जो केंद्र में एक मंत्री थे। वह श्यामाबाबू के साथ मेरी पहली मुलाकात थी।"

उस अनिश्चितता भरे समय में महात्मा गांधी की 30 जनवरी, 1948 के दिन हत्या हो गई। उस समय के प्रधानमंत्री जवाहरलाल नेहरू ने राष्ट्रीय स्वयंसेवक संघ को निशाना बनाया और संस्था को उस कायरतापूर्ण कार्य में फँसाने की कोशिश की। 4 फरवरी, 1948 को राष्ट्रीय स्वयंसेवक संघ पर प्रतिबंध लगा दिया गया। 5 फरवरी को रज्जू भैया को गिरफ्तार कर लिया गया और अन्य कइयों को भी गिरफ्तार करके नैनी जेल भेज दिया गया। वे वहाँ साढ़े पाँच महीने रहे और फिर रिहा हो गए।

इलाहाबाद विश्वविद्यालय की कार्यकारिणी समिति ने इस बीच रज्जू भैया की सेवाओं को, उनके द्वारा दूसरी बार जेल में रहने के कारण समाप्त घोषित करने का निर्णय ले लिया। इस प्रकार की परिस्थितियों में रज्जू भैया ने निर्णय लिया कि अब उन्हें संस्था के कार्यों के लिए अपना संपूर्ण समय देने का अवसर मिला है। परंतु उनके कई सहकर्मियों ने उनसे निर्णय के विरुद्ध लड़ने का आग्रह किया, क्योंकि इससे विश्वविद्यालय अधिकारियों द्वारा अपने मनमाने बल प्रयोग करने का एक दृष्टांत स्थापित हो जाएगा। इसलिए अपने सहकर्मियों के कहने पर रज्जू भैया ने इस निर्णय को न्यायालय में चुनौती दी और उनकी सेवाओं को बहाल कर दिया गया।

जैसे ही उनकी सेवाओं की बहाली की गई, रज्जू भैया दो वर्ष की छुट्टी पर चले गए, ताकि संघ के लिए पूर्णकालिक कार्य कर सकें। उन्हें भाऊराव देवरस द्वारा लखनऊ भेज दिया गया, जहाँ उन्होंने तीन 'विभागों' का काम सँभाला—लखनऊ, प्रयाग और सीतापुर।

अपनी लखनऊ कार्यावधि के दौरान रज्जू भैया ने सुनिश्चित किया कि संघ को जो भवन उसके कार्यालय के लिए आवंटित किया गया था, वह पुनः प्राप्त हो। वर्ष 1948-49

में संघ पर प्रतिबंध लगाया गया था। राष्ट्रीय स्वयंसेवक संघ के दोनों कार्यालयों को सील कर दिया गया और सरकार ने उन्हें वापस अपने अधिकार में ले लिया था। जब प्रतिबंध हटाया गया, तो राष्ट्रीय स्वयंसेवक संघ को उसका कार्यालय भवन वापस लौटाया नहीं गया था।

रज्जू भैया ने लखनऊ के कमिश्नर चौधरी हरपाल सिंह से मुलाकात की और उन्हें इस बात के लिए राजी कर लिया कि राष्ट्रीय स्वयंसेवक संघ को अपने कार्यालय के लिए एक नया भवन आवंटित किया जाए। संयोगवश, उस समय की राज्य सरकार के मंत्री भी अपने निवास के लिए वही भवन चाहते थे, मगर रज्जू भैया ने सफलतापूर्वक राष्ट्रीय स्वयंसेवक संघ के पक्ष में तर्क दिए। इस प्रकार से राष्ट्रीय स्वयंसेवक संघ को ए.पी. सेन रोड पर अपना नया कार्यालय प्राप्त हो सका। उसी क्षेत्र में दीनदयाल उपाध्याय और रामप्रकाश गुप्त (जो बाद में उत्तर प्रदेश के मुख्यमंत्री बने) रज्जू भैया के साथ-साथ कार्य कर रहे थे।

वर्ष 1951 में रज्जू भैया प्रयाग वापस आ गए और अपना अध्यापन कार्य संघ के कार्य के साथ-साथ पुन: शुरू किया। पहले आम चुनाव वर्ष 1952 के प्रारंभ में होने तय हो चुके थे। उस समय तक दीनदयाल उपाध्याय को भारतीय जनसंघ में ले लिया गया था और उन्होंने रज्जू भैया के साथ मिलकर एक पूजनीय हिंदू संत प्रभुदत्त ब्रह्मचारी का नेहरू के विरुद्ध फूलपुर निर्वाचन क्षेत्र से नामांकन भरवा दिया था। आरंभ में नेहरू ने घोषणा की कि वे अपनी विजय के प्रति इतने आश्वस्त हैं कि वे यहाँ चुनाव प्रचार के लिए भी नहीं आएँगे। परंतु जब चुनाव प्रचार अभियान आगे बढ़ा, तब नेहरू को इस निर्वाचन क्षेत्र में आना पड़ा था और जमकर अपना प्रचार करना पड़ा था।

इस अभियान का केंद्रीय मुद्दा 'हिंदू कोड बिल' था। "उन्हें (नेहरू) इस संसदीय क्षेत्र के प्रत्येक विधानसभा क्षेत्र में जाना पड़ा था और मतदाताओं को यह स्पष्टीकरण देना पड़ा था कि वे कोई हिंदू संहिता अधिनियम बनाना नहीं चाहते हैं। संसद् ही इसके बारे में कोई निर्णय करेगी। यह हमारे लिए एक महान् उपलब्धि थी।"

वर्ष 1952 में रज्जू भैया को राष्ट्रीय स्वयंसेवक संघ की प्रांतीय टीम में लिया गया और उन्हें उत्तर प्रदेश में राष्ट्रीय स्वयंसेवक संघ के काम को बढ़ाने के लिए भाऊराव देवरस की सहायता करने की महत्त्वपूर्ण भूमिका सौंपी गई। इससे पहले यह जिम्मेदारी बापूराव मोघे और दीनदयाल उपाध्याय सँभाल रहे थे, परंतु भारतीय जनसंघ के गठन के साथ उपाध्याय को इस नए राजनीतिक दल में भेज दिया गया, जबकि मोघे को एक प्रांत प्रचारक के रूप में आंध्र प्रदेश भेज दिया गया। वर्ष 1954 में भाऊराव देवरस छिंदवाड़ा में एक स्कूल स्थापित करने के लिए गए। उन्हें कुछ विश्राम की भी आवश्यकता थी, क्योंकि उनका स्वास्थ्य बिगड़ रहा था। अब रज्जू भैया को उत्तर प्रदेश में संघ कार्यों

की जिम्मेदारी सौंप दी गई। उनकी सहायता माधवराव देशमुख, लक्ष्मणराव भिड़े और विश्वनाथ लिमये ने योग्यतापूर्वक की।

वर्ष 1954 और 1960 की अवधि में राष्ट्रीय स्वयंसेवक संघ ने उत्तर प्रदेश में अपने पदचिह्नों को शीघ्रता के साथ आगे बढ़ाया। उस समय तक रज्जू भैया यह निर्णय ले चुके थे कि वे शादी नहीं करेंगे और अपना संपूर्ण जीवन संगठनात्मक कार्यों में लगाएँगे। वर्ष 1960 में इलाहाबाद विश्वविद्यालय ने उन्हें विभाग प्रमुख बनाने का प्रस्ताव भेजा, परंतु उन्होंने इसके लिए मना कर दिया। उनके पिता भी कुछ वर्ष पहले सेवामुक्त हो चुके थे और प्रयाग में ही रह रहे थे। रज्जू भैया वहाँ रहकर अपना अधिकतम समय संगठनात्मक कामों में लगाते थे, ताकि अपने पिता की देखभाल भी कर सकें।

वर्ष 1965 में उनके पिता का निधन हो गया और उन्होंने विश्वविद्यालय छोड़ अपना पूरा समय राष्ट्रीय स्वयंसेवक संघ के लिए समर्पित करने का निर्णय लिया, परंतु राष्ट्रीय स्वयंसेवक संघ के द्वितीय प्रमुख ने उन्हें कुछ और समय रुकने का सुझाव दिया, क्योंकि वर्ष 1966 में प्रयाग में कुंभ मेले के अवसर पर (कुंभ मेला एक हिंदू तीर्थ समारोह है, जो 12 वर्षों में चार बार आयोजित किया जाता है और इलाहाबाद (प्रयाग) स्थित गंगा, जमुना तथा सरस्वती नदियों के मिलन स्थल (संगम) से लेकर, गोदावरी नदी पर नासिक में, उज्जैन स्थित क्षिप्रा नदी के तट पर तथा हरिद्वार में गंगा तट पर लगता है) हिंदू धार्मिक नेताओं और संतों का एक प्रमुख शिखर सम्मेलन आयोजित होने जा रहा था।

इस प्रकार रज्जू भैया और कुछ महीने इलाहाबाद विश्वविद्यालय में ही रहे और अंततः जनवरी 1966 में उन्होंने नौकरी छोड़ दी। अब वे एक पूर्णकालिक संघ प्रचारक बन गए थे। इसी पद पर भाऊराव देवरस के समय में बिहार में संघ के विस्तार के लिए विशेष प्रयत्न किए गए थे, क्योंकि वहाँ पर संस्था की उपस्थिति उतनी ताकतवर नहीं थी। रज्जू भैया ने उनसे यह कार्य लेकर स्वयं करने का बीड़ा उठाया और इस कार्य को नई शक्ति से आगे बढ़ाया। कुछ प्रमुख राष्ट्रीय स्वयंसेवक संघ कार्यकर्ता, जिन्होंने बिहार में संस्था को मजबूत बनाने के लिए उल्लेखनीय भूमिका निभाई, उनमें गोविंदाचार्य (जो बाद में भारतीय जनता पार्टी के संगठन सचिव बने), शंकर तिवारी, लक्ष्मणराव भिडे (जिन्होंने नेपाल में भी संगठन कार्य सँभाला था), राजाभाऊ स्वरगाँवकर आदि शामिल थे।

वर्ष 1975 में जब तत्कालीन प्रधानमंत्री श्रीमती इंदिरा गांधी ने आपातकाल लगाया, रज्जू भैया ने भूमिगत आंदोलन में एक महत्त्वपूर्ण भूमिका निभाई, जब उन्होंने प्रोफेसर गौरव सिंह के छद्म रूप में एक स्थान से दूसरे स्थान पर आना-जाना किया।

25 जून, 1975 की रात में जब आपातकाल की घोषणा की गई, रज्जू भैया उस समय पश्चिम बंगाल में राष्ट्रीय स्वयंसेवक संघ के शिविर में थे। रज्जू भैया ने वहाँ उपस्थित कार्यकर्ताओं को तुरंत शिविर बंद करने के निर्देश दिए और उन्हें अपने-अपने स्थानों को

लौट जाने को कहा। वे तुरंत एक ट्रेन पकड़कर गुवाहाटी में चल रहे राष्ट्रीय स्वयंसेवक संघ के एक प्रशिक्षण शिविर में गए। जैसा उन्होंने पश्चिम बंगाल में किया था, वहाँ भी सुनिश्चित किया और शिविर को बिना देरी किए तुरंत समाप्त कराया और उसमें आए संघ कार्यकर्ताओं को कहा कि वे तुरंत अपने-अपने घर लौट जाएँ। गुवाहाटी से वे दिल्ली आ गए और उन्हें पता चला कि सरकार सभी प्रमुख व्यक्तियों को गिरफ्तार कर रही है। इन परिस्थितियों के महत्त्व को आँकते हुए वे लखनऊ आए, जो क्षेत्र में उनकी गतिविधियों का केंद्र था। (राष्ट्रीय स्वयंसेवक संघ में एक परंपरा है कि सभी वरिष्ठ कार्यकर्ताओं या प्रचारकों का एक केंद्र तय किया जाता है। जब वे संगठनात्मक कार्यों के लिए किसी यात्रा पर नहीं होते, तब वे अपने केंद्र पर बने रहते हैं। ऐसे केंद्र आमतौर पर प्रमुख राज्यों की राजधानियों में होते हैं, ताकि एक क्षेत्र विशेष, जो एक राज्य से अधिक में फैला है, को वहाँ से नियंत्रित किया जा सके।)

"मैं 4 जुलाई, 1975 के दिन लखनऊ पहुँच गया। उसी दिन राष्ट्रीय स्वयंसेवक संघ पर लगाए गए प्रतिबंध की घोषणा की गई। उस घोषणा के उपरांत मुझे लगा कि कुछ समय के लिए राष्ट्रीय स्वयंसेवक संघ कार्यालय छोड़ देना ही बेहतर होगा।"

रज्जू भैया और कई अन्य वरिष्ठ कार्यकर्ताओं ने वहाँ से अपना सामान समेटा और उसी शाम कानपुर रवाना होने का निर्णय लिया, जिसे उन्होंने अपनी गतिविधियों का नया केंद्र बनाना चाहा। 4-5 जुलाई, 1975 की रात में राष्ट्रीय स्वयंसेवक संघ के लखनऊ कार्यालय पर छापा पड़ा। अगले 19 महीनों तक रज्जू भैया भूमिगत रहे। उन्होंने बाद में कहा, "उस दौरान कई दिलचस्प घटनाएँ घटीं। मैं अल्प समय के लिए रहने के वास्ते एक स्वयंसेवक के घर जाया करता था। मैं अपना नाम बदलता रहता था और स्वयं की पहचान एक सेवानिवृत्त प्रोफेसर या जहाँ मैं रहता था, उस परिवार के सदस्यों के अलावा अन्य लोगों को उनके एक रिश्तेदार के रूप में परिचय कराता था। मैं अपने हाथ के बटुए में कुछ पैसा और 'गौरव सिंह' के नाम से जारी कुछ चेक रखा करता था। यह जानने के लिए कि बाहर क्या हो रहा है और सरकारी हलकों में क्या चल रहा है, मैं महत्त्वपूर्ण लोगों से मिलता था। मैं इस तरह डॉ. डी.एस. कोठारी, उपकुलपति, अजित राम वर्मा, दो आई.जी. (इंस्पेक्टर जनरल) स्तर के दिल्ली पुलिस के अधिकारियों, श्रवण टंडन और लीला सिंह बिष्ट से मिला।"

रज्जू भैया इन दोनों अधिकारियों से दिल्ली में कुछ महीनों के अंतराल पर मिला करते थे। उन्होंने एक दिलचस्प घटना के बारे बताया है। इन अधिकारियों के माध्यम से उन्हें पता चला कि इंदिरा गांधी ने 15 से 17 राज्यों के आईजी बुलाकर उनसे एक बैठक करने का निश्चय किया है। "मुझे बताया गया कि वे इस बात पर काफी नाराज हैं कि पुलिस

राष्ट्रीय स्वयंसेवक संघ के कई कार्यकर्ताओं को गिरफ्तार नहीं कर पाई है, जिनकी सूची उन्हें पहले ही दे दी गई थी। एक आईजी ने इंदिरा गांधी को कहा कि अन्य लोगों की तरह राष्ट्रीय स्वयंसेवक संघ के कार्यकर्ता होटलों, मेहमानघरों या रेलवे स्टेशनों पर नहीं ठहरते। वे परिवारों के साथ रिश्तेदारों के नाते रहते हैं। उनमें से अधिकतर ने सार्वजनिक रूप से अपनी फोटो कभी नहीं खिंचवाई है। इसलिए उनको पहचान पाना अत्यंत कठिन कार्य साबित हो रहा है। हमें केवल इतना ही पता चल पाता है कि एक चाचा आए थे और कुछ दिन ठहरकर चले गए। इन कारणों से हम बहुत कम लोगों को गिरफ्त में ले पाए हैं।"

रज्जू भैया ने इस घटना पर बात करते हुए, अपने संस्मरणों में वर्णन किया है कि इस बातचीत के बाद उनका जोश बढ़ गया, क्योंकि यह उस अनूठी कार्य प्रणाली की प्रतीक थी, जिसे डॉ. हेडगेवार ने राष्ट्रीय स्वयंसेवक संघ के लिए विकसित किया था, जिसमें इस बात पर हमेशा जोर दिया गया था कि वरिष्ठ प्रचारक एक गुमनाम जीवन जिएँ और अधिकतर समय परिवारों के बीच रहें।

रज्जू भैया के अनुज यतिंदर सिंह भारतीय प्रशासनिक सेवा के एक वरिष्ठ अधिकारी थे और उस समय उनकी नियुक्ति जयपुर में थी। उन्होंने वहाँ अपने भाई के साथ भी आपातकाल के दौरान कुछ समय व्यतीत किया। जब उन्होंने अपने छोटे भाई से पूछा कि क्या उन्हें कोई समस्या आएगी, यदि वे वहाँ ठहरते हैं? तब उनके छोटे भाई ने उनसे कहा, "अगर कोई मुझसे पूछेगा कि आप यहाँ आए थे तो मैं कहूँगा कि 'हाँ' आप यहाँ आए थे। अगर कोई पूछेगा, तब अपने अधिकारियों को सूचना क्यों नहीं दी, तब मैं उन्हें कहूँगा कि मुझे इस बात का पता न था कि आपके विरुद्ध वारंट जारी हुआ है और अगर वे पूछेंगे कि आप कहाँ गए हैं, तो मैं कहूँगा कि आप इस प्रकार हमेशा आते-जाते रहते हैं और मुझे कोई बात नहीं बताते। इसलिए जब तक आप यहाँ रुकना चाहें, रहें।"

जब इंदिरा गांधी ने संविधान में संशोधन करने का निर्णय लिया, रज्जू भैया ने दिल्ली स्थित कॉन्स्टीट्यूशन क्लब ऑफ इंडिया में एक सेमीनार का आयोजन किए जाने में महत्त्वपूर्ण भूमिका निभाई, जिसमें उक्त संशोधन चर्चा का विषय बनाया जाना था और जहाँ दिग्गज कानूनविद्, जैसे सोली सोराबजी और सार्वजनिक व्यक्तियों, जैसे आयार्य कृपलानी ने प्रेरणादायक तथा साहसपूर्ण भाषण दिए। उन दिनों इस प्रकार के आयोजन के बारे में सोचा भी नहीं जा सकता था। कृष्णकांत (जो बाद में भारत के उपराष्ट्रपति बने) ने, रज्जू भैया इन दिग्गजों के संपर्क में बने रहे, इसके लिए एक महत्त्वपूर्ण भूमिका अदा की थी। इस कार्यक्रम से गुप्तचर ब्यूरो और उस समय की सरकार सकते में आ गई।

"इस कार्यक्रम की सफलता के बाद हमने इस प्रकार के कई अन्य कार्यक्रम पूरे देश में रखे और उन्होंने माहौल को बदलने में बड़ी सहायता की।" रज्जू भैया ने कहा।

रज्जू भैया आपातकाल में भी देश भर में घूमते रहे और कार्यकर्ताओं से मिलते रहे, विरोध कार्यक्रम आयोजित करते रहे, जिनसे राष्ट्रीय स्वयंसेवक संघ कार्यकर्ताओं की हिम्मत बरकरार रहे। उन्होंने यह भी सुनिश्चित किया कि सत्ता विरोधी समाचार-किस्से तथा लेख, जो आपातकाल में प्रेस पर लगाए गए प्रतिबंधों के कारण प्रकाशित न हो पा रहे थे, वे राष्ट्रीय स्वयंसेवक संघ के कार्यकर्ताओं द्वारा आवधिक पत्रिकाओं आदि या पैंफलट के जरिए प्रकाशित हों और लोगों तक पहुँचाए जाएँ।

भारतीय इतिहास के उस काले अध्याय में हुए अपने निजी अनुभवों के आधार पर रज्जू भैया ने बाद में यह बताया कि "मैं समझता हूँ कि इस देश को आधिकारिक बल प्रयोग और तानाशाही से नहीं चलाया जा सकता, क्योंकि उसकी आत्मा स्वस्थ है, यह राष्ट्र स्वतंत्रता की हत्या सहन नहीं कर सकता। हमारे राष्ट्र का हृदय और आत्मा किसी भी प्रकार के अन्याय के विरुद्ध उठ खड़ी होती है। यह आपातकाल उन शासकों को एक चेतावनी है, जो अपनी सनक और पसंद के अनुसार शासन चलाना चाहते हैं। लोगों से नियमित रूप से मिलकर, उनसे बातचीत करके और छोटे-छोटे मुद्दों पर उन्हें मनाकर, एक आम आदमी निश्चित तौर-तरीके पर काम करता है। इसके लिए चाहे टेलीविजन से सैकड़ों बार भाषण दिया जाए, तभी लोग सही मार्ग पर चलने के लिए तैयार होंगे।"

आपातकाल के दौरान तत्कालीन राष्ट्रीय स्वयंसेवक संघ प्रमुख बालासाहब देवरस यरवदा जेल में थे। राष्ट्रीय स्वयंसेवक संघ में इसके कार्यकर्ताओं के जन्मदिवस मनाने की परंपरा नहीं रही है, परंतु एक अपवाद सामने आया। "आपातकाल में हम सरकार को एक संदेश देना चाहते थे कि समाज में बालासाहब को कितना अधिक सम्मान प्राप्त है और हमने सोचा कि इसका सरकार पर भी कुछ प्रभाव पड़ेगा। इसलिए एक सोची-समझी योजना के अंतर्गत राष्ट्रीय स्वयंसेवक संघ प्रमुख को यरवदा जेल में उनके 60वें जन्मदिन के संपूर्ण होने पर 5000 पत्र भेजे गए, जिनमें देश भर से उन्हें बधाई प्रेषित की गई थी।"

यह घटना दिखाती है कि कैसे रज्जू भैया और उनके समकालीनों ने कड़ा रुख नहीं अपनाया और उस असाधारण परिस्थिति से निबटने के लिए कुछ बातें अपवादस्वरूप भी निभाईं। रज्जू भैया का यह गुण उनकी एक बड़ी ताकत था।

वर्ष 1977 में जब आम चुनावों की घोषणा हुई, रज्जू भैया ने विरोधी पार्टियों को इकट्ठा करने में एक महत्त्वपूर्ण भूमिका निभाई, जिससे जनता पार्टी की एक ऐतिहासिक विजय का रास्ता बना और जिसने कांग्रेस को सत्ता से बाहर कर दिया। यह एक तथ्य

है कि उन्होंने चुनाव नतीजों से बहुत पहले यह भविष्यवाणी कर दी थी कि कांग्रेस का पत्ता साफ हो जाएगा, जब कई लोग यह मानने को तैयार न थे, परंतु अंत में उनकी भविष्यवाणी सही साबित हुई।

आम चुनावों की घोषणा होने के बाद रज्जू भैया चौधरी चरण सिंह, मोरारजी देसाई, जॉर्ज फर्नांडिज और अन्य कई वरिष्ठ नेताओं से मिले, जो आश्वस्त नहीं थे कि क्या विपक्षी दल इस स्थिति में भी थे कि वे चुनाव लड़ पाएँ, परंतु उन्होंने आश्वासन दिया तथा उन्हें एक साथ इकट्ठा होने के लिए प्रोत्साहित किया और इकट्ठे चुनाव लड़ने को कहा। अधिक लोगों को इस बात का ज्ञान नहीं है कि वर्ष 1977 में रज्जू भैया ने विपक्षी पार्टियों की एकता में अपना बड़ा योगदान दिया, जिससे एक संयुक्त विपक्ष ने इंदिरा गांधी के नेतृत्ववाली कांग्रेस तथा उनके अपने कुख्यात पुत्र संजय गांधी को चुनावों में करारी मात दी थी।

रज्जू भैया की अद्वितीय संगठन क्षमता का परिणाम यह हुआ कि उन्हें वर्ष 1977 में सहसरकार्यवाह बनाया गया तथा वर्ष 1978 के भीतर ही उन्हें एक और बड़ी जिम्मेदारी सरकार्यवाह की सौंप दी गई। अगले नौ वर्षों में उन्होंने देश के सभी हिस्सों में लगातार प्रवास किया।

नौ वर्षों के उपरांत कुछ अपवादस्वरूप घट गया। यह बहुत ही दुर्लभ देखने को मिलता है, जब किसी संस्था में एक वरिष्ठ कार्यकर्ता ने पीछे की ओर कदम खींचकर किसी अन्य की पदोन्नति का रास्ता बनाया हो और नवनिर्वाचित व्यक्ति के नीचे काम किया हो। रज्जू भैया ने नौ वर्षों तक सरकार्यवाह रहने के बाद एच.वी. शेषाद्रि के नाम की नए सरकार्यवाह के तौर पर सिफारिश की। शेषाद्रि एक क्षेत्रीय प्रचारक थे, जो उस समय दक्षिण भारत का क्षेत्र देख रहे थे। इस प्रकार शेषाद्रि को सरकार्यवाह का प्रभार दे दिया गया, जबकि रज्जू भैया को वर्ष 1987 में एक नया पदनाम 'सह-सरकार्यवाह' प्रदान किया गया।

जिन्होंने भी राष्ट्रीय स्वयंसेवक संघ में काम किया है, वे महसूस करते हैं कि टिप्पणीकार और पत्रकार इस विशिष्ट भाव को न समझ पाएँगे, क्योंकि उन्होंने संगठनों में पदों के लिए शक्ति संघर्ष देखे हैं और उन्हें लोगों तक पहुँचाया है, लेकिन इस कारण से ही राष्ट्रीय स्वयंसेवक संघ एक अनोखा संगठन है, जब इसकी कार्य-प्रणाली का प्रश्न आता है तो वहाँ पर सत्ता या शक्ति के लिए कोई संघर्ष नहीं है। इसके बजाय, लोग एक-दूसरे को आगे बढ़ाने के लिए तैयार रहते हैं, ताकि संगठन का भला हो सके।

11 मार्च, 1997 के दिन इतिहास ने खुद को दोहराया, जब बालासाहब देवरस ने

राष्ट्रीय स्वयंसेवक संघ की एक पुरानी परंपरा तोड़ी और अपने जीवनकाल में ही एक नए राष्ट्रीय स्वयंसेवक संघ प्रमुख की नियुक्ति की। तब तक होता यह था कि नया राष्ट्रीय स्वयंसेवक संघ प्रमुख तभी नियुक्त होता था, जब उससे पहलेवाले प्रमुख का देहावसान हो जाए, मगर बालासाहब ने रज्जू भैया को राष्ट्रीय स्वयंसेवक संघ का नया सरसंघचालक घोषित कर दिया और दिलचस्प बात यह है कि रज्जू भैया सह-सरकार्यवाह के पद पर थे, जबकि उस समय शेषाद्रि सरकार्यवाह थे। यह सब बिना किसी दिक्कत के हो गया, जो राष्ट्रीय स्वयंसेवक संघ के लिए कोई हैरानी की बात न थी, परंतु कई बाहरी व्यक्तियों के लिए यह बात समझ के बाहर थी।

रज्जू भैया का स्वास्थ्य ठीक नहीं चल रहा था, जब उन्हें चतुर्थ सरसंघचालक बनाया गया। वे 70 से अधिक वर्ष की उम्र उस समय प्राप्त कर चुके थे। लेकिन वे सरसंघचालक के रूप में संपूर्ण देश का दौरा करने के लिए निकल पड़े। उनका प्रवास कार्यक्रम काफी थकानेवाला था और वे कुछ वर्षों तक बिना रुके यात्राएँ करते रहे।

वास्तव में रज्जू भैया पहले सरसंघचालक बने, जो भारत से बाहर भी यात्रा पर गए, उन देशों में, जहाँ राष्ट्रीय स्वयंसेवक संघ के स्वयंसेवकों ने मुख्य रूप से 'हिंदू स्वयंसेवक संघ' के बैनर तले काम करना शुरू कर दिया था। इस प्रकार रज्जू भैया यूरोप, ब्रिटेन, अमेरिका, अफ्रीका और दक्षिण-पूर्व एशिया गए और वहाँ पर रह रहे हिंदू मूल के लोगों से उन्होंने बातचीत की।

वर्ष 1997 में जब रज्जू भैया ने 75 वर्ष पूरे किए, राष्ट्रीय स्वयंसेवक संघ के कुछ कार्यकर्ताओं ने रज्जू भैया की एक संक्षिप्त आत्मकथा प्रकाशित करनी चाही, मगर उन्होंने इसके लिए अनुमति देने से मना कर दिया। वे चकाचौंध में नहीं आना चाहते थे और सच्चाई से इस बात को मानते थे कि उन्होंने समाज और देश के प्रति सिर्फ अपना कर्तव्य निभाया है। इसमें कोई भी असाधारण बात न थी! यह समर्पण और निस्स्वार्थ भावना का एक अद्भुत मेल था।

अपने कष्टप्रद जीवनक्रम को निभाते हुए रज्जू भैया का शरीर कमजोर हो रहा था, लेकिन अपने स्वास्थ्य की परवाह न करते हुए वे निरंतर अपने कष्टप्रद कर्तव्य मार्ग पर तब तक चलते रहे, जब एक दिन वे कमजोरी के कारण बाथरूम में गिर न पड़े। उनकी कूल्हे की हड्डी तथा कोहनी की हड्डी टूट गई थी। डॉक्टरों ने अपने सर्वाधिक उत्तम प्रयत्न किए और वे ठीक भी हो गए, परंतु इस घटना ने उनके स्वास्थ्य पर गहरा प्रभाव डाला। इसलिए संस्था के वरिष्ठ कार्यकर्ताओं से सलाह-मशविरा करने के बाद उन्होंने 10 मार्च, 2000 को संघ की बागडोर के.एस. सुदर्शन के हाथों में सौंप दी। अखिल भारतीय प्रतिनिधि सभा की एक बैठक में इस आशय की घोषणा की गई।

लेखक और पत्रकार विजय कुमार, जिन्होंने रज्जू भैया को बहुत नजदीक से संघ के भीतर देखा था। उनके अनुसार, "जैसे ही शाखा आरंभ हुई, रज्जू भैया एक साधारण स्वयंसेवक की भाँति एक पंक्ति में औरों के साथ खड़े हो गए। मैं उस पंक्ति में था, जो उसके आगे थी। मैंने उनके चेहरे की ओर देखा। उनके चेहरे पर अफसोस का कोई भाव न था या फिर ऐसा कुछ नजर न आ रहा था, जैसे वे कुछ खो चुके हों। एक अधिक उम्र के स्वयंसेवक, जो बगल में खड़े थे, उन्होंने रज्जू भैया को देखते हुए कहा, 'एक व्यक्ति, सर्वाधिक महान् से भी अधिक महान्।' क्या उचित टिप्पणी थी यह! शाखा जब समाप्त हुई, उन्होंने कई लोगों से मेल-मुलाकात की, कुछ हँसी-मजाक के क्षण साझा किए और फिर अपनी कार में बैठे और चले गए।"

कुमार ने एक और दिलचस्प किस्से का वर्णन किया। रज्जू भैया वर्ष 1969-70 में 'राष्ट्रधर्म प्रकाशन लिमिटेड' के अध्यक्ष थे (एक ऐसा प्रकाशन, जो राष्ट्रीय साहित्य को बढ़ावा देता था)। रज्जू भैया सभी कर्मचारियों को बराबर मानते थे और स्टाफ भी उन्हें बहुत चाहता था। कर्मचारी अपने व्यक्तिगत मुद्दों पर भी उनसे चर्चा कर लेते थे। जब एक बार उन्हें यह पता चला कि प्रकाशन को काफी नुकसान हुआ है तो उन्होंने अपनी पेंशन की आय से इसे सँभालने की कोशिश की। सरंसघचालक की जिम्मेदारी सुदर्शन के हाथों में सौंपे जाने के बाद, जब भी वे लखनऊ जाते थे, हमेशा उस प्रकाशन के कर्मचारियों से मुलाकात करने का विशेष ध्यान रखते थे।

सरसंघचालक के पद से स्वेच्छा से मुक्त होकर रज्जू भैया ने संघ के लिए कार्य करना निरंतर जारी रखा। वे सभी महत्त्वपूर्ण बैठकों और कार्यक्रमों में उपस्थित रहा करते थे। उन्होंने देश के विभिन्न हिस्सों में यात्रा करना भी जारी रखा, परंतु पहले की भाँति न होकर अब वे अपनी यात्रा में सरपट एक स्थान से दूसरे की ओर न दौड़ते थे, अब वे एक स्थान पर कुछ दिनों के लिए रुकते थे। अपने प्रवास के दौरान वे अलग-अलग क्षेत्रों में कार्यरत स्वयंसेवकों से व्यक्तिगत रूप में तथा सामूहिक रूप से मिलते थे। उन्होंने हमेशा एक ही बात पर बल दिया कि यह आवश्यक नहीं है कि आपके पास कोई पदनाम व पद हो, तभी आप समाज के लिए काम करेंगे। प्रत्येक व्यक्ति को समाज के लिए कार्यरत रहना ही चाहिए, चाहे उसे जीवन के अंत तक किसी भी क्षमता में यह काम करना पड़े।

रज्जू भैया अपने जीवन के अंत के कुछ वर्षों में अपना काफी समय पुणे में स्थित 'कौशिक आश्रम' में धार्मिक गीत (भजन), श्लोक आदि सुनने में बिताते थे। देश के हर कोने से लोग उन्हें मिलने के लिए आते थे। राष्ट्रीय स्वयंसेवक संघ के स्वयंसेवक उन्हें नियमित रूप से मिलने आते थे और उनके लिए प्रतिदिन अंग्रेजी तथा हिंदी समाचार-पत्र पढ़ते थे। अप्रैल, 2003 में उनके पाँव की हड्डी टूट गई। यद्यपि उनका पाँव ठीक हो

गया, पर वे पूर्ण रूप से से तंदुरुस्त नहीं हो पाए, क्योंकि उनका चलना-फिरना काफी हद तक रुक गया था। 14 जुलाई, 2003 के दिन उन्हें हृदयाघात हुआ, दिन में 12.30 बजे और उनका निधन हो गया।

रज्जू भैया ने कई वरिष्ठ राष्ट्रीय स्वयंसेवक संघ कार्यकर्ताओं से पहले ही कह रखा था कि जिस स्थान पर उनकी मृत्यु हो, उनका संस्कार भी वहीं होना चाहिए। रज्जू भैया के रिश्तेदारों और परिवार को भी इस पर कोई आपत्ति न थी। इस प्रकार उनके शरीर का दाह संस्कार पुणे में 15 जुलाई, 2003 की शाम को किया गया।

जस्टिस यतिंदर सिंह, छत्तीसगढ़ उच्च न्यायालय के पूर्व मुख्य न्यायाधीश ने रज्जू भैया को काफी नजदीक से जाना था। अपने एक लेख में उन्होंने कई घटनाओं का जिक्र किया, जो रज्जू भैया के बहुआयामी व्यक्तित्व, उदारता और कार्य के प्रति समर्पण भावना की झलक दिखाता हैं। जस्टिस सिंह कहते हैं, "हमारे बचपन में एयरकंडीशन की बात तो छोड़ो, यहाँ तक कि कूलर भी एक दुर्लभ वस्तु थी। हमारे पास यह कुछ न था, मगर रज्जू भैया के घर पर एक तहखाना (बेसमेंट) था। यह गरमियों में ठंडा रहता था। हम अपनी दोपहर वहाँ जाकर बिताते थे, मगर उसके बदले में हमें काम करना पड़ता था।"

"रज्जू भैया उत्तर-पुस्तिकाओं का निरीक्षण किया करते थे। हमारा काम होता था, उन पर दिए गए अंकों का जोड़ लगाना और उन्हें बताना। कभी-कभी अंक पहले से ही जोड़ दिए जाते थे और हमें उस जोड़ का पुनर्निरीक्षण करना होता था।"

"कभी-कभी रज्जू भैया हमारी व्यावहारिक ज्ञान तथा विज्ञान की कॉपियाँ देखा करते थे, यह जानने के लिए कि हम सही लिख रहे हैं या नहीं। गलती पकड़ लेने पर वे उसको ठीक कर देते थे। वे हमसे प्रकृति के बारे में अजीब-अजीब प्रश्न पूछा करते थे, हमसे पहेलियाँ बूझा करते थे, मगर कभी भी हमें उत्तर न बताते थे और हमें उस पर विचार करने के लिए छोड़ देते थे। हम अगले दिन शाम तक प्रतीक्षा किया करते थे और फिर से चर्चा करते थे। वे ठीक उत्तर के औचित्य को हमें समझाते थे। इससे हम जिज्ञासु बन गए और विवेकपूर्ण ढंग से सोचने लगे।

"मुझे अभी तक उनके द्वारा पूछी गई एक पहेली याद है। यह इस प्रकार से है—12 गेंद हैं। सबका आकार एक जैसा है और उनमें से 11 का घन और वजन एक जैसा है। उनमें से एक या तो अधिक भारी है या कम। हम कैसे उस अलग गेंद को उनका तीन बार वजन लेकर पहचान सकते हैं?

"मुझे एक घटना याद है। वर्ष 1964 में टोक्यो ओलंपिक खेल हो रहे थे। 100 मीटर दौड़ का समय लगभग 10 सेकंड था और 4×100 मीटर की रिले दौड़ का समय 38 सेकंड था। अब यह एक पहेली थी कि चार आदमी कैसे 10 सेकंड से कम समय में

100 मीटर दौड़ते थे, जबकि सर्वाधिक तेज दौड़नेवाला धावक 100 मीटर की दौड़ 10 सेकंड में पूरा कर रहा था। मैंने सोचा कि जरूर यह छापने की गलती होगी। मैंने अन्य समाचार-पत्र देखे, परंतु उनमें भी वही विवरण छपा था। रज्जू भैया ने मुझे भ्रम में डाल दिया था और हमने अगले दिन इस पर फिर बातचीत की।

"इसका राज यह था कि दौड़ के शुरू में अधिक समय खर्च होता है, जब तक अधिकतम गति प्राप्त नहीं हो जाती अर्थात् पहले 15 मीटर में; रिले दौड़ में छड़ी का बदलाव उस समय होता है, जब एक खिलाड़ी 15 मीटर दौड़ चुका होता है और अपनी अधिकतम गति प्राप्त कर चुका होता है। इस प्रकार से समय की बचत हो जाती है।"

"रज्जू भैया अपने विश्वविद्यालय के वर्षों में स्क्वॉश और टेनिस खेला करते थे। उन दिनों इलाहाबाद में एक अखिल भारतीय लॉन टेनिस प्रतियोगिता हुआ करती थी। इसमें राय ईमरसन, फ्रेड स्टोल, मार्टन, मुलिगन, बॉब हेविट, इयोन तिरियक, नस्तासे तथा भारतीय खिलाड़ी रामनाथन कृष्णन, जयदीप मुखर्जी, प्रेमजीत लाल, आनंद अमृतराज और विजय अमृतराज खेल चुके हैं। अगर वे इलाहाबाद में होते थे तो हमें मैच दिखाने लेकर जाते थे। एक मैच में, जिसमें नस्तासे खेल रहा था, उन्होंने मुझसे पूछा, 'नस्तासे 'टॉप स्पिन' का प्रयोग इतना अधिक क्यों करते हैं?' मैंने उत्तर दिया, 'निरंतरता' गेंद नेट को पार कर जाती है, तब वह तेजी से नीचे गिरती है, मगर मैदान की सीमा से बाहर टप्पा नहीं खाती। फिर उन्होंने पूछा, 'ऐसा क्यों है?' हमने कुछ दिनों के बाद दोबारा इस पर बातचीत की और उन्होंने मेरे समक्ष बरनौली के सिद्धांत की व्याख्या की।"

"बरनौली का सिद्धांत कहता है कि दबाव द्रव्य के संवेग के प्रति अप्रत्यक्ष रूप से उलटा होता है। जब टेनिस बॉल को शीर्ष घुमाव (टॉप स्पिन) के साथ जोर से मारा जाता है, बॉल का ऊपरी हिस्सा उस समय उसी दिशा में घूमता है, जिसमें उसे मारा गया है, जबकि बॉल का निचला हिस्सा उलटी दिशा में घूमता है। इसका परिणाम यह होता है कि बॉल के ऊपरी और निचले हिस्से पर हवा की सापेक्षिक रफ्तार अलग-अलग हो जाती है। इस कारण से बॉल के दोनों हिस्सों में हवा के दबाव में अंतर आ जाता है। ऊपरी हिस्से पर हवा का दबाव निचले हिस्से पर आ रहे दबाव से अधिक है। इसी कारण से बॉल तेजी से नीचे आ गिरती है। इसी कारण से ही क्रिकेट में गेंद घूमती है, फुटबॉल की गेंद मुड़ जाती है, गोल्फ की गेंद फीकी पड़ जाती है या हवाई जहाज उड़ान भरते हैं।

"बाद के दिनों में क्रिकेट ने उन्हें सर्वाधिक आकृष्ट किया। वे कभी भी एक दिवसीय क्रिकेट मैच को देखना न छोड़ते थे, अगर भारत उसमें खेल रहा है, विशेष रूप से अगर सचिन तेंदुलकर अपनी बैटिंग कर रहा है।"

"रज्जू भैया को फिल्मों का भी शौक था। हम थिएटर में फिल्म देखने जाते थे। उन्हें

फिल्मी गानों से भी लगाव था। हमारे पास ग्रामोफोन तो कभी नहीं था, मगर हमारे बचपन में एक रिकॉर्ड प्लेयर था। एल.पी. रिकॉर्ड, छोटेवाले, एक मिनट में 45 चक्कर लगानेवाले रिकॉर्ड नए-नए आए ही थे। वे कभी-कभी हमारे साथ उन रिकॉर्डों के गाने सुना करते थे।

उनके पास एक वैज्ञानिक भाव था। उनके छात्र उन्हें उनकी अति स्पष्ट अवधारणाओं और विषय की समझ के लिए याद करते हैं। वे अलौकिक शक्तियों में विश्वास न रखते थे, न ही वे ज्योतिष या अंधविश्वासों के प्रवाह में बहते थे। यह उनके पूरे जीवन में सच साबित होता रहा।

1990 के दशक के मध्य में एक दिन (21 सितंबर, 1995) एक अफवाह फैल गई कि गणेशजी की मूर्ति दूध पी रही है। उस दिन रज्जू भैया इलाहाबाद में थे और हमारे साथ ठहरे हुए थे। कई लोग आए, उन्हें उसके बारे में बताया और आश्चर्य से कहा कि यह जरूर कुछ अलौकिक है। उन सबको उन्होंने एक ही उत्तर दिया कि यह अलौकिक बिल्कुल नहीं है, परंतु वैज्ञानिक है—यह सतही तनाव है। उन्होंने आगे कहा, 'मैं नहीं समझता कि भगवान् इतना निर्दयी हो गया है कि वह एक ऐसे देश में, जहाँ लाखों बच्चे दूध की एक बूँद पिए बिना सो जाते हैं, दूध स्वयं पीने लगेगा!'

उस समय के कई प्रमुख नागरिक और विज्ञान के अध्यापक इसे एक अलौकिक घटना बता रहे थे। कई लोगों को बड़ी निराशा हुई, जब रज्जू भैया ने यह जवाब दिया। वे बड़े सहृदय थे और समस्या को अच्छी तरह से समझ लेते थे। एक बार उनकी ट्रेन रात में काफी देर से आई। उन्होंने बजाय किसी को परेशान करने के रात में स्टेशन पर ही रुकने का निर्णय लिया।"

रज्जू भैया ने राष्ट्रीय स्वयंसेवक संघ स्वयंसेवकों और सेवा भारती, विश्व हिंदू परिषद् आदि संस्थाओं द्वारा चलाई जा रही कल्याणकारी योजनाओं के फैलाव पर हमेशा बल दिया। उन्होंने कई मौकों पर समाज के उपेक्षित वर्गों तक पहुँचने के महत्त्व और हिंदू समाज के संगठन पर जोर दिया।

सरसंघचालक बनने के बाद रज्जू भैया ने कई मुद्दों पर अत्यधिक स्पष्टता के साथ बात की। साप्ताहिक पत्रिका 'ऑर्गेनाइजर' (3 अप्रैल, 1994 अंक) को दिए गए अपने एक विशेष साक्षात्कार में उनसे एक दिलचस्प सवाल किया गया, जो समय बीतने के साथ अधिक जरूरी होता नजर आ रहा है। साक्षात्कारकर्ता ने पूछा, "यह आरोप लगाया जा रहा है कि बदले हुए माहौल में राजनीतिक मजबूरियों के कारण राष्ट्रीय स्वयंसेवक संघ अपने नाम के साथ डॉ. अंबडेकर और महात्मा फुले के नाम जोड़ रहा है। आपका इस बारे में क्या कहना है?"

रज्जू भैया का उत्तर था, "देश भर में प्रतिदिन की शाखाओं में हमारे स्वयंसेवक

एक 'एकात्मकता स्तोत्र' का गान करते हैं (जो उन छंदों का संग्रहण है, जिनमें संतों और सेवकों के नाम आते हैं।) इसे पहली बार वर्ष 1950 में संकलित किया गया था। तभी से हम इसे नया रूप देने के बारे में सोच रहे हैं। करीब 15 वर्ष पूर्व हमने एक नया 'एकात्मकता स्तोत्र' रचा। इसमें हमने कई नए नाम जैसे अंबेडकर, फुले, सावरकर, सुभाषचंद्र बोस और अन्य नाम शामिल किए हैं। समाज ने आमतौर पर हमारे इस कदम का स्वागत किया है। जैसे-जैसे हमारा कार्य प्रगति करता जाता है, हमें लोग बेहतर जान सकेंगे और अधिक-से-अधिक लोग इसे जान पाएँगे। बालासाहब देवरस ने सरसंघचालक बनने के बाद एक बार पुणे स्थित प्रसिद्ध 'वसंत व्याख्यानमाला' (एक प्रतिष्ठित व्याख्यान शृंखला) में भाषण दिया। वहाँ पर उन्होंने जोर देकर कहा, "अगर छुआछूत एक अपराध नहीं है, तो इस दुनिया में फिर कोई भी कृत्य अपराध नहीं हो सकता। इसलिए आप देखें कि यह आरोप सरासर निराधार है।"

रज्जू भैया के पास अयोध्या में राम मंदिर आंदोलन को नजदीक से देखने का मौका आया। 6 दिसंबर, 1992 के दिन लगभग दो लाख कारसेवक अयोध्या में उपस्थित थे, जब उनमें से कइयों ने भगवान् राम के जन्मस्थल पर बने विवादित ढाँचे को गिरा दिया। अयोध्या की घटना के परिणामस्वरूप राष्ट्रीय स्वयंसेवक संघ को इतिहास में तीसरी बार प्रतिबंधित कर दिया गया और यह कार्य केंद्र में उस समय आसीन कांग्रेसी सरकार ने किया, जिसके मुखिया थे तत्कालीन प्रधानमंत्री पी.वी. नरसिम्हा राव। राष्ट्रीय स्वयंसेवक संघ पर प्रतिबंध 10 दिसंबर, 1992 को लगाया गया। इस प्रतिबंध को 4 जून, 1993 को उस समय हटा लिया गया, जब मामले पर गणित पैनल ने निष्कर्ष दिया कि राष्ट्रीय स्वयंसेवक संघ पर लगाया गया प्रतिबंध न्यायोचित नहीं था।

एक वर्ष के बाद (10 अप्रैल, 1994 के दिन) दिल्ली तथा गाजियाबाद में अलग-अलग दो सभाओं में स्वयंसेवकों को संबोधित करते हुए रज्जू भैया ने इस घटना के कई अंदरूनी पहलुओं को उजागर करते हुए बताया कि किस प्रकार कांग्रेसी सरकार ने मुद्दे का गलत ढंग से निर्वहन किया। उन्होंने कहा, "जब विवादित ढाँचे को अयोध्या में गिराया गया, सरकार ने संघ पर प्रतिबंध लगा दिया, जबकि गलती सरकार और उच्च न्यायालय की थी। उच्च न्यायालय में कई बार विनती की गई थी कि इस मुद्दे पर निर्णय शीघ्र किया जाए, परंतु लगभग 14 महीनों से यह मुद्दा लंबित था कि क्या सरकार द्वारा किया गया अधिग्रहण (राम जन्मभूमि की जमीन) ठीक प्रकार से किया गया अथवा नहीं? लगभग एक महीने पहले ही सुनवाई शुरू की गई थी। अयोध्या में दो लाख कारसेवक इकट्ठे हो गए थे। किसी ने भी उनकी ओर ध्यान नहीं दिया।"

"मैं नरसिम्हा रावजी से मिलने गया। मैंने उनसे कहा कि यदि न्यायालय का फैसला

5-6 दिसंबर तक आ जाता है, तो सब ठीक हो जाएगा। अगर फैसला राज्य सरकार के पक्ष में आता है कि अधिग्रहण उचित ढंग से किया गया है तो सरकार 2.77 एकड़ से अधिक भूमि राम जन्मभूमि न्यास के हवाले कर देगी और काम शुरू हो जाएगा। अगर न्यायालय यह निर्णय देता है कि अधिग्रहण का तरीका गलत था, तब भूमि अपने पुराने स्वामियों को लौटा दी जाएगी और उसमें से दो एकड़ भूमि का स्वामित्व राम जन्मभूमि न्यास के पास है। कारसेवक इस दो एकड़ जमीन पर मंदिर बनाना शुरू कर देंगे। किसी भी सूरत में निर्माण कार्य 6 दिसंबर के दिन शुरू हो सकेगा, जबकि कई अन्य मामलों में न्यायालय शनिवार और रविवार को भी सुनवाई करता है, इस मामले में अदालत को यह महसूस नहीं हुआ कि वह ऐसा करे, जबकि लगभग दो लाख कारसेवक अयोध्या में उपस्थित थे। इस संवेदनशील मामले में शीघ्र निर्णय की आवश्यकता किसी को भी महसूस नहीं हुई।

मैंने उन्हें (पी.वी. नरसिम्हा राव) यह भी कहा कि निर्णय के लिए रुका जा सकता है, जो बाद में आनेवाला था, हमें आप मुख्य बात बता दें कि क्या आपकी डाली अपील मंजूर हो गई है या नकार दी गई है? नहीं तो इतनी बड़ी संख्या में एकत्र हुए कारसेवकों को सँभाल पाना मुश्किल होगा, लेकिन किसी को भी कोई चिंता न थी। उन दो लाख कारसेवकों को लगा कि अदालत और सरकार को उनकी कोई परवाह नहीं है और वे उनकी (कारसेवकों की) भावनाओं को नहीं समझते हैं। ऐसी परिस्थिति में कुछ कारसेवक उत्तेजित हो गए और सोचा कि भले ही हम कोई निर्माण न कर सकेंगे, मगर हम इस ढाँचे को ध्वस्त तो कर ही सकते हैं और सरकार को अपनी शक्ति का अहसास दिला सकते हैं। इसी कारण से ढाँचे को गिराया गया।"

आक्रामक हिंदू तथा मुखर हिंदू

राम जन्मभूमि आंदोलन के उपरांत प्रचार-प्रसार के माध्यमों (मास मीडिया) ने एक शब्द 'आक्रामक हिंदू' का प्रयोग किया। रज्जू भैया के इस पर बड़े ही दिलचस्प विचार थे।

लंदन स्थित भारतीय विद्या भवन में एकत्र हुए भारतीयों के एक विशाल जन समुदाय को संबोधित करते हुए रज्जू भैया ने 'ब्रिटिश ब्रॉडकास्टिंग कॉरपोरेशन' (बी.बी.सी.) को दिए गए एक साक्षात्कार को याद किया, जिसे उन्होंने वर्ष 1993 में राष्ट्रीय स्वयंसेवक संघ पर लगे प्रतिबंध के हटने के बाद दिया था।

"जब राष्ट्रीय स्वयंसेवक संघ पर से प्रतिबंध हटा लिया गया, तो एक बी.बी.सी. का पत्रकार मेरे पास आया और मुझसे पूछा कि आप कुछ अलग प्रकार के हिंदू नजर आते हो, तो क्या हम आपको आक्रामक हिंदू कह सकते हैं?

मैंने उसे कहा, "हम न तो दब्बू हिंदू हैं और न ही आक्रामक हिंदू। हम 'मुखर हिंदू'

हैं, क्योंकि हम अपने विचार का तर्क दूसरों के समक्ष रखते हैं और बड़ी दृढ़ता के साथ इन्हें प्रकट करते हैं। हम हिंदू होने पर शर्म महसूस नहीं करते। हमें हिंदू होने का गर्व है। दूसरों को चाहिए कि वे हमारा अपमान न करें, तभी हमें यह दृढ़ता के साथ कहना है।"

रज्जू भैया ने समाज के उपेक्षित वर्गों के मध्य राष्ट्रीय स्वयंसेवक संघ के काम को बढ़ाने पर अत्यंत जोर दिया। इसके लिए उन्होंने 'सेवा प्रकल्प' (सेवा योजनाओं) का निर्माण किया। उनकी राष्ट्रीय स्वयंसेवक संघ प्रमुख की अवधि में भारतीय जनता पार्टी के नेतृत्ववाला राष्ट्रीय प्रजातांत्रिक गठजोड़ (एन.डी.ए.) सत्ता में आया और अटल बिहारी वाजपेयी, संघ के पूर्व प्रचारक देश के प्रधानमंत्री बने।

रज्जू भैया राष्ट्रीय स्वयंसेवक संघ के राजनीति के साथ संबंधों के बारे में बिल्कुल स्पष्ट राय रखते थे। उन्होंने एक बार कहा, "यह कहना गलत है कि राष्ट्रीय स्वयंसेवक संघ राजनीति से प्रेरित होता रहा है। सच्चाई यह है कि हमने कभी भी राजनीति को अधिक महत्त्व नहीं दिया। वर्ष 1977 में चंद्रशेखरजी ने बालासाहब देवरस से कहा कि अब आपकी अपनी पार्टी की सरकार है, इसलिए आपकी संस्था (राष्ट्रीय स्वयंसेवक संघ) को भी अब सरकार में आना चाहिए। बालासाहब ने कहा, "यह आवश्यक नहीं है कि सभी ट्रेनें केवल एक ही प्लेटफार्म से छूटें। जो महत्त्व की बात है, वह यह है कि इन सभी ट्रेनों की दिशा एक ही होनी चाहिए।"

रज्जू भैया ने इस बात को और अधिक साफ करते हुए कहा, "हमारी दिलचस्पी मात्र इस बात में है कि राजनीति के क्षेत्र में अच्छे लोगों का निर्वाचन होना चाहिए। हम यह नहीं मानकर चलते कि राजनीतिक संस्थापन समाज को परिवर्तित करेगा। परंतु अगर अच्छे लोगों का चुनाव होगा, तब वे राष्ट्र-निर्माण में बाधाएँ खड़ी न करेंगे, वे प्रतिबंधों और हिंदुत्व के विरोध के लिए न जाएँगे। अगर इतना सब सुनिश्चित हो सके, तो हम बाकी का काम…"

वर्ष 1995 के विजयादशमी के वार्षिक संबोधन में रज्जू भैया ने जोर देकर कहा कि राष्ट्रीय स्वयंसेवक संघ की दैनिक शाखा आयोजन की रीति समाज में चरित्र-निर्माण का एक आदर्श तरीका है, जो अंततः समाज में परिवर्तन ला देगा। सरकारी कर्मचारी या सरकार इस प्रकार का परिवर्तन नहीं ला सकती है। यह केवल दृढ़ चरित्रों के पुरुष और स्त्रियाँ ही कर सकते हैं। और यही वह कार्य है, जिसे संघ कर रहा है। यह उन स्त्री-पुरुषों को तैयार करने का काम करता है, जो समाज में परिवर्तन ला सकें।

□

5
के.एस. सुदर्शन

कुपल्ली सीतारमय्या सुदर्शन को अपने सहकर्मियों के बीच एक 'पूर्णतावादी' इनसान के रूप में जाना जाता था। अपने निधन के कुछ घंटों पहले उन्होंने एक स्वयंसेवक को राष्ट्रीय स्वयंसेवक संघ के रायपुर कार्यालय में 'एकात्मता मंत्र' का ठीक से उच्चारण करने का तरीका उसे बताया था। राष्ट्रीय स्वयंसेवक संघ के रायपुर मुख्यालय में प्रतिदिन की शाखा के लिए स्वयंसेवक इकट्ठे हुए थे और सुदर्शन इसमें एक स्वयंसेवक के रूप में भाग ले रहे थे।

एक स्वयंसेवक 'एकात्मता मंत्र' (जो मातृभूमि की एकता और अभिन्नता की प्रशंसा में है) बोल रहा था और उसने एक शब्द विशेष का सही उच्चारण नहीं किया था। सुदर्शनजी को यह पता चल गया, मगर उन्होंने हस्तक्षेप नहीं किया और स्वयंसेवक को वह मंत्र उच्चारण पूर्ण करने दिया। फिर उन्होंने जो लोग वहाँ उपस्थित थे, उनको बताया कि एक शब्द विशेष का उच्चारण उचित रूप में नहीं हो रहा था। जब उन्होंने यह कमी लोगों को बताई, उन्होंने विस्तारपूर्वक उस शब्द के महत्त्व की व्याख्या भी की और उसके सही उच्चारण पर जोर देने के कारण की जानकारी दी। फिर उन्होंने प्रत्येक व्यक्ति, जो वहाँ उपस्थित था, उससे वह शब्द पाँच बार सही ढंग से बुलवाया।

सही ढंग से कार्य करने की उनकी इस लगन और कार्य को सर्वाधिक उत्तम ढंग से करने की इच्छा के कई अन्य उदाहरण मौजूद हैं। वर्तमान में सरसंघचालक मोहन भागवत एक घटना को याद करते हैं, जब सुदर्शन राष्ट्रीय स्वयंसेवक संघ के प्रमुख थे, "रात के नौ बजे का समय था, जब वे (सुदर्शन) बाहर के एक दौरे से लौटे ही थे। यहाँ पहुँचने के बाद उन्होंने एक निमंत्रण कार्ड, जो एक विवाह के लिए था, देखा। निमंत्रण साधारण कागज पर छापा गया था। निमंत्रण एक सरकारी कार्यालय के चौकीदार की

ओर से था। उसका घर सरकारी परिसर में ही था और वह 15×12 फीट के छोटे कमरे में रहता था। यह एक कमरे का घर था, जिसमें उसका सारा परिवार रहता था। शादी का स्थान भी वही था। उसका एक पुत्र प्रतिदिन शाखा में आता था। इसलिए उसकी शाखा के माध्यम से निमंत्रण आया था। सबने सोचा, क्योंकि सुदर्शनजी अभी-अभी बाहर के एक दौरे से लौटे हैं, तो शायद वे शादी में नहीं जाएँगे, परंतु उन्होंने जैसे ही निमंत्रण-पत्र देखा, उन्होंने सबको विवाह में चलने के लिए तैयार होने को कहा। उन्होंने कहा, "हमें शादी का निमंत्रण मिला है। हमें वहाँ आज ही चलना चाहिए, तो हम सब विवाह स्थल की ओर चल पड़े।"

भागवत कहते हैं, "दुलहन का परिवार गरीब था और दूल्हा भी बहुत संपन्न न था। पंडित, जिसने शादी करानी थी, वह भी ठीक न प्रतीत हो रहा था। दूल्हा 15-20 लोगों की बारात लेकर आनेवाला था।

जब सुदर्शनजी वहाँ पहुँचे, उन्होंने देखा कि स्थान काफी तंग सा है और वहाँ साफ-सफाई नहीं है। उन्होंने सब लोगों से उठने के लिए कहा, अपने हाथ में झाड़ू पकड़ी और घर तथा बाहर का कुछ स्थान साफ करने लग पड़े और लोगों को यह कहते हुए कि "चलो, जल्दी से सफाई करो।" जब तक बरामदा तथा अन्य स्थानों की सफाई हो पाई, आधी रात हो चुकी थी और बारात भी आ गई। फिर उन्होंने स्वयं 'मंत्र' पढ़ दिए और विवाह समारोह संपन्न करा दिया। उन्होंने जो उपहार जल्दी में जुटाए थे, जैसे साड़ी, शॉल आदि नए विवाहित जोड़े को दे दिए गए। सुदर्शनजी ने दोनों परिवारों के साथ अपने विचार साझा किए और निवेदन किया कि विवाह रात के समय नहीं करने चाहिए, क्योंकि इसे मनाने में बहुत सारी बिजली बेकार चली जाती है। यह निश्चित रूप से उस परिवार के लिए एक अविस्मरणीय यादगार रही होगी और हमारे लिए यह एक सबक था कि देखो, इस संस्था का सरसंघचालक कितना अनोखा है!"

उनका विभिन्न किस्म के लोगों के साथ निजी जुड़ाव अद्भुत था। उनके सभी सुरक्षाकर्मी, जिनकी नियुक्ति उनके जीवन के अंतिम चार-पाँच वर्षों के दौरान उन्हें सुरक्षा देने के लिए हुई थी, ने यह निश्चित किया था कि वे सभी भोपाल (मध्य प्रदेश) में हुए उनके अंतिम संस्कार में उपस्थित रहे।

राष्ट्रीय स्वयंसेवक संघ के सरकार्यवाह सुरेश भैयाजी जोशी याद करते हैं, "मैं उनके नेतृत्व और मार्गदर्शन में काम करने के लिए स्वयं को सौभाग्यशाली मानता हूँ, जब उन्हें वर्ष 2000 में सरसंघचालक की जिम्मेदारी सौंपी गई। जब संस्था की संरचना, क्षेत्र, दिशा की बात आती है, उस समय सरसंघचालक एक महत्त्वपूर्ण भूमिका निभाता है और सुदर्शनजी इस सबमें नौ वर्षों तक बहुत अधिक प्रभावी रहे।"

जोशी आगे लिखते हैं, "मुझे जिस बात ने हैरत में डाला, वह यह थी कि कैसे वे अपनी अत्यधिक व्यस्तता के रहते हुए भी इतना अधिक पढ़ पाते थे कि उन्हें राष्ट्रीय और अंतरराष्ट्रीय मुद्दों की विस्तृत एवं गहरी जानकारी थी।"

सुदर्शनजी को जब किसी विषय पर बोलना होता था तो वे उसकी तैयारी पर विशेष ध्यान देते थे। चाहे 50 लोगों का समुदाय हो या 50000 का, वे अपने संबोधन की तैयारी कार्यक्रम होने के दिन से कुछ दिन पूर्व कर लिया करते थे।

"उनके पास हमेशा उनका भाषण लिखित रूप में होता था। बिना पूर्व तैयारी के बोलना उन्हें स्वीकार न था।" जोशी कहते हैं।

उनके साथ जिन लोगों ने कार्य किया हुआ था, उनमें बड़ी संख्या में लोग बताते है कि वे जो भी बोलने जा रहे होते थे, उसके तथ्यों, आँकड़ों और उसकी सत्यता के प्रति विशेष रूप से सतर्कता बरतते थे। परिणामस्वरूप वे अकसर अपने भाषण के एक से अधिक प्रारूप बना लेते थे।

जोशी के अनुसार, "सुदर्शनजी को कभी यह भाव न था कि वे सरसंघचालक हैं। उनके बारे में दो बातें ऐसी हैं, जिन्होंने मुझे काफी प्रेरणा प्रदान की—एक, किसी भी स्वयंसेवक की तरह वे बैठकों में भूमि पर बैठा करते थे और दूसरी, वे अपनी डायरी में बैठक की पूरी काररवाई को नोट किया करते थे।"

कुछ विषय, जो सुदर्शनजी के हृदय के काफी समीप थे, वे थे—जैविक खेती, ऊर्जा के गैर-परंपरागत स्रोत, जल-प्रबंधन और गौरक्षा। जब उन्होंने संघ की बागडोर मोहन भागवत को सौंप दी थी, उन्होंने इन मुद्दों पर चर्चा और प्रयोगों के उद्देश्य से काफी समय खर्च किया।

राष्ट्रीय स्वयंसेवक संघ प्रचारक के तौर पर 1977 से उत्तर-पूर्वी क्षेत्रों के विस्तार में उन्होंने प्रमुख मुद्दों की पहचान की, जैसे बँगलादेशियों द्वारा गैर-कानूनी प्रवास। वास्तव में उन्होंने इस समस्या का अध्ययन कर इसका एक विस्तृत और विश्वसनीय निदान प्रस्तुत किया था।

भारतीय जनता पार्टी के पूर्व राष्ट्रीय अध्यक्ष और पूर्व केंद्रीय मंत्री, डॉ. मुरली मनोहर जोशी ने इसे समुचित रूप से इस प्रकार प्रकट किया, "मैं उत्तर-पूर्व का प्रभारी था, जब सुदर्शनजी वहाँ कार्य कर रहे थे। मैं उनके द्वारा गहन अध्ययन किए जाने तथा उनकी वैचारिक प्रक्रिया से अत्यधिक प्रभावित था। हम न केवल उत्तर-पूर्व से संबंधित मुद्दों पर विचार-विमर्श किया करते थे, अपितु अन्य मुद्दों पर भी चर्चा करते थे। स्वदेशी तथा प्राचीन विज्ञान दो प्रमुख विशिष्ट क्षेत्र थे, जिन पर हमारी बातचीत हुआ करती थी। उस समय हमने विभिन्न कार्यक्रम बनाए, जिन्हें भविष्य में हमने लागू किया। गैर-कानूनी

प्रवासियों पर आंदोलन एक ऐसा ही मुद्दा था। सुदर्शनजी ने इस आंदोलन के श्रीगणेश किए जाने के काफी पहले इसके लिए एक वैचारिक तथा भावनात्मक आधार बनाया था।"

यह एक जाना-माना तथ्य है कि राष्ट्रीय स्वयंसेवक संघ में सर्वविदित था कि सुदर्शनजी उन व्यक्तियों में से प्रथम थे, जिन्होंने बँगलादेशी मुसलमानों द्वारा भारत के उत्तर-पूर्वी हिस्सों, विशेष रूप से असम के हिस्सों में की गई गैर-कानूनी घुसपैठ के मुद्दे को उठाया। वे गैर-कानूनी घुसपैठ को सीमा पार से आए एक नए हथियार 'जनसंख्या' द्वारा आक्रमण मानते थे। उन्होंने राज्यों, जैसे त्रिपुरा, नागालैंड, अरुणाचल प्रदेश तथा अन्य राज्यों का विस्तृत दौरा गैर-कानूनी आव्रजन के मुद्दे और इसके प्रभाव के अध्ययन के लिए किया। उन्होंने इस अंतर्वाह को रोकने और इस मुद्दे को सुलझाने के लिए एक विस्तृत योजना तैयार की। बाद में 1980 के दशक में हम सबने असम के हर क्षेत्र में इन गैर-कानूनी प्रवासियों को सीमा के उस पार भेजने के प्रति एक बड़ा और ऐतिहासिक आंदोलन देखा।

वास्तव में सुदर्शनजी की सलाह को न मानने के कारण असम को एक बड़ी कीमत चुकानी पड़ी, क्योंकि इसने अपने जनसंख्या ढाँचे में एक नाटकीय परिवर्तन देखा, जिसमें इसके विभिन्न जिलों में मुसलमान आबादी अत्यधिक तीव्रता से बढ़ी नजर आई, जिसका मुख्य कारण गैर-कानूनी प्रवासियों का यहाँ पर बस जाना था। राज्य में उत्तरोत्तर आसीन सरकारें इस मुद्दे को हल करने में विफल रहीं। कांग्रेस पर वास्तव में यह ठीक आरोप लगा, जो उसके विरोधियों ने लगाया कि यह बँगलादेशी मुसलमानों के हितों की रक्षा अपने राज्य के कानूनी निवासियों की कीमत पर करती रही। इसका कारण रहा चुनावों में लाभ प्राप्त करने की आशा।

अशोक सिंघल, जो 2015 में स्वर्गवासी हुए, एक श्रद्धेय नेता थे और विश्व हिंदू परिषद् के अंतरराष्ट्रीय अध्यक्ष थे। अयोध्या में भगवान् राम के जन्मस्थल पर उनका एक मंदिर बनाए जाने के आंदोलन में एक प्रमुख भूमिका निभानेवाले सिंघल ने सुदर्शन के साथ कार्य किया था और उनसे इस विषय पर गहरी चर्चाएँ की थीं। वे अपने एक लेख में सुदर्शन को प्रेमपूर्वक याद रखते हुए कहते हैं, "उत्तर-पूर्व में एक प्रचारक के रूप में उन्होंने पहले बंगाली और असमी भाषाएँ सीखीं। वे इन दोनों भाषाओं में धाराप्रवाह व्याख्यान करने लग पड़े। उन्होंने गहराई से चर्च की गतिविधियों का अध्ययन किया और उनका भंडाफोड़ किया। बाद में उन्होंने वहाँ देश भर से आनेवाले कई 'प्रचारकों' को भेजा, ताकि स्थिति की गंभीरता को देखते हुए वे वहाँ कार्य करें।"

सिंघल ने आगे कहा, "उन्होंने उत्तर-पूर्व में जनजातियों का विस्तृत अध्ययन किया। उन्होंने जनजातियों की ईसाई मिशनरियों के प्रभाव से सुरक्षा के भी कई तरीके

और रास्ते सुझाए। छात्रों के लिए कई स्कूल और हॉस्टल बनाए गए। बँगलादेशी मुसलमान गैर-कानूनी रूप से असम, पश्चिम बंगाल और बिहार में एक योजनाबद्ध ढंग से प्रवेश कर रहे थे; साथ ही बँगलादेश के हिंदू, जो अपनी सुरक्षा नहीं कर पा रहे थे, भी वहाँ आ रहे थे। उस समय पर सुदर्शनजी ने देशवासियों को बताया, विशेष रूप से असमी लोगों को कि जबकि बँगलादेश से आ रहे मुसलमान गैर-कानूनी आव्रजक हैं, पर जो हिंदू वहाँ से आ रहे हैं, वे शरणार्थी हैं। इसलिए वहाँ से आनेवाले हिंदुओं को भारत के अन्य क्षेत्रों के हिंदुओं द्वारा शरण प्रदान की जानी चाहिए। इस बीच जो गैर-कानूनी मुसलिम घुसपैठिए पश्चिम बंगाल, बिहार और असम में बस गए हैं, उन्हें वापस बँगलादेश खदेड़ दिया जाना चाहिए। छह उत्तर-पूर्वी राज्यों को धीरे-धीरे उनका यह तर्क समझ में आया।"

पाँचवें सरसंघचालक सुदर्शन उन लोगों के भी समर्थक थे, जो भारत के इतिहास को एक राष्ट्रीय परिप्रेक्ष्य में फिर से लिखे जाने के लिए एक आंदोलन को शुरू करने के पक्ष में थे। डॉ. जोशी के अनुसार, "उन्होंने इस पर पाँच-छह लोगों के साथ मंत्रणा की, जिनमें मेरे अतिरिक्त, पी. परमेश्वरन, के.आई. वासु, डॉ. सुजीत धर, मलकानीजी (के.आर. मलकानी), देवेंद्र स्वरूपजी आदि शामिल थे। बाद में उन्होंने (सुदर्शनजी) और लोगों को भी इसमें अपने साथ लिया, जैसे डॉ. बजरंगलाल गुप्त। चर्चाएँ चलती रहीं और अंतिम परिणाम था एक विचार-प्रक्रिया। इसे 'प्रज्ञा-प्रवाह' का नाम दिया गया। इसके बैनर के तले कुछ कार्यक्रम आयोजित किए गए और धीरे-धीरे नियमित सेमिनार आयोजित होने लगे। 'स्वदेशी' के मुद्दे पर भी ऐसी ही गतिविधियाँ शुरू की गईं और देश के प्रमुख वैज्ञानिकों के पास जाया गया और वे भी इन कार्यक्रमों के साथ जुड़ गए। इस प्रकार सुदर्शनजी के पास एक बहुआयामी विचारधारा और दृष्टिकोण था।"

सुदर्शन भारतीय कृषि के प्रति हमेशा चिंतित रहा करते थे। उन्होंने हमेशा इस बात को जोरदार तरीके से कहा कि बहुराष्ट्रीय निगमों द्वारा उपलब्ध कराए गए बीज आनुवंशिक रूप से परिवर्तित किए हुए होते हैं और उनका दीर्घकालीन प्रयोग भारतीय कृषि क्षेत्र में अपना हानिकर प्रभाव छोड़ेगा। यह शुद्ध रूप से वही प्रभाव है, जिसे हम आज देख रहे हैं, क्योंकि किसान आज ऐसी चुनौतियों से लड़ रहा है, जैसे मिट्टी की कम गुणवत्ता और कम उपज; साथ ही जरूरी घटकों की कीमत बढ़ रही है, जिसके कारण खेती अब छोटे और सीमांत किसानों के लिए अनुकूल नहीं रह गई है। सुदर्शनजी ने दशकों पहले जोर दिया था कि भारत को जैविक खेती की ओर जाना चाहिए। सुदर्शनजी द्वारा प्रस्थापित आर्थिक मॉडल में जैविक खेती इसका एक केंद्रीय तत्त्व है।

डॉ. जोशी के अनुसार, "सुदर्शनजी कहा करते थे कि सतत विकास को प्राथमिकता न

देकर सतत प्रयोग को प्राथमिकता दी जानी चाहिए, क्योंकि सीमारहित प्रयोग खतरनाक है।"

सुदर्शन के साथ बिताए गए अपने समय को याद करते हुए डॉ. जोशी कहते हैं, "मैंने यह कई बार स्वयं देखा कि वे पानी का पूरा भरा गिलास नहीं लेते थे।" वे बिल्कुल भी यह नहीं चाहते थे कि पानी की एक बूँद भी नष्ट हो।

सुदर्शनजी को इस बात की भी गहरी इच्छा थी कि भारत में पेट्रोल और डीजल का कोई विकल्प सामने आए। उन्होंने इसे कई वैज्ञानिकों के साथ विचार-विमर्श का विषय बनाया और सुनिश्चित किया कि बेकार प्लास्टिक के साथ परीक्षण करके पेट्रोल का निर्माण किया जा सके। वे बायो डीजल (वनस्पति से बना डीजल) के निर्माण और ऐसे पौधों के रोपण के भी प्रबल पक्षधर थे।

वे वैज्ञानिकों के एक समूह के साथ निरंतर संपर्क में रहते थे और उनसे व्यक्तिगत मुलाकातों के माध्यम से या फिर पत्राचार के द्वारा विचारों का आदान-प्रचान करते रहते थे। उन्होंने हमेशा उनको अग्रणी परीक्षण करते रहने के लिए उत्साहित किया, जिनसे विकास की प्रक्रिया प्रकृति के साथ समरूपी हो और गरीबों एवं सीमांत परिवारों की मदद हो सके।

हमने 'प्रज्ञा प्रवाह' पर सरस्वती नदी पर अनुसंधान के मुद्दे पर कई बार चर्चा की और जब मैं एक मंत्री बना, तो मैंने इस प्रयोजन में अपना योगदान किया। यह समय था, जब मुझ पर 'भगवाकरण' का आरोप लगा।" डॉ. जोशी वर्ष 1998-2003 के मध्य बीजेपी के नेतृत्ववाली एनडीए सरकार में केंद्रीय मानव संसाधन विकास मंत्री थे, जिसमें प्रधानमंत्री थे अटल बिहारी वाजपेयी।

"सुदर्शनजी की एक इच्छा हिंदी के प्रयोग के स्तर को बढ़ाने की थी। उनका बल हमेशा सही हिंदी के प्रयोग पर रहता था।" डॉ. जोशी कहते हैं।

सुदर्शन मुसलमानों और ईसाइयों को हमेशा 'हिंदू राष्ट्र' का एक हिस्सा मानते थे। वे कई मुसलमान और ईसाई धार्मिक नेताओं के गहन संपर्क में थे। "वे इस बात पर राजी न थे कि मुसलमानों और ईसाइयों को अल्पसंख्यक गिना जाए। वे इसे हमेशा एक भ्रांति मानते थे और यह विश्वास जताते थे कि वे भी हिंदू पूर्वजों की संतान हैं। इस संदर्भ में उनकी बड़ी इच्छा थी कि एक समूह का निर्माण हो, जो मुसलमानों तथा ईसाइयों से कहे कि वे भी इस राष्ट्र के हिस्सा हैं।" डॉ. जोशी आगे कहते हैं।

पूर्व केंद्रिय मानव संसाधन विकास मंत्री श्री जोशी याद करते हैं, "जब उन्होंने स्वयं को सरसंघचालक की जिम्मेदारी से मुक्त कर लिया, तो भोपाल उनकी गतिविधियों का केंद्र बना। जब भी उन्हें पता चलता था कि मैं भोपाल आ रहा हूँ, वे मुझे बुलाते थे और मिलते थे। वे टेलीफोन पर मुझसे कहते थे, 'यहाँ आ जाओ और मैं आपको अपनी खेती दिखाऊँगा।' उन्होंने बड़ी ही इच्छा से छत पर एक छोटा जैविक बगीचा बनाया था, जहाँ

कई प्रकार की सब्जियाँ उगाते थे। एक बच्चे के जैसे उत्साहपूर्वक वे जैविक खेती पर चर्चा किया करते थे और मैं जब कोई कार्यक्रम में संबोधन कर रहा होता था, तो मैं उन्हें पहली पंक्ति में बैठे श्रोताओं के बीच में बैठा पाता था। इतने बड़े पद को सँभालने के बाद उनकी सादगी बड़ी ही अनोखी लगती थी।"

सुदर्शन के व्यक्तित्व का एक गुण उनकी निडरता थीं। वे किसी भी मुद्दे पर निडर होकर अपने विचार प्रकट करते थे। कभी-कभी लोग उनसे कहा करते थे कि आपको ऐसे नहीं बोलना चाहिए था। तब वे अपनी प्रतिक्रिया इस प्रकार से देते थे, "मैंने जो महसूस किया, वही बोला।"

डॉ. जोशी ने यह भी बताया, "बहुत कम लोगों को पता है कि सुदर्शनजी एक अच्छे गायक भी थे।"

राष्ट्रीय स्वयंसेवक संघ अपने स्वयंसेवकों को विविध युद्ध कलाओं में प्रशिक्षित करता है, जिसे 'नियुद्ध' कहा गया है। बहुत अधिक लोगों को पता नहीं है कि इसे अन्य किसी ने नहीं, अपितु सुदर्शनजी ने स्वयं विकसित किया था। उन्होंने 'योग-चाप' (लेजियम—लकड़ी की एक कंपनस्वरी, जिन पर पतले धातु के वृत्त लगाए जाते हैं, जो एक झनकार भरी मधुर आवाज पैदा करते हैं और जिन्हें नर्तक नाचते हुए प्रयोग करते हैं) के प्रयोग के तरीके को समझाने का एक मैन्युअल भी विकसित किया, जिसे कड़ी कसरत के एक उपकरण के रूप में प्रयोग किया जाता है। यहाँ यह भी स्मरण हो आता है कि सुदर्शन राष्ट्रीय स्वयंसेवक संघ के 'शारीरिक विभाग' के भी प्रमुख थे। उन्होंने 'भारत-भक्ति स्तोत्र' में भी कुछ परिवर्तन किए, जिसमें उन्होंने कुछ पुराने श्लोकों का नए श्लोकों से बदलाव किया। इस जाप में स्वयंसेवक अपनी मातृभमि की पूजा करते हैं, अर्थात् 'भारत' की। यह स्वयंसेवकों के प्रतिदिन के जीवन-कर्म का एक हिस्सा है और इसका उद्देश्य राष्ट्रभक्ति की भावना का उदय करना है।

वर्ष 1990 में जब सुदर्शन ने राष्ट्रीय स्वयंसेवक संघ के 'सहसरकार्यवाह' (संयुक्त महासचिव) की जिम्मेदारी ग्रहण की, पंजाब में खालिस्तान आंदोलन अपने चरम पर था। उन्होंने 400 संतों द्वारा आयोजित 'सद्भावना-यात्रा' में एक महत्त्वपूर्ण भूमिका अदा की। अशोक सिंघल के अनुसार, "सुदर्शनजी ने न केवल गुरु ग्रंथ साहिब (सिखों का पवित्र धर्म ग्रंथ) पढ़ा था, अपितु इसके कई उद्धरण तात्कालिक रूप से बोल भी सकते थे। उन्होंने सिखों की एक राष्ट्रीय संस्था, जिसे 'राष्ट्रीय सिख संगत' का नाम मिला, को बनाने में एक आधारभूत भूमिका निभाई थी।"

सिंघल ने सुदर्शन के जीवन और कार्यों पर लिखे गए अपने लेख में एक दिलचस्प तथ्य का वर्णन किया है—"वे अपने भाषणों में कहा करते थे कि वर्ष 2011 से भारत में

एक नया युग शुरू होगा। हम एक परिवर्तन, जिसकी भविष्यवाणी उन्होंने की थी, इसके शुरू होने के काफी पहले महसूस कर रहे हैं।"

सुदर्शनजी का जन्म 18 जून, 1931 के दिन और उनका देहावसान 15 सितंबर, 2012 को हुआ। उनकी रोज की एक स्थायी दिनचर्या थी। वे सुबह पाँच बजे उठते थे, स्वयं को तरोताजा करते थे और फिर एक घंटे के लिए सैर पर जाते थे। सैर से लौटने के बाद वे 'प्राणायाम' (योगा में साँस संबंधी व्यायाम) करते थे। वे अपने अंतिम दिन तक उस कार्यक्रम पर चलते रहे। उनकी आत्मा ने 'प्राणायाम' के दौरान ही उनका शरीर छोड़ा था। हिंदू परंपरा के अनुसार, ऐसा केवल उन लोगों के साथ होता है, जो उच्च स्तर के बंधनमुक्त व्यक्ति होते हैं।

राष्ट्रीय स्वयंसेवक संघ के एक पूर्व प्रचारक और नागपुर-आधारित समाचार-पत्र 'तरुण भारत' के पूर्व संपादक एम.जी. वैद्य को कई सरसंघचालकों के साथ नजदीक से काम करने के लिए जाना जाता है। "सुदर्शन ने 1950 के दशक में इंजीनियरिंग तथा दूरसंचार में अपनी स्नातक की पढ़ाई पूर्ण की थी। वे चाहते तो एक मोटी तनख्वाहवाली नौकरी पा सकते थे, लेकिन उन्होंने एक अलग मार्ग चुना और राष्ट्रीय स्वयंसेवक संघ के प्रचारक बन गए, परंतु उन्होंने पहले ही यह निश्चय कर लिया था कि वे अपना पूरा जीवन राष्ट्रीय स्वयंसेवक संघ को समर्पित करेंगे।"

सुदर्शन ने एक प्रचारक के रूप में पहले छत्तीसगढ़, फिर मध्य भारत में और उसके बाद असम-बंगाल में जिम्मेदारियाँ निभाईं। वर्ष 1990 में उन्हें 'सरकार्यवाह' की जिम्मेदारी सौंपी गई और वर्ष 2000 में उन्होंने राष्ट्रीय स्वयंसेवक संघ के प्रमुख का दायित्व गृहण किया, अर्थात् सरसंघचालक बने। राष्ट्रीय स्वयंसेवक संघ में नया सरसंघचालक पुराने सरसंघचालक द्वारा नियुक्त किया जाता है। सुदर्शनजी का नामांकन राष्ट्रीय स्वयंसेवक संघ के चतुर्थ प्रमुख प्रोफेसर राजेंद्र सिंह उपाख्य 'रज्जू भैया' द्वारा किया गया था। सुदर्शन ने नौ वर्ष बाद स्वयं यह दायित्व वर्तमान प्रमुख मोहन भागवत को सौंपा। बागडोर दूसरे के हाथ में थमा देने की इस परंपरा का निर्वाह 1940 से किया जा रहा है, जब एम.एस. गोलवलकर को डॉ. के.बी. हेडगेवार के निधन पर राष्ट्रीय स्वयंसेवक संघ का द्वितीय प्रमुख बनाया गया था। डॉ. हेडगेवार राष्ट्रीय स्वयंसेवक संघ के संस्थापक और प्रथम सरसंघचालक थे।

वैद्य के अनुसार, "इस प्रक्रिया के प्रति कभी कोई विवाद अथवा झगड़ा नहीं हुआ। इसका यह अर्थ भी नहीं कि केवल एक ही व्यक्ति उपलब्ध है, जो इस जिम्मेदारी के लिए अनुकूल है। कोई भी नियुक्ति आखिरकार एक परंपरा का हिस्सा है, परंतु व्यक्ति, जिसे यह जिम्मेदारी सौंपी जाए, उसके पास आवश्यक सामर्थ्य या योग्यता या क्षमता होनी चाहिए।"

वैद्य याद करते हैं, "वर्ष 1972 में गुरुजी (एम.एस. गोलवलकर) को कैंसर के निदान के लिए शल्य क्रिया से गुजरना पड़ा। मैं उस समय 'तरुण भारत' का संपादक था। एक विदेशी महिला पत्रकार ने मुझसे पूछा कि 'कौन गुरुजी का उत्तराधिकारी हो सकता था।' मैंने उसे उत्तर दिया कि इसके लिए कम-से-कम आधा दर्जन लोग विद्यमान हो सकते हैं। उसे बड़ी हैरानी हुई और उसने मुझसे पूछा, 'परंतु हमें उनके नाम नहीं पता हैं।' मैंने उससे कहा, 'ऐसा कोई कारण नहीं है कि आप उन्हें जानें। हमें उनके नाम मालूम हैं।'"

एम.जी. वैद्य सुदर्शनजी की पहुँच के बारे में एक बड़ी दिलचस्प घटना को याद करते हैं, जो उनके दिल्ली में राष्ट्रीय स्वयंसेवक संघ के प्रवक्ता के कार्यकाल के दौरान घटी थी। दिल्ली के स्थायी निवासी वैद्य को अल्पसंख्यकों के राष्ट्रीय कमीशन के एक ईसाई सदस्य ने संपर्क किया, एक प्रश्न के साथ कि क्या राष्ट्रीय स्वयंसेवक संघ के शीर्षस्थ नेता ईसाई पादरी लोगों से बातचीत करने में कोई रुचि रखते हैं? चर्चा के उपरांत यह सहमति बनी कि मुलाकात केवल रोमन कैथलिक नेताओं से ही होगी और इसमें प्रोटेस्टेंट पादरी भाग नहीं लेंगे। एक और शर्त रखी गई कि बिशप केवल राष्ट्रीय स्वयंसेवक संघ के शीर्षस्थ नेतओं से ही बात करेंगे, उनके प्रवक्तओं से नहीं। "मैंने सुदर्शनजी से संपर्क किया और वे मुलाकात, उसकी तिथि और समय के लिए सहमत हो गए, अंततः मुलाकात तय हो गई।"

तभी मुलाकात के कुछ दिनों पहले राष्ट्रीय स्वयंसेवक संघ के प्रवक्ता को एक संदेश प्राप्त हुआ कि अगर राष्ट्रीय स्वयंसेवक संघ यह मुलाकात रखना चाहता है तो उनके कार्यकर्ताओं को चर्च में आना होगा और पिछला तय स्थान रद्द माना जाए। वैद्य कहते हैं, "मैं इससे बड़ा खिन्न हुआ; मैंने कहा कि यह मुलाकात रद्द होने जा रही है।" सुदर्शनजी संगठनात्मक कार्यों के लिए केरल के दौरे पर थे, जब वैद्य को यह संदेश मिला था। उन्होंने सरसंघचालक से संपर्क किया और उन्हें एक अप्रत्याशित उत्तर मिला, "हम उनके चर्च में चलेंगे," सुदर्शन ने बिना दोबारा सोचे वैद्य को यह कहा। "मुझे अत्यधिक आश्चर्य हुआ," वैद्य कहते हैं, उन्होंने अल्पसंख्यक आयोग के सदस्य को संदेश भेजा और उसने वह संदेश पादरियों तक पहुँचाया। इस प्रकार वे तीनों—सुदर्शन, वैद्य और महाराष्ट्र के 'प्रांत कार्यवाह' ईसाई नेताओं से मिलने के लिए कैथोलिक चर्च में गए। उनका बड़ी गर्मजोशी के साथ स्वागत हुआ।

बाद में ऐसी ही एक बैठक प्रोटेस्टेंट ईसाइयों के साथ राष्ट्रीय स्वयंसेवक संघ के मुख्यालय नागपुर में स्थित 'डॉ. हेडगेवार भवन' में हुई। यह बैठक 29 ईसाई नेताओं के साथ हुई और लगभग डेढ़ घंटा चली। बाद में सबने एक साथ मिलकर राष्ट्रीय स्वयंसेवक संघ मुख्यालय में खाना खाया।

सुदर्शनजी ने इसी प्रकार की चर्चा करने के लिए विभिन्न मुसलमान नेताओं से भी बैठकें कीं। उन्होंने राष्ट्रीय स्वयंसेवक संघ प्रचारक इंद्रेश कुमार को 'मुसलिम राष्ट्रीय मंच' बनाने के लिए प्रेरित किया। यह संस्था मुसलमानों के बीच रहकर काम करती है। सुदर्शनजी ने इस बात का ध्यान रखा कि वे इस संस्था के सभी कार्यक्रमों में उपस्थित रहें। जो आम बात इस मंच के सभी सम्मेलनों और शिविरों में की गई, उनके संबोधनों में प्रयोग किया जाता रहा, वह था, "आपका वास्ता हिंदुस्तान से है। आप बाहर से नहीं आए हैं। केवल आपका इबादत करने का तरीका अलग है। आपके पूर्वज हिंदू हैं और आपको उन पर गर्व महसूस करना चाहिए।"

समय बीतने पर मंच की लोकप्रियता धीरे-धीरे मुसलमानों में बढ़ने लगी और जब मुसलिम धर्म गुरुओं ने देवबंद से फतवा जारी किया, जिसमें 'वंदे मातरम्' के गान पर प्रतिबंध लगाने की बात की गई, तब मंच ने जगह-जगह कई कार्यक्रम आयोजित किए, जहाँ मुसलमानों ने बड़ी संख्या में 'वंदे मातरम्' गीत को मिलकर गाया। इसके अलावा लगभग दस लाख मुसलमानों ने एक प्रार्थना-पत्र पर हस्ताक्षर किए, जिसमें उन्होंने गौहत्या पर प्रतिबंध लगाने की बात की थी। यह प्रार्थना-पत्र भारत के राष्ट्रपति को सौंपा गया था। वर्ष 2012 में इस मंच ने एक तीन दिवसीय राष्ट्रीय शिविर का आयोजन पुष्कर (राजस्थान) में किया, जो हिंदुओं का एक पवित्र स्थल है। यह शायद एक कारण रहा होगा कि सुदर्शनजी के निधन पर कई मुसलमान नेताओं ने उनको श्रद्धांजलि अर्पित की थी।

राष्ट्रीय स्वयंसेवक संघ के तृतीय प्रमुख बालासाहब देवरस ने राष्ट्रीय स्वयंसेवक संघ में कई नई परंपराएँ शुरू की थीं। इनमें से एक यह भी थी कि रेशिमबाग वह स्थान नहीं होना चाहिए, जहाँ पर राष्ट्रीय स्वयंसेवक संघ के सरसंघचालकों का उनकी मृत्यु होने पर दाह संस्कार किया जाए। देवरस की अंतिम रस्में गंगाबाई घाट पर संपन्न की गई थीं। सुदर्शनजी की भी अंतिम रस्में वहीं पर निभाई गई थीं।

संयोगवश सुदर्शनजी का जन्म रायपुर में हुआ था। वे रायपुर में ही प्रचारक बने। उनको उसी शहर में हृदयघात हुआ। उनकी माँ का देहांत रायपुर में हुआ। वे स्वयं भी रायपुर में ही स्वर्गवासी हुए। वास्तव में 15 सितंबर को 'इंजीनियर दिवस' के अवसर पर उनका अभिनंदन किया जाना था, मगर उससे कुछ घंटों पूर्व सुबह के 6.30 बजे उन्होंने शरीर त्याग दिया।

सुदर्शन का परिवार मूल रूप से शेनकोट्टाई तालुक, तमिलनाडु के तिरुनेलवेली जिले से संबंध रखता था, जो भारत के दक्षिणी क्षेत्र में है। उनके माता-पिता तमिल ब्राह्मण थे और उनके पूर्वज लगभग 250 वर्षों पूर्व कनार्टक चले गए थे। इस प्रकार, जबकि उनका

परिवार तमिल भाषा के प्रति सहज न था, कन्नड़ उनकी मुख्य भाषा बन गई। उनके पिता कुप्पली चिनैया सीतारमैया ने वन विभाग में नौकरी की और उनकी नियुक्ति मध्य प्रदेश में हो गई, जहाँ सुदर्शन मराठी और हिंदी में निपुण हो गए तथा दोनों भाषाएँ धाराप्रवाह बोलने लगे। चूँकि उनके पिता की नियुक्ति अलग-अलग क्षेत्रों में होती रही, सुदर्शन ने अपने बचपन और किशोरावस्था के वर्ष राज्य के अलग-अलग हिस्सों में गुजारे, जिनमें बेतूल, दमोह, महासमुंद, सिरोन्या, चंदरपुर आदि शामिल हैं। उन्होंने कक्षा 3 से 5 की पढ़ाई दमोह जिले में पूर्ण की और कक्षा 6 से 10 की पढ़ाई मंडला में। सुदर्शन एक प्रतिभाशाली छात्र थे। वे मैट्रिकुलेशन की बोर्ड की परीक्षा में चौथे स्थान पर आए।" वर्ष 1947-48 में वे जबलपुर आ गए, जहाँ उन्होंने अपनी इंटर की पढ़ाई रॉबर्ट्सगंज कॉलेज से पूरी की।

सुदर्शनजी ने दमोह में राष्ट्रीय स्वयंसेवक संघ की शाखा में प्रवेश किया था, जब वे केवल 9 वर्ष के थे। उन्होंने शारीरिक और बौद्धिक गतिविधियों में कम उम्र में ही शानदार प्रदर्शन किया। राष्ट्रीय स्वयंसेवक संघ की गतिविधियों में बहुत समय खर्च करने के बावजूद वे पढ़ाई में निरंतर अच्छा करते रहे। जब महात्मा गांधी की हत्या हुई और उसके उपरांत राष्ट्रीय स्वयंसेवक संघ पर कांग्रेस सरकार ने प्रतिबंध लगाया, वे इंटर की पढ़ाई कर रहे थे और हॉस्टल में रहा करते थे। उस हॉस्टल में भी राष्ट्रीय स्वयंसेवक संघ की शाखा लगा करती थी। 11 दिसंबर, 1948 के दिन उन्होंने एक 'सत्याग्रह' (विरोध प्रदर्शन) में भाग लिया, जिसे राष्ट्रीय स्वयंसेवक संघ की इस शाखा के स्वयंसेवकों ने आयोजित किया था। उन्हें और अन्य लोगों को पुलिस ने गिरफ्तार कर लिया और उन्हें तीन महीने की जेल की सजा हो गई। अपनी इंटर की परीक्षा से सिर्फ कुछ दिन पहले ही रिहा होने के बावजूद वे परीक्षा में प्रथम श्रेणी के साथ राज्य में छठे स्थान पर रहे।

वर्ष 1949 में उसी परिसर में एक नया इंजीनियरिंग कॉलेज खुला, जहाँ पर उन्होंने इंटर की पढ़ाई की। सुदर्शनजी उसी नए कॉलेज में पढ़ना चाहते थे, मगर उनके इंटर के कॉलेज ने उनके प्रमाण-पत्र पर लिख दिया कि उन्हें तीन महीने की जेल की सजा हुई थी। इस आधार पर इंजीनियरिंग कॉलेज के प्राध्यापक ने उन्हें दाखिला देने से इनकार कर दिया। काफी भाग-दौड़ करनी पड़ी, इसके पहले कि उन्हें जबलपुर इंजीनियरिंग कॉलेज में प्रवेश मिल पाता, उन्हें यहाँ भी छात्रों द्वारा राष्ट्रीय स्वयंसेवक संघ पर लगे प्रतिबंध के विरुद्ध सत्याग्रह में शामिल होने के लिए कीमत चुकानी पड़ी। उन्हें हॉस्टल में जगह नहीं दी गई। परिणामस्वरूप उन्होंने एक मकान किराए पर लिया। उनकी माता और छोटा भाई वहाँ उनके साथ रहने के लिए आ गए।

वर्ष 1953 में सुदर्शनजी ने दूरसंचार इंजीनियरिंग में अपना चार वर्षीय कोर्स पूरा कर लिया, परंतु उस समय तक उनके मस्तिष्क में यह साफ हो गया था कि वे अपना

संपूर्ण जीवन राष्ट्रीय स्वयंसेवक संघ को समर्पित कर देंगे। उनके ऊपर राष्ट्रीय स्वयंसेवक संघ के एक वरिष्ठ प्रचारक एकनाथ रानाडे, जो उनके हॉस्टल में नियमित रूप से आया करते थे, का एक स्थायी प्रभाव था। उन्होंने सुदर्शन को राष्ट्रीय स्वयंसेवक संघ का एक पूर्णकालिक कार्यकर्ता बनने के लिए प्रेरित किया। इंजीनियरिंग कोर्स की अपनी अंतिम वर्ष की परीक्षा के बाद उन्होंने अपने चार महीने लंबे व्यावहारिक प्रशिक्षण को पूरा किया और एक बढ़िया अच्छे वेतनवाली नौकरी के मोह को त्याग राष्ट्रीय स्वयंसेवक संघ के प्रचारक बन गए।

राष्ट्रीय स्वयंसेवक संघ अपने स्वयंसेवकों के लिए प्रशिक्षण शिविर लगाता है, जिन्हें आमतौर पर 'प्रथम वर्ष', 'द्वितीय वर्ष' और 'तृतीय वर्ष' कहा जाता है। वे अलग-अलग समयावधि के होते हैं। तीसरे वर्ष का शिविर केवल नागपुर में ही लगता है और देश भर से चयनित स्वयंसेवक इसमें भाग लेते हैं।

सुदर्शनजी ने अपना प्रशिक्षण तीनों शिविरों में वर्ष 1953 और 1955 में नागपुर में ही पूर्ण किया। उन्हें औपचारिक रूप से 23 जून, 1954 के दिन राष्ट्रीय स्वयंसेवक संघ प्रचारक रायगढ़ जिले में नियुक्त किया गया, जहाँ वे एक तहसील प्रचारक बने, जो तीन तहसीलों का कार्य—चंपा, जाँजगीर और बिलासपुर देखते थे। उन्होंने वहाँ दो वर्षों से थोड़ा कम अवधि के लिए कार्य किया और फिर उन्हें वर्ष 1956 में सागर में एक नगर (शहर) प्रचारक का कार्यभार सौंपा गया। वर्ष 1957 से 1964 की अवधि में उन्होंने एक 'विभाग प्रचारक' के रूप में 'विंध्य विभाग' के कार्यों की देखभाल की। वर्ष 1964 में उन्हें मध्य प्रांत के प्रांत प्रचारक की जिम्मेदारी दी गई और वे इंदौर में रहे। उन्होंने दैनिक समाचार-पत्र 'स्वदेश' की शुरुआत किए जाने में एक महत्त्वपूर्ण भूमिका अदा की, जिसमें उन्होंने विस्तृत लेख लिखे। जब वे 'मध्य प्रांत' के प्रांत प्रचारक थे, उनको 'अखिल भारतीय शारीरिक प्रमुख' की जिम्मेदारी भी सौंप दी गई थी।

इस बीच प्रधानमंत्री इंदिरा गांधी ने जून 1975 में आपातकाल की घोषणा कर दी और सुदर्शनजी को गिरफ्तार कर लिया गया। जून 1975 से लेकर 21 मार्च, 1977 तक इंदौर की जेल में रहने के दौरान उन्होंने कई समाजवादी नेताओं से सक्रियता के साथ बातचीत की; वे नेता भी जेल में बंद थे, जैसे शरद यादव और बालेश्वर दाथम व अन्य। सुदर्शन ने समाजवादी विचारधारा की बारीकियों पर उनसे चर्चा की। वे अपने आगे के भाषणों में अकसर उससे संबंधित दिलचस्प किस्से सुनाया करते थे।

जब आपातकाल समाप्त हो गया और वे जेल से बाहर आ गए, उन्हें पूर्वांचल (पूर्वी भारत) का प्रभारी बना दिया गया। इस प्रकार हिंदी, मराठी, कन्नड़, तमिल और अंग्रेजी के अलावा वे असमी, बंगाली और उड़िया में भी धाराप्रवाह बोलने लगे। जब वे पूर्वांचल

के प्रभारी रहे, उन्हें 'अखिल भारतीय बौद्धिक प्रमुख' (राष्ट्रीय स्वयंसेवक संघ की सभी बौद्धिक गतिविधियों का प्रमुख) का अतिरिक्त भार भी सौंप दिया गया।

यह वह समय था, जब पंजाब राज्य में आतंकवाद का खतरा अपने पंख फैला रहा था। सुदर्शन ने इस मुद्दे पर अपनी तीखी टिप्पणियों के साथ एक पुस्तक लिखी। राष्ट्रीय स्वयंसेवक संघ से जुड़े प्रखर बुद्धिजीवी देवेंद्र स्वरूप कहते थे, "उन्होंने (सिख धर्म के पवित्र ग्रंथ) 'गुरुग्रंथ साहब' दशम ग्रंथ आदि का अध्ययन किया और उन्हें सिखों के इतिहास और सिख समाज का विस्तृत ज्ञान था। कई सिख बुद्धिजीवी उनके साथ विचार-विमर्श करने में बड़ा आनंद महसूस करते थे।"

देवेंद्र स्वरूप आगे कहते हैं, "सुदर्शनजी की बड़ी इच्छा थी कि दीनदयाल शोध संस्थान (जिसके प्रमुख नानाजी देशमुख थे) के कार्यक्रम केवल ग्रामीण पुनरुत्थान तक ही सीमित न रहें और इस संस्था को एक प्रभावी बौद्धिक तथा शोध संबंधी गतिविधियों के एक केंद्र के रूप में विकसित किया जाए।"

नानाजी और सुदर्शनजी की इस पर एक विस्तृत चर्चा हुई, चूँकि नानाजी की बड़ी इच्छा थी कि वे ग्रामीण पुनर्जागरण पर ही ध्यान केंद्रित करें। देवेंद्र स्वरूप के अनुसार, जिन्होंने 1950 के दशक से सुदर्शनजी के साथ कई अवसरों पर नजदीक से काम किया था और उनके बहुत करीब थे, "अपने गिरते हुए स्वास्थ्य के कारण से जब रज्जू भैया ने सरसंघचालक का प्रभार सुदर्शनजी के हाथों में सौंप दिया था, सुदर्शनजी ने स्वयं स्वदेशी विज्ञान और तकनीक का देश के प्रत्येक भाग में गहरा अध्ययन किया था। वे उनकी व्याख्या सूक्ष्म विवरणों के साथ करते थे।"

अनुभवी वरिष्ठ विचारक रघु ठाकुर ने सुदर्शन के जीवन तथा कार्यों की एक स्पष्ट व्याख्या की है, "उनकी जीवनशैली में वे महात्मा गांधी के नजदीक थे, अपनी सोच में वे राममनोहर लोहिया और दीनदयाल उपाध्याय के करीब थे और जहाँ तक प्रश्न है उनकी संगठनात्मक कुशलता का, वे निश्चित रूप से एक पक्के राष्ट्रीय स्वयंसेवक संघ कार्यकर्ता थे। एक वाक्य में कहें तो वे सबके थे। वे एक सच्चे भारतीय थे।"

रघु ठाकुर ने सुदर्शनजी के साथ इंदौर जेल में काफी समय साथ बिताया था। इंदौर की सी.आई. जेल राजनीतिक कैदियों से भरी पड़ी थी, जिन्हें आपातकाल के दौरान वर्ष 1975-1977 की अवधि में खतरनाक मीसा (आंतरिक सुरक्षा बनाए रखने संबंधी कानून) के अंतर्गत गिरफ्तार किया गया था।

ठाकुर ने बताया, "सुदर्शनजी की दिनचर्या बहुत ही संतुलित और अनुशासित थी। वे उस समय राष्ट्रीय स्वयंसेवक संघ के बौद्धिक प्रमुख थे। वे प्रतिदिन सुबह शाखा लगाया करते थे और फिर कुछ पढ़ा करते थे। वे सब मीसा बंदियों से नियमित मिला करते थे

और किसी भी बंदी की निजी या पारिवारिक समस्या के प्रति सजग रहते थे। वे बंदियों के प्रण को मजबूती प्रदान करते थे, विशेष रूप से उनका, जिनके परिवार थे, वे बातचीत और चर्चा से उत्साह बनाए रखते थे।

"वे एक ऐसे पुरुष थे, जिनकी कोई निजी आकांक्षा नहीं थी और जिनकी आवश्यकताएँ सीमित थीं। इंदौर जेल में ऐसे तीन बंदी थे, जो अधिकतर समय 'लुंगी-बनियान' पहने रहते थे—सुदर्शनजी, मैं स्वयं और बडवानी से आए पांड्याजी।"

रघु ठाकुर यह बात भलीभाँति जान गए और उन्होंने एक लेख में यह माना कि राष्ट्रीय स्वयंसेवक संघ के प्रति लोगों की आम धारणा के विपरीत उन्होंने पाया कि सुदर्शनजी को किसी भी विचारधारा से कोई गुरेज नहीं था। उनके संबंध समाजवादियों और जमात-ए-इस्लामी के नेताओं के साथ भी उतने ही मैत्रीपूर्ण थे, जितने संघ के राजनीतिक बंदियों के साथ थे।

रघु ठाकुर के अनुसार, सुदर्शनजी ने तीन दिनों तक निरंतर इंदौर जेल में राष्ट्रवाद के अपने मत पर व्याख्यानों की एक श्रृंखला प्रस्तुत की। उन्होंने प्रतिदिन एक घंटा इस विषय पर व्याख्यान दिया। उनके तर्क विवेक पर आधारित थे और उन्होंने बड़े ही प्रभावशाली अंदाज में बात की।

अनुभवी समाजवादी नेता एक दिलचस्प किस्सा याद करते हैं और बताते हैं कि वे कभी भूल नहीं सकते। "जब कुछ व्यक्ति-विशेष ने जेल से रिहा होने के लिए लिखित माफी माँगनी शुरू की, हममें से कइयों ने इसे अपमानजनक और आपत्तिजनक माना। हम अकसर अपने इन दोस्तों की घोर निंदा किया करते थे, जिन्होंने लिखित में माफी माँगी थी, परंतु सुदर्शनजी ने उनकी रक्षा में काफी वजनी तर्क पेश किया। मैं उसका जवाब न दे पाया था और न ही आज तक कोई मेरे पास उनके उस तर्क के प्रतिरोध के लिए कोई अन्य तर्क है। उन्होंने कहा, 'प्रत्येक व्यक्ति उतना ही योगदान करता है, जितना वह कर सकता है या जितनी उसकी क्षमता है। अगर कोई व्यक्ति 100 दान करना चाहता है, उसे वह करने दो, अगर कोई 50 देना चाहता है तो उसे 50 ही दान करने दो और यदि कोई 25 ही दान में देना चाहता है, तो उसे भी इसकी अनुमति दी जानी चाहिए। आखिरकार, एक व्यक्ति अपनी क्षमता के अनुसार ही दान कर रहा है। हमें ऐसे व्यक्ति को भी क्यों रोक देना चाहिए, जो अपनी क्षमता से अधिक दे रहा है?' इस प्रकार के विवाद में पड़ने के लिए न तो मेरा मस्तिष्क सहमत है और न ही मेरा हृदय, परंतु अगर स्पष्ट कहूँ तो मेरे पास कोई विपरीत तर्क न था और उनके विवेक की वहाँ पर राष्ट्रीय स्वयंसेवक संघ के राजनीतिक बंदियों के बीच में जय-जयकार हो रही थी। मैं उनके तर्क से उन दिनों सहमत न हो सका था। हो सकता है, मेरी कम उम्र,

संगठनात्मक अनुभव का अभाव और डॉ. राममनोहर लोहिया प्रभाव मेरी असहमति के कारण रहे हों; परंतु मैं आज भी इसके लिए कोई विपरीत तर्क पेश कर पाऊँ, ऐसी स्थिति में नहीं हूँ। वास्तव में पिछले दो दशकों में मैं उनके तर्क के महत्त्व को गहराई के साथ अब समझ पाया हूँ। समाजवादी विचारधारा की मूल मान्यता वास्तव में यही रही है कि प्रत्येक व्यक्ति को समाज को उतना देना चाहिए, जो उसकी क्षमता के अनुकूल हो और उतना लेना चाहिए, जिसकी उसे आवश्यकता हो।"

ठाकुर कहते हैं, "मैंने उन्हें एक समाजवादी की तरह देखा। केवल एक ही विचार हमें आपस में बाँटता था, वह था उनकी हिंदू राष्ट्र के प्रति सोच। यद्यपि उनके द्वारा दी गई परिभाषा के अनुसार, वे हर प्रकार की कट्टरता के विरुद्ध थे और यही कारण था कि वे जितने जमात-ए-इस्लामी के लोगों के करीब थे, उतने ही संघ परिवार के लोगों और समाजवादियों के नजदीक थे।"

सुदर्शनजी के प्रति कुछ दुर्लभ अंतर्दृष्टियों को उजागर करते हुए उनके पूर्व मुख्य सचिवों में से एक अनुपम ने एक दिलचस्प घटना साझा की। सरसंघचालक का प्रभार मोहन भागवत के हाथों सौंपने के उपरांत सुदर्शन राष्ट्रीय स्वयंसेवक संघ के भोपाल कार्यालय 'समिधा' में अधिकतर ठहरा करते थे। स्वामी प्रसाद लोधी, जो साध्वी उमा भारती के भाई थे, सुदर्शनजी से मिलने के प्रयत्न कर रहे थे। (उमा भारती मध्य प्रदेश की पूर्व मुख्यमंत्री हैं)। अनुपम याद करते हैं, "वे अकसर मुझे फोन किया करते थे कि मैं उन्हें सुदर्शन से भेंट करने की तिथि और समय तय करूँ, परंतु मेरे विचार में उनके प्रति कुछ छवि संबंधी मुद्दे थे। इसलिए मैं उनकी विनती पर कोई प्रतिक्रिया न दे रहा था। फिर वे सुदर्शनजी से स्वयं फोन पर बात करने और मिलने का समय प्राप्त करने में सफल हो गए। वे 'समिधा' पहुँच गए। इस प्रकार मुझे उनको सुदर्शनजी से मिलवाना पड़ा, जो उन्हें कुछ समय से जानते थे। वे मिले और जब उनकी मुलाकात खत्म हुई तो उस समय दोपहर के भोजन का समय हो गया था। दोनों ने इकट्ठे खाना खाया। जिस प्रकार गर्मजोशी के साथ सुदर्शनजी ने उनसे व्यवहार किया, वे उससे अभिभूत हो गए। मुझे बहुत हैरानी हुई और जब वे चले गए तो मैं सुदर्शनजी के कमरे में गया और उन्हें बताया कि उनके बारे में लोगों की धारणा ठीक नहीं है। इसके अतिरिक्त मुझे पर विश्वास भी न था।"

सुदर्शनजी ने कहा, "मेरा काम है लोगों को लेकर आना और उन्हें जोड़ना और मुझे अपना काम करना है। जो भी व्यक्ति हमारे संपर्क में आया है, हमें कोशिश करनी चाहिए कि हम उसे अपने साथ जोड़ सकें; इस बात से कोई फर्क नहीं पड़ता कि वह व्यक्ति कौन है!"

अनुपम ने कहा, "उस समय मैंने जाना कि सुदर्शनजी का हृदय कितना विशाल है

और वे कितने उदार हैं।"

अनुपम एक और घटना याद करते हैं, जिससे पता चलता है कि सुदर्शनजी कितने सरल और मितव्ययी थे, जब उनके सामने अपनी निजी जरूरतों और आराम की बात आती थीं।

"मैंने बड़ी मुश्किलों से उन्हें मनाया कि वे एक नई जोड़ी चप्पल अपने लिए लें। पुरानी जोड़ी घिस चुकी थी और उन्होंने उसी में न जाने कितने दौरे कर लिये थे। अब वे इतनी घिस चुकी थीं कि उनके पैर में तकलीफ देने लगीं। कभी-कभी कोई कील या काँटा उनके पैरों में चुभ जाता था, क्योंकि उन चप्पलों की तली इतनी घिस गई थी कि जब सुदर्शनजी उन्हें पहनकर सड़क पर चलते थे तो वे उनके पैरों को सुरक्षा प्रदान न करती थीं। राष्ट्रीय स्वयंसेवक संघ के भोपाल कार्यालय में एक वरिष्ठ प्रचारक थे। उनका नाम अपारबल सिंह था और सुदर्शनजी को जाना जाता था इसके लिए कि अपारबल सिंह, जो कहते थे, सुदर्शनजी आमतौर पर उसकी बात मान लेते थे। इसलिए मैंने उन्हें कहा कि वे सुदर्शनजी को चप्पलों की जोड़ी बदलने के लिए मनाएँ। अंततः उसने हस्तक्षेप किया और हम एक साधारण सी दुकान में गए, जहाँ से उन्होंने बहुत कम कीमत में चप्पलों की एक जोड़ी खरीदी। दुकानदार इस बात से बहुत प्रसन्न हुआ कि सुदर्शनजी उसके पास एक ग्राहक के तौर पर आए थे। जब उन्होंने वह जोड़ी खरीदी तो उस पर लाल रिबन बाँध दिया, ताकि भीड़ भरे स्थलों पर जब वह चप्पल उतारें तो बाद में उसकी पहचान आसानी से हो सके।"

राष्ट्रीय स्वयंसेवक संघ के द्वितीय प्रमुख श्रीगुरुजी ने यह एक अमर मार्गदर्शक मंत्र दिया था, "मैं एक साधारण स्वयंसेवक हूँ।" सुदर्शनजी ने इस मंत्र में रहकर अपने कार्यों को जीवन भर पूरा किया। सुदर्शनजी के कई पूर्वकालीन सहकर्मियों ने अकसर कहा कि सरसंघचालक बन जाने के बाद एक आम स्वयंसेवक की भाँति रह पाना आसान नहीं है, लेकिन जब सुदर्शन ने राष्ट्रीय स्वयंसेवक संघ के शीर्षस्थ स्थान के लिए भागवतजी का नामांकन किया, वे चुपचाप पृष्ठभूमि में चले गए और एक आदर्श स्वयंसेवक की भाँति अपना जीवन व्यतीत करते रहे।

उनसे मिलने के लिए प्रतिदिन बड़ी संख्या में लोग आया करते थे और कई कार्यक्रमों में भाग लेने के लिए वे यात्रा भी करते थे, परंतु उन्होंने प्रतिदिन अपनी शाखा में उपस्थिति दर्ज कराई। "'समिधा' में वे अपने साथ आगंतुकों को भी शाम की शाखा में ले जाते थे, क्योंकि वहाँ से अनुपस्थित न रह सकते थे। कभी-कभी वे स्वयं बागडोर सँभाल लिया करते थे और युवा बच्चों के लिए खेल और शारीरिक गतिविधियाँ शुरू कर देते थे।"

सुदर्शन अपने भोपाल निवास के वर्षों में राष्ट्रीय स्वयंसेवक संघ की वहाँ होनेवाली

सभी बैठकों में एक आम स्वयंसेवक की भाँति हिस्सा लेते थे। वे जमीन पर बैठते थे और बैठक के अध्यक्ष से अनुमति प्राप्त करने के बाद ही बोलते थे। वे अपने नाम की कोई कुरसी बैठकों में न लगने देते थे और न ही वे चाहते थे कि कोई माइक विशेष रूप से उनके सामने लगाया जाए।

वर्ष 1962 में जब चीन ने भारत पर आक्रमण किया तो उस समय के राष्ट्रीय स्वयंसेवक संघ प्रमुख गुरुजी ने भारत सरकार की इस बात के लिए आलोचना की थी कि उसने तिब्बत की सुरक्षा के लिए पर्याप्त कदम नहीं उठाए, जिसे चीन ने शक्ति और धमकी के बल पर हथिया लिया। उन्होंने कहा था कि भारत ने वास्तव में तिब्बत को धोखा दिया था, उसे सुरक्षा प्रदान न करके, क्योंकि तिब्बत के लोग हमेशा यह विश्वास करते आए थे कि भारत उन्हें चीन की आक्रामकता से बचाकर रखेगा।

अपने सरसंघचालक के कार्यकाल में सुदर्शनजी ने तिब्बत के मामले में गहरी रुचि दिखाई और वर्ष 2006 में, जब गुरुजी की जन्मशताब्दी देश भर में मनाई गई, उन्होंने यह निर्णय लिया कि ये समारोह पूर्ण नहीं माने जाएँगे, जब तक वे तिब्बतियों के धार्मिक गुरु दलाई लामा से नहीं मिल लेते। सुदर्शन हिमाचल प्रदेश में धर्मशाला दलाई लामा से मिलने के लिए गए, जहाँ तिब्बत की निर्वासित सरकार है। सुदर्शनजी की तिब्बत के मामलों में गहरी रुचि थी और वे तिब्बत के समर्थन के लिए अति मुखर थे। उन्होंने नागपुर में विजयादशमी के मौके पर सरसंघचालक के वार्षिक संबोधन के समय मुख्य अतिथि के तौर पर तिब्बत की निर्वासित सरकार के प्रधानमंत्री को आमंत्रित भी किया था।

यह ध्यान देना महत्त्वपूर्ण होगा कि सुदर्शन पहले ऐसे सरसंघचालक बने, जिन्होंने दलाई लामा से भेंट की और उनसे समकालीन मुद्दों तथा तिब्बत की निर्वासित सरकार के भविष्य के प्रति विस्तृत बातचीत की। इस मुलाकात का विवरण अनेक समाचार-पत्रों के मुख्य पृष्ठों पर छपा था। इस बैठक के बाद की समाचार रिपोर्टों और विश्लेषणों में यह सर्वसम्मति से माना गया कि इस मुलाकात ने तिब्बत के मुद्दे को एक नए आयाम के साथ जोड़ा है।

सुदर्शनजी ने एक संस्था 'भारत-तिब्बत सहयोग मंच' बनाने में एक अति महत्त्वपूर्ण भूमिका निभाई, जिसने भारत और तिब्बत को तिब्बत की स्वतंत्रता के उद्देश्य से एक ही मंच पर ला खड़ा किया।

वरिष्ठ पत्रकार और शिक्षाविद् डॉ. कुलदीप चंद्र अग्निहोत्री कहते हैं, "यह शायद वर्ष 1999 के शुरू की बात है, जब सुदर्शनजी, जो राष्ट्रीय स्वयंसेवक संघ के जम्मू कार्यालय में आए। एक बैठक का वहाँ आयोजन हुआ, जिसमें मैं स्वयं, वरिष्ठ राष्ट्रीय स्वयंसेवक संघ प्रचारक इंद्रेश कुमार और सुदर्शनजी ने तिब्बत के मुद्दे पर चर्चा की।

सुदर्शनजी का यह पक्का मत था कि सांस्कृतिक रूप से भारत और तिब्बत जुड़े हुए हैं और भारत सरकार के वर्ष 1962 में तिब्बत की स्वतंत्रता के प्रति ढुलमुल रुख के कारण दक्षिण–पूर्व एशिया के कई देशों को अत्यंत निराशा हुई, जो भारत की संस्कृति से प्रेरित थे। ये सब देश चीन से उसकी विस्तारवादी नीतियों के कारण डरे हुए थे और चाहते थे कि भारत इस क्षेत्र में एक प्रभावी भूमिका निभाए।"

इस बैठक में भविष्य के कार्यक्रम के प्रति विस्तृत विचार–विमर्श किया गया। सुदर्शन चाहते थे कि हिंदुओं और बौद्धों को नजदीकी से मिलकर काम करना चाहिए, क्योंकि वे एक स्वाभाविक मित्र हैं, जिनकी एक जैसी सांस्कृतिक थाती है और एक जैसी ऐतिहासिक विरासत है। उनका यह विचार था कि इस विषय में दलाई लामा एक मुख्य भूमिका निभा सकते हैं।

इन चर्चाओं के बाद में 'भारत–तिब्बत सहयोग मंच' स्थापित किए जाने का निर्णय लिया गया। 5 मई, 1999 के दिन धर्मशाला में औपचारिक रूप से इस संस्था की स्थापना की गई। यह संस्था तेजी से विकसित हुई और देश भर में इसने कई नए अध्याय जोड़े। वर्ष 2002 में सुदर्शन ने नागपुर में विजयादशमी के अवसर पर सरसंघचालक के रूप में अपने भाषण में तिब्बत के मुद्दे पर विस्तृत रूप से विचार व्यक्त किए। उन्होंने इस मुद्दे पर राष्ट्रीय स्वयंसेवक संघ के विचारों को स्पष्टता के साथ प्रकट किया। यह वह वर्ष था, जब तिब्बत की निर्वासित सरकार के प्रधानमंत्री प्रोफेसर सामधेंग रिनपोच इस अवसर पर समारोह के मुख्य अतिथि के रूप में पधारे थे। प्रोफेसर रिनपोच सुदर्शनजी के जीवनपर्यंत मित्र बनकर रहे।

डॉ. अग्निहोत्री याद करते हैं, "जब द्वितीय सरसंघचालक गुरुजी के शताब्दी समारोह मनाए जा रहे थे, इंद्रेशजी ने मुझे एक पुस्तक लिखने को कहा, जिसका शीर्षक था 'गुरुजी और तिब्बत'। मैंने प्रतिलिपि सुदर्शनजी के पास भिजवाई; और उन्होंने कई बहुमूल्य सुझाव दिए, जिन्हें मैंने पुस्तक में समाहित कर लिया। उन्होंने इस पुस्तक का 'परिचय' भी लिखा, जिसमें उन्होंने स्पष्ट कहा, "भारत की सुरक्षा के लिए तिब्बत का स्वतंत्र रहना आवश्यक है, परंतु हमारे देश में जो लोग सत्ता में आसीन रहे हैं, वे आज तक भी यह बात समझ नहीं पाए हैं। हमने चीनियों के विस्तारवादी लक्ष्यों का आकलन ही नहीं किया है। परिणाम यह होगा कि जो हम देख सकते हैं, तिब्बत के बाद चीन नेपाल को भी निगल जाएगा।"

उनके देहावसान के बाद तिब्बत की निर्वासित सरकार ने एक सर्वसम्मत प्रस्ताव पास किया, जिसमें उन्हें श्रद्धांजलि दी गई। दोलमा गयारी, तिब्बत की निर्वासित सरकार के गृहमंत्री ने कहा, "हमने तिब्बत के एक सच्चे मित्र को खो दिया है।"

गुरुजी के जन्म शताब्दी वर्ष के दौरान सुदर्शन केन्या में गए। नैरोबी में 30 संस्थाओं

ने 'मकर संक्रांति' हिंदू पवित्र पर्व मनाने के लिए एक विशाल जुलूस का आयोजन किया था। इसके बाद एक विशाल सभा का आयोजन हुआ। इस सभा को सुदर्शनजी ने संबोधित किया। भारतीय मूल के लोगों को संबोधित करते हुए उन्होंने कहा, "हमें अपनी हिंदू होने की पहचान को समाप्त नहीं करना है, चाहे हम दुनिया के किसी भी देश में क्यों न हों और हिंदू के रूप में हमें कुछ अवसरों पर इकट्ठा अवश्य होना चाहिए।"

इस सभा के उपरांत उन्होंने नैरोबी में मंदिर व्यवस्था चलाने से जुड़े हिंदुओं के साथ चर्चा में भाग लिया। उन्होंने बताया कि हिंदू मंदिरों में अधिक साज-सज्जा की आवश्यकता नहीं है। हिंदू का गुण उसकी सरलता में है, न कि धन और ऐश्वर्य के प्रदर्शन में। उन्होंने आगे कहा, चूँकि वहाँ का स्थानीय अफ्रीकी समाज अत्यधिक गरीबी से जूझ रहा है, मंदिर कमेटी को उनके कल्याण के लिए भी कुछ योजनाएँ शुरू करनी चाहिए। उन्होंने स्वयंसेवकों की एक सभा को भी संबोधित किया और उनसे स्थानीय समाज के कल्याण के लिए कार्य करने की अपील की।

स्थानीय संघ कार्यकर्ताओं के साथ हुए एक अनौपचारिक विचार-विमर्श में उन्होंने सुझाव दिया कि प्राचीन भारतीय ग्रंथ, जैसे कि 'हितोपदेश' का, जो बच्चों को एक उच्च नैतिक आधार प्रदान करते हैं, यहाँ की स्थानीय भाषा में अनुवाद करवाया जाए, मगर इन अनुवादों में एक स्थानीय क्लेवर होना चाहिए और इस प्रकार से उन्हें अपने साथ मिलाना होगा।

अपने केन्या के दौरे में सुदर्शनजी ने एक शहर 'किसुमु' में प्रवास किया। शहर के मेयर और उनके बीच एक औपचारिक विचार-विमर्श हुआ; मेयर एक अफ्रीकी स्त्री थी। आरंभ में बातचीत एकदम औपचारिक थी। फिर सुदर्शनजी ने शहर में स्थित एक बड़ी झील की सुंदरता की प्रशंसा की और यह भी कहा कि इसका नाम 'विक्टोरिया लेक' है, मगर यह उस तालाब का असली नाम न रहा होगा। यह नाम तो एक औपनिवेशिक विरासत है, सुदर्शनजी ने कहा। उन्होंने पूछा कि स्थानीय भाषा में झील का वास्तविक नाम क्या था ? कोई भी अधिकारी या मेयर को भी इसका पता न था, परंतु तभी पीछे खड़े एक बुजुर्ग ने बताया कि उस झील का वास्तविक नाम 'लोलवा' था। सुदर्शन ने कहा, तब इसका नाम फिर से 'लोलवा' कर देना चाहिए, क्योंकि अंग्रेजों द्वारा दिए गए नाम के प्रयोग से उनकी गुलामी झलकती है। वहाँ उपस्थित प्रत्येक व्यक्ति इससे प्रभावित हो गया, क्योंकि उन्होंने एक अन्य देश के नागरिक होने के बावजूद यह बात सोची और उन्हें उनके राष्ट्रीय गर्व के प्रति कितनी चिंता थी। कुछ ही मिनटों के अंदर बैठक का रंग ही बदल गया। मेयर भारत और अफ्रीका के बीच बने सांस्कृतिक जुड़ाव की बातें करने लगीं। अधिकारियों ने चर्चा में उत्कंठा के साथ भाग लिया और बैठक अपने निश्चित

समय से कहीं अधिक समय तक चली।

सुदर्शनजी एक अति जिज्ञासु पाठक थे और कभी एक मिनट का समय भी नष्ट नहीं करते थे। अगर कुछ मिनट का समय भी उनके पास होता था तो कुछ-न-कुछ पढ़ लेते थे। वर्ष 1960 के दशक में राष्ट्रीय स्वयंसेवक संघ कार्यकर्ताओं और मार्क्सवादियों के बीच जबलपुर में एक वाद-विवाद प्रतियोगिता आयोजित की गई, जो शहर के बीच चर्चा का विषय बनी। यह एक सार्वजनिक वाद-विवाद प्रतियोगिता थी और एक दुर्लभ दर्शन थी, जिसमें दो विचारधाराओं के बुद्धिजीवी एक-दूसरे के तर्कों का उत्तर दे रहे थे। राष्ट्रीय स्वयंसेवक संघ की ओर से दो प्रतियोगी थे—सुदर्शनजी और महाकौशल प्रांत के उस समय के प्रचारक रामशंकर अग्निहोत्री। प्रोफेसर सदानंद दामोदर सप्रे 'प्रज्ञा प्रवाह' के राष्ट्रीय सह-संयोजक कहते हैं, "हमारी शाखा राष्ट्रीय स्वयंसेवक संघ कार्यालय के नजदीक लगती थी और हममें से कई स्कूल जानेवाले छात्र थे, जो स्वयंसेवक थे। हम अकसर राष्ट्रीय स्वयंसेवक संघ कार्यालय आते-जाते थे। इस प्रतियोगिता के निर्धारित दिन से कुछ दिनों पहले तक हम प्रतिदिन मिलते-जुलते दृश्य देखा करते थे। दोनों एक फर्श पर बिछानेवाले मैट (दरी) पर बैठ जाते थे। वे अपने चारों ओर बिखरी पड़ी किताबों से घिरे रहते थे और बिना किसी बाधा के वे अपने नोट्स लिखने में व्यस्त रहते थे। यह कहना आवश्यक नहीं कि मार्क्सवादी इस प्रतियोगिता में चारों खाने चित्त हो गए।"

एक ऐसा ही अनुभव लक्ष्मणराव जोशी, एक अध्यापक और भोपाल में राष्ट्रीय स्वयंसेवक संघ के एक सक्रिय कार्यकर्ता ने भी साझा किया। सुदर्शनजी भोपाल में राष्ट्रीय स्वयंसेवक संघ की एक महत्त्वपूर्ण बैठक में शामिल होने आए थे और जोशीजी के घर पर रुके थे।

"मैं उम्मीद कर रहा था कि मुझे खूब समय मिलेगा सुदर्शनजी से बात करने का, क्योंकि वे मेरे घर ठहर रहे थे, लेकिन उनके प्रवास के दौरान मैं उनसे बात कर ही न पाया, क्योंकि वे जब भी घर पर होते थे, वे या तो कुछ पढ़ने या फिर लिखने में हमेशा व्यस्त रहते थे।"

प्रोफेसर सप्रे एक और घटना याद करते हैं, जो दरशाती है कि किस प्रकार सुदर्शनजी हमेशा सटीकता के लिए प्रयत्नशील रहते थे। "एक बार मैं एक अंग्रेजी शब्द के सही हिंदी अनुवाद के लिए संघर्ष कर रहा था। इसलिए मैं सुदर्शनजी के पास गया और उनसे मदद माँगी। उन्होंने कुछ शब्दकोशों पर नजर डाली, परंतु उन्हें सही शब्द न मिला। चूँकि इसमें काफी वक्त लग रहा था, तो मैंने सुझाव दिया कि चलो, मैं एक शब्द का प्रयोग कर सकता हूँ, जो सही अनुवाद न भी हो, मगर लगभग उसके नजदीक होगा। उन्होंने

जोर दिया कि मुझे रुकना चाहिए, चूँकि वे सही हिंदी शब्द की तलाश में निमग्न थे। अब तक मैं परेशान होने लगा था, क्योंकि मुझे कहीं जाना था। मैंने उन्हें कहा कि मुझे कहीं बाहर जाना है। उन्होंने कहा, ठीक है, आप चले जाओ और हम इसके बारे में बाद में कुछ-न-कुछ कर लेंगे। मैंने सोचा कि मामला अब तो समाप्त हो गया और मैं उसके बारे में भूल गया। उसी दिन लगभग दोपहर 2.50 बजे मुझे एक फोन आया कि मैं उनसे जाकर मिलूँ। जब मैं वहाँ पहुँचा तो उन्होंने बड़े खुश होकर मुझे बताया, "मुझे सटीक हिंदी शब्द मिल गया है, जिसकी आपको तलाश थी। तब उन्होंने एक नया शब्दकोश खोला और मुझे वह शब्द दिखाया। अपनी रोज की दिनचर्या, जिसमें वे दोपहर में आराम करते थे, को तोड़ते हुए उन्होंने वह दोपहर मेरे लिए शब्द ढूँढ़ने में लगा दी। मुझे बड़ा दुःख महसूस हुआ कि मैंने उनकी दोपहर खराब कर दी, परंतु वे बड़ी सरलता से मुसकराए और कहा, "आप चिंता न करें, मुझे खुशी है कि कम-से-कम वह शब्द तो मिल गया, जिसकी आपको आवश्यकता थी।"

अन्य एक गुण, जो सुदर्शनजी में था, वह यह था कि वे किसी भी कार्य को अपूर्ण न छोड़ते थे। एक बार राष्ट्रीय स्वयंसेवक संघ के वरिष्ठ कार्यकर्ताओं की अखिल भारतीय बैठक होनी निश्चित हुई। बैठक से एक दिन पहले एक समिति की बैठक रात को 10 बजे उनके द्वारा बुलाई गई, जिसको निर्धारित बैठक में जो प्रस्ताव पेश किया जाना था, उसका एक खाका तैयार करना था। उन्होंने उसका एक अंग्रेजी संस्करण देखा और उसमें कई गलतियाँ देखीं। उन्होंने उसमें सुधार करने शुरू किए। समिति के सदस्यों ने देखा कि खाका प्रस्ताव को गलती-मुक्त करने में बहुत समय लग सकता था। इसलिए उन्होंने सुझाव दिया कि सुदर्शनजी गलतियाँ निकालने का काम करेंगे तथा बाकी लोग उन्हें सुधारने का और खाका प्रस्ताव कल सुबह बैठक में समिति के समक्ष फिर रखा जाएगा, परंतु सुदर्शन ने उनसे कहा कि यह बेहतर होगा कि हम वहीं-के-वहीं बैठकर पूरे काम को निबटा दें। इसलिए वे कार्य करते रहे और अंततः उन्होंने स्वयं ही सारी गलतियाँ ठीक कर दीं। तब तक आधी रात से अधिक का समय हो चुका था।

चाहे वह कोई शाखा कार्य हो या प्रशिक्षण शिविर का कार्य या फिर अखिल भारतीय स्तर की बैठक, वे कभी किसी मसले को आसानी से या लापरवाही के साथ न निबटाते थे, न ही अपने साथी स्वयंसेवकों को कहते थे कि कोई कार्य यों ही कर दें, भले ही वह छोटे-से-छोटे संगठनात्मक कार्य से संबंधित क्यों न हो।

डॉ. सच्चिदानंद जोशी, कुशाभाऊ ठाकरे विश्वविद्यालय के पूर्व उपकुलपति और वर्तमान में दिल्ली में इंदिरा गांधी राष्ट्रीय कला केंद्र के सदस्य सचिव सुदर्शनजी से पहली बार 1970 के दशक में अपने पिता सोमनाथ जोशी के साथ मिले थे। "मैं उस समय

लगभग 10 वर्ष का था। मुझे उनका प्रभामंडल अब तक याद है। उन्होंने मुझे उस समय पूछा था कि मैं बड़ा होकर क्या बनना चाहूँगा? मैं उनकी उपस्थिति और व्यक्तित्व से इतना भयभीत हो गया था कि मेरे मुँह से कुछ अस्पष्ट से शब्द ही निकले।"

वर्ष 2009 में सुदर्शन जनजातीय मसलों पर आयोजित एक सेमिनार में बोलने के लिए कुशाभाऊ ठाकरे विश्वविद्यालय गए। डॉ. जोशी कहते हैं, "हम उनसे कार्यक्रम की विस्तृत रूपरेखा साझा करने के लिए सेमिनार से एक दिन पहले मिलने गए। उन्होंने बड़े ध्यान से इसका अध्ययन किया और फिर प्रश्न पूछे। सेमिनार के लिए राज्यपाल भी आ रहे थे। इसलिए हम उन्हें संकेत देना चाहते थे कि उनके भाषण की अवधि कितनी होगी। कार्यक्रम की रूपरेखा को देखकर उन्होंने पूछा कि राष्ट्रगान के कितने छंद गाए जाएँगे? यह जानकर कि इस प्रश्न ने हमें दुविधा में डाल दिया था, उन्होंने कहा, "मुझे आशा है कि आप जानते हैं राष्ट्रगान (जन गण मन) में कुल चार छंद होते हैं।"

मैंने उत्तर दिया कि राष्ट्रगान के रूप में सिर्फ एक छंद ही वैध है। इसलिए हम केवल वही छंद गाएँगे। उन्होंने प्रत्युत्तर में कहा, "नहीं, चारों छंद गाए जाएँगे।" हमें इस असमंजस की स्थिति से बाहर निकालने के लिए उन्होंने कहा, "मैं यह नहीं कह रहा कि ऐसा इस कार्यक्रम में होना चाहिए, परंतु भविष्य में आपको इसके बारे में सोचना चाहिए।"

सुदर्शनजी ने इस सेमिनार में चालीस मिनट का श्रोताओं को बाँधनेवाला भाषण दिया, जिसे आज भी विश्वविद्यालय में याद किया जाता है और उन सबके द्वारा, जिन्होंने उस सेमिनार में भाग लिया था।

भोपाल में माखनलाल चतुर्वेदी पत्रकारिता विश्वविद्यालय में आयोजित एक अन्य सम्मेलन में कार्यक्रम समारोह के अंत में दिए गए प्रधान वक्तव्य में मुख्य वक्ता तिब्बत की निर्वासित सरकार के प्रधानमंत्री प्रोफेसर सामधोंग रिनपोच थे। सुदर्शनजी श्रोताओं में से एक थे। चूँकि दोनों अच्छे मित्र थे, इसलिए उनके भाषण से पहले हुई बातचीत में उन्होंने प्रधानमंत्री रिनपोच से पूछा था, "आप क्या हिंदी अथवा अंग्रेजी में बोलेंगे?" प्रधानमंत्री रिनपोच ने कहा कि वे सोच रहे थे कि वे अंग्रेजी में बोलेंगे। सुदर्शन ने उनसे कहा, "पर मैं समझता हूँ कि आप हिंदी में अच्छा बोल लेते हैं। इसलिए सबको अच्छा लगेगा, अगर आप हिंदी में बोलें।" उनके द्वारा उत्साहवर्धन किए जाने पर रिनपोच ने हिंदी में भाषण शुरू किया और उसे करतल-ध्वनि से बड़ा सम्मान दिया गया।

कोलकाता के वरिष्ठ पत्रकार असीम कुमार मित्रा ने सुदर्शनजी के साथ अपनी पहली भेंट तब की थी, जब उन्होंने राष्ट्रीय स्वयंसेवक संघ के अपने तृतीय वर्ष के प्रशिक्षण शिविर में वर्ष 1959 में नागपुर में भाग लिया था। "वे मेरे शिक्षक थे। मैं सौभाग्यशाली था कि मुझे उन्होंने एक दोस्त और एक सहकर्मी के तौर पर ज्यादा देखा तथा मुझे उनका

अपार स्नेह भी मिला।"

मित्रा ने सुदर्शनजी को बहुत करीब से कार्य करते हुए देखा था, जब सुदर्शनजी को 1970 के दशक में 'पूर्वांचल' क्षेत्र की जिम्मेदारी दी गई थी। संघ की संगठनात्मक संरचना के अंतर्गत पूर्वांचल एक बड़ा क्षेत्र था, जिसमें उत्तर-पूर्व के क्षेत्र के साथ-साथ बिहार, पश्चिम बंगाल और उड़ीसा भी शामिल था। उनसे पहले राष्ट्रीय स्वयंसेवक संघ के दिग्गज जैसे रज्जू भैया और भाऊराव देवरस को यह दायित्व प्रदान किया जा चुका था। यह एक ऐसा क्षेत्र था, जहाँ पर कई जटिल सामाजिक-आर्थिक मुद्दे थे और वहाँ पर राष्ट्रीय स्वयंसेवक संघ के कार्य को आगे बढ़ाना एक कठिन चुनौतीपूर्ण कार्य था। "शायद यही कारण था कि सुदर्शनजी जैसे व्यक्ति को कहा गया कि आप वहाँ कार्य करें।"

मित्रा ने यह तथ्य स्पष्ट किया कि सुदर्शनजी ने यह सुनिश्चित करने के लिए कि जो आंदोलन असम गण परिषद् ने बँगलादेश से आए गैर-कानूनी आप्रवासियों के विरुद्ध चलाया है, वह बंगाली हिंदुओं के विरुद्ध न चलाया जाए, उसमें एक विशेष भूमिका अदा की। असम के मुसलमानों ने इसे एक बंगाली विरोधी आंदोलन बनाए जाने के प्रयत्न किए, मगर सुदर्शनजी न केवल इस षड्यंत्र को देख पा रहे थे, अपितु इसके दीर्घकालीन बुरे प्रभावों को भी भाँप रहे थे। अगर ऐसा हो गया होता तो इस आंदोलन ने हिंदुओं को काफी नुकसान पहुँचाया होता और वास्तविक मुद्दा पटरी से उतर गया होता।

सुदर्शनजी ने निरंतर यह अभियान जारी रखा और इस षड्यंत्र का खुलासा करते रहे। उन्होंने जोर देकर कहा कि इस षड्यंत्र का वास्तविक उत्तर तो केवल हिंदू संस्थाएँ ही दे सकती हैं। संघ में इतने महत्त्वपूर्ण क्षेत्र के प्रभारी होने के बावजूद कलकत्ता में उनका ठहरना काफी कष्टप्रद होता था, परंतु उन्होंने कभी इसकी शिकायत न की। मित्रा कहते हैं, "उत्तर कलकत्ता में स्थित राष्ट्रीय स्वयंसेवक संघ का कार्यालय सुविधाओं के मामले में कहीं बेहतर था, मगर यह शहर के भीड़ भरे क्षेत्र में था। इसलिए सुदर्शनजी हमेशा तरजीह देते थे कि वे राष्ट्रीय स्वयंसेवक संघ के दक्षिण कलकत्ता में स्थित कार्यालय में रुकें। अकसर कई बार उन्हें भूतल से पहली मंजिल की ओर पानी की बाल्टी ले जाते हुए देखा जा सकता था। उन्हें अपना खाना भी स्वयं बनाना पड़ता था। जब डॉ. सुधीर दर (महानगर संघचालक) को यह बात पता चली तो उन्होंने कार्यालय के प्रभारी को डाँटा और सुदर्शनजी से अपने घर चलने को कहा उन्होंने मना कर दिया, अंततः इस बात पर सहमत हो गए कि वे उनके घर दिन में दो बार आकर खाना खाएँगे। सुजीत दा ('दा' बंगाली में बड़े भाई के लिए प्रयुक्त किया जाता है) के घर पर चलने में सहमति देने के पीछे एक कारण यह था कि वे एक बुद्धिजीवी थे और उनके पास घर में एक बड़ा पुस्तकालय था।" डॉ. धर की पत्नी ने सुदर्शन को बंगाली भी सिखाई। बाद के वर्षों में वे

अच्छी बंगाली लिख लेते थे और उसे धाराप्रवाह बोलते भी थे।

हालाँकि सुदर्शनजी नियमों के बड़े पाबंद थे, पर वे समायोजन के लिए भी तैयार रहते थे। वर्ष 2000 में जब उन्हें सरसंघचालक बनाया जा चुका था, उनका पहला बड़ा कार्यक्रम कोलकाता में था। सरसंघचालक को शहर से आए युवा स्वयंसेवकों के एक सम्मेलन को संबोधित करना था। उस स्थान पर बड़ी संख्या में मीडिया के लोग एकत्र हो गए थे, परंतु कार्यक्रम में मीडिया को शामिल नहीं किया जाना था।

मित्रा याद करते हैं, "मैं प्रचार प्रमुख था। मुझे सख्त निर्देश थे कि सुदर्शनजी से मिलने के लिए कोई भी पत्रकार अंदर न आने पाए, लेकिन डॉ. धर ने 'टाइम्स ऑफ इंडिया' के एक वरिष्ठ पत्रकार को वायदा किया था कि उन्हें पाँच मिनट के लिए सरसंघचालक से मिलने दिया जाएगा। जब सुदर्शनजी को इस बात का पता चला तो उन्होंने पत्रकार से अपवादस्वरूप मिलने के लिए हामी भर दी।

"जब मुझे इस बात का पता लगा, तो मैंने सुदर्शनजी के साथ बात की और उन्हें सुझाव दिया कि उन्हें किसी पत्रकार के साथ बात करते हुए सावधान रहना होगा और यह बेहतर होगा कि आप उसके प्रश्नों का उत्तर केवल 'हाँ' या 'न' में ही दें, ताकि कोई अनावश्यक विवाद की स्थिति न बन पाए। सुदर्शनजी ने मुझे कहा कि जब वे पत्रकार उनसे मिलने आए, उस समय मैं उनके आस-पास बना रहूँ और कि मैं उन्हें संकेत कर दूँ, अगर वे कोई ऐसा बयान करते हैं, जो उन्हें नहीं करना चाहिए।" मित्रा ने कहा।

अपने पहले ही भाषण में कोलकाता में सुदर्शनजी ने पश्चिम बंगाल के तत्कालीन मुख्यमंत्री ज्योति बसु को चुनौती दी, "आपने राष्ट्रीय स्वयंसेवक संघ पर महात्मा गांधी की हत्या का आरोप लगाकर उसे बदनाम किया है। आप या तो अपना बयान वापस लें, नहीं तो हम आपके ऊपर काररवाई करेंगे।"

बसु को जब उनके इस बयान के बारे में एक प्रेस सम्मेलन में पूछा गया तो उन्होंने तुरंत पीछे हटते हुए कहा, "मैंने कभी भी यह बयान नहीं दिया है। जिस किसी ने भी ऐसी बात छापी है, उसने मेरी बात की गलत अर्थों में व्याख्या की है।"

बहुत ही कम लोग जाते हैं कि सुदर्शन ने इस बात की पोल खोलने में एक महत्त्वपूर्ण भूमिका निभाई थी, जिसके तहत माना जा रहा था कि गुरुदेव रवींद्रनाथ टैगोर ने राष्ट्रगान की रचना ब्रिटिश सम्राट् जॉर्ज पंचम के लिए की थी। मित्रा इस प्रसंग के व्यक्तिगत गवाह थे।

"नई दिल्ली में साप्ताहिक 'पाञ्चजन्य' द्वारा एक सेमिनार का आयोजन किया गया था। मुझे भी वहाँ का निमंत्रण प्राप्त हुआ था। पहले चरण के अंत के उपरांत कुछ पत्रकार लोग खड़े बातचीत कर रहे थे, जब साप्ताहिक समाचार-पत्र 'ऑर्गनाइजर' के संपादक के.आर. मलकानी ने एक टिप्पणी की, "आप जो भी कहें, पर मेरे पास सुबूत है

कि टैगोर ने 'जन-गण-मन' की रचना जॉर्ज पंचम के भारत आगमन पर उनके स्वागत के लिए की थी।" मैंने उनकी बात का प्रतिरोध किया, परंतु मलकानीजी मेरी बात सुनने के लिए तैयार न थे। इस बीच सुदर्शनजी भी वहाँ आ गए और कहा, "यह एक सच है। जब 'रायटर' द्वारा जारी एक समाचार रिपोर्ट में यह कहा गया कि रवींद्रनाथ टैगोर ने यह गीत जॉर्ज पंचम के स्वागत में लिखा था, तब उन्होंने उस समाचार रिपोर्ट के लेखक को एक प्रत्युत्तर भेजा था, मगर इसका प्रकाशन कभी भी न हुआ। पी.आर. सेन ने इस विषय पर एक छोटी पुस्तक लिखी थी, जिसका प्रकाशन 'विश्व-भारती' द्वारा किया गया था।"

"तब सुदर्शनजी ने मुझसे कहा था कि देखो, उत्तर भारत में इस मुद्दे पर कई प्रकार की भ्रांतियाँ फैली हैं। इसलिए आप साप्ताहिक 'पाञ्चजन्य' में एक लेख लिखें, ताकि वे भ्रांतियाँ स्थायी रूप से पूर्णतया समाप्त हो सकें। मैंने इस विषय पर एक लेख लिखा, जिसे इस मुख्य पंक्ति के साथ प्रकाशित किया गया—'जन-गण-मन का सच'।"

मित्रा ने एक और दिलचस्प घटना, जो महात्मा गांधी की हत्या से जुड़ी थी, का वर्णन किया। यहाँ यह याद करना आवश्यक है कि किस प्रकार केंद्र की नेहरू के नेतृत्ववाली सरकार ने महात्मा गांधी की हत्या के बाद राष्ट्रीय स्वयंसेवक संघ पर एक आधारहीन आरोप मढ़ दिया था और उस पर प्रतिबंध लगा दिया था। बाद में जब जाँच में यह साबित होने के बाद कि राष्ट्रीय स्वयंसेवक संघ की महात्मा गांधी की हत्या में कोई भूमिका न थी, उस पर लगा प्रतिबंध हटा लिया गया। सच यह है कि राष्ट्रीय स्वयंसेवक संघ ने अपनी सभी शाखाओं में गांधीजी की हत्या का शोक मनाया था। राष्ट्रीय स्वयंसेवक संघ के विरुद्ध आरोप मनगढ़ंत साबित हुआ, यद्यपि इसके आलोचक इसके विरुद्ध अभी भी एक झूठा प्रचार निरंतर करते रहते हैं, जैसा कि उपरोक्त घटना में सामने आया।

"सुदर्शनजी एक बार मेरे घर पर आए और बातीचत के दौरान उन्होंने कहा, 'आपको मालूम है कि महात्मा गांधी को नाथूराम गोडसे ने नहीं मारा था।' मैं उनके इस बयान पर चौंक गया। मैंने उनसे पूछा, 'आप यह बात कैसे कह सकते हैं?'

मेरे सवाल का जवाब देने से पहले उन्होंने अपने हाथ के बैग में से एक पुस्तिका निकाली। इसका शीर्षक था—'गांधी को किसने मारा, गोडसे ने नहीं, तब किसने?' इसके लेखक थे बी.जी. केसरकर, बी.ए./एल-एल.बी./गोरिल्ला युद्ध में डिप्लोमा। स्वतंत्रता सेनानी और फोरेंसिक समाज-सेवाओं के प्रमुख, 4 अमेच्योर डिटेक्टिव कॉर्प्स।

"केसकर आपराधिक मामलों के अधिवक्ता थे। यह 11 पृष्ठों की एक पुस्तिका थी। उन्होंने जाँच की आधिकारिक दिशा, जिसके अनुसार गोडसे ने दिल्ली में 30 जनवरी, 1948 के दिन महात्मा गांधी की गोली मारकर हत्या की थी, पर कई प्रश्न खड़े किए थे।"

मित्रा कहते हैं, "इस पुस्तिका में जो प्रश्न किए गए, वे इस प्रकार हैं—30 जनवरी, 1948 के दिन जब गांधीजी प्रार्थना सभा के मंच से नीचे उतरे, नाथूराम गोडसे उनके पास गया और उन्हें 'नमस्ते' कहा, साथ ही उसने जब अपनी पिस्टल बाहर निकालनी चाही, एक सैनिक ने उसे पकड़ लिया, दूसरे सैनिक ने उसे डंडे से मारा और गोडसे जमीन पर गिर पड़ा। पिस्टल, जिसमें सात गोलियाँ थीं, छीन ली गई। बाद में जब गोडसे से पूछा गया कि आपकी पिस्टल से तो एक भी गोली नहीं चली, तो यह स्पष्ट था कि आपने महात्मा गांधी को नहीं मारा, तो फिर आप यह हत्या का आरोप अपने सिर क्यों ले रहो हो ? गोडसे ने इस प्रश्न का कोई उत्तर न दिया।"

सरदार वल्लभभाई पटेल की पुत्री और गांधीजी की एक गोद ली गई पुत्री इस घटना की साक्ष्यी थीं। उनमें से एक ने जाँच के दौरान पुलिस से कहा, जो अगले दिन समाचार-पत्रों में भी छापा था कि "यह व्यक्ति, जिसे आप गोडसे कहते हैं, गांधीजी को नमस्ते कर रहा था, तब एक हाथ गोडसे के दाहिनी बाजू के नीचे से बाहर आया और उसने तीन गोलियाँ दागीं और गांधीजी जमीन पर गिर पड़े। दूसरी लड़की, जो गांधीजी के दूसरे हाथ की ओर थी, ने कहा, यह आदमी, जिसे आप गोडसे कहते हैं, गांधीजी को दोनों हाथ जोड़कर नमस्ते कर रहा था, जब एक लंबा-पतला व्यक्ति, जिसने खादी का कुरता-पायजामा पहना हुआ था, गोडसे के पीछे बड़े कदमों से चलकर आया और नाथूराम के दाहिनी ओर नीचे की ओर से उसने गोली चलाई।"

"इन दो लड़कियों को कभी भी सरकार ने साक्ष्य नहीं बनाया। प्रश्न यह है कि क्यों ?"

मित्रा ने उस पुस्तिका की एक प्रति माँगी। चूँकि सुदर्शन के पास एक ही प्रति थी, मित्रा ने उसकी एक फोटोकॉपी कराई और मूल प्रति वापस कर दी। "मेरे पास उस पुस्तिका की एक प्रति आज भी है।" मित्रा कहते हैं।

सुदर्शन न केवल बहुत बड़े पुस्तक प्रेमी थे, परंतु वे कइयों को इसके बारे में भी सलाह दिया करते थे कि उन्हें कौन सी पुस्तक पढ़नी चाहिए। उनकी एक प्रिय पुस्तक थी 'कनफेशंस ऑफ एनडकनॉमिक हिटमैन : दि शॉकिंग स्टोरी ऑफ हाऊ अमेरिका रियली टुक ओवर दि वर्ल्ड'।

सुदर्शनजी 'स्वदेशी' के एक शक्तिशाली समर्थक थे। उनके आर्थिक दर्शन के अनुसार, आर्थिक विकास का पश्चिमी मॉडल चलने लायक न था। उन्होंने कहा, "भारत में गरीबी और बेरोजगारी की मूल वजह यह विशिष्ट पश्चिमी आर्थिक विकास का मॉडल ही है, क्योंकि यह केंद्रीकृत है, इसमें ऊर्जा की खपत बहुत अधिक है, शहर-उन्मुख है, पूँजी सघन है, बेरोजगारी को बढ़ानेवाला तथा प्रकृति को नष्ट करने वाला है। हमें इस

मॉडल को एक ऐसी अर्थव्यवस्था से बदलना आवश्यक है, जो विकेंद्रीकरण और ग्रामीण भारत पर आधारित हो। इसमें ऊर्जा की खपत कम-से-कम हो और यह कम पूँजी प्रधान हो, साथ-साथ इसमें अधिक नौकरियों के अवसर पैदा हो सकें और पर्यावरण की रक्षा भी हो सके। हमने ग्रामीण विकास की अवहेलना की है। यद्यपि यह सुकून का विषय है कि कई आत्मप्रेरित व्यक्ति अपनी ओर से इस दिशा में परीक्षण कर रहे हैं। हमारी गायों की मदद से, न केवल हम जैविक खाद की आपूर्ति में आत्मनिर्भर बन सकते हैं, परंतु हम जैविक कीटनाशक भी प्राप्त कर सकते हैं। नदियों और जलस्रोतों पर छोटे-छोटे बाँध निर्माण कर हमें भूमि में निहित पानी के स्तर को बढ़ाने में मदद मिल सकती है तथा हम कम कीमत देकर सिंचाई के अधिक साधन भी जुटा सकते हैं। लोगों ने यह साबित कर दिया है कि वे ऐसा कर सकते हैं। कुछ उद्यमियों ने बैल द्वारा खींचे जानेवाले ट्रैक्टरों का निर्माण कर लिया है, जो डीजल पर चलनेवाले ट्रैक्टरों से 10 गुना सस्ते हैं और छोटे तथा सीमांत किसानों के लिए सर्वाधिक उपयोगी हैं। उन टैक्टरों को स्त्रियाँ भी चला सकती हैं, क्योंकि उन्हें उनके साथ चलने की आवश्यकता नहीं है। युवावर्ग का ग्रामीण क्षेत्रों से शहरी क्षेत्रों की ओर पलायन भी इससे रोका जा सकता है और कृषि पर आधारित उद्योग स्थापित किए जा सकते हैं, पर इन छोटे उद्योगों की बड़े उद्योगों से रक्षा करनी होगी। हमारे पास 5000 से भी अधिक प्रकार की जड़ी-बूटियाँ हैं, जिनका प्रयोग हम दवाइयाँ बनाने में कर सकते हैं। अगर हम इन जड़ी-बूटियों की उपज को बढ़ावा दें तो यह जनजातीय क्षेत्रों की आर्थिक स्थिति में भी सुधार कर सकता है। गाँवों में कम कीमत वाली सौर विद्युत् की आपूर्ति की जा सकती है।"

सर्वाधिक महत्त्वपूर्ण, जिस बात पर उन्होंने जोर दिया, वह यह है कि वैश्वीकरण और विदेशी ऋण के जाल में फँसने की अपेक्षा, यह बेहतर होगा कि अपने उपलब्ध साधनों का प्रयोग कर हम ग्रामीण विकास को बढ़ावा दें।

सुदर्शनजी की बड़ी इच्छा थी कि वे सामाजिक बंधनों को तोड़ डालें, विशेष रूप से जब अनुसूचित जातियों/जनजातियों को मुख्यधारा में समाहित करने का प्रश्न आता है। अपने एक भाषण में उन्होंने कहा, "कितना सही है कि हम अपने समाज के एक वर्ग को 'दलित' कहकर संबोधित करें? वास्तव में, जो लोग विकास की सीढ़ी पर सबसे निचले पायदान पर हैं, हमें उनमें विश्वास जगाने की आवश्यकता है कि वे भी अगले पायदान पर चढ़ सकते हैं। इस बात की सर्वाधिक आवश्यकता है। ऐसा वे लोग नहीं कर सकते, जिन्हें तुरंत राजनीतिक लाभ कमाने की चिंता है या फिर वे जो सत्ता पर आसीन हैं। हमारी सोच है कि समाज को स्वयं यह कार्य करना है और यह कार्य हमारे सामाजिक और आध्यात्मिक नेतृत्व द्वारा किया जाना चाहिए।"

सुदर्शनजी के सर्वाधिक महत्त्वपूर्ण योगदानों में से एक है—उनका इसलाम का 'भारतीयकरण' करने का विचार तथा 'स्वदेशी चर्च' की परिकल्पना। उनका तर्क ऐतिहासिक तथ्यों द्वारा पुष्ट होता है, जो इस आधार पर है कि भारत के लगभग सभी ईसाइयों तथा मुसलमानों के पूर्वज हिंदू थे। इसलिए उन्हें अल्पसंख्यक न माना जाए। "अल्पसंख्यक वे होते हैं, जो एक देश से दूसरे में प्रवेश करते हैं और वहाँ पर बस जाते हैं। इस प्रकार से केवल यहूदी और पारसी लोग ही भारत में अल्पसंख्यक कहे जा सकते हैं, परंतु वे स्वयं को अल्पसंख्यक नहीं मानते और देश की मुख्यधारा में शामिल हो गए हैं, परंतु मुसलमानों का भारत में 99 प्रतिशत और ईसाइयों का 99.9 प्रतिशत बाहर से नहीं आया। वे हमेशा से इस भूमि का हिस्सा थे और उन्होंने कुछेक पीढ़ियों पहले दूसरा धर्म अपना लिया है। इसलिए सिर्फ धर्म बदलने मात्र से हम उन्हें अल्पसंख्यक कैसे कह सकते हैं? धर्म परिवर्तन से न तो आपकी मातृभूमि बदली है और न ही आपके पूर्वज। इसलिए जिन लोगों पर अल्पसंख्यक होने का बिल्ला लग गया है, उन्हें यह कदम लेना होगा कि वे भी राष्ट्रीय समाज के एक अंग हैं, न कि अल्पसंख्यक।"

राष्ट्रीय स्वयंसेवक संघ के मुसलिम विरोधी या ईसाई विरोधी होने के आरोप पर सुदर्शनजी ने बड़ी स्पष्टता से राष्ट्रीय स्वयंसेवक संघ द्वारा 75 वर्ष पूरे किए जाने के अवसर पर कहा था, "एक मिथक का निर्माण किया गया है कि संघ मुसलमानों और ईसाइयों का विरोध करता है। सच यह है कि संघ किसी का भी विरोध नहीं करता। इतना विशाल कार्य (जो राष्ट्रीय स्वयंसेवक संघ ने किया है) नकारात्मकता की ड्योढ़ी पर नहीं किया जा सकता। 75 वर्षों से हमें दबाने के प्रयत्न किए जा रहे हैं, मगर हमारा कार्य उत्तरोत्तर बढ़ता रहा है। जो लोग हमें गाली देते थे, अब दृश्य से गायब हो चुके हैं। हमारा कार्य हमारी आंतरिक मजबूती के दम पर आगे बढ़ रहा है। अगर हमारा मूल विश्वास अन्य लोगों का विरोध करने में होता तो हमारा कार्य इतना अधिक न बढ़ा होता। एक हिंदू दूसरे व्यक्ति का विरोध नहीं कर सकता। इसलिए संघ भी किसी का विरोध नहीं कर सकता।

"परंतु संघ का मूल सिद्धांत यही है कि हम आपको डराएँगे नहीं, परंतु हम किसी से डरेंगे भी नहीं। इस कारण से हम स्वयं को शक्तिशाली बनाना चाहते हैं। पूजनीय रज्जू भैया ने कहा था, 'हम न तो मुसलमान विरोधी हैं और न ही ईसाई विरोधी। हम तो केवल हिंदुत्व के समर्थक हैं। हाँ, संघ उन लोगों का विरोध अवश्य करता है, जो देश के अहित के लिए कार्य करते हैं। वे कोई भी हो सकते हैं—हिंदू, मुसलमान, ईसाई, पारसी—जो भी वे हों, संघ प्रत्येक उस व्यक्ति का विरोध अवश्य करेगा, जो देश के विरुद्ध कार्य करता है'।"

स्थापना के समय से राष्ट्रीय स्वयंसेवक संघ में एक परंपरा रही है कि वह व्यक्ति विशेष द्वारा किए गए कार्यों को विशेष रूप से नहीं दरशाएगा, इसलिए सरसंघचालकों के

जीवन तथा कार्यों को सार्वजनिक तौर पर कभी भी अधिक चर्चा का विषय नहीं बनाया गया। आम धारणा यह है कि राष्ट्रीय स्वयंसेवक संघ प्रमुख (सरसंघचालक) देश में सर्वाधिक शक्तिशाली व्यक्तियों में से एक है, जो लाखों स्वयंसेवकों पर अपनी पकड़ रखता है तथा उन स्वयंसेवकों द्वारा चलाई जानेवाली दर्जनों संस्थाओं पर, जिनमें भारतीय जनता पार्टी भी एक है, जो केंद्र तथा कई राज्यों में शासन कर रही है, मगर सत्य क्या है ? राष्ट्रीय स्वयंसेवक संघ को वर्तमान स्वरूप प्रदान करने में सरसंघचालकों की क्या भूमिका रही है ? यह पुस्तक, जिसमें गहरे अनुसंधान का समावेश है, उन पाँच सरसंघचालकों के जीवन से आपका परिचय करवाती है, जिन्होंने इसकी स्थापना के समय से आज तक राष्ट्रीय स्वयंसेवक संघ को इसके सर्वाधिक उतार-चढ़ाव भरे रास्तों में से आगे बढ़ाया है। यह अभी तक की अनसुनी एक कहानी है, जो न केवल सरसंघचालकों के जीवन के बारे में है, अपितु राष्ट्रीय स्वयंसेवक संघ की अपनी यात्रा का भी वर्णन करती है।

अरुण आनंद एक लेखक, वक्ता तथा पत्रकार हैं। उन्होंने एक दर्जन से भी अधिक पुस्तकें लिखी हैं, संपादित और अनुवादित की हैं। वे दिल्ली में रहते हैं। उनका ट्विटर हैंडल है '@Arunanandlive'।

□□□